普通高等教育"十一五"国家级规划教材
全国普通高等学校体育专业统编教材

体 育 史

（第二版）

主编 谭 华 刘春燕

高等教育出版社·北京

内容简介

　　本书是 2009 年版《体育史》教材的修订本。全书结构完整、史料翔实、内容新颖、版式活泼，对体育的起源、古代不同区域的体育、"轴心时代"东西方体育特点及其历史影响、中国体育历史演变的特点、文艺复兴以前相对独立发展的体育文化如何走向体育全球化的过程、体育全球化过程中民族体育文化面临的处境与挑战、体育发展与社会进步之间的复杂联系等问题，都做了深入浅出的独到分析。

　　本书可作为高等学校体育专业通用教材，也可作为体育专业研究生的参考教材和体育教师、体育管理人员及广大体育爱好者的参考资料。

图书在版编目（CIP）数据

　　体育史／谭华，刘春燕主编. －－2 版. －－北京：高等教育出版社，2017.8（2020.5 重印）
　　ISBN 978 - 7 - 04 - 048018 - 4

　　Ⅰ. ①体… Ⅱ. ①谭… ②刘… Ⅲ. ①体育运动史 -世界 - 高等学校 - 教材 Ⅳ. ①G811.9

　　中国版本图书馆 CIP 数据核字（2017）第 150825 号

体育史（第二版）
Tiyu Shi

| 策划编辑 | 范　峰 | 责任编辑 | 范　峰 | 封面设计 | 张申申 | 版式设计 | 范晓红 |
| 责任校对 | 张　薇 | 责任印制 | 刘思涵 | | | | |

出版发行	高等教育出版社		网　　址	http://www.hep.edu.cn
社　　址	北京市西城区德外大街 4 号			http://www.hep.com.cn
邮政编码	100120		网上订购	http://www.hepmall.com.cn
印　　刷	肥城新华印刷有限公司			http://www.hepmall.com
开　　本	787mm × 960mm　1/16			http://www.hepmall.cn
印　　张	25		版　　次	2009 年 6 月第 1 版
字　　数	420 千字			2017 年 8 月第 2 版
购书热线	010 - 58581118		印　　次	2020 年 5 月第 4 次印刷
咨询电话	400 - 810 - 0598		定　　价	39.50 元

本书如有缺页、倒页、脱页等质量问题，请到所购图书销售部门联系调换
版权所有　侵权必究
物料号　48018 - 00

编委会

主　编：谭　华　刘春燕

副主编：马廉祯　郑国华　韦晓康

编　委（按姓氏笔画排序）：

马廉祯（华南师范大学）

韦晓康（中央民族大学）

吕红芳（华南师范大学）

刘春燕（河北师范大学）

邹月辉（大连理工大学）

张　玲（广东外语外贸大学）

张　洁（暨南大学）

郑国华（上海体育学院）

袁　威（武汉体育学院）

曹　莉（曲阜师范大学）

梁洪波（澳门理工学院）

董跃春（广东海洋大学）

韩志芳（河北体育学院）

谭　华（华南师范大学）

前　言

　　早在 1987 年，高等教育出版社就出版了高等师范院校体育专业通用教材——《体育史》，2005 年出版了体例大幅度调整后的新一版《体育史》教材，2009 年又在 2005 年版的基础上对内容作了压缩。在使用过程中，我们陆续发现了一些不足之处，主要是对体育历史发展的规律和阶段性特征的体现还不是很清晰。为此，我们对教材结构进行了较大的调整，对章、节标题的文字进行了一些必要的修改，对一些节标题后的引言作了适当的增补和调整。同时，为了让读者更好地理解本书的内容和观点，我们通过二维码链接的方式增加了必要的阅读文献、图片和视频链接，以帮助学生预习、复习、扩大阅读范围以及拓展对课程内容的理解。

　　此外，自上一版《体育史》出版以来，陆续有一些作者退休或脱离了体育史的教学和研究岗位，因此本版教材对作者队伍也作了一些调整，补充了一些年轻的作者。本书由谭华、刘春燕担任主编，马廉祯、郑国华、韦晓康担任副主编。全书的编写分工如下：绪论：谭华（华南师范大学）；第一章：张洁（暨南大学）、韩志芳（河北体育学院）；第二章：刘春燕（河北师范大学）、韦晓康（中央民族大学）；第三章：刘春燕（河北师范大学）；第四章：邹月辉（大连理工大学）；第五章：董跃春（广东海洋大学）；第六章：曹莉（曲阜师范大学）、吕红芳（华南师范大学）、张玲（广东外语外贸大学）；第七章：刘春燕（河北师范大学）；第八章：马廉祯（华南师范大学）；第九章：袁威（武汉体育学院）；第十章：谭华（华南师范大学）；第十一章：郑国华（上海体育学院）；第十二章：梁洪波（澳门理工学院）、郑国华（上海体育学院）。全书最后由谭华、刘春燕统稿。

　　衷心感谢各位体育史学者和广大读者对本书的关心和支持，特别感谢高等教育出版社体育分社范峰社长为本书付出的心血！

　　由于编者水平有限，书中不足之处在所难免，恳请读者不吝赐教！

编　者

2017 年 5 月 5 日

目 录

中编　现 代 体 育

下编　当 代 体 育

绪　论

一、体育史学研究的对象与"体育"的概念

每一门学科都有自己独特的研究对象，这是决定该门学科能否独立存在的前提。顾名思义，"体育史"研究的是体育的历史，即体育从起源到发展至今的全部过程。对"体育"的理解不同，对体育史研究的目的、对象和范围的把握也就不同。

在外文中，"physical education"（英文）、физическая культура（俄文）、physische erziehung（德文）、education physique（法文）等词语与中文"体育"这一词相对应的都是指身体教育活动，或通过身体活动并针对身体的教育过程。但人们对汉语"体育"一词的理解分歧很大，以至于一些外国学者不得不用拼音"*tiyu*"作为运动、身体活动、训练、教练、练习、竞技等英文词的总称。我国体育界通常认为，体育"是人们锻炼身体、增强体质、延长生命的重要方法；是与德育、智育、美育等相配合的整个教育的组成部分；它以竞技的形式，成为人们文化生活的内容和各国人民之间加强联系的纽带。"① 许多人倾向于根据不同的语境区别"体育"的实际含义："体育（广义的，亦称体育运动）是指以身体练习为基本手段，以增强体质、促进人的全面发展、丰富社会文化生活和促进精神文明为目的的一种有意识、有组织的社会活动。"② 较新的表述则认为："体育是人类为适应自然和社会以身体练习为基本手段而自觉地改造自我身心和开发自身潜能的社会实践活动。"③ "体育是以人体运动为基本手段增进健康、提高生活质量的教育过程与文化活动。"④ 这些表述有两个共同点：体育的基本手段是身体练习（或运动），而这种手段总是指向一定的非功利性，即不是以取得物质产品为目的的。

本教材中使用"体育"这个词时，指的是**游戏性的身体活动**，以及以

---

① 中国大百科全书. 体育 ［M］. 北京：中国大百科全书出版社，1982：1.
② 体育学院通用教材. 体育概论 ［M］. 北京：人民体育出版社，1989：16.
③ 周西宽. 体育基本理论教程 ［M］. 北京：人民体育出版社，2004：35.
④ 杨文轩，陈琦. 体育原理 ［M］. 北京：高等教育出版社，2004：15.

这些身体活动为基础的其他社会活动和社会关系，它作用于人自身自然并最终影响人和社会发展。在这个定义中，"目的性"虽然未被作为构成体育的要素，但它却是衡量体育发展阶段和水平的标尺。人类对身体活动和由它引起的人身变化之间的自觉程度，决定着人类运用身体活动改造、完善自身自然的水平，并由此而使体育发展呈现出阶段性。体育的目的性产生于人类明确认识到身体活动与人类自身自然的联系时，这个变化大致开始于文艺复兴时期。但在这种自觉的、有意识的目的形成之前，体育行为已经存在。因为人类早已通过直觉或经验感觉到身体活动与身体变化之间的联系，只是在经历了漫长的历史进程以后，才使这种直觉或经验上升为理论。

因此，体育史学的研究对象首先是作为自然人、社会人的动作和身体活动方式的发展，包括建立在这些身体活动基础上的其他社会活动和社会关系的发展。在这里，"其他社会活动"包括应用"身体运动"的教育活动或其他文化活动，"社会关系"则指在运动过程中形成的复杂的人际关系和制度等。它们都属于体育史学研究的对象。

人类的体育行为一旦发生就成了历史，人们体育行为的动机及其产生的变化也同时成为历史。这些变化会长期影响人们的体育和社会生活。因此，体育史学就是今人对体育历史的理解。随着人们对体育本质、价值和历史的认识不断深入，人们对体育历史的解释也在不断更新，体育史还会不断地给今人以启示。

二、"体育"一词的由来

"Physical education"（体育）和"gymnastics"（体操）两个词形成于欧洲。"Gymnastics"一词来源于古希腊语"gymnastike"，它由"gymnos"（裸体）和"echne"（技术）两词合成，德文的"gymnastike"、俄文的"ТИМНАСТИКА"、英语的"gymnastics"，都是从"gymnastike"演化而来的。日本在明治维新以后推行西学的过程中接触到"gymnastics"，在1872年8月颁布的新学制小学课程中称之为"体术"或"体之教"；1873年，户山陆军学校设立了体操科；1878年，美国人 G. A. Lealand 成立了日本体操传习所（今日本体育大学）。① 此后，"体操"逐渐成为日文表述

①　［日］岸野雄三等. スポーツの技术史［M］. 东京：大修馆书店，1972：43.

"gymnastics"的标准词，指锻炼体格的项目。

中国人最早接触到"体操"一词的是北洋机器局总办傅云龙。1887年，他奉旨出访，在他1887年12月21日参观日本高等女子学校后的日记中，称"体操为学校通例"①。1895年，郑观应在《盛世危言》中介绍日本学生"就空地习兵式体操，一律更换戎衣，操演枪、炮、戈、矛等，跃距、曲踊、击剑、相扑，务使劳其筋力，不得有片刻分闲。若女子，则以柔顺为宜，故虽有体操，不沿兵式……"。1896年，梁启超在《时务报》发表的《变法通议》等文章中，提倡"办新学、习体操"。此后，"体操"一词和它所代表的内容逐渐为中国人所知晓。

"physical education"最早出现在1716年卢梭的《关于如何增加福祉、保持健康的词汇大全》②一书中。日本明治维新以后推行西式教育时，曾把它译为"体之教""体教"等，1876年，近藤镇三将各种不同译法统一为"体育"。③中文出现"体育"一词是在1897年，当年上海大同译书局出版的康有为《日本书目志》中提到了《体育学》一书；同年，南洋公学编《蒙学读本》第二编的编辑大意中也提到西方学校"以德育、智育、体育为三大纲"。④第一次在中文报刊上使用这个词则是在1899年日本横滨出版的《清议报》上一篇评论中国时局的文章。文章中说戊戌变法失败以后，"有志之士，乃汇集同志，聘请豪勇军帅，以研究体育之学。"⑤这时"体育"一词的本义，主要是指身体培育（body cultivation 或 physical cultivation）。

进入20世纪后，"体育"一词开始在各种报刊上频频出现，并被用来指称教育过程（physical education）、教育手段方法（sport、gymnastics）和集中展示 sport 的运动会（game 或 competition）以及 physical recreation、physical exercise、physical active、play 等意义。但至今人们对"体育"一词的含义仍然有较大争议。

① （清）傅云龙. 游历日本馀记［M］//早期日本游记五种. 长沙：湖南人民出版社，1983.

② ［法］乔治·维加埃罗. 身体的历史——从文艺复兴到启蒙运动［M］. 上海：华东师范大学出版社，2013：189-192.

③ 李娟，刘小溪. 体育与竞技概念的多义阐释［J］. 体育文化导刊，2006（6）：45-47.

④ 陈学峋. 中国近代教育史教学参考资料（上册）［M］. 北京：人民教育出版社，1986：659-662.

⑤ （清）欧榘甲. 论政变与中国不亡之关系［N］. 清议报，1899-9-15.

三、体育史发展的基本脉络

体育的起源可以追溯到从猿进化为人的过程。在这个过程中，最终进化为人的一支类人猿的身体和动作行为也随之进化，动物的嬉戏逐渐进化为人类的游戏；劳动（采集、渔猎等）、战争等为这种游戏不断增添着新的形式和内容。到了原始社会末期，原始宗教中逐渐形成了一些仪式化的身体活动，这些活动来源于劳动、军事、部落酋长产生过程和游戏等的身体活动。这种带有巫术性质的身体活动虽然还具有明显的为劳动或军事等目的服务的功能，① 但已经脱离了直接的劳动或军事过程，表现出类似今天体育的基本形式和功能。由于人们还不能意识到这些身体活动与相关结果之间的联系，当然就无所谓体育的意识或目的。这种建立在原始社会天然经济和血缘性社会组织基础上的身体活动，我们称之为潜体育或前体育，即通常所说的原始体育。它在形式和内容上都还与其母体（如军事、劳动、部落酋长的产生等）活动有着密切的联系，还不具有独立的存在形式和独立价值，仍处于原始文化的共同体中。这种"体育"是一种由自发到渐次为自在的、尚未被人类自觉意识到其实际影响的一种身体活动。

进入文明时代以后，人类逐渐积累了大量有关身体活动的经验和与相应身心变化相联系的知识。古希腊时期对体操学校里的儿童实施的教育，古代奥林匹克祭礼中的竞技和为奥林匹克竞技进行的训练，中国古代的五禽戏、导引术等，都是这种经验知识的体现。在这个时期，人类已经初步意识到某种身体活动与某种身体变化的联系。战国时，触龙说自己因为坚持散步而"稍宜于食"，三国时华佗要他的弟子"体有不适，起作一禽之戏"，都表明了人类对运动与身体变化和健康关系的自觉意识，人类开始自觉运用这些经验来改善自己身体状况。可以把这个阶段的体育称为经验体育。经验体育的基础是各种自然经济和等级社会，它已经是人类自觉的体育，但由于缺乏对身体活动机理和身体变化规律的深入认识，因而还带有相当的盲目性和自发性。它具有完整的体育形式、体育价值和相对独立的存在形式，但还主要依赖于习俗而自我维系和自发调节。

文艺复兴把人类带入了自觉审视自身的新阶段，人、人的生活乃至人体都逐渐对象化，逐步成为人类认识和改造的对象。17—18 世纪的科学技

① 如古书记载的"三人执牛尾，投足以歌八阙"和古希腊神话中宙斯打败其父克洛诺斯登上众神之王位后举行的竞技活动。

术革命和 19 世纪的工业革命，极大地扩展和提高了人类的认识能力，身体活动与人类自身自然变化之间的联系及其规律一步步被揭示。人类不仅能自觉地运用身体活动，而且能利用对身体活动的科学认识有意识地设计、改造和完善自身自然，科学化成为这个时代体育的基本特征。现代体育是科学的体育、自为的体育，无论在宏观（对社会）还是在微观（对个人）意义上，体育都已经成为人类有意识、有目的、有计划的行为，其基础是工业社会、科学技术和全球化的发展。

体育的发展表现为两个基本维度：一是纵向的历史发展，主要指伴随人类文明发展过程的体育形态的演进。人类文明已经经历了两次大的文明转型，即由建立在天然经济基础上的原始文明向以自然经济为基础的农（牧）业文明的转变，和由农（牧）业文明向工业文明的飞跃。与此相应的是从原始自在的体育向自觉的经验体育的转变，和由经验体育向自为的科学体育的嬗变。在工业社会以前，虽然各地区各民族的文明形态和体育形态各不相同，体育发展的道路也千差万别，但都表现出人类对体育的自觉程度不断加深、体育活动的规范化程度不断提高的整体趋势。这些在相对孤立发展背景中表现出来的共性特征，表明了体育文化发展的内在统一性，也是 19 世纪开始的体育全球化进程的内在根据。

体育发展的另一个维度，是不同体育文化之间发生联系的过程。与人类文明发展的进程相同，早期高度分离、零散的体育文化逐渐汇聚成几个较大的体育文化区域。虽然战争、贸易、移民、传教者和探险家等都曾经发挥过体育文化交流的作用，但在 15 世纪末以前，各民族和国家的体育文化基本上沿着各自传统的道路向前发展，因而表现出非常强烈的地域性特征。

相对隔绝的孤立的体育史转变为统一的世界体育史的过程，即体育发展中纵向维度与横向维度的交叉，发生在工业文明兴起之后。正如马克思和恩格斯指出的那样："工业生产从根本上改变了人们被迫束缚在土地上的生活形态，极大地扩展了人类的生存空间和活动空间，推动了全方位的社会变革，资产阶级使一切国家的生产和消费都成为世界性的了……物质的生产是如此，精神的生产也是如此，各民族的精神产品成了公共的财产。"① 同样，各种体育文化间的差异也逐渐缩小，先后走上了体育现代化，即科学化、全球化的道路。

---

① 中共中央马恩列斯著作编译局. 马克思恩格斯选集（第 1 卷）［M］. 北京：人民出版社，1995：276.

　　这一过程开始于 15 世纪的西欧。在地理大发现和文艺复兴、宗教改革等一系列历史巨潮的推动下，西欧先后爆发了科学革命、思想革命、政治革命和工业革命，工业文明开始向全球扩张。到了 19 世纪末，已经形成了欧洲列强支配下的资本主义世界体系。在这个过程中，在人文主义思想的影响和现代社会发展的推动下，随着宫廷学校、博爱学校逐步发展为国民学校的历史进程，现代体育也从骑士训练和民俗活动中脱颖而出，并从西欧逐渐扩展到全欧洲乃至全世界。在这个过程中，体育的教育化扮演了推动体育现代化的火车头的作用。

　　奥本·海姆把 1896 年现代奥林匹克运动的诞生视为 20 世纪的起点，他认为"体育运动与 20 世纪的社会有一种共生的关系"[①]。在 20 世纪中，现代体育突破欧洲和北美地域真正发展成为世界体育，最充分、最全面、最深刻地展现了它的内在统一性：从体育的形式、体育的组织方式到对体育价值与功能的理解，从穷乡僻壤的学校体育课堂到各种大型运动赛事，人们看到了越来越多的相似性。在这个过程中，以奥林匹克运动为核心的竞技运动逐渐取代学校体育成为现代体育发展的强大动力；在科学之光的强烈辉映下，现代体育曾经具有的人文主义光辉黯然失色；许多国家延续已久的民族传统体育也不断被边缘化。

　　以上既是我们对于体育发展基本脉络的总体认识，也是本书的基本框架。本书以文艺复兴和第二次世界大战的结束为标志，把整个体育的形成与发展分为三个大的历史阶段。上编"古代体育"共 5 章，其中第一章主要介绍体育的起源；第二章讨论上古不同区域体育的特点；第三章介绍对世界体育史有深远影响的轴心时代的体育；第四章分三个时期介绍中国传统体育的形成及演变。第五章讨论孕育了现代体育的欧洲中世纪的文化和体育。中编"现代体育"共 4 章，第六章、第七章讨论现代体育在欧洲的兴起和国际传播，第八章、第九章是对中国体育危机和中国传统体育的初步现代化过程的论述。下编 3 章始于第二次世界大战后，各用一章讨论当代世界体育发展的整体趋势、体育全球化背景下的中国体育之路和港、澳、台地区的体育。

　　在对体育史进行分期的时候，我们没有采用通常的古代、近代、现代和当代的划分方法，而是把近代和现代合为一编。这样做一方面是因为中文"近代"和"现代"在英文里都是"modern"，更重要的是在鸦片战争

----

① ［美］理查德·W. 布利特. 20 世纪史 ［M］. 南京：江苏人民出版社，2001：119.

以后，中国社会和中国体育就已经开始了它们艰难的现代化之路。① 把这个过程与欧洲走出中世纪，从而带动世界的现代化进程放到一起考察，有助于我们更好地认识中、西方体育现代化进程之间的异同，更好地总结中国体育现代化的历史经验和教训。

当前，人类社会和体育发展都面临着新的挑战。虽然还有不少国家和地区尚未完成工业化的进程，但人类社会已经开始步入知识经济和信息时代。在这样一个时代，人类的生产、生活方式都将发生并已经开始发生巨大变化。作为一种余暇生活方式和教育手段，体育也不可避免地会发生相应的变化。如何使体育顺利地完成由工业社会向后信息社会的转型？如何使民族传统体育适应现代社会的转变？温故可以知新，温故也可以创新。正如在文艺复兴时期对古希腊体育的好奇心最终导致现代体育、包括现代奥林匹克运动的产生一样，生活在今天的人们比以往任何时候都更需要用历史的、整体的、发展的眼光去审视体育的过去和现在，探索体育发展的整体趋势和方向，以更好地完成历史赋予我们的使命。我们期望，本书能够对体育专业的学生和对体育感兴趣的人们有所帮助，能引起他们对体育问题的思索和对体育前途的关注。

四、体育史学研究的意义、方法与现状

学习历史的目的并不仅仅是让人了解一些重要的历史人物和事件，而是为了从历史发展中吸取对今天有益的经验教训，从而有助于今天和未来的发展。因此，在中学历史课程学习的基础上，大学体育专业的体育史课程更强调培养学生的历史思维方式和能力，并注重对体育历史事件的分析。基于这个目的，体育史课程强调从两个维度培养体育专业学生的理论思维能力：培养学生分析体育事件因果关系的能力，培养学生把体育事件与相关背景理解为复杂系统的能力，即从时间和社会空间理解体育事件的能力。

基于这样的目的，体育史课程致力于引导学生学习三种研究方法：比较方法、系统方法和逻辑方法。比较方法是把相关体育事件按照历时态和共时态排列比较，找出其异同及其历史意义的方法；系统方法是按照历史事件本身的系统性，把体育事件置于系统形式中加以考察的方法，即从系

---

① 近年来，国际史学界有一种观点把宋代作为中国"近世"的开端，认为宋代已经具有某种现代性。参见胡昭曦. 宋朝社会与中华文明 [J]. 中华文化论坛，1998（4）：40.

统观点出发分析体育事件整体与要素之间、整体与外部环境之间相互联系、相互制约、相互作用的关系，以综合揭示体育事件系统的性质和发展规律的方法，以此把握体育事件发展的整体性、有序性和动态性；逻辑方法是根据现实材料按逻辑思维的规律、规则形成概念、作出判断和进行推理的方法，包括形式逻辑方法和辩证逻辑方法。形式逻辑方法包括综合、抽象、概括、定义、分类等，同一律、矛盾律、排中律是一切思维必须遵循的基本规则。辩证逻辑方法是人们进行辩证思维的方法，包括从抽象上升到具体、归纳与演绎的统一、分析与综合的统一以及逻辑与历史的统一等基本方法，主要应用于科学研究和建立科学理论体系。

中国的体育史学研究肇始于洋务运动时期对欧洲体育的介绍。甲午战争以后，严复就依据他在英国留学时对欧洲教育和体育的了解，在《原强》中对于体育在教育和社会发展中的地位与作用作了全面论述；1904年，梁启超发表了《中国之武士道》，用人物传记形式梳理了中国古代的勇武精神；上海广学会编译刊印了《体育图说》，介绍了欧洲徒手操运动和哑铃健身练习。它们和这个时期报刊上发表的其他介绍日、欧体育状况和思想的文章一起，反映了当时对中外体育发展的关注。1916年，郭绍虞先生在商务印书馆出版了作为东亚体专教材的《中国体育史》，系统介绍了中国传统的体育活动和论述。在美国春田学院留学的马约翰先生在其毕业论文中论述了20世纪前20年中国体育的发展状况。1945年，商务印书馆出版了程登科的《世界体育史略》，全书共五编，全面介绍了世界各主要国家体育的历史。郭绍虞和程登科的书奠定了我国体育史学研究的基础，也初步确立了体育史研究的内容和框架。1958年，国家体委组织6个直属体育学院研究中国体育史。"文化大革命"前，人民体育出版社出版了主要由董守义、唐豪先生等撰稿的包括中国古代、近代史料和回忆文章的1~8辑《中国体育史研究资料》。由于种种原因，直到"文化大革命"结束，只有成都体育学院完成了从原始社会到清代的中国体育史和美国范达冷《世界体育史》的翻译，20世纪80年代大百科全书中的体育史部分主要就是根据这些成果完成的。80年代，各校陆续出版了一些校内自用的《中国体育史》《体育史》《世界体育史》和《中外体育史》等教材。1987年，高等教育出版社也出版了高等师范院校体育专业《体育史》教材，1989年，人民体育出版社出版了周西宽先生主编的体育学院统编《体育史》教材。

虽然中国的体育史学研究已经有100多年的历史，但直到近二三十年，中国的体育史学研究才初步脱离资料搜集和梳理阶段而开始转入系统深入研究，但与国际体育史学研究相比还有较大差距。这种差距主要表现在以下几个方面：

从近 20 年参加国际体育史学术会议和近 20 年《国际体育史季刊》发表的论文看，我国学者的注意力一直集中在中国体育史研究上，极少研究国际体育史发展中的重大历史问题，因而很少能与外国同行进行深入的探讨。

从半个多世纪前范达冷教授主编的《世界体育史》看，他和他的团队是在教育哲学的指导下来组织和分析史料的：教育背景—教育目标—体育目标—体育方法，读者可以按照这个框架对不同时期和不同国家的体育进行比较研究，正因为这样，他把这部现代体育史学和比较体育学奠基之作的副标题确定为历史的、比较的和文化的，他始终坚持把体育事件置于特定的历史文化背景之中。可以说，国内的体育史著作还没有达到范达冷教授的哲学高度，尽管从 2005 版教材开始，我们就力图用观念、制度和实践三层次理论来解释特定区域时代人群共同体的体育文化发展状况，但以此作为教材的结构框架至今仍不能令人满意。

在古希腊罗马还原论哲学和体育、中世纪欧洲民间体育基础上形成的现代体育话语体系推动着现代体育的发展，也提出了一些还不能完全用现代体育理论解释的运动和健康问题。对于这些问题，中国体育可能有不同的理解。可是，中国体育史学研究至今未能提炼出植根于中国历史和体育文化、能够为现代人所理解的体育话语体系，这表明我国体育史学研究的学术体系和学科建设水平还不高，发现、提出和解决重要学术问题的原创能力还不够强。进一步提高体育史学研究水平，以便更好地为体育学科建设和体育发展服务，是体育史学工作者的责任。

上编 古代体育

第一章　体育的起源

本章提要

人类的起源可以追溯到 400 多万年前。体育的历史与人类史一样悠久。那么，体育是怎么起源和形成的？它与人类社会的发展有什么关系？本章主要讨论早期人类身体运动的形态、特点和作用。

第一节　人类的起源

由于气候变迁，生活在非洲丛林中的一部分古猿被迫下到地面，前后肢逐渐分工形成了直立行走姿势，最终促成了从猿到人身体和行为的适应性变化。

一、人类的起源与体育的萌生

关于人类的起源，世界各地各民族有着丰富的神话传说，如犹太人的上帝造人说和中国汉族的女娲造人说是其典型代表。一般认为，人类是由生活于非洲东南部距今 400 万年的南方古猿进化而来的。它们以直立方式在林间平原活动，以水果、坚果、植物根茎、小动物和昆虫为食。它们比现代的人类身形要矮小，脑容量也只有现代人类的 1/3。1974 年，在埃塞俄比亚发现了一具南方古猿阿法种化石，后被称为"露西"（Lucy）。[①] 露西生活的年代是距今 320 万年前，她被认为是第一个直立行走的人类，也是目前所知人类的最早祖先。直立人慢慢演变成智人，距今 5 万年时，晚

---

① ［英］萨拉·伊森. 爱上科学：生命的进化［M］. 王玉娟，译. 北京：人民邮电出版社，2013：109.

期智人的身体已经与现代人无异，这大约经历了 100 万年（表 1-1）。①

表 1-1　人类进化的阶段

人类进化阶段	生活年代
南方古猿	500 万年前—100 万年前
直立人	200 万年前—40 万年前
早期智人	40 万年前—13 万年前
晚期智人	13 万年前至今

▲ 人类的进化图

查看达尔文
关于人类起
源的论述

1871 年，达尔文发表了《人类的由来和性的选择》（*The Descent of Man，and Selection in Relation to Sex*）一书，首次从科学的角度研究了人类起源和运动起源之间的关系："如果人的手和手臂解放出来，脚更稳固地站立，这对人类是有利的话，那么有理由相信，人类的祖先愈来愈多地两足直立行走对他们更加有利。如果手和手臂只是习惯地用来支持整个体重或者特别适合于攀树，那么手和手臂就不能变得足够完善以制造武器或有目的地投掷石块和矛。"显然，达尔文认为，身体活动是人类进化的关键因素。

二、直立行走与人类身体的适应性改变

直立行走不仅是从猿到人发生的生物学变化，也是人类行为的重大适应性改变。直立行走不但使上肢能解放出来携带物品，使用进而制造工

---

① 魏奇，魏世峰. 走出伊甸园——人类的起源和演化［M］. 西安：陕西人民出版社，1994：63.

具，也逐步发展出能效更高的动作和行动方式。苏黎世人类学研究所的人类学家彼得·施米德（Peter Schmid）研究发现：南方古猿阿法种"不能够提升他的胸部以进行那种人类奔跑时出现的深呼吸"，南方古猿两足直立行走，因而灵活性受到限制，类猿人则行动敏捷。当两足直立行走的猿在开阔的林地寻找广泛的食物资源时，能够在更大的地域范围内行动。类猿人进化产生了一种新的行动方式，虽然仍是直立行走，但却日渐敏捷和活跃。直立行走帮助卡玛拉在学会人类奔跑方式后又初步学会了采集、挖掘、摘撷、手握棍棒和石块防御和进攻、切割砍砸等动作，从而奠定了人类劳动和运动的基础。

直立行走对人类体质与身体运动形式有着深远影响。人体形态结构和活动方式的变化，为人类体育性质的身体活动提供了生物学基础。

人类直立行走姿势并非与生俱来，幼儿1岁前后学习直立行走需要成年人协助完成，印度狼窝里发现的卡玛拉七八岁时只能用四肢爬行，两年后学会站立，6年后才学会直立行走，但快跑时还是四肢并用。

人类在直立行走的基础上发展出丰富的身体活动方式。身体活动是人类生存的基础，通过身体活动才能寻获和生产食物。人类起源的过程也是身体活动能力在动物机体基础上逐渐发展的过程。

体育的演进与人类的社会组织和经济活动直接关联。直立行走促进了类人猿上下肢分工，逐渐进化为可以使用和制造工具的人类，形成了为满足人类的生存和生理、心理需要的各种活动。直立行走给人类带来了丰富多彩的身体运动形式，创造了人类社会和社会生活，形成了人同其他动物的本质区别，这也是构成体育发展的深厚基础。

第二节　早期人类的身体活动

进入文明时代以前的人类历史只能靠口耳代代相传。但在世界各地发现的历史遗迹和岩画却充分展现了古代先民的生活场景，从中可以窥知人类早期的生产生活方式及身体运动状况。

一、原始体育的内容与形式

谋求生存和趋利避害是动物的本能，原始人类的活动首先是获取食物和生存空间，包括采集、狩猎、争战以及一些精神或休闲性的活动。

（一）谋求生存的身体活动

1. 采集

查看恩格斯关于劳动起源的论述

采集是原始人类从类人猿直接继承下来的第一种生存技能。原始人用自己的肢体从树上和地面采集可以食用的果实、枝叶和植物的地下根茎等以获取食物。在长期使用天然石块砸取果仁的过程中，原始人也学会了使用石块在土、木或岩石上刻画，进而用石头在岩壁上凿刻磨制出他们生活的场景，如渔猎、动物、战斗、舞蹈、游戏等。在我国连云港市海州区锦屏镇桃花村锦屏山南麓覆钵状山坡上，分布着三组距今约 4 000 年反映原始先民采集内容的岩画。其中第一组岩画在山坡西侧，南北长 4 米、东西宽 2.8 米，以人物和农作物图案为主。在人面与农作物、树木之间，还有鸟等。这组图案表现了原始先民在林木间采集果实的情景。

查看秘鲁原始部落的人生生活现状

▲ 采集（连云港的将军崖岩画）

2. 狩猎

（1）狩猎的形式

狩猎是人类先民最重要的生产活动。世界各地都发现了种类繁多、形式多样的狩猎题材岩画。例如，按照参与狩猎人数的多少，可分为独猎、对猎、三人猎和围猎等不同方式的岩画；按照猎物的种类，可分为牛、鹿、羊、大象和鱼等岩画；按照狩猎工具和方式，可分为射、骑、车、网、陷阱和投掷、棒击、追逐等不同类型的岩画。西班牙拉文特岩画《捕猎》，表现了一人持棍棒奋力追逐两头驯鹿的情景。岩画中的猎人身体矫健、敏捷，双腿展开如腾空一般。[1] 南非布须曼人的岩画《狩猎》，展现了

---

[1]　注：本章出现的国外岩画图片，除特别注明外，均引自陈兆复的《外国岩画发现史》，中国岩画图片皆引自陈兆复的《中国岩画发现史》。

双人猎的情景，岩画中的猎人健壮高大，手持弓箭将猎物前后堵截。印度皮摩波特卡崖壁画中的《捕鱼》则展示了渔猎的场面，岩画中刻画有多个人物形象，分工各有不同。我国阴山岩画中则有集体围猎的宏大情景。

▲ 捕猎（西班牙拉文特崖壁画）

▲ 狩猎（南非布须曼人崖壁画）

▲ 捕鱼（印度皮摩波特卡崖壁画）

▲ 围猎（中国阴山岩画）

（2）狩猎活动中的工具及使用

生产活动是原始人争取生存的主要和首要活动。史前时期的生产活动以采集、渔猎为主。劳动工具及使用工具的技能从一个侧面影响着体育活动的内容和方式。按生产工具的发达程度，原始社会可分为旧石器时代、中石器时代和新石器时代。新石器时代的工具更加丰富，工具的进步和类型的增加，为人类提供了更加丰富的活动手段。这里着重介绍石球和弓箭。

石球：石球最早出土于约10万年前的丁村文化遗址，在4万年前的许家窑遗址大量出现。石球是一种装在一根两头栓石头的"飞石索"上的狩猎工具，20世纪前期，我国云南的纳西人还在使用飞石索。石球的出现，不仅使渔猎活动出现了新面貌，而且也为石球演化为游戏用具创造了条件。原始社会后

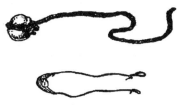

▲ 20世纪前期纳西人的飞石索

期，出现了用脚踢的石球及镂空的陶球。

弓箭：在 2.8 万年前的山西峙峪文化遗址中，发现了石镞和制造皮革弓弦的细石器，这表明弓箭至少在此时已经诞生。"弓箭对于蒙昧时代，正如铁剑对于野蛮时代和火器对于文明时代一样，乃是决定性的武器。"① 弓箭把物体的弹力和人的臂力结合起来，延伸和加强了人体器官，提高了活动的效能，提供了更加丰富的活动手段。

▲ 山西峙峪文化遗址
出土的石箭镞

在原始的教育和巫术等活动中，石球、弓箭、舟、矛、标枪等劳动工具在功能上逐渐由适应生产需要演化到适应非生产性活动，从劳动工具中逐渐发展出专用于巫术等活动的用具和武器，一些劳动技能也脱胎为体育和军事技能。

3. 争战

原始先民为了生存，不仅要与天斗，与兽斗，还要与人斗。不同部落、氏族间为了争夺猎物、财产和生活空间常发生战争，故在岩画中，以战争为主题的岩画十分常见。在武器粗陋的人类社会早期，体力和技能是战胜敌人的重要基础。南非布须曼人的《作战》表现了早期部落间战斗的场面。从图中可见，弓箭是当时主要的作战工具，作战形式有远距离射击和近距离互博。狩猎用的工具——弓箭以及狩猎中习得的技能已被用于对付自己的同类。

▲ 作战（南非布须曼崖画）

文献选读一

弓箭的发明

中石器时代的弓较长，约与人等高，质地多为榆木或紫杉木，箭杆也相应较长，嵌以锐利的箭头状细石器，足以射杀牛。这类弓箭一直使用到新石器时代。较之以前的各类武器，弓箭无疑具有更大的杀伤力，尤其是在射程方面更是独领风骚，所以在其后的相当一段时期内，弓箭一直是人类手中最有效、最具威慑力的武器。弓箭的发明是

---

① 恩格斯. 家庭——私有制和国家的起源 [M] //马克思，恩格斯. 马克思恩格斯选集（第四卷）. 北京：人民出版社，1972：19.

人类长期生产经验和技巧积累的结果，同时也极大地提高了人类在生存竞争中的优势。从此，猎人们不必冒着生命危险与野兽进行近距离搏杀，而可以在较远或较隐蔽的地方射杀野兽，这样既提高了猎人的安全系数，又大大增加了捕获物的数量。此外，使用弓箭以后，人类不仅能继续猎取陆上动物，而且还能射取空中的飞禽和水中的生物，人类的渔猎能力因此获得了进一步的提高，获取生产资料和生活资料的渠道也更为广阔，这对人类的生存和发展都具有举足轻重的影响。

——王斯德. 世界通史：前工业文明与地域性历史 [M].
上海：华东师大出版社，2001.

（二）非生产性的身体活动

除了直接获取食物的生产劳动和争夺生存空间的格斗自卫活动外，原始人类还有许多与原始精神活动密切相关的身体活动，包括逐渐仪式化的原始宗教舞蹈和其他休闲娱乐活动。它们是戏剧、音乐、舞蹈和体育的共同源头。

1. 舞蹈

原始舞蹈是早期人类集体进行的一种仪式化行为。人类的早期舞蹈与现在体育和艺术中的舞蹈在形式上大同小异，但功能和意义迥然不同。在多数情况下，原始先民的舞蹈是一种功利性很强的活动。舞蹈不是消遣，而是全部落的严肃活动。生育、祭祀、婚丧、酋长选举、狩猎、战争、宴会以至应对日月盈昃等天象变化都伴有舞蹈活动。[1] 闻一多认为："除了战争外，跳舞对于原始部落的人恐怕是唯一的使他们觉得休戚相关的事情，它也是对于战争最好的准备之一。操练式的跳舞有许多地方相当于我们的军事训练。"[2]

2. 其他身体活动

岩画中还有许多跟原始先民的娱乐和杂技等身体活动有关。在云南沧源岩画和四川珙县岩画中，都有许多表现踢球、投掷、抛球、倒立和杂技等场面的岩画。

①　库尔特·萨克斯. 世界舞蹈史 [M]. 郭明达，译. 上海：上海音乐出版社，1992：4.
②　闻一多. 说舞 [M] //闻一多全集（第 2 卷）. 武汉：湖北人民出版社，1993：210-213.

▲ 技巧（云南沧源岩画）

二、原始体育的意义

（一）身体活动与人类认知

认知是人类通过各种感官认识外界事物的过程。身体感知和身体活动在人类认知发展中起着重要作用。

从古猿进化到智人的过程中，随着手脚的分工，人类手的灵活性不断提高，大脑相应功能区不断拓展，这为人类的认知发展奠定了物质基础。与低等动物相比，人运动方式最为复杂，促使人类的感受器和肌肉效应器的神经联系在大脑中更为丰富、细致和复杂。恩格斯指出："手不仅是劳动的器官，它还是劳动的产物。只是由于劳动，由于总是要去适应新的动作，由于这样所引起的肌肉、韧带以及经过更长的时间引起的骨骼的特殊发育遗传下来，而且由于这些遗传下来的灵巧性不断以新的方式应用于新的越来越复杂的动作，人的手才达到这样高度的完善，以致像施魔法一样造就了拉斐尔的绘画、托瓦森的雕刻和伯格尼尼的音乐。"①

身体活动是思维认识的先导和基础，是大脑充分发育的必要条件和各种智力得以发展的基础。研究表明，婴幼儿通过运动所获得的运动感觉不仅有助于身体活动能力的发展，而且有助于引导各方面的发展，并将这种身心发展保持终身。身体运动学习是一切学习的基础。

1. 身体活动是人类认知的基本途径

人类早期的身体活动是人类求得生存与发展的基本途径和方式，关于身体活动的知识也是人类早期知识构成中的重要组成部分。人类早期的这些知识是先民认知的结果，其内容以身体运动的知识为主，知识的获得也主要是通过身体运动完成的。从皮亚杰发生认识论的角度看，人类的认知发生于认知主客体之间的相互作用，认知的主体和认知的对象之间的关系

---

① 马克思，恩格斯. 马克思恩格斯选集（第四卷）［M］. 北京：人民出版社，1972：375.

是一种相互依赖的关系。① 人类对世界的认知是一个能动的过程，认知的对象必须通过主客体的相互作用的活动，才能使认识的形式与内容相统一。皮亚杰指出，活动是联结主、客体的桥梁，是认知发展的最终源泉，没有活动也就无从认识。比如，初生婴儿的心理世界处于主客体不分的状态，伴随着他们通过身体动作或身体活动的作用，婴儿的心理世界逐渐沿着内外两个方向发展，内外并趋于协调一致，也就是说，本来外在于身体主体的动作逐渐达到内部协调，形成动作的内部结构和认知图式等，与之同时，婴儿应用内部已经形成的图式来认识外在世界，进而形成对外物的因果解释。② 从认知的角度看，在人类社会形成之初，人类先民的生活起居、宗教祭祀、休闲娱乐等活动本身就是原始先民与客观世界相互作用的形式与过程，是他们感知世界、认识世界的过程。因此，从这一点来讲，这些丰富的身体活动形态是人类早期认知主客体相互作用的基本方式和基本途径。

2. 身体活动拓展了人类的认知内容和能力

身体活动作为人类认知的基本途径，联结了作为认知主体的身体和作为认知客体的外在世界。人类早期丰富的身体活动形式为原始先民从多个方面接触客观事物创造了条件，提供了多种认识可能，拓展了人类认知活动的广度与深度。

（二）身体活动的仪式化

随着动作技能水平的提高和人类思维能力的发展，身体活动逐渐在空间和目标上与劳动或军事活动分离而形成为原始体育。这个过程大约发生在 15 000 年前的旧石器后期，弓箭和巫术化身体活动的出现，是原始体育形成的主要标志。

文献选读二

酋邦国王的产生仪式

在印度的某些地方，所有的权力都在一定时期内由国王交给当地人代理……这是一项为期五年的职务，在这段时期内，任职者在他管辖范围内具有最高的独裁权力。五年期满，就把他的头砍下来，在大群村民的聚会中抛向空中，当头落下时，人人争着接住它。谁接住了，

---

① ［瑞士］B. 英海尔德，H. 辛克莱，M. 博维尔. 学习与认知发展［M］. 上海：华东师范大学出版社，2001：5.

② 叶浩生. 身心二元论的困境与具身认知研究的兴起［J］. 心理科学，2011（7）.

谁就受命任职五年。

一年期满时，杀掉国王的做法在叫做马卡希提的节日里还保存着遗迹。在一年的最后一个月里，夏威夷岛上总要庆祝这个节日。1815—1818 年，一位俄罗斯航海家记录了这个风俗：国王穿戴着最漂亮的袍子和头盔，乘着小船沿岸划行，后面跟着许多臣民……最强壮、最精悍的战士在他登陆时迎接他。国王一上岸脱下袍子，他就把矛向国王投去，相距大约 30 步。国王必须用手接住矛，否则就会被矛刺伤。他接住矛后，尖端朝下用胳膊夹着带到庙里去。他一进庙，集合好的人群就开始假斗。一时矛头如云，连人都看不清了。在每年仪式中，国王的生命都有危险，但他永远只能回答说任何人投的矛他都能接住。

—— ［英］詹·弗雷泽. 金枝精要［M］. 上海：上海文艺出版社，2001：249，253-254.

在巫术的作用下，这些带有强烈功利性目标的身体活动逐步与生产劳动和军事活动分离，源于动物性的嬉戏活动逐步转化为人类有组织的游戏活动。射箭等交感巫术使身体活动具有了非功利性、相对独立的意义和仪式化的形式。

俾格米人①的巫术

文献选读三

1905 年，德国学者列奥·弗罗别尼乌斯在刚果旅行期间，雇用了几个俾格米人——三个男人和一个女人做他的探险向导。当他们的食物快耗尽时，他请求他们晚饭以前猎获一头羚羊。

这天晚上，俾格米人仔细地察看了营地四周，又到对面小山顶上呆了许久。将近黎明，弗罗别尼乌斯小心翼翼地爬上对面山峰，藏在灌木林后。他等候了片刻，便发现

▲ 宁夏大麦地史前岩画中的集体狩猎画面

俾格米人一个跟一个地走动起来。他们在山顶上清理出一块小场地，收拾得十分平整。后来，其中一人在地面上画了个什么东西，与此同

---

① 又称布须曼人。

时，其他三人也在进行另外的仪式。接着他们全部站起来，一动不动地面向东方等待日出。当第一抹阳光投射到他们身上时，一个男人转过身，拉开弓指向地面。大家紧张地等待着。金色的太阳光刚一照射到画在地上的图上，他们便一下子活动起来。女人把双手伸向太阳，好似想要拥抱这团火球。她口中念念有词，不知说些什么。拉弓的男人把弓弦一放，箭射进地里，于是女人便高声喊叫起来。这时，男人们手持武器奔出丛林。女人在图画旁边又呆了一会儿才慢慢地、摇摇摆摆地跟着猎人们去了。

弗罗别尼乌斯跟着从树丛中走出，他看到在他们举行仪式的场地上，画着一个约0.5平方米大小的羚羊，它的颈部插着一支箭。午后，打猎的俾格米人找到一头美丽的森林羚羊归来了，它被箭射中的部位不偏不倚恰好在颈部。他们交出战利品后，一声不响地带上一撮羚羊毛和盛着血的容器回到山顶上的图画跟前。

——［匈］拉斯洛·孔. 体育运动全史［M］.
中国体育史学会办公室译本，1986.

三、原始体育的特征

以采集、渔猎和简单农耕为基础的生产方式和以血缘为纽带的社会结构，支配原始人类以万物有灵意识和交感巫术为基础的神秘互渗思维方式，以及积淀在神话表象中的种种禁忌或集体意象，构成了原始人类社会生活和精神生活的显著特色，并由此而构成了原始体育的基本特征。原始体育是许多运动方式、身体教育方式和竞技性运动的共同源头。原始体育具有以下特征：

1. 复杂性

原始体育具有教育、训练、文化认同、规范培养等多种意义，各种意义之间相互渗透，互为影响，尚不具备清晰的形态和独立的价值。

2. 神秘性

原始人对身体活动的认识笼罩在浓厚的神话表象中，他们还不能直接从身体活动与身心变化的联系中去认识问题。随着身体活动的发展，身体活动与身心变化的联系也越来越明确。

3. 朴素性

原始体育的内容和形式都还相当简单和粗糙，它在时间和空间两方面仍然与劳动过程紧密相连。许多体育用品（如弓箭、标枪等）就是劳动工具或武器，体育技能同时又是劳动技能。

4. 平等性

原始社会是人人平等的大同社会，除性别、年龄的差异外，每个成员都有参加体育的同等权利和义务。

5. 地域性

地理环境、气候条件等直接影响着体育活动的内容和方式，使原始体育已初步显示出地域文化差异。如在游牧民族中，骑马、射箭、摔跤是主要的体育活动，渔猎民族的投掷、划船和农业民族的舞蹈、球类等则地位突出。特定的地域和人群是形成特定体育文化的基础。

本章小结

直立行走是从猿到人进化过程中的转折点。直立行走不仅是生物学上的重大改变，也使人类的身体活动逐渐超越纯生物学的意义，开始有意识地创造丰富的身体运动形态，形成了多种身体动作技能。人类早期的身体运动形态在身体动作技能方面与现代体育高度相似，从运动项目、运动方式及身体教育三方面来看，史前的身体运动是现代体育的萌芽，对现代体育的起源具有重要的发生学意义。但还没有脱离人类生产劳动的性质，与现代体育仍有着本质区别。现代体育奠基于古猿的直立行走，起源于从猿到人的进化过程中。

人类早期的身体运动在人类的认知发展、语言形成与发展的过程中发挥着重要作用。随着人类的不断发展与完善，人类的体育也从最初的生产性活动逐渐上升为脱离生产劳动的、逐渐规范化的身体活动，进而发展成为人类独有的身体文化。

思考与探索

1. 身体活动在从猿到人过程中有什么作用？
2. 身体活动与人类认知和语言发展有什么联系？
3. 观察婴幼儿与灵长类动物动作发展的异同。

拓展阅读文献

1. 恩格斯. 劳动在从猿到人转变过程中的作用 [M] //马克思，恩格斯. 马克思恩格斯选集（第三卷·下册）. 北京：人民出版社，1972.

2. 颜绍泸，周西宽. 体育运动史（第一章）［M］. 北京：人民体育出版社，1990.

3. ［荷］J. 胡伊青加. 人：游戏者［M］. 成穷，译. 贵阳：贵州人民出版社，2007.

4. 崔乐泉. 史前人类的社会生活与原始体育形态——中国原始体育文化论纲［J］. 山东体育学院学报，1996（3）.

5. 董虫草. 胡伊青加的游戏理论［J］. 浙江大学学报（人文社会科学版），2005（3）.

活动建议

1. 参观学校所在地博物馆的原始社会文物陈列，或通过网络进一步了解原始人的生产和生活状况，并思考它们与体育起源和原始体育状况之间的联系。

2. 在家乡或附近地区搜集一个有关节日民俗体育活动起源的传说故事。

第二章　古代不同区域的体育

本章提要

本章主要介绍了亚非大河流域及古代美洲不同特色的体育。这种特色在公元前一千纪时已经很鲜明。由于古代各文明区域间相对隔绝，各种地域体育文化基本上循着各自的轨迹相对独立地发展，其间偶尔因战争或其他交往而伴随零星的交流，直到 15 世纪时这种状况才逐渐被打破。

第一节　古代亚非大河流域体育

地理上被称为中东的地区是远古直立人走出非洲的必经之路和联结欧、亚、非三大洲的桥梁。根据分子生物学的研究，现代人类走出非洲的时间是 15 万年前到 8 万年前，之后又发生了几次回流、扩张和迁徙。距今 11 000 年前左右，非洲出现了人类最早的文明，产生了城市和文字，为世界留下了创造世界和大洪水的神话以及大量的远古文字记录。

一、古代西亚北非体育

亚、非毗邻地区的尼罗河流域，幼发拉底斯河和底格里斯河流域诞生了人类最早的文明，即埃及尼罗河文明和两河流域文明。这些文明逐渐扩散到地中海东岸和北岸，成为后来人类文明的主流。两河流域是人类文明的摇篮，第一个农业村落，第一座城市，最早的车、船和文字，都出现在这片土地上。公元前 3000 年左右，在美索不达米亚（即两河流域南部）平原已出现了苏美尔人建立的一些奴隶制城邦小国，它们都包括一个城市及其附近地方。公元前 18 世纪，古巴比伦王国国王汉谟拉比统一了两河流域，建立起中央集权的奴隶制国家。后来又先后被亚述、波斯、亚历山大帝国和罗马帝国征服。公元 637 年，两河流域并入阿拉伯帝国版图。

两河流域各王国等级森严，宗教意识渗透在社会生活的每个角落。多数人认为，人类被创造出来是为了侍奉神明，不仅要崇拜神，而且要供养神。

（一）古代两河流域体育的内容

1. 格斗技艺和拳击、摔跤

中亚大约在 7 000 年前驯养了马，但马拉战车至少在此之后的 5 000 年才出现。战车赛和赛马在西亚、北非、南欧、中亚、南亚都曾十分流行。考古资料表明，人类的乘车、赛车和骑马活动都可以在两河流域找到源头，这对近东地区和世界古代体育产生了一定影响。西亚的亚述人马术精良，能够在奔马疾驰中上下自如，弓箭手能用各种姿势射箭。公元前 12 世纪时，亚述人曾经进行过有组织的击剑和投掷梭镖的训练活动。《汉谟拉比法典》的部分条文以及一些图画，反映了古巴比伦的射箭、拳击、车赛、狩猎等体育活动的情况。巴格达博物馆一尊大约公元前 2800 年的青铜像，生动表现了抱腰摔跤的场面。

▲ 苏美尔人的马拉战车（约公元前 2500 年）

▲ 公元前 2800 年的摔跤铜像

2. 狩猎

为保持士兵的战斗力，亚述的军队非常重视狩猎，并以此作为重要的军事训练手段。狩猎也是在国王和贵族中盛行的一种娱乐活动。亚述帝国国王巴尼帕曾经把自己杀死的野兽数目同自己在战争中杀死的敌人数目一样详细地记载在泥板上。现收藏于大英博物馆的亚述帝国时期的浮雕《亚述巴尼帕猎狮》，生动地描绘了亚述国王巴尼帕猎狮的场景：亚述王巴尼帕带领武士，身披甲胄，骑在马上向着一头被箭射中后又返身猛扑的雄狮，国王的长矛正向狮头刺去。此时在国王的后面，又有一头受伤的狮子怒目而视，张牙舞爪地向后面一匹无骑手的马背扑去，前爪已经搭在马的屁股上，情势万分紧张。看来国王处于前后夹攻的危势中。雄狮的中箭与亚述王的勇猛，构成了一对强烈的矛盾，从而显出亚述王的勇敢与威武，同时也反映了亚述巴尼帕的尚武精神。另一幅精彩的浮雕《垂死的牝狮》

同样是描述亚述王巴尼帕狩猎场面的：身中三箭的母狮，满身鲜血淋漓，后半身已经瘫痪在地似乎到了死亡的边缘，但它仍撑起结实的前脚，昂首吼叫，既痛苦，又不甘心就此倒下去，形象极其悲壮。

▲ 亚述巴尼帕猎狮（浮雕）　　　　　　　▲ 垂死的牝狮（浮雕）

3. 游泳

游泳受到各阶层的普遍欢迎。现在，大英博物馆里收藏着巴尼帕国王率军渡河的浮雕：三个人使用充气的气囊作为漂浮工具，游泳姿势颇像现代的爬泳和侧泳。

4. 球戏和儿童游戏

古代两河流域曾经采用海枣木棒进行击球游戏，后来又采用这种木棒进行马球运动。在民间还出现过一些娱乐性的舞蹈和儿童游戏。此外，头顶大罐和抱腰摔跤比赛特别受人欢迎。

5. 保健术

类似中国气功和印度瑜伽术的保健术从这里发端，后被古代各族人民吸收并加以改造利用，形成了不同的流派。

6. 宗教性竞技

古代两河流域为祭祀春天太阳神，通常会举行宗教性竞技会，这比古希腊奥林匹克祭典还要早1 000多年。其中包括赛车、赛跑活动和分队进行的打斗比赛。

文献选读一

两河流域的马

马的驯养和较迟的冶铁技术的发明是两个十分重大的发展，它们使游牧民获得了新的作战能力。就目前所知，中东是最早驯养动物的地方，也是最早乘骑动物的地方。这两者发生的时间在公元前5000年前后。不过，在早期阶段，乘骑动物的现象并不多见。

游牧民利用马打仗时，最早的做法是将马套到轻便的双轮车上。这种车的轮子装有轮辐，比起美索不达米亚笨重的实心四轮车大大改进了。高大的马和灵便的车相结合，使游牧民得到了一种令人生畏的武器——战车。公元前二千纪，游牧民就是驾着这种战车，掀起了最早的入侵浪潮。驾车作战时，一名战士驭马，其他战士用强弩射箭。众弩齐射，飞箭如雨，没有几个步兵能长时间地抵挡，更不用说抵抗紧跟着发起冲锋的密集的战车。

到公元前二千纪末，游牧民用骑兵取代战车，进一步提高了他们的战斗力。这时的马既高大又强壮，可以直接骑人。而且，游牧民还发明了役使马的马勒、马嚼子、角状的马鞍和马镫，使他们能在策马飞奔时腾出双手，射出阵雨般的箭。

—— [美] 斯塔夫理·阿诺斯. 全球通史 [M].
上海：上海社会科学院出版社，1999.

（二）古代两河流域体育的特点

从城邦到帝国的漫长过程中，邻国冲突、王朝兴废、统一战争、外族侵扰、对外扩张，成为古代两河流域地区最常见的现象。尤其是亚述人剽悍尚武，曾训练出机动迅速、进攻威力强大的军队，他们在对外扩张中以残暴著称，他们的教育、体育同军事密切相关，因而，体育活动具有为军事服务的实用色彩。

二、古埃及体育

埃及位于非洲东北部，尼罗河从南到北纵贯全境。尼罗河河水每年定期泛滥，两岸淤积了肥沃的黑土。良好的自然条件使古埃及农业很发达，这支持着埃及文明的发展。古希腊著名历史学家希罗多德曾把埃及文明称为"尼罗河的馈赠"。公元前四千纪中叶，埃及进入阶级社会，公元7世纪中叶被阿拉伯人征服。古埃及社会宗教信仰与王权崇拜紧密结合，祭司与法老沆瀣一气，这成为埃及君主专制的重要特征。

（一）古埃及社会与古埃及体育

古埃及社会等级制度森严。森严的社会等级，使得古埃及的体育呈现出阶级性。以法老为代表的奴隶主阶级不仅占有生产生活资料，而且垄断了文化教育和体育。平民阶层由于社会地位和经济状况的差异，只能从事一些和职业有关的身体训练。

1. 游泳和划船

古埃及地处尼罗河下游，濒临地中海，游泳、划船活动很普及。游泳是群众生存和娱乐的基本手段之一，在妇女中也不乏游泳好手。游泳也是军队训练的重要内容。一些贵族家中建有私人游泳池，游泳是贵族学校学生的必修课。当时的游泳姿势与现代爬泳相似。划船也是国王和百姓经常参加的一项体育活动。

2. 球戏活动

古埃及人对世界体育的主要贡献之一是球戏。在公元前 5200 年的埃及儿童墓中，发现了类似今天保龄球的大理石球与球瓶。2002 年，在开罗西南郊发现了托勒密王朝（公元前 332 年—公元前 30 年）时的保龄球场遗址。石灰岩球道长度为 60 英尺（约 15 米），中有一条深约 10 厘米、宽约 20 厘米的凹槽，石道中部有一个边长为 12 厘米的正方形坑洞。附近还发现了两个表面被打磨光滑的石灰岩石球，其中之一的直径与凹槽以及坑洞尺寸相符。古埃及帕拉奥宫廷里流行的撞球是现代台球的远祖，使用球拍的球戏为后来的网球运动奠定了基础，用弯曲的木棍击球则演化成现代曲棍球。

3. 拳击、摔跤、击剑

古埃及每逢节日庆典或外国使臣朝观，都要在宫中举行拳击、摔跤、击剑活动。拳击和摔跤在军队和民间都十分流行。古埃及帕尼·哈桑墓画上的 200 余幅摔跤图表明，古埃及人的摔跤技术已经发展到较高水平，当时采用的抓、抢、摔、扭等动作同现在的动作相差无几。当时多采用站立式摔跤，并且出现了拳击规则。后来，拳击和摔跤合并成一种叫"潘克拉辛"的运动在古埃及也十分流行。

在古埃及的绘画和浮雕中，有使用木刀击刺的场景。比赛前，双方要互相致礼，再向观众低头问候。赛毕，胜利者双手上举，失败者单手掩面低头认输。

4. 杂技、舞蹈

杂技和舞蹈在古埃及非常流行，在壁画中可以看到女演员做"桥"的动作、三人组成的塔形以及翻筋斗等难度较高的技巧运动。贵族的待客礼仪中有一项就是用技巧运动和舞蹈让客人娱乐。古埃及还有培养舞女的学校。

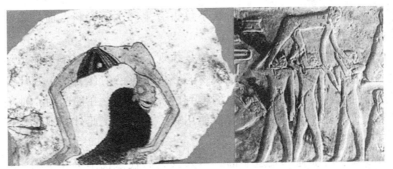

▲ 古埃及壁画（左）和雕塑（右）中的技巧动作

5. 狩猎、射箭、驾车和骑马

猎取狮、象、犀牛等动物是法老的特权，普通百姓则常用长杆撑着小船去尼罗河三角洲的沼泽地打鸟、捕鱼、刺河马，或在草原上猎取动物。古埃及军队普遍进行射箭训练，许多法老的射箭技术非常高超。

在中王国时期（约公元前2040—前1786年），古埃及人向入侵的希克索斯人学会了养马和使用战车。

▲ 纸莎草画拉美西斯二世射箭

6. 船战

尼罗河是埃及人的母亲河。埃及人不仅用它灌溉、捕鱼，也靠它运输和交通。在金字塔的建造过程中，古埃及人用船把远处开采出来的巨大石块运到施工现场。因此，划船和用船为器材的比赛就成了古埃及人喜欢的运动方式。比赛者乘船手持长杆，尽力把对手往水里推，并且极力击沉对方的船。

此外，古埃及人还有跑跳、举重、骑马、弈棋、棒槌打斗等体育活动。由于波斯人和古希腊人的入侵，古埃及人学会了希腊式运动和波斯的马球。在古埃及专门培养贵族子弟的学校中，除开设文化课程外，还有射箭、划船、跑步、驾车、骑马等体育内容。

（二）古埃及体育的特点

古埃及社会等级森严，宗教意识浓厚，这对体育的发展有一定影响。例如，祭司不允许在非宗教场所修建体育场，也不允许按期举行竞赛和建立固定的竞赛制度。森严的社会等级，使得古埃及的体育呈现出鲜明的阶级性。以法老为代表的奴隶主阶级不仅占有生产生活资料，而且垄断了文化教育和体育。

在举行体育对抗赛时，主要目的是体现法老的权威而不是体现运动技术和运动水平的高低。特权阶层人物能够依仗自己的社会地位在比赛中获得特殊待遇，如在棒槌赛中，他们得到的棒槌较长；在船战时，他们得到的竿子较尖；在摔跤时，他们有权使用较多的招数；此外，卫生保健设施也仅见于宫廷和贵族的住宅。

古埃及各种职业都是世袭的，军人及其后代重视军事技术的学习，农民子弟重视农耕技术的培养，手工业者的子弟主要限于作坊劳动技巧的掌握。这些活动虽然可以使人体得到部分锻炼，但很难使身体得到全面发展。

三、古代亚非大河流域农耕文明体育的特点

古代埃及、古代巴比伦、古代印度、古代中国四大文明都建立在农业社会基础上，都存在阶级压迫现象和森严的等级制度。社会历史发展进程中的这些共同点，使他们的体育文化也形成了一些共同的特色。

大河流域各国进入阶级社会后，大都形成了森严的社会等级制度，统治者和被统治者的权力、地位在社会生活的各个方面都存在明显差异。对等级地位的重视也体现在体育活动中，统治者享有充分的从事体育运动的时间和物质条件，而被统治者只能在十分有限的闲暇时间内参加一些与自己的职业有密切联系的体育活动。不同等级地位的人在体育运动中的地位也明显不同。古代苏美尔、埃及、印度以及亚洲一些国家下层民众的体育活动状况都能够证明这一点。

由于大河流域文明以农业为主，与自然和谐相处的生产也造就了和谐、宁静与稳定的生活方式，这使得保健养生活动在整个体育中占有重要地位。宗教活动对于古代埃及、古代巴比伦、古代印度的体育也产生了一定的影响。

第二节 古代印度河流域体育

印度河文明是公元前 10 世纪前印度河流域的土著居民和后来的雅利安人共同创造的灿烂文明。印度河文明创造的瑜伽文化和瑜伽术至今仍然影响着当代世界。

一、哈拉帕文化与瑜伽的起源

早在公元前 3300 年—前 1750 年，印度河流域就出现了早期的城邦国家。印度河文明晚于尼罗河流域文明和两河流域文明，但早于黄河长江流域文明。1922 年，考古工作者在阿富汗和巴基斯坦境内印度河流域的摩亨佐-达罗（Mohenjo-daro）和哈拉帕（Harappa）发现了古代的城市遗迹，这是印度河文明的两座典型城址。在两个城市中心人工堆成的土墩中，发现了大量石器、青铜器和农作物遗迹，同时出土了大量印章，但印章上文字至今无人能够解读。特殊的地理位置决定了哈拉帕文明与古代各文明都有联系。印度河流域的古代文明是由本地原有居民创造的，他们被通称为达罗毗荼人，也包括其他人种，如矮黑人和原始澳语人等。哈拉帕文化是古代世界面积最广的青铜文化，其极盛期已进入奴隶制发展阶段。两处城市遗址的规模都相当大，两城面积均约 2.5 平方千米，当时的人口估计都在 4 万人以上，街道布局整齐，纵横相交。在摩亨佐-达罗和哈拉帕遗址出土的一些石雕和印章上，就刻有做瑜伽冥思和坐法的图案。

查看瑜伽的
起源与特点

二、《吠陀》与瑜伽

公元前三千纪末至公元前二千纪初，居住在黑海和里海沿岸的游牧民族雅利安人越过伊朗高原进入印度西北部，征服了当地的土著居民，逐渐向南扩张并建立了很多城邦国家。这段历史和雅利安人的神话传说保留在 4 部《吠陀》中，印度的历史从吠陀时代开始才有了文献记录。《吠陀》原意为知识、学问，是祭司们在祭神时所用的颂歌、经文和咒语的汇编，虽然主要是宗教内容，但也包含一些雅利安人的早期历史。《吠陀》中的《梨俱吠陀》是其中最古老的一部，编纂年代大约在公元前 12 世纪—前 9 世纪，有些诗句可能更早，其上限可推至公元前 14 世纪初，即雅利安人开始进入印度之际。其余三部为《沙摩吠陀》《耶柔吠陀》和《阿闼婆吠陀》，因成书较晚（约在公元前 9 世纪—前 6 世纪间），通称为后期吠陀。在后期吠陀产生的时期，又出现了一些解释《吠陀》经文和意义的论述，称为《奥义书》。

《吠陀》认为，唯有学习知识才能获得解脱，而且只有通过学习《奥义书》所传授的弃绝与凝神的方法才能得到这些知识。书中还认为，遁世是人一生当中的最后阶段，它是获得明智并领悟更高真理的理想条件。通过瑜伽修行，"支配"或控制心神、呼吸和肉体，遁世者就会化为一个定点，并能凝神于自我的本质。《奥义书》文献讲述了很多种不同的瑜伽修行方式，通过修习瑜伽，培育个人意识的内在境界，瑜伽修行者就可以认识到自我的真正本质，也即"梵我合一"。瑜伽是一种古老的健身方法，它采用不同姿势、遵守静心调息的规则进行身心修炼，静坐是基本的锻炼形式，要领在于控制、调理呼吸的运行，使身体处于相对静止状态，从而超脱尘世，求得精神上的解脱，具有修身养性、祛病延寿的保健功能。

文献选读二

瑜 伽 简 史

"瑜伽"的思想源远流长，最早可追溯到公元前3000年的印度河文明。据考古发现，当时居住在印度河流域的达罗毗荼人已经开始瑜伽的实践。在摩亨佐-达罗和哈拉帕的遗址出土的一些石雕和印章上，就刻有瑜伽冥思和坐法的图案。雅利安人侵入印度河流域后，吸收了达罗毗荼人的文化，也把瑜伽实践作为他们宗教信仰的补充。在印度最古老的诗歌集《梨俱吠陀》中，有一首赞歌描述了人通过瑜伽所获得的神奇智慧和力量。到了《奥义书》时代，瑜伽的思想和实践有了进一步发展。例如，《石氏奥义》把瑜伽解释为"统制心和各种器官的活动"，《白骡奥义》谈到了瑜伽的各种行法：身体的姿势、呼吸的调整、修习的场所及目的等。后期的《慈氏奥义》对瑜伽行法作了系统的分类，形成了最初的"六支行法"。这六支行法包括调息、制感、静虑、执持、观慧和三昧。此时，瑜伽学说基本成形，它已成为婆罗门教的修持方式，其特点是通过对身体、感官和心思的抑制，达到人与神、个体灵魂与宇宙意识相结合的神秘境界。

到了史诗时代，瑜伽已在印度民间广为流行。《摩诃婆罗多》记载了许多有关瑜伽的内容，无论在身体修炼还是在精神控制方面，都有生动的叙述。在这个时期，瑜伽的形式也有新的发展，出现了各种类型的瑜伽。《薄伽梵歌》中提到了三种瑜伽："智瑜伽""信瑜伽"和"业瑜伽"。在《薄伽梵歌》之后，又产生了一种"王瑜伽"。

——朱明忠. 整体瑜伽论探微［J］. 世界宗教研究，1994（3）.

第三节　古代亚欧草原游牧民族体育

古代从阿拉伯半岛、中亚直到西伯利亚的广阔地带水草丰盛，适宜放牧，是良好的牧场，牧民们赶着牲畜过着逐水草而居的生活。在这片土地上，形成了许多游牧部落，如古代阿拉伯半岛的贝都因人，中亚的突厥人、斯基泰人，蒙古高原的匈奴-蒙古-通古斯人等，都是著名的游牧部落，他们与周边农耕文明之间的冲突和交流，形成了古代体育文化发展的主要图景。

一、古代亚欧草原游牧部落的社会状况

古代从中亚到中欧的广阔草原地带居住着许多游牧民族。游牧的雅利安人最初生活在中亚草原地带，能驾驶由两匹马拉的双轮战车，后因人口增加或气候的变迁，于公元前 1500 年前后向南迁徙进入古印度，他们逐渐放弃游牧而转入农耕。

阿拉伯半岛位于亚、非、欧洲交界处，面积辽阔，但只有少数绿洲和西南部适于农耕，古代主要的居民是以游牧为生的贝都因人。6 世纪以前，贝都因人部落中已经出现了氏族贵族。贵族占有较好的牧场、牲畜和奴隶。贝都因人强悍善战，视劫掠为英雄业绩，部落之间为争夺水草和牧畜战事频繁。

匈奴人长期居住在蒙古高原和阴山一带，他们活动地域广阔，南与华夏族接壤。战国时，匈奴仍过着逐水草迁徙、无城郭常居的游牧生活，经常以骑兵劫掠中原各地。东汉时，匈奴分裂为南、北两部。后来，南匈奴归附了汉朝，北匈奴于公元 1 世纪末被击溃后逃至中亚一带，4 世纪后又西迁至多瑙河流域，建立起匈奴帝国。

6 世纪时，突厥人游牧于今新疆阿尔泰山一带，善锻铁。6 世纪中叶，突厥人建汗国于今鄂尔浑河流域，后分东、西突厥二汗国，7 世纪中先后灭亡。后来，东突厥复立汗国，8 世纪中为回纥所灭。奥斯曼土耳其是中亚古突厥人的一支游牧部落，11 世纪初开始向小亚细亚迁徙，1299 年建立国家，称为奥斯曼土耳其。建国初期仍保留着游牧部落的特点，把对外掠夺作为统治阶级的主要任务。

查看新疆古代游牧民族体育文化融合考证

蒙古人祖居贝加尔湖东南和黑龙江上游一带，12 世纪以前还处在氏族社会阶段。牛、马、羊等牲畜归氏族所有，集体放牧，称为"古列延"①。它包括数百个到上千个毡帐，宿营时毡帐列成环形，部落首领的毡帐居于中央。12 世纪后期，出现了明显的贫富分化，集体游牧逐渐为个体游牧所

---

① "古列延"是古代蒙古人的一种游牧方式，即圈子或营的意思。

代替，氏族制度开始解体。当时，蒙古有 100 多个大小氏族，散布在长城以北，东抵大兴安岭、西至阿尔泰山之间，他们为争夺水草和牧场，彼此混战，互相掠夺。

二、古代亚欧草原游牧民族的体育内容

1. 骑马、套马、射箭、围猎

与不定居的草原游牧生活方式相关，这些游牧民族几乎都使用双套马车，赛马是基本运动项目之一。为了锻炼生活和战斗技能，年青一代都要学习骑马、套马、射箭、围猎的技术。

2. 摔跤

民间摔跤一般采用徒手竞赛形式，其基本动作一直沿用到今天。在俘获对手、调解纠纷或举行授封仪式时都要举行摔跤比赛。比赛前，要进行投掷、跳跃、显示力量的练习，一方面是准备活动，另一方面也可以向对手显示自己的力量，是一种心理战术。双方彼此抓住对方的皮腰带或者上衣的时候，比赛就正式开始了，他们采用腿部绊的动作把对手摔倒在地。

▲ 摔跤的匈奴人（公元前 475 年—前 221 年）

乌拉尔-阿尔泰地区的民族、高加索民族和蒙古人摔跤一直要到分出胜负才结束。结束时，胜利者通常要模仿该部落所崇拜的动物（如鹰、狼等）的动作跳舞。

伊朗和土耳其的摔跤手比赛时穿兽皮裤子，上身涂油，比赛时必须使对手双肩着地才算取胜，失败者要为胜利者设宴，并把自己的兽皮裤子交给胜者。

3. 马上游戏

土耳其人比较喜欢武装单骑对打及波斯马球。

▲ 波斯帝国的马球

高加索诸民族常常玩一种"列洛"的游戏，各队参赛者骑马争夺一只打死的羊或者一张羊皮。为检验青年人的耐力、灵巧等军事素质，他们普遍开展追猎活动。贵族中还十分盛行猎鹰。

4. 蒙古赛会

蒙古民族于春、秋祭或祭敖包时举行的赛会是当时团结蒙古各部落最盛大的检阅，主要比赛项目是与草原作战密切相关的"三项运动"，即摔跤、射箭和赛马。射箭时，箭靶离坐骑约50米，骑手要用正面、侧面和转身三种姿势射箭。赛马时，骑手要围着标杆跑三四千米。妇女和儿童也可以参加游戏活动。

游牧民族在举行各种祭祀等活动时，通常有盛大欢腾的舞蹈表演，人们在居住的帐篷旁边点上熊熊烈火，围着篝火翩翩起舞，场面十分热烈。

三、古代亚欧草原游牧民族体育的特点

古代亚欧草原游牧民族的体育形式与他们的游牧生活方式和轻骑兵的战术紧密联系。马匹在游牧民族的日常生活和战争中是不可或缺的，因此，赛马、套马、马上游戏等体育活动在游牧民族中相当盛行。射箭、围猎、摔跤也和他们的军事活动密切相关。

第四节　古代美洲体育

美洲的原住民大约一万年前从亚洲迁徙而来，直到地理大发现之前，他们与欧亚大陆极少交流。丛林和南美的高原环境造就了独特的美洲体育。

一、古代美洲的社会状况

美洲大陆与亚欧大陆隔绝，古代美洲各地区间也缺乏联系，社会发展远远落后于亚欧大陆。距今1万年前，自亚洲迁来的印第安人是美洲的主人。15世纪前，印第安各部落大多处于原始公社母系氏族或从母系氏族向父系氏族过渡的时期，少数发展到了父系氏族阶段，出现了部落同盟。印第安人有的以捕鱼和打猎为生，有的开始定居从事农业生产和驯养家畜，有的还经商并建造城市。在欧洲殖民者到来之前，印第安人已经创造出光辉灿烂的古代文明，他们在农业、建筑、天文学、数学和医学上，都做出

了巨大的贡献。他们在墨西哥、中美洲和南美洲安第斯山区先后创造了灿烂多彩的玛雅文化、阿兹特克文化和印加文化。

二、古代美洲体育的内容

印第安各渔猎部落、游牧部落和定居部落常常为争夺肥沃土地、河谷、盐场以及奴隶、树胶而征战不休，他们的体育活动在很大程度上与军事有关。

1. 军事训练

玛雅人、阿兹特克人的战士擅长使用棍棒、盾牌和套索，尤其擅长使用投掷器发射标枪。他们认为弓箭和投石器是辅助性武器，肉搏才是战争的主要手段。因此，在训练中他们经常进行摔跤比赛。为了培养毅力，他们的战士常常采用强行军、跑步、划船、摔跤、力量竞赛、球戏、武装游戏以及一些比斯巴达人还要残忍的训练方法，他们认为，只有出色地经受住了这些考验的人，才有资格成为成年人。跑步在各种身体测验中都很重要，对跑步者的要求主要是耐力和毅力。

生活在今秘鲁境内的印加人因骁勇善战而被称为"新大陆的罗马人"，他们把青年人当作士兵来训练，每年要通过各种灵巧、力量和毅力比赛来检查受训人的身体状况，其中一项是 4 千米赛跑。印加部落凡年满 16 岁的上层子弟都要接受专门的考试，考试内容包括约 8 千米的赛跑、跳高、跳远、投掷石块和标枪。此外，还常常增加投石器发射、射箭和摔跤等项目。在这些比赛中获胜的人，可以正式加入成人的行列，并享有成人的权利。

2. 球戏

16 世纪入侵美洲的西班牙人的文献资料显示，印第安人精于球艺，水平很高，球戏在他们的生活中占有重要地位。他们对个人游戏和集体游戏都很擅长，通常是男、女分开玩，但有时也混合组队玩耍。球用生橡胶做成，中间充填气体或实物。他们有时使用曲棍击球，有时用身体的各部分打球。17 世纪西班牙的史学家安东尼奥·德·希列尔提到了一种在春季节日仪式里进行的特拉赫利球戏。比赛由主祭司主持，在战士队和祭司队之间进行，每队 7 人。球戏比赛带有浓厚的巫术色彩。主祭司一击球，就表示开始刮起了带来甘霖的大风；球在空中停留得越久，预示天气越好；球落地过早，则预示将有冰雹、干旱和严寒。人们坐在球场两边高墙上全神贯注地看比赛。

　　在易洛魁、多尔吉克、达科特和马斯科特诸部落中有数百人参加的球戏，称为罗特克游戏。在漫长的时间里，球戏都是作为解决部落首领的人选问题和调解纠纷的一种方式。后来，运动队的队员人数降至7人，但比赛规则变得更加复杂。

　　球戏在印第安宗教仪式中是不可少的。印第安人在祈求狩猎成功或丰产的各种祭祀中都要举行球戏比赛。玛雅人和阿兹特克人的多数球戏都具有真正的运动性质。比赛时，球场两边有高墙遮挡，中线两端边墙上有两个石圈，球员可以用手和脚之外的身体任何部位击球；一队的队员击球后，球如果从对方身后墙的上部边缘弹到对方场地上，这个队便得一分；比赛分三局，三局全赢者方为胜，二比一不算胜利；如果有队员将球打进石圈内，即使仅一次也算获胜，因为石圈位置较高且内径只比球大几厘米，要进球很不容易。获胜队可赢得所有奖品，还可得到观众奖励的斗篷（斗篷是当时最大的货币）。

▲ 洪都拉斯科潘球场和石圈（左上）遗迹，　　　　▲ 玛雅球员塑像
　　球场长约27米，宽约6米　　　　　　　　　（收藏于纽约大都会博物馆）

　　3. 集体比赛

　　在节日庆典和胜利庆祝会上，一般要举行球戏、赛跑和摔跤比赛，奉献活人作为祭品。祭品的选择方式是举行棒槌和标枪决斗，失败者被作为祭品上供。

　　美洲北部和南部还有一些生活在原始公社制度下的部落，这些部落曾经流行过一些群众性体育比赛，通常采用粗暴和残忍的比赛方法。例如，军事化的火箭游戏、赛跑、陆地和水中摔跤、冰上球戏和雪橇速降。多数群众性比赛都是从早上一直进行到晚上，参加这类比赛，不仅要有较高的技术水平，而且要有较好的体力。

文献选读三

与宗教有关的 "篮球比赛"

据说篮球运动发源于美洲印第安人，确切地说是玛雅人的一种球戏。一面高墙上有个环形石圈垂直于地面也垂直于墙体，赛球者要把球击进圆环。

奇岑查的球场是一个典型。它坐落在一个大广场的东端，本身是个 "I" 型的封闭广场。它是中美洲各遗址中最大的一个球场，比现在一般的田径场略窄长些，长度为150米左右，两头各有一座庙宇。两条高高的平台挤出中间的比赛场地，平台靠场地形成两面高墙，墙上有环形球洞。临广场的平台上建有一个神庙，平台底层向广场开了一个外伸的暗室。另一个平台的墙面上绘有球赛的场面和输家被推上神庙做人祭的场景。

所有球场都建在神庙旁边或干脆与神庙融为一体，可见宗教性的目的始终是存在的。据另一种说法，球赛往往是起一种安慰作用，也就是那些不用去做人祭的一方故意象征性地输球给对方，让对方象征性地战胜自己，以胜利者的姿态光荣地登上神庙受死。

——林大雄. 失落的文明——玛雅［M］. 上海：华东师范大学出版社，2001

三、古代美洲体育的特点

15世纪以前，美洲社会发展较为落后。印第安人曾长期生活在原始社会，体育活动与军事训练密切结合，是军事训练的重要手段。且有些训练形式非常粗暴，基本的出发点是满足生产、生活及军事目的的需要，非常实际。

古代美洲印第安人多数信仰太阳神，宗教活动盛行。因此，古代美洲的体育活动是宗教仪式和巫术活动的一部分，最典型的就是球戏比赛。阿兹特克人甚至通过棒槌和标枪决斗决定谁成为祭品，失败者被作为祭品供奉太阳神。

总体而言，古代美洲体育的独立性相对较差，与军事训练和宗教活动联系紧密，在某些地方还成为解决部落首领的人选问题和调解纠纷的一种方式。这一特点与其相对较为落后的社会历史状况相适应。

本章小结

　　人类脱离原始社会进入早期文明社会以后，带有浓厚宗教色彩的原始身体活动渐渐演变为具有相对独立意义的身体活动。人们从经验中慢慢认识到这些身体活动与身心变化之间的联系，因而对这种变化的追求也就日益变得自觉。在军事训练和保健活动中，这种自觉意识表现得更为明显。这表明，人类已经逐渐摆脱了在神话表象支配下无意识地进行身体活动的状况，开始具有了初步体育意识。

　　但是，这种自觉的意识仍然停留在非常初级的阶段，即经验的阶段。人们只是从特定的个别意义上去认识某种身体活动与身心变化之间的联系，既未能认识到身体活动与身心变化之间的普遍联系，更不能认识到这种联系的内在机制与规律。因此，经验体育成为这个时期体育活动共同的本质特征。

　　古代各区域文明相对孤立的发展历程，也造成了古代各区域体育文化在体育观念、体育组织形式和体育方法等方面的极大差异，形成了各具特色的体育发展道路。这也显示了各种体育文化与其所由产生和生存发展的社会形态之间的紧密联系，有什么样的生产、生活和精神生活方式，就相应地有什么样的体育生活方式。

思考与探索

　　1. 古代世界各地体育活动的特点是什么？这些特点是怎样形成的？

　　2. 蒙古式摔跤前舞蹈动作、新疆一些民族的叼羊比赛的原始含义是什么？

　　3. 我国西部一些民族赛马会的参赛者为什么大多是少年儿童？

　　4. 原始体育与经验体育各有什么特点？为什么？

拓展阅读文献

　　1. 颜绍泸，周西宽. 体育运动史（第二章）[M]. 北京：人民体育出版社，1990.

　　2. 郝勤. 体育史（第一、二章）[M]. 北京：人民体育出版社，2007.

　　3. 林大雄. 失落的文明——玛雅 [M]. 上海：华东师范大学出版社，2001.

4. ［美］西尔瓦纳斯·G. 莫莱. 全景玛雅［M］. 北京：国际文化出版公司，2003.

活动建议

1. 集体研究（研究成果作为学习成绩记入总分）。分小组自拟研究题目和研究提纲，通过图书馆、互联网等搜集有关资料；分组讨论，分工合作完成研究报告；小组派代表在课堂上发言；围绕问题进行讨论。

2. 分工合作搜集各种相关资料做一个介绍某区域古代体育的课件。

第三章　轴心时期的体育

本章提要

　　"轴心时期"（the Axial Period）是德国历史哲学家卡尔·雅斯贝尔斯（Karl Jaspers）在 1949 年出版的《历史的起源与目标》（*The Origin and Goal of History*）中提出的概念，是指公元前 800 至公元前 200 年这段人类文明精神的重大突破时期。在不同的文明区域，这个时期实际延续到公元 2—4 世纪。在这段时期，各个文明都出现了伟大的精神导师：古希腊有苏格拉底、柏拉图、亚里士多德，以色列有犹太教的先知们，古印度有释迦牟尼，中国有孔子、老子……他们的思想原则奠定了不同文化传统的基础，也影响了 2 000 多年来的人类生活。"人类一直靠轴心时代所产生的思考和创造的一切而生存，每一次新的飞跃都回顾这一时期，并被它重新燃起火焰。"[1] 希腊、中东、印度和中国在这个时期形成的体育价值观和体育方法等，对此后的体育发展产生了深远的影响。

第一节　犹太-基督教影响下的古代中东和欧洲体育

　　进入文明时代以后，中东地区就一直是世界关注的焦点和中心。发源于两河流域的城市文明，不但对古埃及文明和古希腊文明产生了深刻的影响，也对宗教产生了深远的影响，犹太教、基督教、伊斯兰教都发源于这个地区。

一、基督教的兴起和传播

　　犹太教是世界三大一神信仰中最早而且是最古老的宗教。基督教起初只是犹太教的众多派别之一，产生于公元 1 世纪初罗马统治下的犹太民族

---

① ［德］卡尔·雅斯贝尔斯. 历史的起源与目标［M］. 北京：华夏出版社，1989：14.

中。这个犹太教小宗派声称其牺牲在十字架上的领袖耶稣就是犹太人期盼已久的救世主基督，因而他们被称之为基督徒。他们相信，耶稣死后已复活升天，上帝之国不久即可降临。基督教由于信奉单一神、拒绝皇帝崇拜等而数次招致罗马帝国统治者的残酷镇压，但却获得了下层民众的支持，迅速传播到帝国各地。社会的长期动荡不安也使人们对于罗马民族旧有的保护神和宗教失去了信心，转而在基督教信仰中寻求精神寄托。公元 2 世纪时，基督徒把犹太的创世神话、历史传说和基督的说教等整理成书，这就是基督教的《圣经》。公元 2—3 世纪，大批社会上层人士和有教养阶层纷纷皈依基督教，使基督教成为罗马社会的重要力量。由于犹太教徒不承认耶稣基督就是救世主，弥赛亚（复国救主）尚未真正到来，所以在基督教成为罗马帝国的国教以后，犹太教一直受到排斥。

罗马帝国最初对基督教持敌视态度，随着富人逐渐掌握了教会的领导权，又看它不主张用暴力推翻帝国统治，逐渐转为对基督教加以利用。311 年，罗马帝国颁布了允许宗教信仰自由的《宽容敕令》，承认基督教合法。392 年，罗马皇帝狄奥多西一世又宣布基督教为国教，从此，基督教成为西欧社会的精神支柱。

犹太教和基督教的共同点是认为只有一个主宰宇宙万物的上帝，他创造了天地万物和人类。这使它区别于同时期形成的其他主张多神的所有宗教。正因为一切都是上帝创造的，所以天地万物必然存在着符合上帝意志的内在规律。追求这种基于一神论的"规律"和合理性的思想，正是文艺复兴以后推动欧洲社会认识自然和人类本质的内在动机。在对人和人的生活方面，犹太-基督教共同遵循《圣经》《旧约》对道德和生活方式的各种戒律约定，爱惜上帝赐予的生命和节制违背教义的过多欲望，特别是节制贪欲是他们的共同之处。

欧洲封建社会"是从粗野的原始状态发展而来的。它把古代文明、古代哲学、政治和法律一扫而光，以便一切都从头做起。它从没落了的古代世界承受下来的唯一事物就是基督教和一些残破不全而且失掉文明的城市"。[①] 作为旧世界的仅存硕果和新文化的唯一代表，基督教在客观上担负起了延续西方文明的使命。从宗教的感化出发，欧洲各民族吸取古代文明包括哲学和科学的过程才得以开始。[②] 基督教展示了一个超感性的世界，在某种程度上开拓并丰富了人类的精神世界；基督教贬斥自然，但也从另

① 马克思，恩格斯. 马克思恩格斯全集（第 7 卷）[M]. 北京：人民出版社，1981：400.
② [德] 文德尔班. 哲学史教程（上卷）[M]. 北京：商务印书馆，1987：353-354.

一方面为近代机械论自然观的形成开辟了道路，使后人得以树立改造世界的观念；基督教哲学力图以理性证明上帝的存在，推动了逻辑思辨形式的发展。这些都为近代思想解放的发生准备了必要的条件。

二、基督教的禁欲主义与体育

早期基督教主张灵肉一致，2世纪后开始认为卑污的肉体妨碍灵魂升华，声称"肉体是灵魂的监狱"。神学家奥古斯丁（354—430）提出了"原罪"说，认为只有信仰上帝，通过禁欲、斋戒、忏悔、出家修行等才能摆脱人间的罪恶和痛苦，得到上帝的挽救，死后灵魂才能升天。在鄙视现实、鄙视肉体、弃绝一切欢乐和幸福的禁欲风气中，体育的发展受到极大阻碍。其影响主要在三个方面：

1. 体育的全面衰退

基督教对体育活动的打击和压制是从罗马帝国末期开始的，这一时期是中世纪体育全面衰退的前奏。教会反对一切公共竞技集会，不准参加竞技比赛和格斗表演的基督徒领取"圣餐"，竞技者和角斗士必须保证永远放弃这种职业才能成为基督徒。公元394年，罗马帝国宣布禁止一切带有异教色彩的活动，希腊的奥林匹克竞技和其他竞技会从此销声匿迹。连罗马浴场也未能幸免，因为洗澡和游泳也被认为是清洁肉体而玷污心灵的。

▲ 柱头隐士倡导者西缅在高柱上整整过了37年

公元476年西罗马帝国灭亡后，教会采用各种方式使蛮族各王国皈依了基督教。同时，各王国也积极利用基督教巩固和扩大征服地，使教会势力迅速扩大到整个西欧，教堂和修道院星罗棋布。教士和修士们极力诱导人们摧残身体以完美灵魂，一切有利于健康的体育活动和卫生行为都被视为"罪孽"。人们在加入或模仿修道院生活的同时，也就弃绝了体育，各地的传统体育活动和民间保留的古希腊、罗马体育形式遭到严重的打击。除必要的军事体育训练和少数统治阶级的消遣活动外，民众体育活动极少。5—12世纪，欧洲体育一直处于最衰落的状态。

从 8 世纪开始，"狩猎"和"放鹰"活动在王室贵族和高级神职人员中流行，这些人极力推行禁欲主义，自己却恣情纵欲。他们借这些粗野、冒险和挥霍的娱乐，来满足其精神和肉体的欲望，避开和反对正常的体育和游戏，使体育走向玩鹰弄犬的畸形道路，在一定程度上也反映了体育的衰退。

当时的统治阶级在培养效忠教会和封建领主、勇猛作战的骑士教育中，有一定的尚武体育训练，使古代某些体育活动和竞技得到了一定的保留。

2. 没有体育的教会学校

当古希腊、罗马文化被教会和蛮族一扫而光后，人民几乎是在文盲状态下接受基督教的教义。为了教会的发展，中世纪初在修道院中开始有了学校的雏形，逐渐有了修道院学校和大教堂学校。到了 12 世纪，这些学校发展成为提供中等教育的文法学校。10—12 世纪，欧洲出现了一些大学。这些学校的教育都是为了贯彻尊重神权、完成教义的宗旨，培养高级僧侣。教会宣称"一切真理都在圣经上提出了"，不许有任何的疑问和探索，只能机械记忆和盲目服从。

这类学校只教育学生发展灵魂的"美"，而不发展身体的美，认为有强壮肉体的人是心灵卑下的人，所以学校不设体育课，也没有任何发展体能的活动，学生从事体育活动要遭到严厉的体罚，一切消遣均被禁止，学生过着严格的禁欲生活。经常的精神折磨和严厉的体罚使学生身心备受摧残。学生将重文轻武视为高贵的品质，由于缺乏正常的体育娱乐活动而经常胡作非为。

3. 对民间体育的阻挠

中世纪后期，一些民间体育活动开始流行，如英国户外游戏和球类游戏、西欧各地的摔跤、投掷、奔跑等。教会竭力反对和阻挠这些违背上帝意志的行为。教会的狂热派仍然极力宣传鄙视肉体和禁欲苦修，妄图永远在基督教世界保持这一传统。13 世纪，出现了一个鞭笞苦行派，这些人经常排着队走街串巷，边走边用皮鞭猛抽自身，以致头破血流，遍体鳞伤，用残酷的苦行向社会宣传鄙视肉体的禁欲生活，以感化和争取群众。这是对身体和生命的根本否定，但不少人被他们的行为和精神所感动。这样必然大大地阻碍体育的发展，其结果如下：

（1）体育的衰退和苦修的兴盛直接造成人民体质的普遍衰弱，中世纪的绘画作品鲜明地反映了人们的这种体质，画面上的宗教人物都是身体枯瘦、面容憔悴。一些贵族和富商的画像，也同样显示了体能的退化。人物表情的呆痴和虔诚反映了精神的空虚和愚昧，这正是当时人们的肉体与精神备受摧残的真实写照。

（2）体质的下降和不卫生的生活习惯助长了传染病的流行。5 世纪时瘟疫开始在欧洲猖獗，爱尔兰、威尔士及北欧诸国有三成至半数人被瘟疫夺去生命，东欧、中欧和西南欧一些大城市居民死亡率达 50%～90%。公元 600 年时，罗马城的人口只剩下 5%。在 300 多年中，欧洲死亡人口总数共达 2 500 万人，整个社会一片荒凉和死寂，不少人以为到了圣经预言的"世界末日"。瘟疫在 11 世纪以后仍不断横行。14 世纪的一次鼠疫从西西里蔓延到英国，又夺去了 2 400 万人的生命。

宗教禁欲主义全面否定了人和人世的价值，把正常的人生变成终日斋戒、忏悔和苦行，使精神和肉体都受到了严重摧残。因此，禁欲主义是束缚人们思想的精神枷锁，给欧洲社会带来了极大的灾难。体育在禁欲主义的桎梏下不可能得到发展。

第二节　轴心时期的古希腊罗马体育

公元前 1 千纪的希腊和随之崛起的罗马帝国，对欧洲各国的文化发展进而对整个世界都产生了重大影响。恩格斯说："没有希腊文化和罗马帝国所奠定的基础，也就没有现代的欧洲。"[①] 同样，没有古希腊罗马体育，也就没有现代世界的体育。虽然古希腊罗马体育的辉煌成就曾一度尘封在厚重的历史尘埃之中，但一旦将历史的尘埃涤荡干净，古希腊罗马体育就重新令世人震惊，并影响至今。

一、古希腊体育

（一）古希腊人的体育思想

在雅典城外阿波罗神庙的墙上，醒目地铭刻着古希腊哲人的一句名言：人啊，认识你自己![②] 体育就是人类认识自我的一种方式。然而，当人们在体育和竞技中体会到力量与欢愉，并把它作为敬献神灵的祭品和君主的贡品之时，并没有意识到这种力量和欢愉感受源于人自身，在很长时

[①] 中央编译局. 马克思恩格斯选集（第三卷）[M]. 北京：人民出版社，1995：524.

[②] 也有人认为这句话是梭伦（Solon，约公元前 630—前 560）说的。

期中人们都以为它是神灵的赐予。古罗马哲人爱比克泰德（约公元1世纪）就这样告诫人们："……你锻炼身体的时候，你参加讨论的时候，你不知道你养育的是神，你锻炼的是神吗？你带着神跟你在一起，可怜虫，可是你不知道。"

1. 苏格拉底的体育思想

苏格拉底、柏拉图和亚里士多德是古希腊最著名的思想家。苏格拉底（Socrates，公元前469—前399）的思想保存在他的弟子色诺芬和柏拉图的回忆中。他出身贫寒之家，曾做过石匠，一生参加过多次战争，深知身体健康的重要性。他痛感当时雅典的年轻一代能言善辩，摇唇鼓舌，但不重视体育锻炼和军事训练。针对这种情况，他反复提醒雅典人要重视体育锻炼，要不懈地提高身体素质。在苏氏眼中，没有健全的体魄，就不可能学好文化，也就更谈不到执干戈以捍卫国家了。他本人常年坚持锻炼，每日清晨都会出去散步和进行体育锻炼，以保持身体健康和精力旺盛。[①]

▲ 苏格拉底（左）和柏拉图

苏格拉底反复强调，做任何事情都"离不开强健的身体和精神"，极力主张经过"坚忍不拔的努力"去"锻炼身体，并使身体做好精神的奴仆"。他认为，对于人们所要做的一切，身体起着决定性的作用。然而，凡是需要运用身体的事，也只能取决于健康的体格，身体是成功的希望。而且，动用身体也被认为正是最少思索的时刻。有很多人不懂得身体不健康是犯下的最大错误。柏拉图在《理想国》里，记录了苏格拉底有关终身体育的思想："体育教育与音乐教育一样，应该让他们从小就开始接受。而且，体育训练应该十分小心，并且要终其一生。"

2. 柏拉图的体育思想

在体育实践中，柏拉图（Plato，公元前427—前347）超过了自己的老师。他曾经做过角力手，在伊斯特摩运动会上取得过优异成绩。柏拉图

---

① （古希腊）色诺芬. 回忆苏格拉底 [M]. 北京：商务印书馆，1985.

认为，人们从事身体锻炼活动可以净化灵魂，获得道德上的提升，在本质上是接受教育，接受体育锻炼就是受教育。① 在柏拉图看来，人会被外部世界的各种因素所污染而丧失分辨善恶和美丑的能力，所以需要通过教育来保持身心健康，恢复正确的审美情趣，缩短与道德美之间的距离。柏拉图说："音乐和体育的联合的潜移默化，可以使两者（指理性与情感）和谐，因为它们以高贵的文字、榜样来强化、支持理性，并且以和谐和节奏来节制、抚慰和文明化感情的狂放不羁。"②

柏拉图提倡进行简单而朴素的身体锻炼，并且多次强调身体锻炼要适度，而不应该像职业运动员那样。他认为，适度的有规律的锻炼才可以起到教育的功能，像职业运动员似的生活方式，其实是有害于身体与心理健康的。③

虽然古希腊的众多竞技赛事大都禁止女性参与，但在日常生活中女性参加体育锻炼却受到某种程度的鼓励。这在《理想国》以及柏拉图的其他作品中都有表述。④ 柏拉图已经有了平等的体育意识，他认为青年人，无论是男人还是女人，都应该严格地受到音乐与体育的教育，借以成为优秀的卫国者。而女人在一切方面都与男人拥有完全的平等。他说："造就一个男子成为一个优良的卫国者的教育，也同样会造就一个女子成为一个优良的卫国者，因为他们的本性都是一样的。"⑤

3. 亚里士多德的体育思想

亚里士多德（公元前 384—前 322）是古希腊最著名的哲学家之一。从苏格拉底到亚里士多德，"节制""勇敢"和"公正"这三种最重要的品质贯穿于他们的思想之中。希腊哲学家认为，要获得幸福，人们就必须具备这三种最基本的品质。亚里士多德指出："习惯上的教育大致可以分为 4 种，即读写、体育、音乐和有些人加上的绘画……体育锻炼有助于培养人的勇敢。"健康是基础，勇敢是品德，所以应该优先开展体育："既然在教育方面习惯先于理性，身体先于思想，由此，显然预先应把儿童交给体育教师和角力教师，这些人分别能造就儿童的体质和教给他们身体方面的本

---

① （古希腊）柏拉图. 理想国（Book 3）[M]. 北京：外语教学与研究出版社，1998.

② （古希腊）柏拉图. 理想国（Book 5）[M]. 北京：外语教学与研究出版社，1998.

③ 同①。

④ Plato's Lesser Hippies：A Neglected Document in Sport History [J]. Journal of Sport History, Vol. 8, No. 1 (Spring, 1981).

⑤ [英] 罗素. 西方哲学史（上）[M]. 北京：商务印书馆，1963：151.

领。"即"健康和强壮"以及"人的勇敢"。①
他了解体育促进肌肉发达的原理，他说："如若
（身体）状况良好是指肌肉的结实，那么，状况
不佳必定是指肌肉的衰弱。要造就良好的身体，
就在于使肌肉结实。"②

▲ 亚里士多德

亚里士多德的体育思想源于他对于身心关系
的思考。他说："理性和欲望是自然本性的目
的。所以，公民们的出生和习惯的培养训练都应
以它们为准则。"他认为灵魂与身体是不同的两
个部分，而且把灵魂分为非理性与理性两个部
分，分别对应"情欲"和"理智"。他认为身体
的降生先于灵魂，所以非理性也先于理智。因此，"应当首先关心孩童们
的身体，而后才是其灵魂方面，再是关心他们的情欲。当然关心情欲是为
了理智，关心身体是为了灵魂。"③ 所以，体育必须优先。

（二）古希腊城邦社会中的体育与竞技

1. 斯巴达体育

公元前 8 世纪，斯巴达人建立了土地和奴隶国有的城邦国家，9 000 户
斯巴达人统治着 25 万多本土希洛人。为维护这种统治，斯巴达实行全民皆
兵，一切活动皆以军事为出发点，不重视文化教育。每个儿童都属于国
家，婴儿一出生就要经过元老的严格检查。体弱有病的婴儿被扔到山谷里
去，只有健康合格的才交给父母代国家抚养。7 岁后被送往国家设立的学
校接受教育，直到成年。

12 岁以下的斯巴达儿童主要学习游戏、投枪、掷重物、赛跑、跳跃、
角力、游泳和一点音乐、舞蹈，斯巴达人特别重视对儿童吃苦耐劳品质的
培养；12 岁以后重新编组，进行更加严格的训练。儿童们整年穿单衣、睡
草垫，食物简单粗糙，被鼓励到希洛人住地去偷盗，如被发觉还要受惩
罚。年满 18 岁时参加埃弗比士官团接受正规军事训练。他们经常在军官的

① （古希腊）亚里士多德. 亚里士多德全集（第 8 卷）[M]. 北京：人民大学出版社，1994：
273-275.

② （古希腊）亚里士多德. 尼各马可伦理学（第 5 卷）[M]. 北京：人民大学出版社，1994.

③ （古希腊）亚里士多德. 政治学（第 7 卷）[M]. 北京：人民大学出版社，1994：263-
264.

带领下，袭击希洛人，以此培养杀人的胆量，也加深奴隶的恐惧；20 岁时宣誓效忠国家，开始服兵役，30 岁才获得公民权，可以结婚，但仍然住兵营，直到 60 岁年老体弱为止。斯巴达妇女也要经常参加军事训练，她们有男人一样刚毅的性格、健美的体形和美丽的肤色，而令其他城邦的妇女羡慕不已。

严密的组织、严格的纪律和严酷的训练，使斯巴达人在 3 个世纪内保持了竞技霸主地位。在公元前 720—前 576 年的 144 年间，斯巴达人共取得了 81 项奥林匹克竞赛中的 40 项优胜。但斯巴达人不注重文化教育，培养的只是一批四肢发达、绝对服从、嗜杀成性的粗野武士，他们在奥林匹克祭典上的霸主地位最后终因其保守、落后和狭隘而被雅典所取代。

文献选读一

斯巴达的教育

一块记载着大约公元前一世纪初元老院的一项致谢决议的碑文，提供了那个年代的埃弗比制度的有趣情景："鉴于去年青年们被录取入学时，他们在院长、公民祭司、大祭司面前，正式在市政厅献过祭、指挥过纪念月神阿尔特弥斯的行进队列，并参加过其他类似的活动：参加过惯常的火炬赛跑，护送过智慧女神雅典娜的雕像到神庙法利龙去，然后再帮助将其送回来，并按同样的风尚把狄俄尼索斯酒神从神庙送到了剧场；在狄俄尼索斯酒神节，带来一头可敬奉给神的公牛；他们全年经常定期到体育馆去，并正确地服从他们的院长，认为遵守纪律、勤奋学习为自由公民所规定的内容是头等重要的大事。鉴于他们没有无理诉苦抱怨，而是遵守他们的院长和教师所制定的一切制度：参加在普托利马姆学园和名为"吕克昂"哲学学校的芝诺多塔士的讲座而不缺席，也在吕克昂和阿加的米参加了所有其他哲学教师的讲课而不误；在公众集会中很好地执勤；在罗马朋友和施主们来访时曾外出去迎接，他们曾配备上武装，外出行军到雅典的边境，熟识国土和道路；他们也曾参加过马拉松长跑，并在纪念为祖国自由而牺牲的英雄们的神庙里，献上过他们的花环，并为英雄们祈祷过。又鉴于他们全年友好和睦地生活，并按法律要求，已在元老院通过了考试，并在所有其他事情上，举止得体，行为端庄，为了体现元老院和自由公民的祝贺，以表彰他们的功绩和对法律、对院长的服从，在他们成人的第一年，元老院一致同意指示下一届会议的元老院议长，要他在自由公民面前宣布元老院业已批准的一次名誉表决的决议案，以表扬去年的埃弗比成员。为了他们的忠实、虔诚、守纪律和公众精神，元老院将赠送给他们一项金冠。并且，向他们的老师们致敬，赞扬他们的教练

> 戴蒙、剑术老师萨特士、射手尼凯达、弓箭手阿斯克利皮亚德、弹弓
> 教导者卡尔切登以及他们的随从们，并授予每人一项桂冠。"
> ——［英］博伊德·金. 西方教育史［M］. 北京：人民教育出版社，1985.

2. 雅典的体育

雅典在公元前 8 世纪形成奴隶制城邦，公元前 594 年梭伦改革后推行民主政治，经济、政治、文化得到高度发展，成为繁荣强大的城邦国家。在公元前 338 年被马其顿征服之前，雅典是全希腊教育和体育最发达最先进的城邦。

雅典把体育与德育、智育、美育结合起来，培养身心和谐发展的人，形成了比较完整的教育体系。雅典人进行身体练习不仅着眼于军事准备，而且重视身体的匀称健美、动作协调灵活，还重视培养勇敢、果断、谦让等品质。他们视肌肉松弛、身体虚弱、发育不良为耻辱，而把裸体竞技优胜者视为人体美的代表。

雅典人 7 岁前在家接受教育，体育游戏主要是掷骰子、玩球等。7~14 岁接受文化学习，最初几年里只教简单的体操动作以培养正确姿势，养成优美的举止。升入体操学校后接受较正规的体育训练，学习赛跑、跳远、投标枪、掷铁饼、摔跤等"五项运动"以及游泳和舞蹈。14~18 岁的富家子弟可以进入国家体操馆继续学习，并参加成人社会的活动。18 岁的青年通过成年礼测验合格者成为公民，宣誓入伍接受两年严格的军事训练，并到边防见习。毕业后只要无战争就可从事自己喜欢的职业。雅典女子只是在音乐学校受到与舞蹈相关的身体训练。

希腊人把体育（physical exercise）看作纠正性格上优柔寡断和懦弱的方法，同时也认识到在运动中适当地把握运动量的问题。亚里士多德认为，过分地加重体育势必会残酷地对待年轻人，而体育太少又会使他们弱不禁风。因此，恰如其分是运动的规则。希腊人不但认识到适度运动量的问题，还认识到各运动项目之间的比例问题。他们高度赞扬全能运动员，这些运动员不但很好地发展了跑步运动员具备的腿，而且发展了掷铁饼运动员具备的臂。角力是所有运动项目中最受人喜爱的，因为它比任何其他运动更有益于全身的均衡发展。[①]

---

① ［美］布鲁巴克. 西方课程的历史发展（上）［M］. 北京：人民教育出版社，1988：62.

二、古代奥林匹克祭典

（一）古代奥林匹克竞技的起源

伯罗奔尼撒半岛西北的奥林匹克神域是古代奥林匹克祭典的发源地。奥林匹克祭典的起源至今仍众说纷纭，但从神话传说和考古资料中可以寻找到它的一些踪影。

查看奥林匹克运动会的起源

古希腊神话传说中有许多与宙斯有关的奥林匹克竞技起源的说法。一则神话说克罗诺斯因神灵说自己的主神地位将来要被儿子取代，所以吞噬了妻子瑞亚生下的5个子女。瑞亚和母亲大地女神该亚在最后一个孩子宙斯刚出生时，用衣服包着石块冒充婴儿把宙斯藏了起来。宙斯长大以后在拳斗中战胜了父亲克罗诺斯，为了庆祝登上"人类与诸神之父"的宝座而举行了盛大的奥林匹克祭典。另一个传说与宙斯之子赫拉克勒斯有关：曾经保护瑞亚在克里特岛生下宙斯的5位祭司在奥林匹亚赛跑，结果却是赫拉克勒斯率先跑到终点。赫拉克勒斯获胜后约定每隔4年举行一次比赛，并命名为"奥林匹克祭典"，伊利斯城邦的首位国王埃特琉斯（Aethlius）为纪念赫拉克勒斯开创了男子赛跑会。公元4世纪时，罗马的优西比乌斯甚至认为拉丁文中的athletes（运动员）和athla（比赛项目）二词都来源于埃特琉斯的名字。但流传最广的还是宙斯之孙珀罗普斯为了娶伊利斯的希波达弥亚公主，在决定求婚者命运的战车赛中杀死了国王俄诺玛诺斯，成为伊利斯的新国王。他在奥林匹亚神域举办了献祭宙斯的盛大庆典，这就是后来的奥林匹克祭典。

▲ 奥林匹亚的
宙斯金像

文献选读二

奥林匹克祭典起源的一个传说

奥吉阿斯是伊利斯的国王，养有大量的牛。他的牛棚里共有3 000多头牛，多年来里面堆满了牛粪。国王奥吉阿斯（对赫拉克勒斯）说："听着，外乡人，假如你真能在一天之内把宫殿前面的牛棚打扫干净，我将把牛群的 1/10 送给你。"赫拉克勒斯接受了这个条件。他叫来奥吉阿斯的儿子菲洛伊斯，叫他作证人，然后在牛棚的一边挖了一条沟，把阿尔菲斯和佩纳俄斯河的河水引进来，流经牛棚，把里面大堆牛粪冲刷干净。

奥吉阿斯听说赫拉克勒斯是奉欧律斯透斯之命来做这件事的，便想赖账，否认他许过的诺言，不给赫拉克勒斯任何报酬。经过一番征战，赫拉克勒斯攻占了伊利斯城，把国王和他的儿子全都杀死。后来，他把王国送给菲洛伊斯。取得这场征战的胜利之后，赫拉克勒斯恢复了奥林匹克运动会。在运动会期间，连宙斯也变作人的模样前来与赫拉克勒斯角斗。他常常输给自己的儿子。尽管如此，他还是衷心祝贺赫拉克勒斯，称赞他是了不起的大力士。

——改编自：[德] 施瓦布. 希腊神话故事 [M].
呼和浩特：内蒙古人民出版社，2003.

隐藏在这些神话后面的不过是远古产生部落酋长的事实：宙斯杀死克罗诺斯、赫拉克勒斯打败奥吉阿斯和珀罗普斯杀死俄诺玛诺斯等，都是被神化了的远古人们以格斗方式产生新部落酋长的故事。当杀死失败者的传统逐渐被废止之后，这种古老的竞技也演化为仪式化的行为，并慢慢转化为神话传说，又随着宙斯部族的强大而逐渐成为希腊诸族的共同信仰。

▲ 宙斯神像前的摔跤比赛场景

考古发现，在奥林匹亚神域内最早的建筑建于公元前 2000—前 1600年，但祭祀仪式曾多次中断。公元前 9 世纪—前 8 世纪，希腊进入城邦奴隶制时代，境内 200 多个城邦各自为政，战争不断。伊利斯国王伊菲图斯于公元前 884 年与斯巴达订立了 "神圣休战月协定"，休战协定镌刻在一只青铜盘上，公元 2 世纪的罗马历史学家波桑尼斯还见过这个铜盘。但直到公元前 776 年，古希腊才开始把举行奥林匹克竞技的时间作为纪年单位，两届之间的间隔时间称为一个 "奥林匹亚德"，人们因此也把这一年作为古代奥运会的开端。

（二）古代奥林匹克祭典的兴盛

公元前 776 年，在奥林匹亚举行了第一届古代奥运会。此后，每 4 年一次在 8 月前后举行。会前，由伊利斯城邦选派 3 名使者，在赫拉神殿前举行宗教仪式点燃火炬后，分赴希腊各地通知祭典即将举行，按照神意实行"奥林匹克神圣休战"。奥运会前一周，人们从四面八方涌向奥林匹亚，竖起一个个帐篷，形成一个热闹的帐篷城。运动员必须是道德上没有污点的希腊血统公民；奴隶、战俘和异族人不得参加比赛；赛前必须经过 10 个月以上的训练，并参加最后一个月在伊利斯体育馆的集训活动。盛会期间要举行各种祭祀仪式，运动员及其父兄、教练、裁判面对宙斯神像，宣誓保证没有做过任何违背奥运会规章的事，保证执法公正、不受贿赂。赛程最初只有一天，项目也只有短跑一项，距离为一个斯泰德（192.27 米），以后陆续增加了中长距离跑、五项竞技运动、角力、拳击、战车赛、混斗、赛马、武装赛跑以及少年竞技项目。随着规模的扩大，会期也延长到 5 天。

每项赛事结束后，裁判宣布优胜者及其父亲的姓名、所属城邦和获胜项目，并为他戴上由希腊少年用金镰刀从宙斯神庙后圣山上砍下的橄榄枝编成的桂冠并授予一支棕榈。随后人们簇拥优胜者游行并参加各种庆祝活动；连续三次夺冠者可在宙斯神殿塑像留念，不但终生免税，还发给供养费，看戏时可坐贵宾席；优胜者回到自己城邦时会受到夹道欢迎，被人顶礼膜拜，国王会为他举行庆功宴并给予奖赏。奖赏最初偏重荣誉，后逐渐变为优厚的物质奖励和某种特权。

查看图说古代奥林匹克会

▲ 奥林匹亚复原模型（中为宙斯神殿，右上为赫拉神殿）

公元前 8 世纪—前 6 世纪，奥林匹克祭典从只限于伯罗奔尼撒西部小范围的祭祀赛会，逐渐发展为全希腊城邦参加的盛会。公元前 6 世纪—公元前 4 世纪时，城邦奴隶制和奥林匹克祭典都臻于鼎盛，项目、规模和影响都逐渐扩大。在奥林匹克祭典期间，各城邦代表参加祭祀活动和游行、缔结条约，艺术家展出作品，学者研讨学术，雄辩家发表演说，商人兜售商品，选手们向神和众人展示他们的超人体能、健美身体和良好教养。但妇女不准参加和观看竞技，违者将被处死。

（三）古代奥林匹克祭典的衰亡

公元前 5 世纪末爆发的伯罗奔尼撒战争重创了希腊奴隶制，也使奥林匹克祭典开始由盛转衰。历时 27 年的战争使希腊各城邦大伤元气，经济逐渐萧条，社会风气开始衰败，世俗利益战胜了对神的崇敬，竞技成了人们追求财富的手段，竞技逐步职业化和商业化，营私舞弊、损人利己的现象越来越多，公平竞技遭到亵渎，人们对维护城邦荣誉和追求身体健美的热情日渐淡漠。奥林匹克祭典辉煌不再。

公元前4世纪，马其顿入侵希腊后，奥林匹克祭典逐渐衰落。公元前146年，罗马人征服了希腊，奥林匹克祭典变成了罗马帝国的地方性竞技观赏会。公元前1世纪，罗马统治者几度篡改规则，使奥林匹克祭典面目全非。公元394年，罗马皇帝狄奥多西宣布基督教为国教，禁止包括奥林匹克祭典在内的异教活动。公元426年，狄奥多西二世下令烧毁了奥林匹亚残存的庙宇，后来的几次洪水和地震，又把奥林匹亚遗址埋于地下，人们渐渐忘记了奥林匹克祭典。

文献选读三

古代奥林匹克竞技

古代奥林匹克竞技最初只有赛跑一项比赛。公元前8世纪，斯巴达人垄断了比赛的胜利。公元前7世纪，增加了赛车比赛和单马竞技，结果斯巴达人垄断比赛胜利的局面被打破，斯巴达在伯罗奔尼撒半岛的强劲敌人埃勾斯人成为新霸主。与此同时，比赛项目的扩大，把远至西西里和南部意大利的选手都吸引来参加比赛。

公元前472年，赛事的规模进一步扩大，比赛的时间也由最初的1天延长至5天。第一天不举行比赛，而是对宙斯举行隆重的献祭仪式。此外，运动员和裁判员还要郑重宣誓，保证公平竞争。第二天主要举行赛车和赛马以及包括赛跑、跳跃、标枪、铁饼和摔跤的6项全能比赛。第三天举行17~20岁之间的青年比赛。第四天举行成年男子的单项比赛，包括拳击、摔跤、赛跑和跳跃等。在最后的决赛中，男子要全身戎装。比赛在第五天结束，这一天的早晨要举行晨祭，为优胜者举办庆祝宴会。优胜者将得到用野生橄榄枝叶做成的花冠，作为胜利的象征，这在当时是一种无上的荣耀。

奥林匹克竞赛还为人们发表新思想和新观念提供了一个自然的政治场所。公元前426年，雅典与斯巴达正在进行激烈战争，演说家格尔基亚出现在奥林匹克竞赛场上，呼吁尽快结束这场自相残杀的斗争，组织统一的希腊军队对付波斯帝国。由此可见，在政治上统一希腊的思想，似乎最适合于在奥林匹克竞赛的环境上提出。

从公元前776年到公元394年，古代奥林匹克祭典共举行了293届，历时1168年，对古希腊政治、经济、文化、宗教等起过积极的作用，也给人类留下了一笔宝贵的文化财富。奥林匹克祭典所创造的比赛模式、训练体系及和平、友谊、公平竞争、追求健力美和拼搏奋进的奥林匹克精神，都产生了超越时代的影响。

三、古罗马体育

（一）古罗马前期教育中的体育

古罗马位于地中海北岸意大利半岛的中部。公元前 6 世纪以后，罗马逐渐强大起来，公元前 146 年建立了横跨欧、非、亚三洲的罗马帝国。

古罗马教育的目标是培养既能劳动、又能打仗的农民军人。所以一直怀疑针对肌肉的希腊式体育锻炼，强调针对军事的身体训练。婴儿出世后，由元老们决定是否抚养。7 岁前由父母抚养时儿童就经常玩模仿驾车战斗和滚铁环、陀螺、秋千一类的游戏。7~16 岁的男孩由父亲负责教育。他们在劳动中学习农业知识和劳动技能，又跟随父亲学习骑马、角力、游泳和使用剑、矛、弓箭，在狩猎中检验自己的本领和能力。16 岁成为公民后开始服兵役，在军营中经受严格的军事训练，练习跑、跳、游泳、掷标枪和击剑，骑兵还要学习骑马、射箭，在军队里练习急行军和实战学习，甚至向角斗士学习斗兽。对讲求现实的罗马人来说，

▲ 意大利国家博物馆藏公元前一世纪
角斗士浮雕

单纯体态匀称、动作协调优美是没有意义的，锻炼只是为了战斗，军中严格的训练使青年人具有帝国必需的道德品质、强健的身体和军人素质。

（二）古罗马后期教育中的体育

进入帝政时期（公元前 30—公元 476）后，军人逐渐职业化，普通人不再参加军事训练。奴隶主上层只需要擅长演说和辩论的人才，文法学校、修辞学校应运而兴。罗马公民过着腐朽的享乐生活，对体育的军事价值和道德目标已不感兴趣，只热衷于举办豪华的竞技活动，观看残忍激烈的角斗和模拟海战，或为了个人健康和消遣娱乐而进行一些轻松的活动。角斗学校对身强力壮的年轻战俘或逃亡不遂的奴隶进行刺杀和摔跤训练，

以养成供观赏取乐的角斗士。

　　骄奢淫逸的生活使罗马青年意志消沉、道德败坏、健康下降，这引起了学者的关注。诗人朱维纳利斯（D. Juvenalis，60—127）提出："健全的精神寓于健全的身体。"教育家、雄辩家昆体良（Quintilianus，35—95）认为：紧张的智力劳动应与休息轮流调剂，学习时才更有精神，而最好的休息是做游戏；体育和舞蹈有益于恢复体力，促进学习，帮助演说家养成优雅的姿态。他还强烈反对体罚儿童。著名医学家盖伦（C. Galen，131—200）对职业选手的剧烈和过度训练提出批评，认为体育应当使人全面协调发展、行动机敏，才能承担公务和军事重任；体育是既能锻炼身体又能使人心情愉快的方法。

文献选读四

古罗马角斗士

　　美国迈阿密大学的考古学家史蒂夫·塔克仔细考证了158幅描述古罗马时期的角斗士战斗情形的画作艺术品，然后又将它们与中世纪和文艺复兴时期的击剑指导书籍以及军事艺术品加以比较。塔克表示，每场角斗一般分为三个阶段：第一阶段是"初步接触"，两名角斗士必须灵活地移动双脚，前进，充分挥动武器，完成一击；第二阶段则从其中一名角斗士受伤或者处于下风时开始，这时主要看角斗士如何后退，拉开自己与对手之间的距离；第三阶段到来后，角斗士会扔掉自己手上的盾，开始徒手搏斗。塔克表示，这些动作可以概括出角斗的目的：角斗的目的并不是杀死对手，反而正如古罗马诗人所说的，是为了"不流血地胜出"。在三个阶段都表现突出的角斗士就会被认为是一名优胜者。

　　塔克还表示，古罗马角斗展示的是如何生存和在不造成自己或对方受伤的情况下胜出的艺术，这种角斗很可能是现在西欧的西方军事、武术文化传统的起源。

查看电影《角斗士》片段

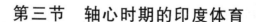

第三节　轴心时期的印度体育

　　公元前9世纪—公元前7世纪后期吠陀时代形成的种姓制度和宗教对印度体育产生了深刻的影响，表现出自省内修的身体文化特色。

一、轴心时期印度的种姓制度与宗教

　　公元前6世纪以后，印度西北部先后被波斯人和马其顿帝国的亚历山大大帝所征服。旃陀罗笈多（印度孔雀王朝第一任君主，公元前 324—公元前 300 年在位）领导驱逐了侵略者后统一了北印度，不久又推翻了摩揭陀国的难陀王朝，从而建立起古印度最为强盛的孔雀王朝，在南部的恒河流域建立起以摩揭陀为中心的统一国家。公元前 2 世纪初，希腊人入侵印度次大陆西北部，接着又有安息人、塞种人、大月氏人入侵。

（一）　古印度的种姓制度

约在公元前 1500 年，来自中亚的雅利安牧民从西北方向逐步侵入印度。在雅利安人奴隶制国家的形成过程中，印度形成了严格的社会等级制度，即种姓（梵文叫"Varna"，意即颜色或品质）制度。

种姓制度把社会成员分为 4 个等级：婆罗门、刹帝利、吠舍和首陀罗，前两个等级为统治者，后两个等级为劳动人民。不同等级在社会地位、权利、义务和生活方式上有严格的区别，各个等级职业世袭不变，互不通婚，界限森严，贵贱分明。婆罗门是祭司贵族，地位最高，掌管神权，解释法律，垄断文化；刹帝利是军事贵族，包括国王、武士和官吏，把持政权和军权；吠舍包括农民、手工业者和商人，必须向国家交纳赋税，主要从事畜牧、农耕和经商，靠劳动谋生，受婆罗门和刹帝利的统治，用布施和纳税方式供养他们；首陀罗是指失去土地的自由民和被征服的居民，从事木工、打铁、挖井等当时被认为是低贱的职业，地位最低，不准参加宗教仪式，不得与前三等人通婚。种姓制度在印度延续了 2 000 多年。

在印度奴隶制发展的过程中，产生了维护种姓制度的婆罗门教。婆罗门教把婆罗门种姓说成是神用自己的嘴创造的，其他三个种姓则是神用双臂、双腿、双脚创造出来的。婆罗门教宣扬灵魂轮回转世，要求低等种姓逆来顺受。种姓制度和婆罗门教相结合，渗入印度社会生活的各方面，对印度社会产生了巨大影响。

（二）　婆罗门教与佛教

公元前 6 世纪，释迦部落的乔达摩·悉达多①代表刹帝利和上层吠舍的利益创立了佛教，以反对婆罗门的特权地位。佛教主张众生平等，宣扬因果报应，教人安分守己，忍耐现实的剥削和压迫。

佛教继承了一些印度教的元素，比如转世轮回、业力报应等等，然后

----

① 古印度著名思想家，古印度迦毗罗卫国释迦族人，佛教的创始者，被后世尊称为释迦牟尼佛、佛陀、世尊。

都进行了自己的阐释，而这些都是与印度教完全相反的。如婆罗门教和佛教都讲转世轮回，但佛教否定印度教中的"我"，即相当于通常理解的灵魂，即人在轮回中的主体。但最大的差异还在于前者代表贵族阶层，后者代表劳苦大众。在修行方式和禁欲等方面，二者又有不少相通相似之处。

二、古代印度体育的内容

1. 瑜伽和保健术

瑜伽是一种古老的宗教信仰，它采用不同姿势，遵守静心调息的规则进行身心修炼。静坐是基本的锻炼形式，要领在于控制和调理呼吸，使身体处于相对静止状态，从而超脱尘世，具有修身养性、祛病延寿的保健作用。

印度人笃信神灵，关心修行升天和保持种姓。宗教教育要求前三个种姓的人洁身净心，每天水浴以洗净罪恶，饭前洗手洁齿，反对饮酒致醉，主张以静坐绝食来治疗疾病。一些医生主张通过运动、按摩等手段来维护身体健康，按摩技术十分出色。在古印度的历史文献中，记载着有人因为污染河流、卖腐烂食物等行为污染公共场所而受处罚的事情，说明古印度人很重视公共卫生。

▲ 毁灭之神湿婆也是舞蹈之神

2. 舞蹈

舞蹈被认为是一种可以延年益寿的健身手段，是古印度非常普及的娱乐活动，不仅妇女们十分喜好，老年人也经常参加舞蹈活动。宗教活动也离不开舞蹈。为赎罪而进寺院的舞女，从儿童时期便要学习舞蹈。新王登基、传统宗教节日、凯旋归来，都要举办舞蹈竞赛。

3. 摔跤、拳击

不同种姓、教派的男女都热衷于摔跤，当时的摔跤比赛中已经有了裁判，还经常为著名选手举办专门的邀请赛。古印度许多城市都在城门侧建有摔跤和拳击场。佛教学校大多附设有健身房供人练习摔跤。职业摔跤手主张早起练身，保精摄神，重视饮食、睡眠，在训练中使用沙袋吊腿以增强腿力。吠舍们经常去丛林、旷野唱歌、跳舞，进行拳击、打斗和其他娱乐活动。

4. 棋类

古印度的棋类游戏发展到相当高的水平。公元前 7 世纪，印度已有了象棋游戏，称作"恰图兰格"，即"四方阵"或"四角"。棋盘分为 4 边，每边 8 格，全盘共 64 格，每方有 8 枚棋子：王、马、船、象各一枚，兵 4 枚。后来，船改为车。有人认为它是国际象棋和中国象棋的共同原型。

5. 游泳

游泳是古印度人十分喜欢的项目，王宫和一些贵族的住宅都设有游泳池，国王时常在宫女陪同下下河游泳，跳水也很流行，已经出现助跑跳水动作。

6. 其他娱乐活动

古印度人非常热爱运动，不但球戏盛行，人们还爱观看斗鸡、斗兽、秋千和赛马。

三、古印度体育的特点

古印度的体育活动受到种姓制度和宗教观念的深刻影响。种姓制度给古印度体育刻下了深深的烙印，不同种姓的人参加体育活动的范围受到种姓制度的制约。骑马、习武以及瑜伽术只有雅利安人才可以接触，非雅利安人出身的首陀罗不能参加。不同种姓之间也不进行体育比赛。刹帝利种姓认为自己不应该从事吠舍种姓中流行的舞蹈练习、圆环操等体育项目。

宗教对古印度的体育有较大影响，体育需要依附宗教才能推行和发展。如高难度的舞蹈是在专门培养寺庙舞蹈表演者的学馆里学习的，这些学馆不对外开放。瑜伽术只有神职人员才能达到高级境界。在农村中的一些体育活动形式如跑、跳、舞蹈和洁身等，也以宗教需要为其出发点。例如，跳高是为了增加土地的肥力，而各种形式的绕物跑和舞蹈中的蛇形动作，是为灵魂转世开辟道路。由于宗教的影响，印度人普遍重视灵魂的修炼，忽视肉体的锻炼。但宗教教义中有一些关于清洁卫生的规定、祭祀典礼中的舞蹈和修行方式，也有益于人体健康。源于古老瑜伽信仰的瑜伽术已经成为世界流行的健身方法之一。

总之，印度繁多的宗教把大多数的体育形式都置于自己的控制之下，使得古印度的许多体育形式依附宗教而发展起来。

第四节 轴心时期的中国体育

中国有文字可考的历史可以追溯到 4 000 多年前的商、周时期。到了春秋战国时期①，尽管战乱不休，但这个时期却是一个思想活跃、学术繁荣、经济快速发展的时期。公元前 221 年，秦统一六国，建立了中国历史上第一个统一的多民族帝国。此后，秦废分封，置郡县，建立起一整套官僚机构加强专制主义中央集权制度，进一步巩固了统一。从此，中央集权的专制制度在中国延续了 2 000 多年，对中国历史的发展产生了深远的影响。

夏、商、周三代初露端倪的种种体育文化特色，到秦汉时期逐渐变得鲜明起来，从观念到组织运行、运动实践方面的种种特征都已大体形成。

一、中国文化元典中反映的体育观念

在夏、商、周三代形成的《尚书》《易经》《周礼》《春秋》《诗经》等经典和春秋战国诸子百家的论述中，反映出中国古代对生命、健康、运动和保健方法及对身体活动的价值等问题的认识，体现出鲜明的中华文化特色。

（一）气一元论生命观

中国古人认为人是天地的产物，保持与天地之间的和谐一致是保持人体健康的基本前提。中国古代各种养生思想、方法和知识都建立在这个基础上。

1. 人是阴阳二气运行变化的产物

尽管古人对气的本质和气如何生人的看法不尽一致，但都认为气是宇宙万物和生命之源："人之生，气之聚也……通天下一气耳。"② 汉代更普遍认为："人禀元气于天，各受寿夭之命，以立长短之形。"③

2. 阴阳二气是人与自然的共同基础和本质

春秋时期的人们就已经认识到："在天为气，在地成形，形、气相感，

---

① 春秋时期为公元前 770 年—公元前 476 年；战国时期为公元前 475 年—公元前 221 年。
② 出自《庄子·外篇·知北游》。
③ 出自（东汉）王充《论衡》。

而化生万物矣。""阴阳者，天地之道也，万物之纲纪，变化之父母，生命之本始。"①

气既然是人与自然的共同本质和基础，它们也必然是和谐统一的：天地是大宇宙，人则是相似的小宇宙：天圆地方，所以人头圆脚方；天有日月，人有耳目；天有四季，人有四肢；天有三百六十日，人就有三百六十节骨头……②人和自然简直就像是一母所生的孪生兄弟。

3. 人与自然相互影响和制约

古人认为"人与天地相应"③，自然变化会影响人的生命和健康状况，人和社会的活动也会反映在天象变化中。人和自然既然同质同构，也必然可以"同类相感""以类相招"。④这种认识虽然幼稚，但却有助于避免偏颇，有助于人们从身心形神统一的角度去全面把握健身理论与实践。

（二）兼修内省的整体健康观

健、康二字分别见于殷商时代。"健"偏重于指精神和意志的坚强，"康"偏重于指身体健康无疾。在气一元论生命哲学的基础上，健康被认为是阴、阳二气在人体内部的不断运行和相对平衡。气也是健康的本质和基础。阴阳二气在人体内的平衡就是健康的表现。健康的标准就是"平"："阳注于阴，阴满于外；阴阳匀平，以充其形；九候若一，命曰平人。"⑤显然，健康是指内外、形神统一的平和状态。

（三）伦理至上的体育价值观

远古神话中的身体活动就已经表现出比较强烈的道德倾向。例如射日猎兽的后羿，逐日竞走的夸父，疏浚水道的大禹……无一不表现出舍身为民的大贤风格。这和古希腊诸神热衷于炫耀力量、计谋和追求享乐形成鲜明的对比。

这种伦理至上的倾向在身体活动方面也有明显的表现。第一，礼、法是规范身体活动的最高标准："非礼勿视，非礼勿听，非礼勿言，非礼勿动。""君子无所争，必也，射乎！揖让而升，下而饮，其争也君子。"孔

---

① 出自《黄帝内经·素问·天元纪大论》。
② 出自《淮南子·精神训》。
③ 出自《黄帝内经·灵枢·邪客》。
④ 出自（西汉）董仲舒《春秋繁露·同类相动》。
⑤ 出自《黄帝内经·素问·调经论》。

子就"不以力自矜，知夫筋骨之力，不如仁义之力荣也"①。第二，重视体育的教化作用。周代的教育内容为礼、乐、射、御、书、数六艺，其中礼、乐、射、御为贵族所必备的大艺。② 这四种教育都十分重视通过规范的身体活动培养学生尊重礼法的精神和习惯。

▲ 战国铜壶上的礼射图

典型的例子是礼、射，它具有严格的礼仪程序和等级规定，体现了鲜明的等级制观念，是统治阶级用来礼治教化的一种手段。

文献选读五

射礼（节选）

　　古者诸侯之射也，必先行燕礼；卿大夫之射也，必先行乡饮酒之礼。故燕礼者，所以明君臣之义也；乡饮酒之礼者，所以明长幼之序也。

　　故射者，进退周还必中礼，内志正，外体直，然后持弓矢审固。持弓矢审固，然后可以言中，此可以观德行矣。

　　天子将祭，必先习射于泽。泽者，所以择士也。已射于泽，而后射于射宫。射中者得与于祭，不中者不得与于祭。不得与于祭者有让，削以地；得与于祭者有庆，益以地，进爵绌地是也。

——礼记·射义（卷四十六）

　　古代体育还表现出强烈的男性中心倾向，妇女体育活动被打上了男权主义的深刻烙印，担负着强化其女性意识的重要作用。女子通过在元宵、上巳③等节日中参加一些源于婚育的身体活动，从小就被潜移默化地灌输了从父、从夫、从子的观念和"生儿育女是本分"的思想。从审美情趣上也以男性为审美主体。同时，先秦以人体高大健壮为美，春秋以后以善为美的观念则渐居上风，形体、形式之美渐退次席。这种态度必然导致对身

---

　　① 出自（东汉）王充《论衡》。

　　② 张政烺. 六书古义［M］//国立中央研究院历史语言研究所. 中央研究院历史语言研究所集刊（第十本第一分册），1948.

　　③ 农历三月的第一个巳日，源于商民族祭拜女性祖先的节日，后演变为祭祀婚育的高禖女神的节日，因与清明相邻而在南北朝以后渐渐合而为一，其中有许多水上和陆上体育活动，如风筝、秋千、划船、射箭等。

体运动的忽视乃至排斥。

总之，传统体育很重视体育活动的政治和伦理价值，对其本质、基本规律等则很少注意。体育被作为一种治理国家、维护社会政治和伦理秩序以及个人修身养性的工具，统治者常据此而提倡或黜斥某些体育活动。对个人而言，体育活动对知识阶层更多的是一种个人修身养性的手段，国家对此是不直接过问的。

（四）以和谐、适度为标准的体育方法论

在元气生命观和健康观的基础上，中国传统体育非常注意各种因素的和谐与适度。各种活动都是为了保养、调节和补充出生时获得的先天元气。形体被视为保存元气和精神的特殊容器，对元气和精神的摄养被认为重于对形体的锻炼。

1. 中和为用

"和"是中国传统哲学的一个核心范畴，也被认为是养生保健术的总原则。"能以中和养其身者，其寿极命。"① 养生所指的"和"包含三重含义：人与天之和，指保持人与自然环境之间的和谐关系；人与人之和，指人必须注意保持与社会环境之间的和谐；人自身之和，是指保持人体自身的和谐，也就是保持精、气、神、形的统一和谐。

2. 形神统一

大多数人对形、神之于生命和健康的重要性的认识并不一致，如《庄子》说"形体保神"②，《荀子》称"形具而神生"③。但很少有人完全否定一个方面而只承认另一个方面。大多数人主张二者的统一平衡，努力使"形与神俱，而尽终其天年，度百岁乃去"④。

3. 动静适度

古人主张在动态中把握阴阳平衡，进而达到中和。把握动态平衡的关键是"度"。如何把握"度"呢？儒家和管子一派主张用"礼"规范自己的行为："食饮衣服，居处动静，由礼则和节；不由则触陷生疾。"道家一派认为"度"就是"道"的自然状态，就是自然无为。华佗把"度"解释为运动之"度"："人体欲得劳动，但不当使极尔。"这使他比别人更接

---

① 出自（西汉）董仲舒《春秋繁露·循天之道》。

② 出自《庄子·外篇·天地》。

③ 出自《荀子·天论》。

④ 出自《黄帝内经·素问·上古天真论》。

近体育的本质。

二、内外兼修的体育方法

先秦到汉代也是中国古代体育活动逐步形成和定型的重要时期。根据各种体育活动的主要功用和开展的场所，可以把这些体育活动大体分为4类：养生保健方法、军事性的技能和体能练习方法、娱乐性体育活动、宫廷体育活动。这些体育方法有一个共同特点，那就是既注意"形"，又注意"神"，即使是在以攻战为目的的军事技能练习中，精神和道德素质方面的要求也很突出。

（一）养生术的发端和逐步完善

1. 行气

调气运行是古代养生的第一要务，从而产生了行气之术。"行气"一词始见于《左传·昭公九年》："味以行气，气以实志"。"气"是我国传统生理学的重要概念，它包含三层含义：日精月华之气；阴阳相媾而结为人的初始元气，即先天之气；饮食物质所化生的"水谷营卫之气"，即"后天之气"。"行气"的目的就在于通过专门功法，使"后天之气"不断补充"先天之气"。因此，"行气"是一种自我控制的内循环运动。战国初年的《行气铭》已记叙了具体的行气路线，行气术已较为成熟。

秦汉时形成了两个主要的行气派别：承袭老、庄"抱神守一"行气术的"内炁（气）"养形法；源于《行气铭》中所述的"周天行气法"。东汉人魏伯阳著《周易参同契》，借用炼丹术语，构筑了行气炼养术的理论模式，奠定了后世行气术的理论基础。

▲ 刻有行气铭
的战国玉饰

2. 服食

服食可能来源于古代的"食养"。《山海经》就记载了某些食物或药物食用后有"善走""不夭""多力""美人色"等作用，《周礼》也有许多关于饮食搭配的要求。战国末的神仙术士把这称为"服食"，并视为修炼成仙的重要手段。"服食"分为服药、服丹和食气。食气也叫服气，主要以采集日精月华、松涛流泉等精气，以更替体内浊气为特征的呼吸吐纳运动。道教用"伏炁（先天之气）"与"服气（后天之气）"区别"行气"与"食气"。

3. 导引

先秦引导术式较为简单，仅有单个动作。始见于《庄子·刻意》："吹呴呼吸，吐故纳新，熊经鸟伸，为寿而已，此导引之士，养形之人。"先秦"导引"与"养形"可能在手段和目的上都有区别，后世逐渐不加区分。1973 年，从湖南长沙马王堆三号墓出土了一幅西汉帛画《引导图》，上绘 4 排各 11 人，代表四季和 11 道经络。绝大多数动作是针对某一病痛设计的。有的图侧还注明了所能医治的病痛，其动作设计与所疗疾病的关系也符合人体解剖结构，可见当时的引导主要是用来防治疾病的。

▲ 马王堆三号墓出土的西汉帛画《引导图》（复原）

4. 五禽戏

五禽戏是汉末名医华佗按防病治病（"除疾"）和健身（"利蹄足"）原则模拟一些动物的特征动作编成的健身操。华佗认为"人体欲得劳动，但不当使极耳。动摇则谷气消，血脉流通，病不得生，譬犹户枢不朽是也。是以古之仙者为导引之事，熊经鸱顾，引挽腰体，动诸关节，以求难老"。他因此编创了"五禽戏"。他在向弟子传授时说："吾有一术，名五禽之戏。一曰虎、二曰鹿、三曰熊、四曰猿、五曰鸟。亦以除疾，并利蹄足，以当导引。体中不快，起作一禽之戏，沾濡汗出，因上着粉，身体轻便，腹中欲食。"①

（二）古代战争的演变对军队身体练习和技击格斗术的影响

1. 车战的出现对体育的影响

氏族社会末期出现了战争。战争有力地促进了兵械制作和技击术的发

---

① 出自《后汉书·方术列传·华佗传》。

展。蚩尤成为传说中最著名的"战争之神",传说中许多武器的发明都归功于他。蚩尤还是搏击能手,他"耳鬓如剑戟,头有角,与轩辕斗,以角抵人,人不能向"。① 从中折射出原始战争对格斗技能的巨大促进作用。

夏、商、周时,战争规模进一步扩大,车战成为主要作战方式。车战使用的武器除弓箭外,戈、矛、戟为最常见的武器。《楚辞·国殇》说"操吴戈兮被犀甲,车错毂兮短兵接;旌蔽日兮敌若云,矢交坠兮士争先",便是车战场面的生动写照。

商代练兵主要采用田猎的方式,即春蒐、夏苗、秋狝、冬狩。天子、诸侯遇农闲无事常行围射猎,既是娱乐,也借此演习军事。商代田猎频繁,卜辞中多有记载。西周时田猎形成制度,每年进行田猎。

车战时体能的重要性超过兵器的使用技巧,因而在春秋以前体能训练更受重视。据说"夏桀殷纣,手搏豺狼,足追四马,勇非微也"。② 秦武王与大将孟说比赛举鼎弄断了自己的髌骨。③ 这对文人也有很大影响,如孔子不但善于射、御,而且力气大到能"拓国门之关"。④

2. 步、骑战的兴起与军队训练的变化

春秋战国时期,步兵逐渐发展为主要兵种,车战地位减退。各诸侯国都努力改革军队,发展步兵骑兵,加强军事训练并举行各种比武。田猎式的综合训练逐步向专门性的训练过渡,短兵相接所需的技击格斗也有较大发展,射术也有长足进步,出现了不少著名射手,如百步穿杨的养由基、夜射饮羽的李广等。

体能是古代军队最重要的战斗力,奔跑和跳跃能力是体能的核心要素。战国时魏国要求步兵"衣三属之甲,操十二石之弩,负服矢五十,置戈其上,冠胄带剑,日中而驱百里"。⑤ 跳跃或称距跃、踊跃、超距,也是当时军队常用的训练方式,要求士兵能追赶并跃上奔驰的战车。其他训练内容还有曲踊、逾高、绝远等。

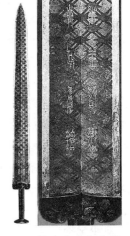

▲ 江陵出土的勾践剑

---

① 出自任昉《述异记》。
② 出自《史记·律书》。
③ 出自《史记·秦本纪》。
④ 出自《列子·说符》。
⑤ 出自《荀子·议兵》。

春秋时期，楚、越等国士兵以剑为主要兵器，社会上习剑成风，一些"士"以击剑为业。如滕文公自称为世子时，"未尝学问，好驰马试剑。"[1]据说赵文王养了三千剑士，[2] "日夜相击于前"，"好之不厌"。[3] 民间剑术家越女对勾践论剑说道："凡手战之道，内实精神，外示安仪；见之似好妇，夺之似惧虎；布形候气，与神俱往；杳之若日，偏如腾兔"[4]。至今仍被奉为剑法精典。《汉书·艺文志》录有《剑道》38篇。

秦汉时形成了手搏之技，又叫"弁"。《汉书·艺文志》有《手搏》6篇，班固称："伎巧者，习手足，便器械，积机关，以立攻守之胜者也"，说它是通过"习手足"的练习，增强体能和熟练器械使用技巧的方法。可惜此书已经失传。

（三）丰富多彩的体育游戏活动

1. 蹴鞠

蹴鞠又名踏鞠、蹹鞠，是古代的一种足球游戏。《战国策》说齐国都"临淄甚富而实，其民无不吹竽鼓瑟、击筑、斗鸡、走犬、六搏、蹹鞠者"。汉魏时蹴鞠发展较快，"康庄驰逐，穷巷踏鞠"，"上以弓马为务，家以蹴鞠为学"。蹴鞠分表演性蹴鞠和竞赛性蹴鞠两种。表演性蹴鞠是在鼓乐伴奏下进行踢、控球表演，有单人踢一鞠、单人踢两鞠、双人边击鼓、边踢鞠等形式；有足踢、膝顶、双腿齐飞、单足停鞠、跃起后勾等技术动作。竞赛性的蹴鞠设有鞠场，鞠场呈长方形，一般为东西向，设有坐南面北供观赏的大殿，四周有围墙，称为"鞠城"。鞠城两端有半月形球门，称为"鞠室"。竞赛在两队间进行，每队6人，以把球踢入对方鞠室为胜。竞赛在监督下按一定规则进行。

蹴鞠也用于军中练兵，《汉书·艺文志》中有《蹴鞠》25篇（已佚）。刘

文献选读六

鞠　城　铭

圆鞠方墙，仿象阴阳。
法月衡对，二六相当。
建长立平，其例有常：
不以亲疏，不有阿私；
端心平意，莫怨其非。
鞠政犹然，况乎执机！
——（东汉）李尤

---

[1]　出自《孟子·滕文公上》。
[2]　出自《史记·刺客列传》。
[3]　出自《庄子·说剑》。
[4]　出自《吴越春秋（卷九）·勾践阴谋外传》。

向《别录》中说："踏鞠，兵势也。所以练武士，知有才也，皆因嬉戏而讲练之。"蹴鞠也用于丰富军营生活。"今军无事，就使蹴鞠"，就是后者的反映。

2. 围棋、象棋、投壶

传说尧、舜发明围棋。[①] 春秋时有人以棋喻事："弈者举棋不定，不胜其耦。"[②] 说明当时围棋活动已较普遍。《关尹子》中说"习射、习御、习琴、习弈，终无一事可以息得者"，说明琴、棋、射、御都是当时常见的休闲方式。围棋在战国时发展很快，已经出现了专门教棋的人和场所，弈秋可能是记载中

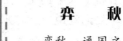

文献选读七

弈　秋

弈秋，通国之善弈者也。使弈秋诲二人弈。其一人专心致志，惟弈秋之为听。一人虽听之，一心以为有鸿鹄将至，思援弓缴而射之，虽与之俱学，弗若之矣，为是其智弗若与？曰：非然也。

——孟子·告子上

第一个围棋教师。汉代围棋之风更甚，文人学士乐此不疲。棋盘也从纵横15线、17线发展到19线，表明了围棋的日趋成熟。

投壶是贵族士大夫宴飨时的一种游戏，玩时以壶为箭靶，把箭投入壶口为中。春秋时已有此戏，"晋侯以齐侯宴，中行穆子相，投壶，晋侯先。"[③] 有人说它是射礼的替代："投壶者，不能尽于射礼，而行其节也"。[④] 这种游戏深受文士欢迎，流传颇久。宋代司马光著《投壶新格》，强调

▲ 汉代画像石上的投壶

"投壶可以治心，可以修身，可以为国，可以观人"。

与古印度象棋相似的中国象棋出现于先秦时期，棋中将（帅）、车、马、士、卒（兵）这几个棋子是先秦军阵遗制：战国以前作战主要用战车，军队中有相、甲士、徒卒（或徒兵）……"炮"则是唐代中叶以后出现在象棋中。

---

① 出自（西晋）张华《博物志》。
② 出自《左传·襄公·襄公二十五年》。
③ 出自《左传·昭公·昭公二十五年》。
④ 出自《礼记·投壶》。

3. 角抵、百戏

角抵又称角力、相扑，原是一种力量性训练和比赛方式，主要形式有举鼎、拓关、开硬弓、斗兽、相搏等，它一直是军中习武活动和杂技表演的内容，也是一项单独开展的竞技活动。汉武帝曾在元封三年（公元前 108 年）举行大型角抵戏表演，长安附近"三百里内皆来观"[1]。当时角抵的服装和比赛方式很接近今天的相扑。东汉以后，角抵与杂技合称百戏，包括各种杂技、幻术、装扮人物的乐舞、装扮动物的"鱼龙蔓延"舞蹈，以及带有简单故事情节的"东海黄公"表演等，包括倒立、柔术、跳丸剑、耍坛、扛鼎、顶杆、走索等。

▲ 秦代漆画角抵木梳

三、以家国为中心的体育运行机制

中国传统体育的文化特征和生存环境，决定了它在运行方面的特征：在与社会的联系方面，表现出浓厚的宗法性；在与自然的联系方面，表现出鲜明的地域性和季节特征。综合体现出这两种特征的，则是传统体育活动具有的强烈民俗性。

（一）礼法制度与宫廷体育

在古代社会中，"国之大事，唯祀与戎。"[2] 祭祀和武力是治理国家最重要的两件大事。夏商时期崇信"天命"，敬事鬼神，假借天意和鬼神对奴隶们实行统治。商周时期占卜之风极盛，祭祀活动非常频繁。统治者在利用宗教迷信和严刑酷法实行统治的同时，还通过一整套强调等级名分的"礼制"来实行德政。神权和礼法贯穿于社会生活各方面，自然也渗透到体育活动中。

1. 射、御

射、御是车战的基本作战技能，被列为先秦教育的重要内容。陆上习射有"射庐"和"宣射"，水上有"辟雍"和"泮宫"；地方学校中习射

---

① 出自《汉书·武帝纪》。
② 出自《左传·成公·成公十三年》。

的地方称为"序";学校习射要掌握"白矢、参连、剡注、襄尺、井仪"5种基本技术。御主要是指驾驶车马。习御要求掌握"鸣和鸾、逐水曲、过君表、舞交衢、逐禽左"5种驾车控马的基本技术。其中既有技术标准,也有仪态要求。

西周还举行一种以射行礼、以射选士的礼射活动,分为"大射""宾射""燕射"和"乡射"。礼射时要配乐舞,有严格的程序、复杂的步骤和完备的规则,除用来进行礼制教育外,选拔有勇力和武艺之人也是重要目的之一。

2. 舞蹈

商周宫廷舞蹈可能由远古宗教仪式演化而来,从功能上分为祭祀、庆典舞蹈与欢娱燕乐类舞蹈,从形式上有大舞小舞之分。大舞指云门、大咸、大磬、大夏、大濩、大武,即"六代之乐",小舞则由帗、羽、皇、干、旄、人6种舞蹈编排而成。这些舞蹈又分持羽龠、帗、羽、皇等的文舞和持干戚即盾、钺、戟等长兵器的武舞。

周代宫廷乐师负责教贵族学习舞蹈,同时负责宫廷祭祀和庆典时舞蹈的组织工作;舞师负责教授一般百姓子弟习舞,并负责搜集整理民间舞蹈和主持地方的祭祀典礼。乐舞课程按不同年龄分段,"十三舞勺(文舞),成童舞象(武舞),二十舞大夏(大舞)"[1],由易到难依次学习。

上述舞蹈一直被历代沿用,直到唐代以后舞蹈内容才发生了比较大的变化,但在功能上始终被作为强化精神统治或宣扬君权国威的重要形式。

(二)民间习武活动的出现

春秋以前,习武为贵族特权,没有一定地位和财富的人无力自备甲兵车马。战国以后,劳动者人身依附关系相对减弱,农民逐渐成为军队的主体,各国统治者也鼓励民众习武,如齐国要求各地推荐"有拳勇股肱之力、筋骨秀出于众者"[2];魏国对武卒进行严格考核,"中试则复其户,利其田宅"[3];甚至以射箭判案:"中之者胜,不中者负"[4],导致魏国习射成风。赵武灵王也"胡服骑射以教百姓"[5]。

---

① 出自《礼记·内则》。
② 出自《管子·小匡》。
③ 出自《荀子·议兵》。
④ 出自《韩非子·内储说上》。
⑤ 出自《史记·赵世家》。

兵农合一促进了民间习武的盛行。汉代豪强往往"起坞壁，缮甲兵"①，部曲家丁动辄上千，"养剑客以威黔首"②，庄园农民二月"顺阳习射"，八月"习射"，九月"缮五兵，习战射"③。武风盛行推动了武技的发展。"剑使之家，斗战必胜，得曲城越女之学也。两敌相遇，一巧一拙，其必胜者，有术之家也。"④ 三国时曹丕论剑法时提到"四方之法各异，唯京师为善"⑤。

（三）教育政策的变革与体育的演变

夏代已有称为校、序、庠等不同名称的学校，已经有了体育教育的内容，习射是重要的教育内容。西周学校形成了以礼为中心、以射御为主要内容、文武兼备的六艺教学体系。

春秋以后，官学衰微而私学兴盛。秦时"以吏为师"，禁止私学；汉代"罢黜百家，独尊儒术"。汉代以后，习武和身体练习成为军人的特权，官学中的身体活动内容越来越少，只有射箭因射礼而得到保留。虽然不断有一些有识之士出来呼吁"文武兼备"，但身体活动在社会和民众意识中的地位仍然越来越低。

四、诸子百家学说中的体育思想

春秋战国是我国历史上文化空前繁荣的时期，这个时期百家争鸣形成的许多思想学说，直至今天还在影响着中国人对生命、健康的认识和生活态度。先秦诸子以及秦汉时期的一些著作中，都包含有丰富的关于生命、健康和养生方法的论述。特别是儒、道两家从不同方面对人生价值的肯定，不但为中华传统体育文化的生存繁衍奠定了基础，也使中国古代体育呈现出特有的面貌。

1. 管子

管仲（？—前645年），春秋时齐国人，曾辅佐齐桓公称霸天下。他的学生所辑的《管子》书多篇论述健身养生，对后世养生、气功的影响

---

① 出自《后汉书·李章传》。

② 出自（东汉）崔寔《政论》。

③ 出自（东汉）崔寔《四民月令》。

④ 出自（东汉）王充《论衡·别通》。

⑤ 出自（三国）曹丕《典论·自序》。

十分深远。《管子》认为人是天地的产物：“天出其精，地出其形，合此以为人。”“有气则生，无气则死。”① 养生的目的是“道血气，以求长年、长心、长德，此为身也”②。在养生方法上，《管子》认为“滋味也，声色也，然后为养生”③。“定心在中，耳目聪明，四肢坚固，可以为精舍。”做到“起居时，饮食节，寒暑适，则身利而寿命益”④。“饱则疾动，饥则广思，老则长虑。”⑤ 这样才能“利身体，便形躯，养寿命，垂拱而天下治”⑥。

2. 道家

老子（春秋晚期在世）和庄子（约公元前369—公元前286）的思想对中国文化特别是养生的影响至为深远。由于他们把“道”看作是事物的本原和变化的依据，因而被后人尊为道家。道家“重人贵生”，认为“先天地生”的“道”也是生命的本原，因此，道家不但认为“人法地，地法天，天法道，道法自然”⑦ 是一切事物变化的根本规律，也是认识生命问题的基本原则。

道家的“贵生”表现出对生命本身的肯定。在养生方法上，道家主张“致虚极，守静笃”⑧，由此而发展出了道家的主静养生体系。道家的方法是回到赤子状态，尽量不要受社会的干扰，“虚其心，实其腹，弱其志，强其骨。”⑨ 认为“形体保神，各有仪则”⑩。只要恪守中和（“缘督以为经”），“守其一以处其和”⑪，通过“抱魂守一”使“气”与“道”合，就可以做到使“身”不朽，长生不老。

道家养生哲学及对养生术的不懈追求为体育养生文化留下了宝贵的财富。

3. 儒家

孔子（公元前551—前479年）是儒家学派的创始人。儒家思想的核

①　出自《管子·枢言》。
②　出自《管子·中匡》。
③　出自《管子·立政九败解》。
④　出自《管子·形势解》。
⑤　出自《管子·内业》。
⑥　出自《管子·任法》。
⑦　出自《老子·第二十五章》。
⑧　出自《老子·第十六章》。
⑨　出自《老子·第三章》。
⑩　出自《庄子·外篇·天地》。
⑪　出自《庄子·外篇·在宥第十一》。

心是"仁",也主张贵生,但更重视的是集体
的人和人格完善,培养"文武兼备","文质彬
彬,然后君子"的"仁"人。儒家主张"射
不主皮","君子无所争。必也射乎!揖让而
升,下而饮。其争也君子。"① 显然,儒家体
育活动只是实践"仁"人教育的一种手段。
因此,必要时可以"杀身以成仁"②,"舍生而
取义"③。

▲ 孔子

儒家把恪守中道视为达到仁学境界和养生
目标的根本,主张通过"反求诸己"和养
"浩然之气"等主观修养达到修身养性的目
的。虽然他们也主张"劳其筋骨",但终极目的是为了"动心忍性,增益
其所不能"④,"圣化"为"君子"。所以孟子说"劳心者治人,劳力者治
于人"⑤。汉儒受道家思想影响提升了"气"的地位,"身"的地位进一步
下降。董仲舒说:"养生之大者,乃在其爱气","故君子闲欲止恶以平意,
平意以静神,静神以养气,气多而治,则养身之大者得矣。"⑥

儒家重义轻利、气在身外、气在身先的思想已经包含有身心二元的倾
向,因此,虽然孔、孟主张文武兼备,而且身体力行,其"志于道,据于
德,依于仁,游于艺"等教育主张也有深远的意义,但儒学的发展却必然
引致对躯体的轻视。汉代以后重文轻武之风日盛,与儒家思想的这种身体
观、义利观不无关系。

4. 墨子

墨子(约公元前476—前390年)是墨家学派的创始人,他在政治上
主张"非攻""兼爱",反对非正义战争。在人生哲学上主张"非命""尚
力",认为决定人们命运的不是"命"而是"力":"赖其力而生,不赖其
力则不生",充分肯定"人力"的作用,他是道家之外又一个直接肯定躯
体意义的古代思想家。

---

① 出自《论语·八佾》。

② 出自《论语·卫灵公》。

③ 出自《孟子·告子上》。

④ 出自《孟子·告子下》。

⑤ 出自《孟子·滕文公上》。

⑥ 出自(西汉)董仲舒《春秋繁露·循天之道》。

墨家追求的理想人格是"任侠",因而"墨子之门多勇士"①。他把身体强壮、思维敏捷作为收徒的重要条件:"有游于子墨子之门者,身体强良,思虑徇通,欲使随而学。"② 他的学生称为钜子,具有吃苦耐劳、服从命令和舍己为人的精神。这种既有超凡武艺,又重诺轻生的任侠精神,成为后世武侠的基本品格。

5. 荀子

荀子(约公元前 313—前 238 年),赵国人。荀子反对天命和迷信,肯定"天行有常",主张"制天命而用之",其养生思想也深受此影响。在形神关系上荀子认为"形具而神生"。在养生方法方面,他提出"养备而动时,则天不能使之病","养略而动罕,则天不能使之全"③,认为健康取决于后天养护和适时而动。

荀子特别重视"乐"对于教养的积极作用,指出乐舞不可或缺:"夫乐者,乐也,人情之所必不免也,故人不能无乐"。"听其雅颂之声,而志得意广焉;执其干戚,习其俯仰屈伸,而容貌得庄焉;行其缀兆,要其节奏,而行列得正焉,进退得齐焉。故乐者,出所以征诛也,入所以揖让也。"④ 乐舞既能陶冶情操,又能矫正体态,使人进退有度,既能用于练兵,也可用于礼教。

6.《黄帝内经》

《黄帝内经》简称《内经》,主要部分形成于战国时期。该书全面总结了秦汉以前的医学成就,也是养生理论的奠基之作。

《内经》认为人体阴阳平衡是健康的基础,一旦平衡被破坏,健康也就被破坏了:"阴平阳秘,精神乃治,阴阳离决,精气乃绝。"⑤ 因此,《内经》主张顺应自然,只有"和于阴阳,调于四时"或"法则天地,逆从阴阳"⑥,人们才能达到至人、真人、圣人、

▲ 古本《黄帝内经》

---

① 出自(西汉)陆贾《新语·思务》。

② 出自《墨子·公孟》

③ 出自《荀子·天论》。

④ 出自《荀子·乐论》。"缀兆"指舞蹈的行列和活动区域。

⑤ 出自《黄帝内经·素问·生气通天论》。

⑥ 出自《黄帝内经·素问·上古天真论》。

贤人的境地，实现健康长寿乃至长生不死。《内经》提出了"不治已病治未病，不治已乱治未乱"① 的总原则，这是古代养生术的基础。

《内经》重视精神修养，认为精神愉快、情绪稳定是身体健康的关键："恬淡虚无，真气从之；精神内守，病安从来？"② 同时主张形神兼修：既要使"精神内守"，又要锻炼形体，"形劳而不倦"，才能"形与神俱"，得享天年。

《内经》主张采用多种方法达到修身养性的目的，除了注意四时饮食起居、情志调节等外，也很强调导引、吐纳等法。例如《内经》认为居住在潮湿地方容易得关节炎一类的病，主张采用导引之法治疗。对"缓节柔筋而心和调节者"，可以让他们练习"导引行气"之术。③ 这些成为后来气功发展的基础。

7.《吕氏春秋》与《淮南子》

《吕氏春秋》与《淮南子》都是集体编撰而成，内容庞杂，故被认为是"杂家"著作。但其思想倾向的主流被认为还是属于道家。

《吕氏春秋》由秦丞相吕不韦集合门客集体编撰而成。该书以探讨治国安邦之术为主，但不少篇章论及养生，形成了动以养生的特色。书中提出了去害知本、动以养生的基本原则。"去害"指去五味充形、五情接神和七淫动精之害，才能使"精神安乎形，而年寿得长焉"。"知本"是指知精气流动之本："流水不腐，户枢不蠹，动也。形、气亦然。形不动则精不流，精不流则气郁。"④ 不过《吕氏春秋》并没有明确提出怎样"动"，不如华佗把"动"解释为人体劳动、运动之动。

《淮南子》是汉初淮南王刘安仿《吕氏春秋》而写的，书中也有许多养生论述。《淮南子》认为养生就是体道："养生以经世，抱德以终年，可谓能体道矣。"⑤ 养生的要义是做到形、神、气三位一体。"夫形者，生之舍也；气者，生之充也；神者，生之制也。一失位则三者伤矣。"⑥ 三者中养神最重要，精神内守才能使神得其位，神得其位、精神清明才能充分发挥神的作用。

---

① 出自《黄帝内经·素问·四气调神大论》。
② 出自《黄帝内经·素问·上古天真论》。
③ 出自《黄帝内经·灵枢·官能》。
④ 出自《吕氏春秋·尽数》。
⑤ 出自《淮南子·俶真训》。
⑥ 出自《淮南子·原道训》。

《淮南子》主张适度运动："形劳而不休则蹶，精用而不已则竭。"①强调保持心态平和："人大怒破阴，大喜坠阳。"主张"以中制外"，才能"百事不废"，使"五脏宁，愚虑平，精力坚强，耳目聪明"②。这种思想表现出明显的道家色彩。

本章小结

　　轴心时期是人类文明史上的一次重大转型，古希腊、以色列、印度和中国等文明发源地在这个时期形成的体育价值观和体育方法等，对此后的体育发展产生了深远的影响。古希腊丰富的运动方法、近于完善的竞赛制度，特别是奥林匹克祭典和古希腊人的体育精神，以及在古罗马角斗士训练和竞技中发展起来的高度专门化的技巧，成为轴心时代高度发展的体育文化的象征，也决定了后来西方体育发展的道路。古希腊系统的体育教育，也是青少年教育的典范。而中国和印度古代体育在轴心时期也形成了注重自省内修的特色，对后世影响深远。

思考与探索

1. 从奥林匹克祭典看运动与宗教的关系。
2. 轴心时期体育文化对后世有什么影响？
3. 试分析轴心时期不同体育文化的特点。

拓展阅读文献

1. 颜绍泸，周西宽. 体育运动史（第三章）[M]. 北京：人民体育出版社，1990.

2. ［德］施瓦布. 希腊神话故事 [M]. 呼和浩特：内蒙古人民出版社，2003.

3. 王邵励. 泛希腊节庆与古希腊城邦政治文化——以"奥林匹亚节"为中心的分析 [D]. 东北师范大学硕士论文，2004.

4. 中国体育史学会. 中国古代体育史 [M]. 北京：北京体育学院出版社，1989.

5. 郝勤. 体育史 [M]. 北京：人民体育出版社，2006.

---

① 出自《淮南子·精神训》。
② 出自《淮南子·原道训》。

活动建议

1. 以"轴心时代的中国和希腊体育"为题，组织一次讨论会。

2. 以"古代奥林匹克祭典是/不是体育"为题组织一次辩论会。

3. 选择一个体育人物或一本古代体育论著，围绕其历史意义举行一次讨论会。

第四章 中国古代体育（魏晋—清）

本章提要

在轴心时期中国体育的基础上，古代中国体育的方法、运行体制和价值观念等都发生了若干次较大的转变，并且在隋唐和宋明时期达到了巅峰状态。但从明末清初开始，随着社会发展步伐渐趋缓慢，传统体育逐渐失去了原有的动力，与15世纪以后生机勃勃的欧洲体育相比已经没有了抗衡的力量。

第一节 魏晋南北朝体育的发展

魏晋南北朝时期（220—589），我国经历了空前的民族大变动，原处西北的一些游牧民族先后进入黄河流域，并逐渐与汉族融合，为中华文化增添了许多新的元素。汉代以后，重文轻武的社会风气受到冲击，各族人民共同创造了辉煌灿烂的体育文化，为隋唐体育的繁荣奠定了基础。

一、魏晋南北朝民族融合与体育演变

持续近400年的魏晋南北朝时期是中国历史上最为动荡的时代，战乱纷争，政权更迭，社会长期处于改朝换代的混乱之中。经济社会发展不平衡，民族与阶级矛盾激化，少数民族大举进攻中原地区。在混乱的社会环境中，逐渐形成了以民族融合与思想流变为特征的历史文化背景。

虽然长期的战乱严重阻碍了经济社会的发展，使两汉时期兴盛的蹴鞠、导引等传统体育的发展趋于停滞，但由于战乱所引发的军事训练需要以及受少数民族尚武精神的影响，也带动了中原地区武艺的发展。与此同时，民族文化的交流与融合，使中原地区盛行的围棋、投壶等体育项目传入少数民族地区；少数民族豪放的民族精神，尤其是对妇女参与体育的推

崇和鼓励，也使原本极少参与户外活动的汉族妇女得以充分参与到体育活动中。这一时期，玄学思想的兴盛，也极大地推动了传统养生体育的发展。在战乱纷争和民族融合的交织下，这一时期的体育实现了体育内容的丰富与体育思想的提升，因此，魏晋南北朝时期是中国传统体育发展历程中重要而具有开拓意义的过渡时期。

二、魏晋南北朝时期体育的发展

（一）军事推动下的武艺活动

魏晋南北朝时期战乱频繁，使军事武艺得到了较快发展；民族融合的文化背景，又使北方少数民族英勇顽强的尚武精神传入中原，从而使得射箭、短兵、长兵等军事武艺活动得到广泛发展，这进一步推动了民间徒手武技和寺院习武的盛行，角抵、相扑等活动在这一时期都得到了发展，呈现出蓬勃繁荣的景象。

1. 南北方民族体育的交流融合

魏晋南北朝时期，南、北政权间常有体育比赛活动。《北齐书·纂连猛传》中记载："元象五年，梁使来聘，云有武艺，求访北人，欲与相角。世宗遣猛就馆接之，双带两鞬，左右驰射，兼共试力、挽强。梁人引弓两张，力皆三石。猛遂并取四张，叠而挽之，过度。梁人嗟服之。"① 《隋书·柳彧列传》中记载："都邑百姓每至正月十五日，作角抵之戏，递相夸竞。"

魏晋南北朝时期，由于战乱不断，骑、射受到高度重视。北魏拓跋部"控弦骑士四十余万"②，可见其骑兵的强大。北朝帝王大多善骑射，如东魏孝静帝元善见"力能挟石狮子以逾墙，射无不中"③；北魏孝武帝曾在洛阳举行射箭比赛，"以银酒卮容二升许，悬于百步外，令善射者十余人共射，中者即以赐之。"④ 濮阳王元顺发矢即中，得到了银杯。南朝不少帝王沉溺骑马，甚至不分寒暑，日夜戏马不休。

---

① 出自《北齐书·纂连猛传》。原文中，"元象五年"应为"武定五年"（公元547年）。东魏元象年号仅用两年便改元兴和（共4年），继改武定（共8年），疑原文前或有讹漏。

② 出自《魏书·序纪》。

③ 出自《魏书·孝静帝纪》。

④ 出自《北史·魏宗诸室列传》。

南北朝时佛教兴盛，许多寺庙拥有大量田产和佃户，习武僧众有守护庙产的意义。同时，常有武力抗暴失败者躲进寺院或僧人起兵抗击政府的事发生，这些促成了奇特的僧徒习武之风，少林寺僧人习武的风气就是这样形成的。

2. 射箭

射箭是古代重要的军事技术。古代军队普遍注重练习射术以提高军队的战斗力。南北朝时期，社会习射之风盛行，很多人童年就开始接受射箭教育，技艺出众者很多。据《晋书·刘曜载记》记载："（刘曜）雄武过人，铁厚一寸，射而洞之，于时号为神射。"南北朝时期的射箭活动内容丰富、形式多样，南方的"博射"更具娱乐性，先秦流传下来的燕射通常用于宴会上慰劳群臣。另据《晋书·文苑传》记载："晋武帝于华林园宴射。"重大祭祀活动则会举行大射，

▲ 魏晋南北朝时期我国北方民族的习射活动（敦煌壁画）

如《魏书·孝文帝本纪》载："太和十六年七月己酉，将行大射之礼，雨，不克成。"

3. 相扑

相扑，或称角抵、相掊、角力、争交或手搏，早在秦汉时便作为百戏的一种广为流传，西晋时被称为"相扑"，并逐渐成为一种独立的竞技运动。相扑集娱乐与竞技于一体，深受当时社会的重视与推崇。南北朝时的许多帝王（如北齐高洋）对此就很入迷，他常与贵戚和他们的家人"角力批拉，不限贵贱"。士族自己虽然不一定赤膊上阵，但也常常热衷于凑在一起"计渔猎相掊之胜负"[1]。这种对相扑运动的社会关注度一直延续到隋唐时期。上行下效，戍边的士兵们在寒冬里常以摔跤为乐，城市之间也常常举行相扑比赛。据《晋书》记载："襄城太守责功曹刘子笃曰：'卿郡人不如颍川人相扑。'笃曰：'相扑下技，不足以别两郡优劣。'"

查看古代相扑组图

4. 军旅武技的发展

长期战乱使军人和军事格斗技术受到极高重视。曹丕在《典论·自叙》中有一段非常有意思的记载："余又学击剑，阅师多矣，四方之法各

---

① 出自（东晋）葛洪《抱朴子·外篇·崇教篇》。

异，唯京师为善。桓、灵之间，有虎贲王越善斯术，称于京师。河南史阿言昔与越游，具得其法，余从阿学之精熟。尝与平虏将军刘勋、奋威将军邓展等共饮，宿闻展善有手臂，晓五兵，又称其能空手入白刃。余与论剑良久，谓言将军法非也，余顾尝好之，又得善术，因求与余对。时酒酣耳热，方食芊蔗，便以为杖，下殿数交，三中其臂，左右大笑。展意不平，求更为之。余言吾法急属，难相中面，故齐臂耳。展言愿复一交，余知其欲突以取交中也，因伪深进，展果寻前，余却脚鄛，正截其颡，坐中惊视。余还坐，笑曰：'昔阳庆使淳于意去其故方，更授以秘术，今余亦愿邓将军捐弃故伎，更受要道也。'"

春秋战国时期，作战以车战为主，秦汉以后，步兵和骑兵的地位逐渐上升，单兵使用兵器的作战技能日益重要。魏文帝曹丕说他学过各地剑法，东晋葛洪说他年轻时曾学过"刀盾及单刀、双戟，皆有口诀要求"。南北朝时期武艺著述很多，仅南朝梁简文帝时就编了《骑马都格》《骑马变图》《马槊谱序》和《马射谱》等用于骑兵训练的一套军事教范。图、谱、格和口诀要术的出现，表明军旅武艺和武术发展到了一个重要的阶段。

文献选读一

武艺要术秘法

少尝学射，但力少不能挽强，若颜高之弓耳。① 意为射既在六艺，又可以御寇辟劫，及取鸟兽，是以习之。昔在军旅，曾手射追骑，应弦而倒，杀二贼一马，遂得以免死。又曾受刀盾及单刀双戟，皆有口诀要术，以待取人，乃有秘法，其巧入神。若以此道与不晓者对，便可以当全独胜，所向无前矣。晚又学七尺杖术，可以入白刃，取大戟。然亦是不急之末学。知之譬如麟角凤距，何必用之？过此已往，未之或知。

——（晋）《抱朴子·外篇·自叙》

（二）魏晋玄学与体育风气的演变

汉武帝罢黜百家、独尊儒术以后，社会上重文轻武之风日盛一日。晋代门阀士族垄断官场，官员由豪门大户推举产生，加之玄学盛行，以致士

① 颜高，古代传说中的射箭高手。据《左传·定公八年》记载："颜高之弓六钧。"一钧等于30斤。

人"莫不崇饰华竞，祖述虚玄"①。"出则车舆，入则扶持"，以至"肤脆骨柔，不堪行步，体羸气弱，不耐寒暑，坐死仓猝者，往往而然"②。这种风气不但使士家子弟体质下降，而且影响恶劣，中国社会崇尚柔弱之风由此开端。

1. 体育价值观和审美观的变化

晋室东渡以后，西北边境的匈奴、鲜卑、羯、氐、羌等族先后进入黄河流域，虽然各族政权受儒家文化影响大都推行汉化政策，提倡尊经读书，但实际上还是"取士拔才，必先弓马；文章学艺，视为无用之条"③。甚至汉族儒生也受此影响，如兵射（即骑射）就在文人士大夫中逐渐流行。这表明到了南北朝后期，社会风气确有变化，体现体育精神和体育活动的"武"的地位有所上升。

民族融合也影响了对妇女体育的态度。三国时有"生男如狼，尤恐其尫；生女如鼠，尤恐其虎"④ 的谚语。在这种审美观和伦理观的影响下，汉族妇女很少参加户外活动。但进入中原的西北各族由于母系氏族社会遗风浓厚，妇女地位很高，"一切计谋从用妇人，唯斗战之事乃自决之。"⑤而原有的游猎生活也使她们有更多的野外活动机会。因此，西北各族中体育风气较盛，并且逐渐影响到汉族社会。如当时的北朝妇女，骑马、步射、骑射、驾御、蹴鞠、舞蹈等都很活跃。

上述变化对隋唐社会风气和审美观念影响很大。唐代"胡"风日盛，一改汉代以来的柔弱之风，转而崇尚健壮武勇。唐代妇女喜抛头露面，不避与男性一起游乐，又好骑马射箭。加之唐代生活富足，丰腴的女人自然较多，形成了女子以健康、英武、丰硕为美的风气，有名的杨贵妃就是一个胖美人。

2. 养生思想与养生术的发展

魏晋南北朝是我国佛教、道教的全盛时期，表现出儒、释、道、医相互渗透发展的趋势，医用导引术与道教炼养功法有长足的进步。各种"天竺按摩法""婆罗门导引术"也伴随佛教的扩张而流行起来。魏晋玄学和道教养生都有佛教炼养理论和功法的痕迹。由于当时许多帝王迷信方仙之

---

① 出自《晋书·儒林传序》。
② 出自《颜氏家训·涉务》。
③ 出自《晋书·载纪·秃发利鹿孤传》。
④ 出自《后汉书·列女传》。
⑤ 出自《后汉书·乌桓鲜卑列传》。

术，使得养生和内丹之术在这一时期有了很大发展。在魏晋玄学和佛教的影响下，强调行气攻病、和神导气的坐式导引和心性修养、静功炼养发展较快，出现了忽略立式导引的倾向。陶弘景（456—536）在《养性延命录》中总结出行气方法的"六字诀"，即吹、呼、嘘、呵、唏、咽，并提出"引气攻病"："凡行气欲除百病，随所在作念之，头痛念头，足痛念足，和气往攻之。"陶弘景的《养性延命录》和《养生经》对传统医学、药物学都有着重大的贡献。在养生方面，他主张动静兼练，对炼养理论也有颇多见解。佛教高僧智𫖮（538—597）系统地讨论了调身、调息、调心，这对静功发展颇有影响。

这个时期的养生理论和导引、按摩、吐纳、调气、服食等养生方法都有新的发展，导引术式数量猛增。《抱朴子·别旨》中指出，不必拘泥形式，能除疾爽身的任何活动都可作导引。被后世尊为"药王"的孙思邈（541—682）把养生与老年病防治结合起来，创立了中华传统老年医学体系。他建议多进行调气、按摩、导引、行气以及散步等适合老人特点的活动。

南朝时已有了初步的医学专科教育，隋代在太医署首次单设按摩博士，按摩成为传统医学的四大科之一（四大科即医、针、按摩、咒禁）。[①] 按摩科讲授"消息导引之法"，常常请民间有名的医生、养生家来传授"长生久视之术"。

3. 玄学与体育游历之风

魏晋时期战乱频繁，政局动荡，士人常有"生年不满百，常怀千岁忧"的危机感，汉代以来"独尊儒术"的思想控制日趋松弛，"越名教而任自然"（嵇康）、"法自然而为化"（阮籍）之类的影响越来越大，士人只能远离政治，在田园山水和清谈玄学中去寻求精神寄托，形成了独特的名士风度。名士常纵酒佯狂，为求长生而炼丹服药。陶渊明的诗《饮酒》就反映了东晋士人的苦闷与无奈，诗中写道："结庐在人境，而无车马喧。问君何能尔？心远地自偏。"谢灵运[②]开创的山水诗，把自然界的美景引进诗中，使山水成为独立的审美对象，把诗歌从"淡乎寡味"的玄理中解放

---

① 石兰华. 中国传统医学史 [M]. 北京：科学出版社，1992：137.

② 谢灵运（385—433），浙江会稽（今绍兴）人，东晋谢玄之孙。南朝时他虽曾入朝为官，但由于政治上不受重视，故寄情于山水。他发明了一种"上山则去前齿，下山去其后齿"的木屐，后人称之为谢公屐。他与族弟谢惠连、东海何长瑜、颍川荀雍、泰山羊璿之沉溺于山泽之游，时人谓之"四友"。他们对旅游之风影响深远。

了出来，体现了新的审美观念和情趣，开创了一代新的诗风。在山水诗兴起的同时，也兴起了描写山水的散文。例如，陶弘景放弃世代为官的贵族生活，归隐林泉，以自然山水为知己。山的巍峨，水的灵秀，白云的悠然，让他萌生了生于乱世、不必趟官场浑水的感慨："山川之美，古来共谈。高峰入云，清流见底。两岸石壁，五色交辉。青林翠竹，四时俱备。晓雾将歇，猿鸟乱鸣；夕日欲颓，沉鳞竞跃。实是欲界之仙都。"① 北方山水的雄浑壮丽和南方山水的灵秀清新都令人神往，文人雅士游历名山大川渐渐成为一种时尚。

（三）民俗节日的定型与民间体育的传承

中国从夏、商时期就形成了完善的历法，在此基础上，西周逐渐形成了一些源于农事和各种宗教仪式的民俗节日。这些节日大多在汉魏六朝以后逐渐发展成为中华民族的共同节日。这些节日大多伴有民俗性的体育活动。民俗和节日对整合社会的作用极大，在余暇活动包括民间体育活动的传承方面也发挥着积极的作用。这些节日多数定型于汉代到南北朝时期。

1. 春节

春节是辛亥革命后的名称，古代称元旦或元日，即农历正月初一。从汉代起，元旦被列为正式节日，宫中有朝会庆祝之仪，民间有祭祖尊老等传统，许多地方在这天还有"出巡"的习俗。汉代《占书》里说正月头七天依次是鸡、狗、猪、羊、牛、马和人类的节日，但当时的活动内容已不可考。两汉魏晋时，在人日（正月初七）这一天，人们会吃 7 种菜合煮而成的羹汤，并用五彩丝绢或金箔剪成人的形象贴在屏风上或戴在头鬓作为装饰来避邪，或剪纸花互相馈赠，并有登高饮食赋诗的习俗。②

2. 元宵节

吕后去世后，诸吕密谋夺取刘氏天下。汉文帝平定诸吕之乱后，把新年第一个月圆之日定为与民同乐的节日，从此，正月十五便成了一个普天同庆的民间节日。汉武帝时，"汉家常以正月上辛祠太一甘泉，以昏时夜祠，到明而终。"③ 佛教传入中国后，公元 67 年，东汉明帝为了提倡佛教，

---

① 出自陶弘景所写的《答谢中书书》。
② 《荆楚岁时记》中所记："正月七日为人日，以七种菜为羹，剪彩为人或镂金箔为人以贴屏风，亦戴之头鬓。又造华胜以相遗。"
③ 出自《史记·乐书》。这句话的意思是说，祭祀"太一"的时间为正月上辛。"太一"是指天神中最尊贵者。

敕令在元宵节点灯以示礼崇佛教，从此，元宵举办灯会并表演百戏杂技成
为惯例。一些地方的元宵节还有"走百病"（又称"烤百病""散百病"）
的习俗，参与者多为妇女，他们结伴而行或走墙边，或过桥，走郊外，目
的是驱病除灾。在藏区，每年藏年十月二十五日则会举行纪念藏传佛教祖
师宗喀巴诞辰的燃灯节活动。

3. 清明节

清明原来是一个上古传下来的农事节气，汉代因为与上巳日祭高媒
（婚姻女神）和夏历冬至后一百零五日（即清明节前一两日）警示春季禁
火的寒食节连在一起而成了一个重要节日。南北朝以后，逐渐增加了祭祖
扫墓、踏青、戏水、秋千、蹴鞠、牵勾等风俗。清明节前后绵延 2 000 余
年，堪称中国民间第一大祭日和体育节。

4. 端午节

汉族的端午节像彝族的火把节和苗族的龙船节等一样，最初也是庆祝
夏收和祭神的半年节，一般认为起源于农历五月初五上古长江中下游流传
下来的图腾祭或丰收祭，战国以后逐渐扩散到北方。

闻一多在《端午考》[①] 中认为，龙舟竞渡应该是史前图腾社会祭祖或
祭丰收的遗俗，最初只是长江中下游吴越民族的风俗，战国时随着楚文
化、吴越文化与中原文化的交融，端午节渐渐传播到了长江上游和北方各
地。后来又因纪念屈原投江而广为流传。在五月初五这天，"……许郡县
村社竞渡，每岁端午，官给彩缎，俾两两较其迟速。胜者加之银椀，谓之
打标。"[②] 龙舟赛时在民间还要给儿童系长命缕、戴香囊、吃粽子等，堪称
中国古代的水上运动会。

5. 七夕

七夕的来历非常古老。相传在夏代成书的《夏小正》中就有"七月，
初昏，织女（星）正东乡（向）"的记载。而《诗经·小雅·大东》中
则有"歧彼织女，目完彼牵牛"的记载。大约在汉代，出现了姑娘们在七
夕之夜向二星乞拜的习俗。人们可以在这一天夜晚露天设祭，向牛、女二
星拜祈乞富、乞寿或乞子，但只能求一样，不可兼求；连求三年，就可以
如愿。到了唐代，七夕就成了妇女们夜游赏月的日子。

6. 中秋节

中秋节由古代月神祭典演化而来。周代每逢中秋夜都要祭月，切分团

---

① 发表于 1947 年 8 月《文学杂志》第二卷第三期。
② 出自（宋）马令《南唐书·后主书》。

圆月饼。唐宋盛行中秋赏月，届时满城不论贫富老小，都要焚香拜月，祈求月神保佑。南宋有些地方中秋有舞草龙等活动。明清以后中秋节风俗更盛，许多地方有烧斗香、树中秋、点塔灯、走月亮、舞火龙等俗。除了共同的赏月、祭月、吃月饼外，还有香港的舞火龙、安徽的堆宝塔、广州的树中秋、晋江的烧塔仔、苏州石湖看串月、傣族的拜月、苗族的跳月、侗族的偷月亮菜、高山族的竿球等。

7. 重阳节

重阳的源头可追溯到先秦。先秦时已有重阳登高饮菊酒之俗，屈原写有"夕餐秋菊之落英"的诗句。重阳节最初很可能与古代秋收后男丁祭祖或祭社有关，旧时浙西有重阳登高祭祖后分食重阳饼的习俗。《吕氏春秋土·季秋纪》载："是日也，大飨帝，尝牺牲，告备于天子。"可见，当时已有在秋九月农作物丰收之时祭飨天帝祭祖的活动，汉代已经形成了在农历九月初九日登高赏菊、饮菊花酒、吃重阳糕的习俗。

8. 傩祭

中国许多民族都有傩祭活动，傩祭即驱除疫鬼。农历腊月初八是用猎获的禽兽祭祀祖宗和天地神灵的节日。在周代，中原地方每年举行三次驱傩活动：季春（农历三月），在诸侯国举行驱傩活动；仲秋（农历八月），天子举行驱傩活动；季冬（农历十二月），民间举行驱傩活动。后来，不论官民都只在季冬（腊月下旬）举行驱傩活动。驱傩是跟厉鬼战斗，所以宫中或官府举行驱傩活动常动用军队参加。汉代，驱傩以后，通常要把傩戏器具焚毁，然后手持火把跑到城外投入河中。跳白索、踢毽、跳太平鼓舞、传火炬等都是傩祭活动的内容。

第二节　隋唐五代体育的繁荣

公元 581 年，隋朝建立。589 年，隋朝灭陈，结束了自东汉以来长期分裂的局面，中国历史上最为重要的隋唐盛世由此开启。由于受隋、唐两朝皇帝少数民族血统的影响，这一时期社会更为开放，使得政治、军事、文化、经济和科技都前所未有地发展。隋朝兴建隋唐大运河促进了城市和城市生活的发展，三省六部制成为日后历朝政治制度的基础。唐朝兵强国富民安，文化上兼容并蓄，呈现出与其他朝代迥然不同的面貌，成为中国历史上最为鼎盛的朝代。

隋唐社会经济的发展，为体育创造了前所未有的发展空间。唐代推崇军事训练，武举制极大地推动了唐朝武艺的发展。城市生活的繁华又促进了马球、蹴鞠等休闲体育活动的盛行。与此同时，中外文化的频繁交流进一步丰富了唐代体育活动的内容，妇女体育在这一思想开放时期也得到了进一步发展。隋唐完备的社会政治制度、富足的经济实力和开放的思想文化风气，都为隋唐体育的兴盛提供了必要的推动力。

一、高度繁荣的体育活动

（一）球类运动的兴盛

球类运动的发展是隋唐体育发展历程中最显著的特征之一。这一时期的球类运动已不再是以往简单的娱乐嬉戏，而成为有完善运动规则的体育运动项目。对场地设施等物质条件也都有了明确的规范，运动形式多样，娱乐性和竞技性都有了极大的提升。这使得球类运动从宫廷到民间都广为流行，参与人数众多，成为当时社会上最主要的娱乐活动之一。

1. 击鞠

击鞠即马球，又称"击球"或"打球"，最早见于汉末曹植《名都篇》："连骑击鞠壤，巧捷惟万端。"在经历了魏晋南北朝战乱纷扰的低迷期后，马球在唐朝又恢复了发展。胡三省在解释《资治通鉴》所载唐末神策军打马球时，叙述了马球的规则："凡击球，立毬门于毬场，设赏格。天子按辔入球场，诸将迎拜。天子入讲武榭，升御座，诸将罗拜于下，各立马于球场之两偏以俟命。神策军吏读赏格讫，都教练使放球于场中，以先得球而击过球门者为胜。先胜者得第一筹，其余诸将再入场击球，其胜者得第二筹焉。"[①]唐代皇帝多爱马球，太宗、中宗、玄宗、穆宗、敬宗、宣宗、昭宗都酷爱马球，唐玄宗还专门颁诏将马球作为军队训练的方法之一。唐宣宗更是打马球的高手，能"连击至数百，而马驰不止，迅若流电"。除皇室外，军中武士、百姓中的少年都热衷于马球运动。唐代在左右神策军中设有专门的"打球军将"，专业打马球的艺人称为"球子供奉"。1972年，在陕西乾县唐章怀太子李贤墓中发现的马球壁画，充分表现了唐代马球运动的场景。图中球呈红色，大小如拳，球杖顶端弯如弦月，打球供奉栩栩如生。

查看中国古代击鞠

---

① 出自《资治理通鉴·唐纪六十九》。

▲ 唐章怀太子墓马球壁画

在女子体育蓬勃发展的背景下，女子打马球的情况也很普遍，唐朝诗人和凝在《宫词百首》中生动地描写了宫女打马球的情景："两番供奉打球时，鸾凤分厢锦绣衣。虎骤龙腾宫殿响，骅骝争趁一星飞"，可见马球在唐代社会受欢迎的程度之高。在马球的影响下，还出现了步打、驴鞠等类似马球的运动。

2. 蹴鞠

到了隋唐时期，蹴鞠从鞠的构造、场地、规则等方面都有了较大发展。魏晋南北朝后期的鞠，已经不是汉代"鞠以韦为之，中实以物"，而是充气毬。这种气毬的形式到了唐代更为普及。唐代钟无颜在《气毬赋》中说："气之为毬，含而成质，俾腾跃而悠利，在吹嘘而取实。尽心规矩方以致圆，假于弥缝，终使满而不溢。"唐诗《答皮日休》具体说明了球的结构："八片尖裁浪作球，火中燖了水中揉。一包闲气如长在，惹踢招拳卒未休。"

唐代蹴鞠分为带毬门和不带毬门两种，这两种方式在宫庭和民间都很流行。无毬门的蹴鞠称为"白打"。王维在《寒食城东即事》中写道："蹴鞠屡过飞鸟上，秋千竞出垂杨里。"杜甫也在《清明》诗中说自己"十年蹴鞠将雏远，万里秋千习俗同"。

（二）棋类活动

魏晋南北朝时期的棋类活动受动荡不安的社会环境影响，形式与内容都趋向于多样化，大致分为以围棋、象棋等为代表的弈棋活动和弹棋、樗蒲等注重技巧的博棋类活动。隋唐时期，安逸的社会环境则使棋类成为一种娱乐性休闲活动，形式与内容在南北朝的基础上又有了新的发展。

1. 围棋

围棋在先秦时期就已经很流行，唐代更是在翰林院设置了"棋待诏"一职，他们除侍奉皇帝外，还教宫人下棋。与此同时，围棋也成为很多文人雅士的主要爱好。据称诗人王勃下围棋，每下四子，就可以吟诗一首。诗人李远更有"青山不厌千杯酒，白日唯消一局棋"的诗句流传。唐代妇女也爱好围棋，其中也不乏高手。新疆曾出土《仕女围棋图》绢画，反映出唐代妇女围棋的兴盛。围棋的发展也体现在围棋著作上，代表性的著作有王积薪的《金谷园九局图》、韦斑的《棋图》和徐铉的《围棋义例》等，这些著作中很多术语、定式沿用至今，对当代围棋的发展产生了深远的影响。

▲ （唐）《仕女围棋图》

围棋在当时也是一项地区间和国际间的友好交往活动。唐开元二十五年（737年），新罗国（今朝鲜境内）国王逝世，唐朝派人吊祭。因新罗人爱好围棋，特派围棋高手杨季鹰作为副使同行，他战胜了新罗国的许多对手。[1] 中、日间围棋交往更多。唐宣宗大中八年（854年），日本派王子来朝，宣宗命国手顾师言和日本王子手谈。王子棋艺甚高，顾师言万分小心才战胜了王子。[2]

2. 象棋

象棋在隋唐时期的影响不如围棋，到了唐代后期象棋才逐渐流行。唐相牛僧孺所著《玄怪录》里的传奇故事《岑顺》中记载了当时的象戏形制：棋子为立体象形、全铜成型，已经有将、王、车、马、卒、士6种棋子；棋盘为正方形8×8共64格，车直行、马斜行等，与现今象棋着法相同。对此，白居易有诗说："何处春深好，春深博弈家。一先争破眼，六聚斗成花。鼓应投壶马，兵冲象戏车。弹棋局上事，最妙是长斜。"

▲ 陶制唐朝"宝应象棋"棋子

---

① 《旧唐书·新罗传》中记载。
② 《旧唐书·宣宗本记》中记载。

（三）其他体育活动

1. 投壶

投壶是中国古代文人雅士始终乐此不疲的游戏，类似现代的飞镖。宾主双方轮流以无镞之矢投于壶中，每人四支，多中者为胜，负方罚酒。《礼记·投壶》中记载："投壶者，主人与客燕饮讲论才艺之礼也。"每逢宴饮，必"雅歌投壶"。

▲《投壶图》

2. 竞渡

汉代赵晔《吴越春秋》中记载，龙舟"起于勾践，盖悯子胥之忠而作"。《旧唐书·杜亚传》中记载："江南风俗有竞渡之戏，方舟并进以急趋疾进者为胜。亚乃令以漆涂船底，贵其速进。又为绮罗之服，涂之以油，舟子衣之，入水不濡。"唐代诗人张建封在《竞渡歌》中清晰地描绘了龙舟竞渡的壮景："两岸罗衣破鼻香，银钗照日如霜刃。鼓声三下红旗开，两龙跃出浮水来。擢影千波飞万剑，鼓声劈浪鸣千雷。雷声冲急波相近，两龙望标且如瞬。江上人呼霹雳声，竿头彩挂虹霓晕。前船抢水已得标，后船失势空挥桡。"

3. 拔河

拔河，古代称之为"牵钩""钩强""旋钩"等，到了唐代才称为拔河。无论民间、宫廷还是军队，常以拔河为乐。唐代元宵节有拔河之俗，民间"常以正月望日为之"。《封氏闻见记》中记载了唐代元宵节拔河的盛况："今民则用大麻絙，长四五十丈，两头分系小索数百条，挂于胸前，分二朋，两向齐挽，当大絙之中立大旗为界，震鼓叫噪，使相牵引，以却者为胜，就者为输，名曰拔河。"拔河也有在清明或端午举行的，据《景龙文馆记》记载，唐中宗于景龙四年"三月一日清明，幸梨园，命侍臣为拔河之戏。时，七宰相、二驸马为东朋，三相五将为西朋"。唐中宗常在宫中观看宫女和大臣们拔河。另据《唐语林》记载，唐开元年间，唐玄宗多次在皇宫设拔河戏，其中一次有上千人参加，邀请各国使节前来观看。这次千人拔河活动开始后，鼓声震天，喧声雷动。大臣张说曾用"长绳系日住，贯索挽河流"的诗句来描绘此次拔河的盛况。玄宗朝进士薛胜，曾目睹了千人拔河的盛大场面，并写下了有名的《拔河赋》。

> **文献选读二**
>
> ## 薛胜《拔河赋》节选
>
> 　　于是勇士毕登，嚣声振腾。大魁离立，麾之以肱。初拗怒而强项，卒畏威而伏膺。皆陈力而就列，同拔茅之相仍。瞋目赑屃，壮心凭陵。执金吾袒紫衣以亲鼓，伏柱史持白简以鉴绳。败无隐恶，强无蔽能。咸若吞敌于胸中，憺莫蒂芥；又似拔山于肘后，匪劳凌兢。然后一鼓作气，再鼓作力，三鼓分其绳则直。小不东兮大不东，允执厥中。鼍鼓逢逢，士力未穷。身挺拔而不动，衣帘襜以从风。斗甚城危，急逾国蹙。履陷地而灭趾，汗流珠而可掬。阴血作而颜若渥丹，胀脉愤而体如瘿木。可以挥落日而横天阙，触不周而动地轴，孰云遇敌迁延，相持蓄缩而已！左兮莫往，右兮莫来。秦王鞭石而东向，屹不可推；巨灵蹋山而西峙，巍乎难摧。绳暴拽而将断，犹匍匐而不回。大夫以上，停眙而忘食；将军以下，嗃阚而成雷。千人抃，万人哈，呀奔走，坌尘埃。超拔山兮力不竭，信大国之壮观哉！

4. 登高

　　登高到隋唐五代时期愈发盛行。诸多知名的诗作中都对登高有所涉及，孙思邈《千金方·月令》中说："重阳日，必以看酒登高远眺，为时宴之游赏，以畅秋志。酒必采茱萸、菊以泛之，即醉而归。"李白《九日登巴陵望洞庭水军》诗中说："九日天气晴，登高无秋云。"王维在《九月九日忆山东兄弟》写道："遥知兄弟登高处，遍插茱萸少一人。"

二、体育管理体制的新发展

（一）唐代武举制的创立与发展

　　唐代武则天长安二年（702 年），在延续隋代科举制的基础上创立了武举制，即用考试的方式来选拔武官。考试内容除武艺和体力之外，还有经书和兵书。这种选拔人才的机制设立后，社会尚武之风日盛，许多文人学士也纷纷投入习武的行列。马端临《文献通考·选举考七》载："若文吏求为武选，取身长六尺以上，籍年四十以下，强勇可以统人者。"

武举的考试内容有：武艺的测试（即射术与枪术），力量和体力的测试（即翘关和负重），此外还需要测试身材和言语。具体的测试项目与方式在多部古籍文献中均有明确的记载。《唐六典·尚书兵部》载："以五等阅其人：一曰长垛，二曰马射，三曰马枪，四曰步枪，五曰应对。以三奇拔其选，一曰骁勇，二曰材艺，三曰可为统领之用。"《新唐书·选举志上》载："长安二年，始置武举。其制，有长垛、马射、步射、平射、筒射，又有马枪、翘关、负重、身材之选。"

在唐代设置武举制的 200 多年时间里，武艺高强人士层出不穷，充分调动了民间习武的积极性，从而使得尚武精神得到了极大的推崇。武举人被授官后，分别被调往各地任职，使得武艺技能得到了更为广泛的传播，这也推动了武艺水平在这一时期的迅速提高。

（二）军事教育的发展

318 年，后赵在国学中设经、律、史学祭酒，这是我国分科教育的开始。后赵还命令国学学生学习击刺战射（即骑射）之法。380 年，前秦苻坚也准备设教武堂教诸将学习兵法。唐代重视军队建设，唐太宗李世民"每日引数百人于殿前教射……射中者，随赏弓、刀、布帛"①，成绩优胜者记入考绩。此外，唐代对府兵制也做了进一步的改进，充任府兵的人可以免除租税，因此民众很重视习武。

（三）教坊和宫廷体育团体的组建与管理

由于乐舞事关宗庙祭祀，所以乐工历来属于官府。魏晋南北朝时期，宫廷乐工大量散落民间。隋朝时，重新把乐舞伎人集中到宫里，并于 610 年设专门机构——"教坊"进行管理。714 年，唐玄宗改组大乐署，教坊与梨园逐渐受到重视。盛唐时，地方府、县普遍建立了名为"衙前乐"的机构，负责演出民间音乐和散乐、百戏等。宫廷还常常从各州县征调艺人进京服役。服役的乐工和被淘汰的舞女成为官、民间乐舞交流的媒介。

唐代宫廷还组建了专门运动团体，如棋待诏（属翰林院，官阶九品）、

---

① 出自《旧唐书·太宗本纪》。

打球供奉、射生马队、马伎、相扑朋等。著名的棋待诏王积薪、顾师言等都出身普通百姓。唐敬宗时，陶元皓等人"以球工得见便殿，内籍宣徽院或教坊……帝与狎息殿中为戏乐。四方闻之，争以趫勇进于帝"。① 很多球工来自民间或军队，如周宝、高骈原来只是神策军士，"以善击球，俱补军将"，最后都官至节度使。

三、养生思想及其代表人物

（一）养生思想的发展

　　隋唐时期的养生思想大致沿袭了魏晋南北朝的思想与方法，但更趋向于实用性。尤其是隋唐政治经济的稳定，使医术得以迅速发展，也使得这一时期的养生思想与医家养生有着紧密的融合，因而更具有实用价值。如隋代医学家巢元方编撰的《诸病源候论》，多次论及"补养宣导"的养生之法。唐代的导引养生较前有较大的发展，主要原因有两点：一是唐代道教发展优于佛教。道教宣扬的养生术更加普及；二是医学发展使得人们对生命、疾病的认识更加深刻，在养生健身、治疗疾病方面积累了不少经验，从而使古老的养生术得以科学地、健康地发展。

（二）重要人物与著作

　　1. 陶弘景

　　陶弘景（456—536），字通明，号华阳隐居，丹阳秣陵（今江苏南京）人，南朝道士、医学家、文学家和书法家，道教上清派代表人物。陶弘景自幼聪明异常，10 岁时获得葛洪《神仙传》，萌发了研究养生学的志向。15 岁著《寻山志》，36 岁时梁代齐而立，他隐居句曲山（茅山）华阳馆。陶弘景十分重视道教养生研究，主张从养神、炼形入手修炼。他在医药养生领域有很深的研究和造诣，其丰富的医药养生思想集中体现在《养性延命录》② 一书中。他强调"养神"当"少思寡欲"，"游心虚静，息虑无为"，调节喜怒哀乐情绪，防止劳神伤心；"炼形"则要"饮食有节，起居有度"，避免过度辛劳和放纵淫乐，辅以导引、行气之术，方能延年益寿，

----

　　① 出自《新唐书·列传·宦者下》。
　　② 《养性延命录》是陶弘景系统总结归纳前人养生理论和方法而撰写的一部重要的道教养生著作，他提出"养生者，慎勿失道，为道者，慎勿失生"，奠定了道教"生道合一"的基础。

长生久视。他认为："夫神者，生之本，形者，生之具也。神大用则竭，形大劳则毙。神形早衰，欲与天地长久，非所闻也。故人所以生者，神也。神之所托者，形也。神形离别则死。"[1]

养生之道

文献选读三

　　养性之道，不欲饱食便卧及终日久坐，皆损寿也。人欲小劳，但莫至疲及强所不能堪胜耳。人食毕，当行步踌躇，有所修为为快也。故流水不腐，户枢不蠹，以其劳动数故也。故人不要夜食，食毕但当行中庭，如数里可佳。饱食即卧生百病，不消成积聚也。食欲少而数，不欲顿多难消。常如饱中饥，饥中饱。故养性者，先饥乃食，先渴而饮。恐觉饥乃食，食必多；盛渴乃饮，饮必过。食毕当行，行毕使人以粉摩腹数百过，大益也。

——陶弘景《养生延命录·食戒篇》

　　陶弘景介绍的健身养生方法，如啄齿、漱唾、顿踵、伸足、按目、引耳等，不少到当代仍在沿用。陶弘景提出的养生理论和方法为道教最终形成性命双修、形神兼养、动静结合、众术合修的养生模式奠定了基础，在养生史上意义重大，对中国传统养生影响深远。

　　2. 颜之推

　　颜之推（531—约595），生于建康（今江苏南京）一个士族官僚之家，中国古代文学家、教育家，传世著作有《颜氏家训》《还冤志》《集灵记》等。《颜氏家训》共二十篇，是颜之推用儒家思想教训子孙，保持家庭的传统与地位而写出的一部家庭教育教科书，也是中国第一部系统探讨家庭教育的专著，被后世誉为"家训之祖"。《颜氏家训》是他一生关于士大夫立身、治家、处事、为学的经验总结，在封建家庭教育发展史上有重要的影响。

　　在《颜氏家训》中，有一篇专论养生（卷五第十五《养生篇》），虽只有582字，却言简意赅地表明了颜之推的养生思想，自成一家。

　　颜之推从立身出发，提出不贪生、不偷生的养生思想。他认为有"生"才能有所"养"，也就是"有此生然后养之，勿徒养其无生也"[2]。

---

[1]　出自《养性延命录·导引按摩篇》。
[2]　出自《颜氏家训·养生篇》。

而在具体的养生方法上，他认为"若其爱养神明，调护气息，慎节起卧，均适寒暄，禁忌食饮，将饵药物，遂其所禀，不为夭折者，吾无间然"①。他反对道教养生所推崇的神仙之事，对炼丹服食的说法更是全盘否定。

颜之推提倡的养生与养德相结合，对我国养生理论的发展起到了不可忽视的作用。

3. 孙思邈

孙思邈（581—682），京兆华原（今陕西铜川）人，唐代医药学家，被后人称为"药王"。他善于研究道教经典，探索养生术，博览众家医书，研究古人医疗方剂，完成了不朽著作《千金要方》。唐朝建立后，孙思邈接受朝廷邀请与政府合作开展医学活动，于659年完成了世界上第一部国家药典《唐新本草》。

孙思邈继承了《黄帝内经》的思想，认为人的寿命与能否有效预防疾病关系密切，继而认为饮食是防止疾病的重要手段。"安身之本，必资于食。救急之道在于药，养生之道在于食，食能排邪而安脏腑，药能恬神养性以资血气。若能用食平和，适性遣疾者，可谓良工。"② 在此基础上，孙思邈积极推广养生功法，他认为导引、吐纳、按摩并非神秘之法，一般人都可以练习。他指出，"每日必须调气、补泻、按摩、导引为佳，勿以康健便为常然，常须安不忘危，预防诸病也。"③

4. 巢元方

巢元方是隋代大业时（605—616）的太医，他主编的《诸病源候论》成书于610年。这本书在病理、病因、病机和病变等方面的阐述空前详尽深入，促进了传统体育保健体系的形成。书中在106种病症后附了"补养宣导法"，收录了213种"养生方导引法"和"养生方"，应用范围覆盖了内、外、妇、骨伤等各科，说明隋朝时运动保健功法已经广泛应用于防病和康复治疗。

第三节 宋元明清传统体育的市俗化与休闲化

唐玄宗天宝十四年（755年）安史之乱后，唐帝国陷入混乱。907年唐朝灭亡后，中原地区依次出现了后梁、后唐、后晋、后汉和后周五个朝

---

① 出自《颜氏家训·养生篇》
② 出自《千金药方·食宜》。
③ 出自《千金药方·道林养性》。

代和南方十余个割据政权。960 年，北宋的建立结束了唐末以来中国的分裂动荡局面。宋朝实行重视工商业和促进学术文化的政策，使之成为中国历史上经济最发达、文化最兴旺和科技创新成果最多的朝代。但是由于受蒙元和满清北方民族两次入主中原以及明、清两代越来越专制的制度和文化政策的影响，阻碍了中国社会前进的步伐，中华传统体育逐渐失去了继续发展的动力，并在 19 世纪后期与日渐成熟的西方现代体育碰撞时陷入了空前的危机。

一、城市奢靡风气对体育的影响

宋朝是中国古代历史上经济与文化教育最繁荣的朝代，儒学复兴，尊师重道之风弥漫；科技水平突飞猛进，四大发明得到了改良；政治上相对开明，刑罚极少；宋太祖立下祖训要求其子孙不得杀害文人，文人的地位在宋代也得到空前的提升。1271 年元朝建立，1279 年攻灭南宋统一中国，这是中国历史上第一个由少数民族完成统一的朝代。元朝在生产技术、垦田面积、粮食产量、水利兴修以及棉花种植等方面都取得较大进步，经济有较大发展。元帝国兼采西亚文化与中华文化，奉行蒙古至上，儒家的地位不如从前那般受重视。

1368 年，朱元璋趁元末天下混乱，扫平各地义军，最后攻占大都（即北京），元顺帝北逃，彻底结束了蒙古在中原的统治。明朝手工业和商品经济发达，经济繁荣，出现了商业集镇和资本主义的发展萌芽，文化艺术则呈现出世俗化的趋势。1616 年，努尔哈赤建立后金，1636 年称帝，定国号为"大清"，1644 年攻入北京，统一中国。乾隆时期（1711—1799），由于广泛种植红薯、玉米等新作物，实行赋税制度改革，中国人口从 1.4 亿猛增到 3.75 亿，人口和经济发展异常迅猛。

（一）宋以后的城市化进程与城市生活的变化

随着经济和科技的发展，宋以后城市化的发展进程远高于以前的朝代。宋朝建立以后，十分重视经济，国内外贸易空前发达，这带动了手工业与规模工业的发展。而工商业的发展也进一步促进了城市的发展，带动了手工业与规模工业的发展。11 世纪时，中国的钢产量比 18 世纪英国工业革命初还高。995 年，阻隔城市发展的坊市制度被破除后，开封人口超过百万，城市生活更加丰富多彩，城市生活更趋安逸，人们有更多闲暇时间从事休闲娱乐，这为体育发展提供了广阔的空间。体育运动逐渐从宫廷走向社会，愈发世俗化，越来越多的人以体育休闲为乐。

富裕的生活改变了余暇生活、娱乐方式和人们的观念。日益膨胀的物欲、等价交换观念、利己主义精神与传统的思想文化越来越格格不入。随着游乐风气的发展，元末时期，江南出现了奢靡之风，明朝中叶以后社会风气更趋浮华，梦想暴富发迹的人越来越多，社会价值观开始发生重大变化，连大儒王阳明（1472—1529）都认为"虽终日作买卖，不害其为圣为贤"①。陆揖（1515—1552）干脆主张"崇奢黜俭"，认为富人追求豪宅车马、锦衣玉食对耕者、庖者、织者等有利。

这种风气启动了人们久遭禁锢的消费和享受欲望，当时"人情以放荡为快，世风以侈靡相高，虽逾制犯禁，不知忌也"②。带有休闲或商业意义的身体活动推动了这种风气的流行。市民们"不以风雨寒暑"前往游乐，甚至"终日居此，不觉抵暮"，唯恐"差晚看不及也"③。这推动了人们重新认识身体活动的价值。体育不再只是从属于宫廷、军事或养生的手段，而更多地表现了愉悦身心的价值。

（二）宋明理学的兴盛

宋明理学的兴盛也对体育的发展产生了不可忽视的影响。两宋时期，阶级矛盾、民族矛盾激烈尖锐，两汉儒学和魏晋玄学已不适应统治阶级的需要。一种适应统治阶级需要、维护封建秩序和封建道德的新的哲学体系应运而生，这便是理学。理学发端于唐代，形成于宋代，创始人为北宋周敦颐（1017—1073），集大成者则是南宋的朱熹（1130—1200）。理学观点认为，"理"是万物之根源，永恒不变；"天理"对于人而言就是一种需要恪守的仁义道德，"人欲"则是人们在生活中正常的物质需求，这二者不能共存，若为社会发展着想，便需要"存天理而灭人欲"④。在此基础上，朱熹提出人们需要严格按照封建道德标准约束自己，不可以有反抗情绪。这种为统治者所用的官方哲学，成了宋代之后封建王朝所尊奉的正统思想。趋向于禁锢、僵化的教条主义也使体育的发展受到了一定的限制。理学崇尚知识学识，认为唯有"静"与"敬"才是正道，这就使球类运动被

① 出自（明）王阳明《传习录》。
② 出自（明）张瀚《松窗梦语·卷四·商贾记》。
③ 出自（宋）孟元老《东京梦华录·卷二，卷五》。
④ 出自《礼记·乐记》。

视为无益于人们修身养性的恶习。① 宋代《齐云社规》中有关于蹴鞠规范的"十紧要"："要和气，要信实，要志诚，要行止，要温良，要朋友，要尊重，要谦让，要礼法，要精神"；又有"十禁戒"："戒多言，戒赌博，戒争斗，戒是非，戒傲慢，戒诡诈，戒猖狂，戒词讼，戒轻薄，戒酒色。"② 胜负是次要的，修身养性才是最高目的。《丸经》中对捶丸也有类似规定。

二、体育运行机制的发展

（一）军事教育的发展

1. 教法格

宋代重视军队建设，军事教育与训练都有许多新发展，其中最重要的是教法格。教法格对不同兵种训练的内容、时间、方式和兵器使用方法都有详细规定，如在元丰二年（1079 年）颁发的《教法格并图像》中，步射、执弓发矢、骑射、马上使枪、马上野战、格斗技术都有图像、口诀，要求军士诵习并严格考核，及格者分上、中、下三等，不及格者降等，无等可降者开除。诸道禁军"日夜按习武艺，将兵皆早晚两教"，这大大促进了训练和技术的规范化。负责士兵训练的是由中央派到各路军中的"教头"。宋代采取短期培训或轮流集训的办法训练基层教头。宋代教头只有训练的责任而无统领军队的权力，因此，可以把精力用在研习武艺方面，从而推动了武艺的发展。

2. 武学的建立

宋代十分重视军事训练中武艺的培养。在隋唐武举制的推动下，宋朝于 1042 年设置武学教授，并于 1043 年正式设武学。③ 神宗熙宁五年（1072 年），在武成王庙建立武学，并制定了专门的考试制度："生员以百人为额，选文武官知兵者为教授。使臣未参班与门荫，草泽人召京官保任，人材弓马应格，听入学，习诸家兵法……在学三年。"成王庙之武学为中央武学，不论出身、阶层均可应考，合格者即入学，学制为三年。在中央设武学的同时，地方也出现了武学和武术私塾。地方武学也按学业优

---

① 出自郑端《朱子学归》。

② 出自（宋）陈元靓《事林广记》。

③ 孙培青. 中国教育史［M］. 上海：华东师范大学出版社，2000：193.

劣，分为上、内、外三舍，还规定"凡经三岁校试不得一与者，除其籍"。理论学习部分主要是兵法与历代战例分析，实践部分包括军事技术与实际军事指挥。毕业后分入禁军任下级军官；实习三年考查合格并经三人推荐，可升任禁军将领。武学的出现，标志着军事体育的教育化，也是身体活动规范化教育的雏形和最早尝试。

明代武学分为初建于 1402 年的京卫武学，设立于洪武年间的地方卫所武学、卫学或卫儒学，以及明末在遵化、永平、密云三镇建立的武学三类。各类武学的教学内容与武考一致，除文化学习外，每五天一次到城外演习弓马。由于京卫武学和卫所武学渐渐脱离战争实践，所以三镇武学除传统的韬略、武艺和胆力（开硬弓弩和举鼎）外，又增加了阴阳星历、火攻水战、阵图、秘术、奇技等内容。

明清两代规定士子亦应学武，武生亦学四书五经，这不仅使习武的范围进一步扩大，也使武术论著较前代明显增多，对武术的发展起到了不可忽视的作用。

（二）体育社团与宫廷待诏的兴起

宋、元、明、清各代均有官办表演组织和体育团体，如元朝有管理摔跤手的"勇校署"；宋代的"内等子"有"十将"（类似教练员）、上中下三等相扑手和剑棒手等，每三年要考核一次，"当殿呈试相扑"，接受皇帝的检阅和赏赐，根据考核结果决定去留，有的派到各地担任管营军头；清代有练习和表演摔跤的善扑营。但更常见的还是临时从民间征调人员进宫表演，这样既能节省开支，又能满足演出需要，也促进了民间表演团体包括体育团体的发展。宋代汴梁、临安等城市还出现了专门的表演场所——瓦子（瓦肆），表演项目除戏曲歌舞外，还有舞旋、舞蕃乐、舞剑、舞砍刀、舞蛮牌、扑旗子、相扑、掉刀、上竿、踏跷、球杖踢弄等内容。瓦肆常年演出不断，在某些节日，特别是在元宵节期间尤其热闹，届时四方艺人赶赴京城，人如潮涌。各地村社组织通常也会组织表演活动，称为"社火"。

宋代还出现了一些民间自娱的体育社团，如射弓踏弩社（《梦梁录》）、川弩射弓社、蹴鞠打球社（《都城纪胜》）、相扑社（《西湖老人繁胜录》）、角觝社以及各种棋会（《春渚纪闻》）等。这些社团的成员不以表演谋生，"盖一等富室郎君、风流子弟与闲人所习也。"[①] "闲人"

---

① 出自（宋）吴自牧《梦梁录·社会》。

指豪门大户中"讲古论今、吟诗和曲、围棋抚琴、投壶打马、撇竹马阑"[1]之人。这些人的技艺水平很高，如圆社成员"曾到御帘前"为皇帝表演，丝毫不比宫廷教坊的蹴鞠队员逊色。

商业性和非商业性体育社团的出现，表明古代体育发展进入新的发展阶段。

（三）民间会社与庙会活动的兴起

宋代以后，民间会社不但在城市表现出新的特点，在广大乡村地区也有较大发展。两宋时期的民间结社、明清以后华北农村的武会、南北各地的香会和一些秘密结社，在民间体育活动的发展过程中都发挥了不同的作用。

1. 弓箭社和武会组织

在官方武学之外，民间武艺社团悄然兴起。北宋前期，中原地区屡遭辽国骚扰。为抗御辽军，"百姓自相团结为弓箭社，无论家显高下，户出一人。"[2] 弓箭社的出现得到了群众的欢迎和支持，到了北宋末年，北方弓箭社成员便已多达二三十万人。除了弓箭社之外，还有锦标社、英略社等民间专业性的武艺组织。锦标社使用的是射弩，英略社使棒。这类民间武装组织受乡绅势力控制，官方色彩较强，明清时称为社、堡、寨或会，清中叶广州的社学和三元里的更练馆等就是这类组织。也有一些武装组织由于乡绅势力较弱而民众自治色彩更浓。清中叶时期，豫、鲁、苏、皖一带，"多有无赖棍徒，拽刀聚众，设立顺刀会、虎尾鞭、义和拳、八卦教名目，横行乡曲，欺压良善。"[3] 其中的顺刀会、虎尾鞭会就是这样的非官方武装组织。

2. 庙会与香会

庙会起源于古代的祭祀活动，汉唐以后逐渐变为以寺庙和宗教节日为中心的庙会。庙会内容较为复杂，宋、元、明时各种文艺表演包括武术、杂耍等逐渐成为庙会活动的重要内容。明清时，山东泰山岱庙、开封大相国寺、北京白云观、杭州岳庙、南京夫子庙等处的庙会都形成了较大的规模。庙会期间，除群众自发的上香活动之外，还有一些由寺庙附近地区信

---

① 出自（宋）吴自牧《梦粱录·闲人》。

② 出自（宋）苏轼《乞增修弓箭社条约状》："今河朔西路被边州军，自澶渊讲和以来，百姓自相团结，为弓箭社。不论家业高下，户出一人。又自相推择家资武艺众所服者，为社头、社副、録事，谓之头目。带弓而锄，佩剑而樵，出入山坂，饮食长技与北虏同。私立赏罚，严于官府，分番巡逻，铺屋相望。"

③ 出自（清）劳乃宣《义和拳教门源流考》（1899）。

众组成的香会组织的上香活动。这些香会由各乡农民组成，大多在乡绅势力控制之下，平时在本村拳场练武，庙会期间代表本乡村民集体莅庙上香，沿途表演武术等。南方这类香会组织多称狮堂（会、团），常由一姓、数姓或一个村组成。19世纪中，此风最盛。狮堂大多在农闲时请拳狮开馆授艺，狮团成员都要练武。明代抗倭名将、军事家戚继光就曾利用庙会组织建立群众性抗倭组织。到了清代，浙江余姚在此基础上建立了名为局的练武组织，每个庙会一局，共十八局。1858年，曾因抗租引发浙东十八局起义。

▲《明宪宗元宵行乐图》（局部），图为模仿民间庙会香会的进香情景

3. 秘密会社

明清时，在白莲教等组织的基础上出现了许多秘密会社。这些会社的情况非常复杂，大多以劳苦大众、农村贫雇农为基本群众，主要以练武、治病、互济等为手段联络大众，对武术发展和门派的形成有很大影响。有些组织还和乡村自卫组织或香会组织融为一体，如红枪会、顺枪会、小刀会、义和拳等。

4. 镖局

镖局是旧时护送钱财货物的民间机构。镖客最初只是在水陆要道客店里等人聘雇，在宋元小说中已有雇武林人士保镖的故事。明代《金瓶梅》中已经提到镖局，明正德年间已有"打行"出现，明末盛行于各大城市。打行常悬挂拳头标识，聚集一批武艺高强者为人提供看家护院等服务。

明后期，有人把客栈和保镖结合起来，在较为繁华的城镇开设字号为商贾服务，这就是镖局。清初成立的第一家镖局是晋人张黑五在北京顺天府门外办的"兴隆镖局"。清代中叶，山西、北京、河北、天津、上海、苏州是镖局最活跃的地区。现在山西平遥、北京前门外西半壁街和南京绒布巷等地尚存清代镖局旧址。镖局大多分前、后院，前院对

▲ 19世纪初建的陕西平遥同兴公镖局

外办公，后院为镖师们练功习武和起居之所。

三、体育内容与方法的发展

（一）武术的蓬勃发展

1. 武术流派的形成

随着宋代火器在战争中的使用越来越普遍，兵器使用技艺的重要性逐渐下降，逐渐成为相对独立的武术运动，并开始出现与戏曲表演结合的趋势。拳械之术不下百余种，元曲中出现了十八般武艺的名称。[1] 如《古今杂剧》《敬德不服老》中就有"他十八般武艺都学就，六韬书看的来滑熟"的唱词。在长期的练武实践中，人们把武艺归纳为"十八般"，是认识深化的结果，也是武艺发展的必然趋势。

明代已经形成武术流派，戚继光曾列举宋太祖三十二势长拳、六步拳、猴拳、囮拳等 16 家拳法。[2] 郑若曾列出赵家拳、南拳、北拳、披挂拳、猴拳等 11 家拳法。[3] 可见，明代已经形成了不同技术特点、风格和演练方法的武术流派。民间习武固有的宗法性和地域性有助于独特技术风格的形成。武艺社团的出现和武艺与表演的结合，也促进了武术套路的形成和流派的发展。

清代的武术更为丰富，达到了 60 多种拳路：拳术有少林拳、通臂拳、大红拳、小红拳等 20 多种；刀术则有大刀、单刀、少林双刀、连环刀等10 多种；还有空手进刀、单刀进枪、双拐进三节棍等对练技艺，[4] 武术套路日臻完备。少林拳、连环刀、《纪效新书》中的拳法三十二势、枪法二十四势、棍法十四势等各种武术，都是以基本动作为元素，以身手、步法等相配合组成不同的招式，再由若干招式间以腾挪、跳跃、滚翻、旋转之法连接、编排构成的套路。套路既有技击之

▲《纪效新书》中的
三十二势拳法图式

---

① 对"十八般武艺"有不同的说法，此处据（明）朱国帧《涌幢小品（卷十二）·兵器》所载。"十八般武艺"即弓、弩、枪、刀、剑、矛、盾、斧、锁、朝、鞭、锏、挝、殳、叉、钯头、绵绳、白打。

② （明）戚继光《纪效新书（卷十四）·拳经捷要篇》中记载。

③ （明）郑若曾《江南经略》中记载。

④ 出自（清）徐珂《清稗类钞·技勇类》。

效，又有全面锻炼体质和用以表演的价值。

2. 少林武术闻名天下

少林寺位于今河南省登封市境内嵩山少室的北麓，从南北朝至明清，千余年来，少林寺几经盛衰，但少林寺武僧习练武艺的传统从未间断。从隋唐到金元，是少林武术迅速发展，并逐渐走向成熟的时期。而少林寺以武功名扬天下则是在明清时期。

明朝嘉靖年间，倭寇侵扰东南沿海，少林武僧80余人在月空等人率领下勇赴沙场，屡挫敌焰，先后有30多人为国捐躯。① 据《吴淞甲乙倭变志》记载，少林武僧"俱持铁棍，长七尺，重三十斤，运转便捷如竹杖，骁勇雄杰。官兵每临阵，辄用为前锋"。少林拳风格独特，动作刚健有力、朴实无华，擅长技击，在汉族武术界独树一帜，饮誉天下，闻名于世，"拳以寺名，寺以拳显"。

▲ 少林武术

3. 武学经典著作

宋朝实行兵、将分离的军事制度和内重外轻、消极防御的军事部署，热衷于整理古代军事理论典籍。宋初调露子的《角力记》记载了我国从春秋战国到五代十国近1 700余年的摔跤历史，是我国现存最早的一部摔跤专著，也是我国最早的一部体育史论著。成书于1044年的《武经总要》是中国历史上第一部兼有军事理论和军事技术的综合性兵书，该书对历代军事理论、军事技能和身体训练等都做了全面整理。书中十分强调训练，认为"盖士有未战而震慑者，马有未驰而疲汗者，非人怯马弱，不习之过也"②。

文献选读四

《角力记》节选

夫角力者，宣勇气，量巧智也。然以决胜负，骋骁捷，使观之者远怯懦，成壮夫。已勇快也，使之能斗敌。至敢死者之教勇，无勇不至。斯亦兵阵之权舆，急竞之萌渐，天生万物，含血啼息者，无有喜怒之性。六情未始有，从教而得者，本乎天然。

---

① 出自《吴浙倭变志》。
② 出自（宋）曾公亮和丁度所《武经总要前集·卷一·选能》。

另一部作为武学教材的是宋神宗元丰三年四月颁行的《武经七书》，其中包括《孙子兵法》等7部古代军事理论著作。从练兵角度看，上述两书的作用不如明将戚继光等人的著作《纪效新书》和《练兵实纪》。此外，唐顺之的《武编》、茅元仪的《武备志》、何良臣的《阵纪》、郑若曾的《江南经略》、程宗猷的《耕余剩技》《少林枪法阐宗少林刀法阐宗》《少林棍法阐宗》以及吴殳的《手臂录》等著作，都对我国军事武艺和武术理论起到了极为重要的推动作用。

（二）球类运动的发展

1. 蹴鞠

商品经济的繁荣和市民阶层的扩大，促进了蹴鞠的发展。唐代的鞠球以皮为之，里面填充毛发。在此基础上，宋代球的制作工艺更加复杂，由10或12张牛皮缝制而成，其工艺"密砌缝成侵不露线角，嵌缝深窝，梨花可戏，虎掌堪观，侧金钱短难缝，六叶桃儿偏美"①。制作工艺的极大提高，使得球更易于操控。宋代取消了对抗激烈的双球门踢法，多采用单球门踢法或无球门的"白打"踢法，注重踢出花样，用头、肩、背、胸、膝、腿、脚部位踢出成套技法，使"球终日不坠"，蹴鞠也逐渐发展为观赏性更强的杂耍形式。

到了宋代，观赏性增强的特点也使蹴鞠运动较之以前更受欢迎，上至皇帝百官，下至市民百姓，无论男女老少，都以蹴鞠为乐。宋代著名画家苏汉臣所绘的《宋太祖蹴鞠图》描绘了宋太祖赵匡胤、太宗赵匡义和近臣赵普等6人用白打方式蹴鞠嬉戏的场景。宋太祖赵匡胤踢球在当时是赫赫有名的，尤其擅长"白打"（即现在的"花式足球"，踢球时，可以头、

▲《宋太祖蹴鞠图》

肩、背、腹、膝、足等部位接触球，灵活变化）。"明良相逢同一时，乘闲且复相娱嬉，军中之乐谅亦宜。"② 这张图表明蹴鞠是宋代初年军中之乐，也是宋朝开国皇帝和贵族都喜爱的活动。在《宋史·礼志》和《宋史·乐志》中也都有宋代蹴鞠活动的记载，凡是朝廷的盛大宴会都有足球表演。

查看中国古代蹴鞠

---

① 出自（明）《蹴鞠谱》。
② 出自（明）唐文凤《梧冈集》中《题蹴鞠图》一诗。

在《武林旧事》中记载，宋代除了官家有蹴鞠专业艺人之外，民间的瓦子中也有蹴鞠艺人表演，而在宋代开展最为广泛的则是"寒食蹴鞠"民俗活动。对此，陆游在《春晚感事》一诗中写道："寒食梁州十万家，蹴鞠秋千尚豪华。"宋代还出现了专门的踢球组织——球社，如"齐云社""圆社"等。球社有严格的社规，教授专门的踢球技艺及道德规范。城市中还有蹴鞠爱好者专门的运动场所，一些大的宴会以及店铺促销等经常会有蹴鞠表演助兴。

宋代的蹴鞠继承了唐代的单球门和无球门踢法。单球门踢法在民间和宫廷都有，民间多在节日表演，宫廷多在皇帝宴会或祝寿时举行。单球门踢法在《东京梦华录》中有记载：立在球场中央的球门"约高三丈许，杂彩结络，留门一尺许"。队员分立两边，每队10余人，各有正队长1人，副队长2人，开赛时以鸣笛擂鼓为号。左队队员先互相"小筑数遭"，即互相颠传数回，然后传给副队长，副队长"小筑数下"，"待其端正"，再传给正队长，正队长用力一脚将球踢过门去。右队接球后，用同样的方法把球踢回来。如对方踢过来的球正而稳，本队队员不经过互相传颠随即一脚球踢过去也可以。踢过门者为胜，否则为败。胜赏负罚。①

无球门的蹴鞠也称"白打"，多为一般场户，在宫廷和民间都很流行，分一人场到十人场。"一人场"由参加者逐一轮流表演，称为"井轮"。使球高起落下称为"飞弄"，使球起伏于身上称为"滚弄"，以花样多少和技艺高低决定胜负。2人以上至10人分别称为二人场、转花枝、流星赶月、小出尖、大出尖、落花流水、八仙过海、踢花心和全场，各有规定的踢球路线。用上身触球称为上截解数，膝以上部位触球称为中截解数，用小腿和脚踢称为下截解数。

宋人很推崇蹴鞠的价值，称赞"蹴鞠成功难尽言，消食健体得安眠"。又说："巧匠圆缝异样花，智轻体健实堪夸。能令公子精神爽，善诱王孙礼义加。"② 意思是说蹴鞠不但能令人健身、愉快，还有助于领悟礼义。这体现了蹴鞠观念的发展与变化。

蹴鞠是辽金元朝廷节庆节目之一，"皇帝生辰，乐次……酒六行，筝独弹，筑球。"③ 大戏曲家关汉卿在《不伏老》的散曲中自称"我也会围

①　出自（宋）《武林旧事·卷四·乾淳教坊乐部》。

②　出自（宋）汪云程《蹴鞠谱》。

③　出自《辽史·乐志（卷五十四）》。

棋，会蹴鞠，会打围……"无名氏散曲说："见游人车马闹，王孙争蹴鞠。"① 这说明当时蹴鞠的普及。

明代的蹴鞠继承了宋代"一般场户"的踢法。《明宣宗行乐图》中的《观蹴鞠》图就描绘了"三人场"蹴鞠，宫廷中的宫妃们也常踢"一般场户"。在民间，富家闺秀和贫民女子也参加蹴鞠活动。明代诗人李渔曾写过一首《美人千态诗》，诗中生动地描绘了富家闺秀蹴鞠的姿态。明初，有一位叫彭云秀的女民间艺人，蹴鞠技艺很高。诗人詹同文特赠诗给她，名《滚弄行》，大赞其技。不难看出，明代的蹴鞠在向杂技发展，有些艺人还把蹴鞠搬上舞台，互相踢来踢去，表演其技艺。

清代中叶以后，满族人曾将其与滑冰结合起来，出现了"冰上蹴鞠"的运动形式。

随着西方现代足球的传入，中国传统的蹴鞠活动被现代足球所取代。

2. 击鞠（马球）

宋朝皇帝更多地把击鞠作为一项娱乐活动，并制定了一整套规章礼仪。场地十分考究，球门两旁，彩旗招展，两厢之内，鼓乐争鸣。一切准备就绪之后，掷朱漆球于殿前，皇帝乘马击球，比赛开始。从开始到结束，礼仪十分烦琐森严。宋孝宗就是一个痴迷于马球运动的人。《宋史·周必大传》记载，宋孝宗时常驾临御球场，他不仅让武士们打马球，还命令太子与他们一起打马球。"武士击球，太子亦与。"马球运动对抗激烈，壮马奔飞，鞠球电驰。群臣们因担心宋孝宗受伤，屡次上书，"群臣以宗庙之重，不宜乘危，交章进谏，弗听。"宋真宗时，大臣孙何《侍宴御楼》诗曰："突兀毬场锦绣峰，游人士女拥千重。"亦可见宋代人对马球运动的热爱。

▲ 击鞠图（宋）

宋、辽、金时期，朝廷还将马球运动作为隆重的"军礼"之一，为此制定了详细的仪式与规则。在金建国前，女真人酷爱马球，1107 年，高丽背约，入侵女真人边疆领地，斡赛前去反击，女真族领袖完颜阿骨打就在球场打马球等待战争结果。辽、金的皇帝贵族多以打马球为乐，或令"百

---

① 出自《全元散曲（下）》。

僚会观"，或令"百姓纵观"。金章宗完颜璟父丧未葬便"击鞠于西苑"，受到大臣谏阻。宋徽宗、宋钦宗则就是应邀去看马球赛时被金人扣为俘虏的。金代马球有两种打法："先于球场南立双桓，置板，下开一孔为门，而加网为囊，能夺得鞠击入网囊者为胜，或曰：两端对立二门，互相排击，各以出门为胜。"① 明清时，由于禁止民间养马，加之骑兵地位下降，马球运动渐渐衰落。

3. 捶丸

捶丸是古代的一种球类游戏，器材、规则与今天流行的高尔夫球极为相似，由唐代的步打演变而来。捶丸兴盛于宋、金、元三代，上至皇帝大臣，下至三教九流都乐此不疲。捶丸的规则是以杖击球，以球入穴为胜。宋代捶丸将唐代的"以球进入对方球门为胜"变为"以球入穴为胜"。据《宋史·礼志》记载，每年三月，宋太宗都要亲自主持仪式，组织朝廷内侍和民间艺人们参加步打游戏。

捶丸的流行与城市的发展和市民娱乐文化的发展有直接关系。关于捶丸活动的最早记述，见于元世祖至元十九年（1282 年）署名为"宁志斋"的人编写的专门论述捶丸的著作《丸经》。全书共计 32 章，约 12 000 字，详细叙述了捶丸运动的方法、规则、场地设备及器材规格，可以说是现存我国体育史上最早、最完备的体育专著。根据《丸经·集序》中"至宋徽宗、金章宗皆爱捶丸，盛以饰囊，击以彩棒，碾玉缀顶，饰金缘边，深求古人之遗制而益致其精也"的记述，表明捶丸最迟在宋徽宗宣和七年（1125 年）时已经在社会上流行。明万历年间，周履靖重刻《丸经》，附了一篇跋于卷后，并提到"予壮游都邑间，好事者多好捶丸"。近年在，在山东岱庙城墙修复工程的遗址清理中发现了表现宋代捶丸运动的石刻图

▲ 山西洪洞县广胜寺水神庙元代捶丸壁画

---

① 出自《金史·卷三十五·礼志八》。

画，山西省洪洞县广胜寺水神庙壁画中也保存有元代捶丸图；现藏故宫博物院的《明宣宗行乐图》长卷中，有一部分是捶丸图，图中所绘的场地面貌、旗、穴及击丸的棒、侍从的位置等，都与《丸经》上所说吻合。

▲《明宣宗行乐图》中捶丸场景

　　《丸经》不但介绍了捶丸发展的历史、场地、器具、竞赛规则、各种击球法和战术，还特别强调了捶丸的道德规范，从捶丸比赛规则到挥杆要领，从球棒制作到场地保养，都论述备至。进行捶丸游戏的场地一般是有地形变化的，凹凸不平的空旷场地，在场地上挖一些球窝，在球窝旁插上彩旗作为标记，丸由坚固的经得起反复击打的赘木（树瘤）制成。捶丸有不同类型的球棒，如"撺棒""扑棒"，以供打出不同的球。参加比赛的人数可多可少，比赛也因此有不同的名称。用较少的击球次数将球击入球窝者为胜。捶丸比赛还对不道德的行为有种种严格的规定，如不能加土或作坑阻拦别人球的行进，不能妨碍他人击球，不许给他人指示地形等。与中国其他传统体育项目一样，捶丸游戏也非常注重对道德品质的培养，"失利不嗔，得隽不逞，若喜怒见面，利口伤人，君子不与也。"而且，即便是游戏，也要求"捶丸会朋不可不慎也"，同时讲求游戏适度，"不劳神于极，以畅四肢。"

（三）养生思想与方法

　　宋金元时期是中医理论发展的重要时期。由于长期战乱，疾病流行，不少医家结合各自的临床经验深入研究古代的医学经典，逐渐形成了主寒凉、攻下、补脾和养阴四大医学流派。这四大医学流派对后来的中医发展和传统养生都产生了深刻的影响。宋代的导引养生不仅发扬了古代"动以养生"的思想，而且还创编了不少行之有效的养生方法。明、清两代刊行的养生著作比以前 2 200 多年间的总量还要多。14—19 世纪中叶，随着中外文化交流的发展，潘蔚辑录《分行外功诀》《内功静坐气功图说》《易筋经》及《却病延年法》《十二段锦》等古代养生气功著述而成的《卫生要术》等被译成外文介绍到西欧。

1. 八段锦

八段锦是中国传统保健气功。八段锦健身气功形成于 12 世纪，后在历代流传中形成许多练法和风格各具特色的流派。八段锦动作简单易行，功效显著。古人把这套动作比喻为"锦"，意为动作舒展优美，如锦缎般优美、柔顺，又因为功法共为八段，每段一个动作，故名为"八段锦"。整套动作柔和连绵，滑利流畅；有松有紧，动静相兼；气机流畅，骨正筋柔。也有一种说法，认为此功多为筋骨拉伸动作，意欲将筋拔断，而后人以为八式，遂讹为八段锦。八段锦实际上是八节动作连贯的健身体操，分为文八段坐式和武八段立式两种。

▲　八段锦

2. 易筋经

《易筋经》是改变筋骨，通过修炼丹田真气打通全身经络的内功方法。"易"是变通、改换、脱换之意，"筋"指筋骨、筋膜，"经"则带有指南、法典之意。近代流传的《易筋经》多只取导引内容，且与原有功法多有不同，派生出多种样式。仅少林寺《易筋经》版本就有 60 多种。流传较广的是经清代潘蔚整理编辑的《卫生要术》中的《易筋经》十二势。

《易筋经》明确提出了内壮神勇、外壮神勇、全面发展的要求，反映了明、清导引外功加重、清后期更与武术功法练习结合的趋势。《易筋经》修炼的目的是"以血气之躯，易为金石之体"，"炼有形者，为无形之佐"，"培无形者，为有形之辅"。"无形"指内在"精气与神"，"有形"指外部"筋骨肉"；"炼有形"与"培无形"相辅相成，即所谓"外练筋骨皮、内练精气神"，这也成为清中叶以后武功修炼的基本原则。《易筋经》将练功分为"内壮"和"外壮"两个阶段，并规定先内后外。书中还收录了内壮药、汤洗药和下部洗药药方，表现了武术与医药的联系。书中的"采精华

查看"十二月"坐功图

法"属静功吐纳养气法，"易筋经十二势"属动功导引行气法，"十二月坐功"和"内壮神勇功"采用的揉、捣、捶、打身体法，属硬气功的排打功练法，完整地反映了武术功法的概况。

3. 养生著述

宋、明时期对古代养生著述的全面整理，推动养生学突破了佛、道及少数儒学大师的小圈子，逐渐成为一种开展更为广泛的运动保健和康复手段。北宋末年官修的《圣济总录》几乎囊括了前代的全部方书。书末收载咽津、导引、服气三部分，对炼养功作了全面总结。宋以后私家养生著述很多，其中影响较大的有宋人的《四时颐养录》、《寿亲养老专书》、《八段锦》、《云籍七签》和刘元素的《摄生论》等。这些著述大多配有图文说明，对气功养生的发展起了重要的作用。

在此基础上，明、清导引养生继续发展，著述之多远胜前代，如明代高濂的《遵生八笺》、周履靖的《赤凤髓》、胡文焕的《养生导引法》、冷谦的《修龄要旨》和清代王祖源的《内功图说》等，影响都很大。各书辑录导引术式很多，如《遵生八笺》载有"陈希夷坐功""灵剑子四时导引法""五脏导引法""太上混元按摩法""天竺按摩法""婆罗门导引法""八段锦导引法""治万病坐功诀"；《夷门广牍·赤凤髓》载有"五禽书""八段锦""诸仙行功图""华山睡功图"等。

（四）少数民族体育

清军入关以后，除了作为马上民族的满族、蒙古族骑、射活动以外，其他一些草原民族的一些体育活动也逐渐在北方流行。

1. 冰嬉

冰嬉作为我国北方人民一项传统的体育活动，是众多冰上活动的统称，既属于娱乐活动，也可以用于军事操练。明朝时，冰嬉就被列为宫廷体育活动。到了清朝则迎来了鼎盛时期，有"国俗"之称。据《清朝文献通考》记载："每岁十月咨取八旗及前锋统领、护军统领等处，每旗照定数各挑选善走冰者二百名。内务府预备冰鞋、行头、弓箭、球架等项。至冬至后，驾幸瀛台等处，陈设冰嬉及较射天球等伎。分兵丁二翼，每翼头目二十名，服红黄马褂，余俱服红黄齐肩褂。射球兵丁一百六十名，幼童四十名俱服马褂，背小旗，按八旗各色以次走冰较射。"[1] 由此可以推算

---

① 出自《清朝文献通考·卷一百七十五·乐考二十一》。

出，参加冰嬉的人员至少在 1 600 人以上，冰嬉活动的规模之大、普及程度之高可见一斑。

▲ 清代《冰嬉图》

　　冰嬉活动内容丰富，首先表演的项目是"抢等"，即比试滑冰的快慢，争夺优等，近似于现在的速度滑冰。清人吴振棫的《养吉斋丛录》卷十四中记载："去上御之冰床二三里外，树大纛，众兵咸列，驾既御冰床，鸣一炮，树纛处亦鸣一炮应之，于是众兵驰而至御前，侍卫立冰上，'抢等'者驰近御坐，则牵而止之。至有先后，分头等二等，赏各有差。"① 第二个项目是"抢球"，即两队士兵在冰上争抢皮球的游戏，近似于现在的冰球："抢球，即所谓冰上手球游戏。左右队，左衣红，右即衣黄，既成列，御前侍卫以一皮球猛踢之至中队，众兵争抢，得球者复掷，则复抢焉。有此已得球，而彼复夺之者，或坠冰上，复跃起数丈又遥接之。"② 第三个项目是"转龙射球"，即在冰上集体编队滑行时进行射箭表演的活动："走队时，按八旗之色，以一人执小旗前导，二人执弓矢随于后。凡执旗者一二百人，执弓矢者倍之，盘旋曲折行冰上，远望之蜿蜒如龙。将近御座处设旌门，上悬一球，曰'天球'，下置一球，曰'地球'。转龙之队疾趋至，一射天球，一射地球，中者赏。复折而出，由原路盘曲而归其队。其最后执旗者一幼童，若以为龙尾也。"③ 关于滑冰的形式主要有两种，一种是用"官尚子"八式，即初手式、小幌荡式、大幌荡式、扁弯子式、大弯子式、大外刃式、跑冰式、背手跑冰式。另一种是在滑冰的同时还要表演各种花样和杂技。

---

①　出自（清）吴振棫《养吉斋丛录·卷十四》。
②　同①。
③　同①。

2. 摔跤

宋元明清延续了前朝称为相扑、角力、角抵的传统摔跤。宋代的相扑十分盛行，官方、民间屡有竞赛。由于商业发达，大都市内有许多"瓦市"，瓦市就是商业贸易市场和群众娱乐场所。有时，相扑者还举行"露台争交"，即"擂台"比赛。南宋临安护国寺露台争交最为有名。《武林旧事》中记载：南宋民间有"相扑社"，社内相扑者"不下百人"。宫廷内有"内等子"[①]。宋代在民间和宫廷还流行女子相扑。宫廷内的女子相扑也"裸袒为戏"。

元代王室为蒙古贵族。蒙古族常年以游牧为生，俗重骑马、射箭和摔跤，称这三项为"男子三项竞技"。宋辽金元时，北方的契丹、女真、蒙古族都很喜欢角抵，每逢节日宴会、皇帝生辰等仪典多行角抵，元朝还设立了角抵组织——"勇校署"。蒙古族妇女在游牧生活中占有重要地位，所以不受封建礼教歧视妇女观念的影响。妇女也可以参加"男子三项竞技"比赛，而且有的妇女还胜过男子。《马可·波罗游记》中《海都女之勇力》记载："国王海都有一女，名叫阿吉牙尼扬，鞑靼语犹言'光耀之月'。此女甚美，甚强勇，其父国中无人以力胜之。其父数欲为之择配，女辄不允，尝言'有人在角力中能胜我者则嫁之，否则，永不适人'。其父许之，听其择嫁所喜之人。1290年，有一贵胄，乃一富强国王之子，勇侠而甚健，闻此女角抵事，欲与之角，携千马毅然来此国中。二人即至角场，相抱互扑，各欲扑对方于地，然久持而胜负不决。最后，女扑王子于地。"

清王室的满族也十分重视摔跤，满语称摔跤为布库。清王室提倡布库的目的，一方面是为了训练士兵的力量和搏斗技术，"布库诸戏，以习武事"；另一方面也是为了和蒙古族诸王联欢。清代在宫廷中设立了专门的相扑队，称之为"善扑营"。善扑营中"有一等扑户，二等扑户，三等扑户。按之优劣而别之，按等级月给粮。故为扑户者，皆有当差与供奉之色彩"[②]。扑户的主要任务，一是当保镖，二是供娱乐。

▲ 清代摔跤图

清代的相扑分为两种，一种是"脱帽短亵，两两相角，以搏摔扑地决胜负"①，类似现在的中国摔跤；另一种是"袒裼而扑，虽蹶不释，必控首屈肩至地乃为胜"②，类似现在的国际式摔跤。我国古代的摔跤，从角力到布库延续了 3 000 多年，可谓源远流长。在摔的方法方式上，从拳脚并用、徒手搏斗，发展到以摔绊为主的技巧。从汉代开始，摔跤和手搏分支，由军事训练手段走向社会的娱乐活动，遂使摔跤成为各民族文化娱乐中历代不衰的一项活动。

3. 骑射

辽、金、元三代都极重视骑射。他们的基层组织就是军事单位，也是行政单位和生产单位。"上马则准备战斗，下马则屯聚牧羊"③，人人皆兵，个个善射。每逢节日，他们便举行骑射比赛。据《续文献通考·乐考》载：辽时有"射兔"活动，以木雕刻一兔为靶，分两组驰马射之，先中组为胜，败组下马向胜组进酒。该书又提到，金有射柳之戏，"重五日，插柳球场为两行……驰至以无羽横镞箭射之，既断柳又以手接而驰去者为上。"契丹族"刻木为兔，分朋走马射之"。女真人行"射柳"，即在球场插柳两行，在一定距离内射之。蒙古族还有"射草狗"的传统活动。

到了清朝，满族皇室延续了少数民族狩猎的传统，将传统的骑射活动与狩猎相融合，多喜好捕猎活动。满语中的捕猎称为木兰，河北承德的猎场也因此被命名为木兰围场。每年秋季，清朝统治者都要组织万余名将士到木兰围场行猎，"届时，帝戎服乘骑出宫"④，亲自督领将士向围场进发。万余名将士身披甲胄，腰悬弓刀，风雨无阻日夜兼程地行军。抵达围场后，各队将士，或三五十里，或七八十里，由远而近，圈拢合围。待合围圈靠近皇帝临时行营、行猎指挥所"看城"时，帝出"看城"入围射杀。之后，各路将士扬弓搭箭，跃马挥刀，冲入围圈，进行大规模的射猎。如果野兽太多，可网开一面，任其逃窜。入夜，篝火齐明，将士们亦歌亦舞向皇帝敬献猎物，皇帝根据猎物多寡论功行赏。

4. 其他民族传统体育活动

中国是一个多民族的国家，各族人民共同创造了光辉灿烂的中华文化，包括体育文化。由于地理环境、生活方式和风俗习惯的不同，各民族

① 出自（清）吴振棫《养吉斋丛录》。
② 同①。
③ 出自《金史·兵志一》。
④ 出自《清史稿·卷九十·志六十五》。

都有独具特色的传统体育项目。下面部分项目不仅为明、清时期常见，且绝大多数相传至今而不衰。

（1）蒙古族的体育活动

蒙古族遍居大漠南北，其体育活动与游牧生活有密切关系。马在蒙古族人生活中占有重要的位置，蒙古族人普遍擅长骑术。"蒙人不论男女老幼，未有不能骑马者，其男女孩童自五六岁即能骑马驰驱于野。"[1]妇女也具有熟练的骑术，"青海之蒙古妇女，出必跨马，数里之遥，不常用鞍，辄一跃而登马背焉。"[2]

▲ 蒙古族那达慕大会上的赛马

与赛马同样流行的还有摔跤，"每岁四月祀'鄂博'，祀毕，年壮子弟相与贯跤驰马，以角胜负。"跤者分东西列，二人跃出场，抗空拳相持搏，胜者扶负人起，以屬相抚掩。官长高坐监斗，连胜十人者为上，以次至五等。另有一种厄鲁特式，"必须将负者按捺于地，其负者不能挣扎再起乃分胜负。"[3]

蒙古族人民喜爱狩猎，其形式分为 5 种，即个人（或少数人）狩猎、部落狩猎、旗内狩猎、盟内狩猎和钦临狩猎。蒙人狩猎时，还使用一种叫作"布鲁"的武器。用以掷远的"布鲁"形状像一把镰刀，掷时在空中旋转很快，能打飞禽和较小的兽类。用以打近处较大野兽的布鲁顶处包有铅头或用铜铁锢环。练习投掷这种狩猎武器既能锻炼身体，又能提高技巧，不失为一项很好的投掷运动。

▲ 拉萨布达拉宫壁画中的摔跤图

（2）藏族的体育活动

藏族的体育活动有着悠久的历史，建于 7 世纪的布达拉宫有摔跤、赛跑、举重、射箭、游泳的壁画。从 1409 年起，每年藏历一月都会以寺庙为

---

① 出自（清）徐珂《清稗类钞·技勇类》。
② 出自（清）徐珂《清稗类钞·风俗类》。
③ 同①。

中心举行赛马等活动，这反映了藏族体育活动与宗教的联系。

除了赛马和长跑外，还有各种马上技艺表演，"献技者着鲜衣，佩剑，肩拖叉子枪，驾快马，由马道飞驰，或马上射箭，或马上放枪。道左置的，射箭放枪中的者，众皆齐声喝彩。或于飞驰时，由马上侧身拾地上物。藏民飞驰时侧身俯拾，从无一人坠马者。"①

藏族人人能歌善舞，"不分男女，均喜跳舞。每值宴会，均有跳舞以助雅兴。若逢稍大宴会，则乡里亲属少长咸集，主人设宴款待，来宾双双起而跳舞。"②

（3）彝族的体育活动

彝族多居于云南、四川交界山区，彝俗以冬月十五日为元旦，这天"男女老幼悉衣新服，登山会饮，佐以歌舞，名曰'采山'。乐器率用芦笙与月琴，奏乐之时，以足屈曲为节拍，兴尽方归"③。这种舞蹈又叫"蹋歌"。六月二十日火把节这天，"男女齐会，四面绕坐，脍豕肉，饮酒，歌舞杂踏，以趁盛节。"④

跳月是彝族青年喜爱的一种集体舞，"农隙，去寨一二里，吹笙引女出，隔地兀坐，长歌唱和，一人吹笙前导，众男女周旋起舞，谓之跳月。"⑤

居于云南普洱一带的彝人有丢包之戏，"以彩丝缠成球形，或用锦缎缝成荷包，遇所欢即投之。"⑥ 另一种"倒水"游戏，即今之"泼水节"活动。

▲ 在彝族虎笙节上模拟远古逐兽的少年

摔跤也是彝族喜爱的一种节日活动，比赛时观者如堵，兴趣浓厚。

（4）苗族的体育活动

苗族多居于湘黔山区，流行跳月、射箭、掷刀、竞渡和登山等活动，

---

①　出自（清）徐珂《清稗类钞·技勇类》。

②　出自（清）谢彬《云南游记》。

③　同②。

④　出自《禄劝县志》。

⑤　同②。

⑥　同②。

"穿林飞箐，是其长技"，"男女赤脚，健捷如飞，上下山岭间，奔马不能及。"① 苗族竞渡用独木龙舟，龙头牛角，与汉族地区大不相同。

▲ 1988 年 5 月 24 日（农历）在贵州台江施洞苗族独木龙舟节
开幕式上成立了世界独木龙舟协会

（5）哈萨克、维吾尔族的体育活动

哈萨克与维吾尔族儿童五六岁就练习骑马，"骑之马上，以小袋插股于鞍鞯两旁，上下以带挾之，执缰者导之骑法。至十几岁，衔勒缓急，无不娴熟。"他们人人善骑，都能在急驰的马上"起立马背，作盘旋舞，或俯身拾物于地"②。

回历大年时，他们和其他一些新疆民族在诵经祷祝之后的三天里，"唱歌跳舞，相与为'刁羊'之戏。"③ 哈萨克族举行婚礼时，至晚"则诸男妇杂沓调笑，吹弹唱歌、跳舞为欢乐，犹汉族之闹新房，尽兴乃各散去"。新年之三日内，也"唱歌跳舞"，相与欢庆。维吾尔族妇女能歌善舞，娴熟百戏，善走铜索。

（6）高山族的体育活动

高山族人"颇精于射，又喜用镖枪，上镞两刃，杆长四尺余，十余步取物如携"④。高山族人"自幼习走（跑），辄以轻捷较胜负。练习既久，及长，一日能驰三百余里，虽快马不能及"⑤。官府利用其长处，令为驿卒，以传递公文。

---

① 出自《苗疆见闻录稿》。
② 出自《新疆游记》。
③ 同②。
④ 出自《番社采风图考》。
⑤ 同④。

游泳也是高山族爱好的活动，特别是在台湾省彰化以北的妇女中更为普遍。和其他各少数民族一样，高山族妇女也能歌善舞。有诗咏其事云："衣冠渐已学唐人，妇女红衫一色新。"① 这说明高山族人参加婚礼时的盛装，与汉族的形式、色泽相同。证明那里还保留着"晋舞"和"唐服"的遗风，与内地的交流源远流长。

四、明清重要体育人物及其思想

宋元明清时期是中国社会风气和身体观念发生重要转变的时期。武技和球技的规范化大大促进了身体意识的变化，理学又导致士人读书静坐、空谈心性之风有增无减，进而对全社会的身体和健康观产生了很大影响。一些著名学者对宋、明理学进行了批判，提出了"文武兼备"的教育主张，并进行了大胆改革和实践。他们的体育思想和体育实践在我国古代体育史上占有重要地位，其代表人物有戚继光、黄宗羲、顾炎武、颜元等。

（一）戚继光

戚继光（1528—1587），安徽定远人，字元敬，号南塘，明代杰出的军事家、抗倭名将、民族英雄。他根据练兵和治军经验，写下了十八卷本《纪效新书》和十四卷本《练兵实纪》等著名兵书。这两部书是他练兵打仗的经验总结，也是他训练军队的教本，在军事学上有很高的地位，被收录在《四库全书》中。他于1571年写成的《纪效新书》是古代社会后期最有价值的军事论著，尤其是他的军事训练思想有着超越时代的价值。全书可分为练卒和练将两大部分，强调训练要从实战出发，假如"平日所习器技舞打使跳之术，都是图面前好看花法之类，如至临阵，全用不对，却要真正搏击，近肉分枪，如何得胜？"② 戚继光认为："拳法似无预于大战之技，然活动手足，惯勤肢体，此为初学入艺之门也。"③ 无论学习什么兵器，"莫不先有拳法活动身手。其拳也，为武艺之源。"④ 戚继光对很多兵器技术都进行了深入的研究，并有所改进。例如，他改造了杨家枪法，将

---

① 出自《番社采风图考》。
② 出自（明）戚继光《纪效新书·操练篇》。
③ 出自（明）戚继光《纪效新书·卷十四·拳经捷要》。
④ 同③。

六合之法并为二十四势，并绘录于书，以广其传；他在整理各家拳法的基础上，"择其拳之善者三十二势"，"绘之以势，注之以诀，以启后学。"①戚继光强调实战，不许学习"徒具虚架，以图人前美观"②的花枪等法。他根据士卒年龄、身高、体质差异等分别编队训练，并形成了以练力为核心的训练体系：通过平时绑沙袋、用比实战时更重的兵器进行训练等方法增强心力、手力、足力和身力。他也重视心理方面的训练，认为"不操之操难"。戚继光在其著作中还论述了运动能力与动作技能的关系，他从实践出发，论述了徒手和部分持械格斗技能和体能形成的步骤和方法，初步形成了传统身体训练体系，也奠定了后世拳谱的基本格局。

（二）黄宗羲

黄宗羲（1610—1695），浙江余姚人，明末清初的思想家和教育家。黄宗羲提出了"天下为主，君为客"的思想。他认为，"盖天下之治乱，不在一姓之兴亡，而在万民之忧乐"③，主张以"天下之法"取代皇帝的"一家之法"，从而限制君权，保证人民的基本权利。黄宗羲反对传统的"重农抑商"经济政策，强调"工商皆本"，因而在教育方面也反对只学经书，主张学习历、算、医、射等实用技能并设由"学官"即校长自行选择专职教师教学。黄宗羲本人善技击，他的儿子黄百家就是内家拳的好手。

（三）顾炎武

顾炎武（1613—1682），汉族，明朝南直隶苏州府昆山（今江苏昆山）千灯镇人，本名绛。南都败后，因为仰慕文天祥学生王炎午的为人，改名炎武。顾炎武是明末清初杰出的思想家、经学家、史地学家和音韵学家，与黄宗羲、王夫之并称为明末清初"三大儒"。顾炎武学问渊博，于国家典制、郡邑掌故、天文仪象、河漕、兵农及经史百家、音韵训诂之学都有研究。晚年治经重考证，开清代朴学风气。其学以博学于文，行己有耻为主，合学与行、治学与经世为一。诗多伤时感事之作。

顾炎武在清军入关后，曾参加抗清起义，失败后，他一面著书立说，一面效法祖逖刻苦锻炼身体。他认为身体是治学之本，没有健康的身体将

---

① 出自（明）戚继光《纪效新书·卷十四·拳经捷要》。
② 出自（明）戚继光《纪效新书·卷六·比较武艺赏罚篇》。
③ 出自（清）黄宗羲《原臣》。

一事无成。因此他积极锻炼身体，参加各种体育活动，学会了骑射、击剑等武艺，练就了一副健壮的身体。他的言行在当时颇有影响。

（四）颜元

颜元（1635—1704），号习斋，河北博野人，清初著名的思想家和教育家。他少时在学习程朱理学时，学会了骑马、射箭、击剑、拳术等武艺。他从自己"目击身尝"的亲身经历中深刻体会到宋明理学是一种"害心""害身""害国"之学，只能培养出"弱人、病人、无用之人"。他反对程朱理学"重心轻身"的教育模式，大力提倡"文武相济""兵学合一"、全面发展。他主张"一学校也，教文即以教武"，受教育者应能平时"修己治人"，战时"持干戈，卫社稷"。他在漳南书院专门设立武备、文事、经史、艺能四斋，院外有"马步射圃"，要弟子练习举石、习刀、超距（跳跃）、击拳、射御、技击和兵法、战法等。

颜元反对程朱理学"主敬倡静"的观点，提出要"习行""习动"："宋元以来儒者皆习静，今日正可言动。"① 只有动才能"健人筋骨，和人血气，调人性情，长人信义"。"常动则筋骨竦，气脉舒。""动，小之却一身之疾，大之措民物之安。""一身动则一身强，一家动则一家强，一国动则一国强，天下动则天下强。"②

颜元的思想带有以复古求解放、托古改制的倾向。他的学生李塨（1659—1733）继承、补充、传播了习斋之学，强调教育的经济作用，重视军事体育在学校教育中的地位，并留下了《学乐录》《学射录》等论著。

颜李学派的体育思想与实践受到近代新式体育提倡者的普遍推崇。梁启超称赞说："中国二千年来，提倡体育的教育，除颜习斋外，只怕没有第二个人。"③ 青年毛泽东也说："清之初世，颜习斋、李刚主文而兼武。习斋远跋千里之外，学击剑之术于塞北，与勇士角而胜焉。故其言曰：'文武缺一岂道乎？'"④

---

① 出自（清）颜元《言行录》。
② 同①。
③ 毛礼锐，沈灌群. 中国教育通史（第三卷）[M]. 济南：山东教育出版社，1987：595.
④ 二十八画生. 体育之研究 [J]. 新青年，1917 年第三卷第二号.

本章小结

从轴心时期到清代，虽然经历多次改朝换代和草原民族入主中原，但建立在人本贵生思想和形神、动静统一方法论基础上的传统体育始终表现出旺盛的生命力，儒道学说和传统医学不断推动着它的发展。只是由于中国社会本身已经逐渐失去了变革的动力，从而妨碍了体育的进一步发展。

思考与探索

1. 中国古代体育经历了哪几次大的变革？
2. 简述古代导引术的形成和发展。
3. 简述武术体系的形成。
4. 明清体育为什么放慢了发展的步伐？

拓展阅读文献

1. 中国体育史学会. 中国古代体育史［M］. 北京：北京体育学院出版社，1989.
2. 崔乐泉. 中国古代体育文物图录［M］. 北京：中华书局，2000.
3. 谭华. 超越生命的智慧——长寿思想与中国文化［M］. 成都：四川人民出版社，1993.
4. 郝勤. 体育史［M］. 北京：人民体育出版社，2006.
5. 胡小明. 体育人类学［M］. 北京：高等教育出版社，2017.

活动建议

1. 参观当地博物馆的中国历史文物陈列，联系思考中国古代体育发展的特点。
2. 组织一次辩论赛：如果没有列强入侵，中国体育能/不能现代化？
3. 通过查阅家谱、族谱、地方志、访谈等方式，调查家乡曾经有过的镖局、武馆、武会（狮堂）、龙舟队等传统体育组织以及武状元、武举等体育名人。

第五章 阿拉伯世界与工业革命前的欧洲体育

本章提要

　　文艺复兴以前，西欧大部分领域都很落后。但从 15 世纪开始，西欧却"突然成为世界事务中的一种原动力"①，也成为现代体育的策源地。这个变化如此巨大，对世界的影响如此深远，以至于如果不时时回顾这个时代所发生的事情，人们就无法理解今天所面临的许多问题。例如，为什么不是发达的中国古代体育而是落后的欧洲中世纪体育成为现代体育之源？今天人们奉为楷模的现代体育与中世纪的欧洲体育有什么联系？

　　从公元 476 年西罗马帝国的灭亡到 1453 年东罗马帝国灭亡，被称为欧洲历史的中古时期或中世纪。在这段时期，封建统治者占有绝大部分土地，他们利用征收地租赋税和劳役等方式剥削农民，用国家机器来镇压人民的反抗，保护剥削阶级利益，利用宗教对广大人民实行精神奴役。欧洲封建社会的文化带有浓厚的宗教色彩，教育在很大程度上由僧侣掌握，没有身体活动的地位，只是在封建骑士教育中，保留着一些身体训练和竞技活动。

　　10—11 世纪以后，随着生产力的发展，产生了以手工业和商业为中心的城市，以手工业者和商人为主的市民阶层登上了历史舞台，产生了不同于贵族与农民的市民体育。13—15 世纪，随着工商业的进一步发展和城市的扩大，新兴的资产阶级和新的意识形态逐渐形成，新时代和新体育呼之欲出。

---

① ［美］斯塔夫理·阿诺斯. 全球通史（1500 年以后的世界）［M］. 上海：上海社会科学院出版社，1999.

第一节 阿拉伯帝国时期的体育

阿拉伯帝国（632—1258）是中世纪时地处阿拉伯半岛的阿拉伯人所建立的伊斯兰帝国，到 8 世纪中叶扩展为横跨欧、亚、非三洲的阿拉伯帝国，10—12 世纪达到其发展的顶峰，国土面积达 1 340 万平方公里，是人类历史上东西方跨度最长的帝国之一。独特的地理位置使它博采众长、兼容并蓄，在继承古代文明、沟通东西方文化上做出了卓越的贡献。阿拉伯帝国于 1258 年被蒙古帝国所灭。

一、伊斯兰教与阿拉伯民族的体育

伊斯兰教是穆罕默德（570—632）在吸收犹太教和基督教教义的基础上创造的新宗教。他统一了阿拉伯各部落，奠定了阿拉伯帝国的基础。古代阿拉伯人生活在相对自由的宗教环境中，伊斯兰教非常重视体育锻炼，穆罕默德就曾经郑重地指出："你对你自己的身体负有义务。"阿拉伯人在传统体育的基础上吸取了其他民族的体育形式，对欧洲文艺复兴时期的体育产生了积极的影响。

穆罕默德在青少年时期就经常练习射箭、游泳、赛跑等体育项目，并鼓励伊斯兰子弟习武。据《圣门弟子列传》记载：穆罕默德每年都要在麦地那的辅士青年中进行一次角斗选拔赛，优胜者被选入圣战者亲军的行列。当有人问穆圣说："对我们的孩子，为父亲的有何责任？"穆罕默德回答道："父亲应尽的责任有：教学《古兰经》、射箭和游泳。"由此可见，穆斯林将教授骑马、射箭等活动置于十分重要的地位。为拥有强健的体魄，穆斯林非常注重体育锻炼。他们认为，一个人仅仅身体无病是不够的，还应该身强体健，动作敏捷，因为"身体健壮的信士，在安拉看来比懦弱的信士更为受喜"[1]。

狩猎和赛马是阿拉伯贵族最喜爱的消遣娱乐活动。到了阿拔斯王朝（750—1258）后期，上层社会愈加迷恋狩猎活动。穆阿台绥姆第八代穆罕默德的继任者，曾在底格里斯河畔建造马蹄形的围场，并且引进了赛尔柱人的围猎技巧。这一时期还出现了贵族狩猎团体和有关骑术的专著。在倭

---

① 赛生发. 伊斯兰教注重体育锻炼 [J]. 中国穆斯林，1990（4）：11.

马亚王朝时期（661—750），苏莱曼哈里发①举办了第一次全国大型赛马会；在希沙木哈里发时期，一次比赛竟有 4 000 匹马参赛。由于军事的需要，射箭在贵族中也十分普及。与它并行发展的还有投掷标枪和击剑活动。击剑特别受到阿拉伯人的重视，阿拉伯人剑术很精，涌现过不少击剑高手。

贵族们对球戏的兴趣不亚于狩猎。他们当时开展的一种槌球很像曲棍球，另一种用宽木板打的球又类似后来的网球，但最热衷的还是倭马亚王朝时期由波斯传入的马球。

沐浴也逐渐发展为社会化的浴场享乐。典型的浴场由一个浴池和四周豪华的休息室组成。据说 10 世纪初，巴格达有 2 万多所浴室，后来增加到 6 万所。

二、阿拉伯的医学和保健活动

830 年，阿拔斯王朝在巴格达创建了综合学术机构"智慧宫"，并重金聘请学者大力搜集和翻译罗马帝国、波斯、印度和中国等外国典籍，这极大地促进了伊斯兰科学文化的发展。阿拉伯传统医学起源于公元 7 世纪，兴盛于 9—10 世纪。阿拉伯人在充分继承古希腊、古罗马医学以及东方印度和中国医学的基础上，结合自身临床经验，创造了古老而又灿烂的阿拉伯医学，从而推动了阿拉伯人卫生保健的发展。其中的杰出者是被誉为"阿拉伯医学王子"的伊本·西纳。

伊本·西纳（980—1037），拉丁名为阿维森纳，生于布哈拉（Bukhara，今乌兹别克）附近的阿福沙纳（Afshana），卒于哈马丹（Hamadan，今伊朗西北部），在今阿富汗和伊朗一带工作。他的著作达 200 多种，最著名的有《哲学、科学大全》和《医典》。《医典》总结了古代医学理论和实践经验，在 12—17 世纪一直是欧洲医学的指南，也为体育医疗和保健打下了基础。

实现人和自然的和谐与平衡是伊本·西纳医学理论的核心。他在《医典》结语中说："保健之道在于对影响身体健康的各种因素在平衡前提下加以考虑。"他认为锻炼身体可以增快和加深呼吸，从而起到保健作用。特别是长期坚持系统的身体练习的人，身体更为健壮，不易患病，偶有小

① "哈里发"意为"代理人"或"继位人"。穆罕默德及其以前的众先知被认为是安拉在大地上的代理人、代治者。

病也可不治而愈。伊本·西纳建议人们制订并严格遵守合理的作息制度，根据气候的变化、人的年龄、性别以及自己的身体状况来选择活动内容，他鼓励人们尽可能参加户外锻炼。他还把体育医疗分为准备和恢复两个环节。按摩和沐浴也被伊本·西纳作为主要恢复手段使用，这两种做法至今仍为体育康复沿用。

伊本·西纳的理论对欧洲文艺复兴时期的体育产生了极大的影响。达·芬奇等著名学者在认识和把握人与自然的关系时，都是依据伊本·西纳的平衡理论。

第二节　欧洲中世纪后期的体育

古罗马帝国的衰落、基督教的传播、日耳曼人的入侵等因素导致早期中世纪体育活动陷入低落时期。随着基督教文明与日耳曼文明的交融，近代欧洲国家、城镇、商贸的兴起以及军事、娱乐需要的增长，形成了以骑士体育为主导，以市民、农民和教士等体育为重要构成部分的中世纪体育。欧洲中世纪体育是文艺复兴和宗教改革运动中现代体育形成的基础。

一、骑士体育

（一）骑士制度的兴起

从公元 8 世纪开始，西欧以服骑兵军役为条件分封土地，因而产生了骑士。这就是西欧骑士制度的起源。骑士是中世纪西欧封建统治阶级中最低的一个阶层，多来自没有财产继承权的封建主子弟。当时西欧盛行长子继承制，遗产全部传给长子，幼子只能通过成为骑士、获得国王或领主的封邑变成小封建主。

11 世纪末，塞尔柱土耳其人占领了耶路撒冷。罗马教皇和西欧封建主借口夺回圣地，发动了一场历时近 200 年的战争，这就是历史上有名的十字军东征。那时，由于军事技术落后，没有枪炮，骑兵在战争中起着重要作用。那些得不到遗

▲ 中世纪的骑士（约 1095 年），马蒂尔德王后博物馆贝叶挂毯

查看小说《十字军骑士》关于骑士比武的节选

产的骑士，也积极要求向外掠夺。因此，成千上万的骑士参加了十字军作战。封建制度和掠夺战争对骑士的需要，催生了骑士制度和骑士教育。

（二）骑士教育中的体育

骑士教育形成于 11 世纪末，其目的是培养忠实的武士，其信条是剽悍勇猛、忠君爱国、宠媚贵妇。骑士精神是基督教教义与日耳曼贵族野蛮性的综合体。

骑士教育制度规定，封建主的儿子满 7 岁时，就到高一级的封建主家庭中去受教育，或出外从师学习。他们侍候主人（主要是女主人）或教师，听其差使，同时学习礼法、文化知识和参加体育锻炼。侍童到 14 岁时充当男主人的扈从，参加狩猎和军事训练。他们练习跑、跳、角力、游泳以及爬绳和软梯以发展体力，操习矛枪、弓箭、战斧、钉头锤、大砍刀和马术以掌握军事技能。

查看《唐·吉诃德》小说中的骑士形象

扈从到 21 岁时通过测验或战争考验，则被授予骑士称号。他们先到教堂守夜，然后在宗教仪式上当众宣誓后便成为骑士。封建主时常把辖下的骑士招来比武。这种比武活动后来发展成骑马或徒步的殊死决斗，伤身害命，非常残酷。有些骑士还借比武诈财，要挟示弱的对手付出巨款，以作为枪下留命的代价。

骑士教育的内容虽然包括文、武两方面，但是偏重于武。人们把骑士教育三个阶段的内容综合起来，概括为封建道德、礼节、宗教教育和"骑士七技"。"七技"就是骑马、游泳、投枪、击剑、行猎、下棋和吟诗。其中 5 种属武技范畴，下棋也与武事有关，主要是用来培养攻、防、布阵的能力，其次才是为了消遣。骑士教育实际就是基督教和世俗封建主的武士道，其目的是培养效忠教会和封建制度、善于作战的武士，以加强教会和封建主的暴力统治。

14 世纪后，随着封建制度的解体和枪炮的广泛使用，骑士制度趋于没落。

查看电影《唐·吉诃德》片段1

（三）骑士比武及其他体育活动

骑士比武最早出现于法国和普罗旺斯，11 世纪末开始传到欧洲其他国家。封建主为了训练骑士，经常把他们召来比武，这种比武是一种特殊的军事训练形式。比赛形式有双人比赛和集体比赛两种。双人比赛是两个全副武装骑士的决斗，双方手持枪矛和盾纵马对冲，拼命使对方屈服。如果其中一个骑士落马倒地，他的马和武器便成了胜利者的战利品。

查看电影《唐·吉诃德》片段2

　　集体比武就是骑士的集体搏斗。骑士们隔一定距离对峙，然后就开始一场小型的骑士战。这种群众性的搏斗是十分危险的娱乐，死亡事件经常发生，除个别因武器所致外，大都死于碰伤和脑震荡。另外，在尘土飞扬、热气熏天的情况下被压在人马下憋死的也极为常见。据记载，1241 年和 1290 年在德国诺伊斯的一个封建主举办的两次比武会上，先后死了 100 人和 60 人。以后，为了防止此类不幸事件发生，许多地方在双方之间划定了界线，制造了专用武器。

▲ 慕尼黑至今每年举行一次为期　　　　▲ 中世纪骑士的集体比武
　　三周的骑士枪术比赛

　　骑士的体育并不仅仅限于比武，他们除了在封建主的庄园里狩猎之外，作为随从，他们在城堡附近经常举行跑、跳、投掷、角力、游泳等比赛。参加十字军东征归来的骑士，则把马球推广到了整个欧洲，使得马球几乎在西欧风行了 5 个世纪。

　　中世纪后期宫廷生活的改变，影响了骑士舞蹈的发展。15 世纪是骑士的第二个兴盛时期，除了文雅的圆舞外，民间的双人踢踏舞也越来越盛行起来。快与慢、双人与单人、滑步与跳跃这两种对立的活动成为欧洲人舞蹈的基本形式。

文献选读一

骑士比武（节录）

　　骑士比武场上的裁判由老年或有经验的骑士组成。他们在赛前要检查比赛双方的武器，赛后宣布胜利者的姓名和颁发奖品。裁判中还有一名由大封建主及其夫人们选出的所谓名誉裁判。这一荣誉职务多半落到组织者或国王头上。

第一个比赛章程是法国人戈特弗里德·德·普列乌斯于11世纪制定的。章程就比赛武器，特别是参赛者的出身作了明确规定：凡非贵族出身、与教会和国王为敌者、与本赛会组织人有隙者，均不得参加比赛。这些基本原则也为后来问世的比赛章程所采用。另外，参赛者必须光明磊落地相斗，这在集体比赛项目中则表现为：对手落马时，自己也得下马与之步战；不得几人同时进攻一人，不得伤及对手坐骑，应无条件服从裁判裁决等。

——颜绍泸，周西宽. 体育运动史［M］. 北京：人民体育出版社，1990：177–179.

二、中世纪后期的欧洲体育

（一）中世纪后期欧洲乡村的体育

中世纪后期，随着工商业的发展和农奴地位的改善，一大批工商业城市发展起来，城乡的生活开始发生变化。在农闲时期和重要的宗教节日期间，以村社为中心的各种民俗活动渐渐增多。

足球的原型在9世纪时就已经在英国出现。913年，英国人战胜丹麦人以后曾以踢敌人头颅为乐，这被认为是英国足球的起源。[①] 由于原始足球带有多神教浓厚的驱魔除妖色彩，因而教会人士对它非常反感。

除原始足球外，棒球、板球、槌球、摔跤、投石、赛跑、使用棍棒的比武、滑冰、赛马、跳舞、跳跃以及攀登陡坡或盘旋形坡地的游戏也在欧洲民间广泛流行。斯堪的纳维亚半岛农民的滑雪，荷兰的高跷和滑冰，

▲ 中世纪乡村的体育活动

爱尔兰和苏格兰的掷竿、链球，巴斯克人的回力球，瑞士和巴尔干农村的投石游戏也极为普遍。受到整个欧洲欢迎的打猎，既是农民的一项娱乐活

---

① 颜绍泸，周西宽. 体育运动史［M］. 北京：人民体育出版社，1990：182.

动，同时也可以带回猎获的小动物。

文献选读二

中世纪原始足球

　　这些"驱魔"游戏的实质基于信仰：如果在适当的仪式中将邪病的危险"塞进"皮包并将其赶出村去，那么在冬末或春季的某一天便可以摆脱这些危险。老少村民就是出于这个目的在谢肉节快结束的时候，或复活节前的礼拜日祈祷之后把这样的"皮球"赶出村外。当然，邻村的人也不傻，他们同样也在等着这些球，尽可能远地把代表恶魔的球赶出自己的土地，甚至踢破。这便是这种激烈争斗的目的。人们之所以积极主动地参加这一活动，是因为他们认为谁对球的损害最大，谁就能躲避灾难和病痛。在很多情况下，如果人们怀疑死掉了的敌人或罪犯中了邪的话，他要以同样的方式来驱逐他们的头颅。

　　　　　　　　　　　　——［匈］拉斯洛·孔. 体育运动史［M］.
　　　　　　　　　　　　中国体育史学会办公室译本，1986.

　　中世纪晚期，休闲娱乐在英国农民的日常生活中占据重要的地位。它与人的精神解放和身心愉悦有着密切的联系。因此，休闲娱乐作为一种积极的生活方式有助于提升农民的生活质量，也为乡村社会的发展注入了活力。

　　在欧洲传统习俗中，与岁时月令有关的重大节日很多，如五朔节和仲夏聚餐。在这些重大节日里，主要开展远足和游戏活动。五朔节人们穿着漂亮的节日服装，走进山林，来到树林、草地、山坡或山顶上，高兴地嬉戏，在那里度过整个夜晚，直到早晨才带着砍伐的五月花树（高大的无花果树或杉树）和树枝回去。仲夏聚餐是每年的 6 月 24 日，以跳舞、唱歌和游戏助兴。每逢此时，农民便尽情地投入到欢愉之中。这些习俗相沿日久，逐渐积淀成为农民社会地方共同体狂欢文化的传统。"英格兰人自古以来就隆重庆祝夏季的节日，其中伴有歌舞和游戏，14 世纪的文献对此多有记载。"[1]

---

① ［英］亨利·斯坦利·贝内特. 英国庄园生活：1150—1400 年农民生活状况研究［M］.龙秀清，等译. 上海：上海人民出版社，2005.

（二） 中世纪后期欧洲城市的体育

大约从 10 世纪起，随着城市的发展和封建依附关系的不断削弱，城市居民的生活也发生了较大的变化。11—15 世纪，大多数城市已取得了合法的自治地位。在这样的情况下，便产生了形成保卫城市所必需的身体练习的特殊形式以及为资产阶级生活方式所需的舞蹈和游戏的良好条件。

为了发展市民自治武装，出现了有组织的射箭协会和击剑学校。这些协会和学校最初诞生在荷兰、意大利北部、英国、法国和德国的一些城市，随后在中欧和东欧也出现了。第一个城市击剑协会出现在 1042 年荷兰的根特市。1399 年，由佛兰德联合会在土伦市举行的弓箭手比赛有 30 个城市和 16 个村庄的选手参加。射箭和击剑联合会按类似行会章程的原则开展活动。联合会的成员必须在一定的日子参加训练活动，由队长负责检查武器和指导训练。

城市居民的摔跤和击剑比赛一般按本地规则一对一对抗。在西班牙，较受欢迎的是冷兵器决斗和赛马；在南英吉利，较受欢迎的是拳击和探险；诺夫戈罗德喜欢拳击，瑞士喜欢射箭和摔跤，神圣罗马帝国和荷兰则较喜欢拳击和摔跤。

在不同的行会中，反映某一职业联合会特点的活动方式和比赛占有特殊的地位。易北河上的煮盐工人是划船、游泳和跳水的高手；船夫的撑篙打斗成了西欧渔民和船员喜爱的竞赛。在沿海城市中，赛船是受欢迎的项目之一。类似活动在乌尔姆被作为由评判员主持的成年仪式，体弱和不会游泳的人被"淘汰"。

由于民间对足球等游戏十分狂热，以至于影响了军备活动。例如，为了准备与法国作战，英格兰国王爱德华三世在 1365 年颁布了这样一道命令：

所有身体强健的市民应在休闲时间和假日的娱乐活动中使用弓与箭练习射箭技艺，同时禁止参加投掷石铁等重物、打球、踢球、斗鸡以及其他任何无意义的嬉戏。有敢故意违抗者一律监禁。

基于同样的理由，英王爱德华三世的儿子爱德华四世在 1411 年下令禁止在伦敦市区内摔跤，违者会被处以 40 天的徒刑。15 世纪的好几位英国国王都颁布过类似的法令。1447 年，英国下院的议员们曾经恳请英王禁绝掷骰子、羽球、足球等一切不法游戏，同时要求所有身体强健的臣民都必须练习射箭。

文献选读三

罗马狂欢节

在 15 世纪，真正的狂欢节或者没有一个地方像在罗马这样具有丰富多彩的性质。狂欢节有赛马、赛驴、赛水牛以及老年人、青年人、犹太人的赛跑等各种形式。保罗二世在他所住的威尼斯宫前招待过群众。纳沃纳广场上的竞赛会节目，可能从古典时代以来就没有完全停止过，它们是以辉煌的尚武场面著名的，其中有骑兵战斗演习和对全体武装公民的检阅。

—— ［瑞士］雅各布·布克哈特. 意大利文艺复兴时期的文化 ［M］.
北京：中国社会出版社，2000.

第三节 文艺复兴时期身体的解放与教育化

一、文艺复兴运动与现代体育的萌芽

（一）"文艺复兴"运动的产生及背景

开始于意大利的文艺复兴（renaissance）是指 14—16 世纪在西欧对古希腊、古罗马人文学科的复活或复兴，但实际上古典文化只是表达新文化的媒介，文艺复兴是一场思想文化革命，是对 2 000 多年前的轴心时代的一次新的飞跃，其成就涉及文学、艺术、哲学、科学、宗教、法律、教育、体育等多个方面，标志着现代文化的开端。

文艺复兴在意大利发生绝不是偶然的。意大利是古罗马文明的发祥地，直接继承了古罗马的文明。意大利处于联系东、西方纽带的地中海航线的中心，这对意大利发展海外贸易十分重要。到了 12 世纪，意大利已出现了米兰、帕多瓦、热那亚、威尼斯、佛罗伦萨等工商业发达的城市，在这些城市中形成了早期的资本主义生产关系。随着城市工商业的繁荣，市民阶级日益壮大，市民意识开始觉醒，迫切需要一种文化思想体系来为本阶级的政治和经济服务，吸收古典和东方文化以构建新的文化体系已成为其文化需求。在文艺复兴前，人文主义思想已经在意大利孕育发展，在《神曲》《歌集》《十日谈》等文学作品和比萨诺以古希腊作品为摹本创作的雕塑作品中，都表现了人的价值和作用、个性解放与意志自由、现实生

活和人的情感。

（二）现代体育的萌芽

1. 从灵肉对立到"灵肉一致"

中世纪经院哲学宣扬"肉体是灵魂的监狱"。文艺复兴运动痛斥禁欲主义违反人性，大力宣扬"人是宇宙的精华，万物的灵长，理性的力量，知识的欲望"，进而在文学、艺术、科学各个领域提倡描写人、颂扬人、研究人，用"人道"反"神道"，以证明"个人自由""个人幸福"是人生的目的，是"人性"的要求。强调人是一种自然存在，其身心发展的一切需要均应得到满足，"享受尘世生活的幸福是人生的最大本色，这完全符合理性和瞬息万变自然界的意向。"意大利人文主义者罗伦佐·瓦拉（1406—1457）提出了"灵肉一致"的观点，强调肉体生活的价值并不亚于灵魂得救。这个时期的艺术作品一反把人体裸露作为邪恶象征的传统，突出歌颂人体的均衡发展和健康美。如波提切利（1446—1510）的《维纳斯的诞生》，这是西欧艺术史上第一次以裸体的形式描绘古代神话人物的作品；达·芬奇（L. da Vinci，1452—1519）从解剖学的角度探讨人体的均衡和比例，他的作品表现了人体结实健康、立体的美感，他还从力学角度研究了人体和动物的运动；米开朗琪罗（Michelangelo，1475—1564）的雕塑《大卫》表现了一位强壮战士的裸体，那丰满的肌肉，沉着中充满战斗的激情，洋溢着刚强的英雄气概，轰动了整个罗马。

▲　米开朗琪罗的
雕塑《大卫》

这些有关身体和精神关系以及注意人体均衡、协调发展的思想认识，为现代体育观念的产生创造了前提条件。

2. 在"复兴"古希腊体育中重新思考体育

人文主义者在研究古代文化时发现了古希腊体育的丰富遗产，如荷马史诗中的体育故事、葬礼运动会、雅典的体操学校、运动场、体操馆、泛希腊运动会、斯巴达五项竞技等；古代哲人的体育思想也重新受到重视并得以推崇。苏格拉底的"必须锻炼我们的身体，锻炼可使人健康，而且预防危险并容易获得闻名的荣誉"的身体锻炼观，朱味那尔"健全的精神寓于健全的身体"的身心健康观……都被人文主义者广泛宣传。这些思想与当时的市民和资产阶级的生活情趣相结合，促进了现代体育思想的萌生。

特别是雅典的体育精神注意身心协调发展，讲究匀称而健美的体型、丰富多彩的运动形式、优美的技术动作以及古希腊前期的体育体制和重精神轻物质的奖励机制，更为人文主义者们所赞许和憧憬，也为现代体育观念和方式的形成提供了可借鉴的蓝本。

3. 在倡导全面发展教育中大力倡导体育

人文主义者根据对人和教育的新认识，提出青少年是成长和发展着的新人，教育的作用就在于启发教育对象的智慧，培养他们的才能，扩大他们的知识面，发展他们的勇敢进取精神。因而要求增加多方面的教育内容，使学生全面发展。第一个表达文艺复兴教育思想的学者是帕多瓦大学的逻辑学教授弗吉里奥（Pietro Paolo Vergerio，1349—1420），他的思想在很大程度上受益于古罗马的昆体良。他在享誉两个世纪的《论绅士风度与自由学科》一文中，提出了通才教育（或译"自由教育"或"博雅教育"）的主张，认为人文主义教育的目的在于对青少年施以通才教育以培养身心全面发展的人，而健全的身体是将来从事任何事业的前提。他强调青少年有"支配的理性"和"顺从的身体"，建议根据个人特点"恰当地选择运动"，并要注意缓和而有节制。他还根据亚里士多德的《政治学》提出体育、文学、绘画、音乐4门科目。

▲ 弗吉里奥第一个表达了
人文主义教育思想

拉伯雷和蒙田以文学的形式表达了新教育思想。拉伯雷（F. Rabelais，1494—1553）在《巨人传》中塑造了一个"在思想和能力上、热情和性格上，多才多艺、学识广博的巨人"[①]，巨人上午读书，下午锻炼，内容包括骑马、击剑、角力、跑步、游泳、射箭、登山、攀树等。蒙田（M. de Montaigne，1533—1592）在其《散文集》中提出了应培养"完全的绅士"。这种绅士具有渊博的实用知识，具有良好的判断力和坚韧、勇敢、谦逊、爱国、忠君、服从真理、关心公益等品质，具有强壮的体魄，"一切运动和锻炼，如长跑、击剑、音乐、舞蹈、打猎、骑马都应该是学生学习的一部分。"

总之，在文艺复兴时期，人文主义者在对人自身的尊严、价值重新认

---

① ［德］恩格斯. 自然辩证法 ［M］. 北京：人民出版社，1956：5.

识的过程中肯定了体育是以人为核心的运动；在倡导人的意志自由和个性解放中认识到了体育能促进人的身心全面发展；在批判禁欲主义、倡导尘世享乐中认识到体育是追求幸福、满足人性需要的手段，是新兴资产阶级追求"享乐、幸福、自由"的生活方式。

二、身体活动的教育化尝试

在现代体育思想逐渐形成的同时，一些人文主义先驱努力将其付诸实践，作为军事训练、民俗娱乐的许多身体活动被改造为教育手段，逐渐完成了体育的教育化转变。

（一）第一个现代体育教师——维多里诺

最早对现代教育和体育进行实验的是意大利人文主义者维多里诺（Vittrino da Feltre，1378—1446），他应贡查加侯爵的邀请于1423年在曼图亚郊外开办了称为"快乐之家"或"体操宫""学宫"的宫廷学校。他继承古希腊"完全教育"的传统提出了通才教育的主张，提出教育的目的是使精神、身体、道德都得到发展，培养注重个性、能为社会服务的有高度责任感的公民。

文献选读四

维多里诺·达·费尔特雷

在曼图亚贡查加（从1407年统治到1444年）的宫廷里出现了一个叫作维多里诺·达·费尔特雷的名人，他是一位毕生献身于其特别擅长的事业的人。他在身体锻炼和精神锻炼上都是过人的，是一个卓越的骑手、舞蹈家和剑术师，无论冬夏都穿同样的衣服，就是在严寒天气也只是拖着一双凉鞋走路，他这样生活一直到老年也没有生过病。

他的声名远传意大利各地，许多富豪贵绅之家的子弟都远道而来，甚至有来自德意志的，愿列门下受教。在这里，体育和一切高尚的身体锻炼，第一次和科学教育一起被看作是高等普通教育所不可缺少的内容。除了这些学生外，还有其他有天才的穷苦学生，总数达到70人之多。维多里诺认为对于这些人进行教育是他的最高的现世目的；他在他的家里供给这些人的生活，并"从爱上帝出发"使他们和贵族青年们一起受到教育。而贵族青年们在这里也学会了和平民的天才子弟们同居共处。在清晨，他读关于宗教修养方面的著作，然后鞭打自己并进教堂祈祷。他的所有同时代人和他的学生一样地尊重他，人们仅仅为了要看一看他就到曼图亚去一游。
　　　　——［瑞士］雅各布·布克哈特. 意大利文艺复兴时期的文化［M］.
　　　　北京：中国社会出版社，2000.

　　维多里诺制定的课程包括古希腊罗马著作，还包括历史、哲学、算术、几何、天文、音乐和体育。他认为教师应根据儿童的个性和嗜好自然地教导，认为运动是健康的基础，应把读书和运动结合起来。他制定了各种锻炼身体的制度和方法，规定学生必须参加户外运动，并亲自带领学生从事骑马、跑、跳、击剑、游泳、射箭、角力、跳舞和球类活动。夏天，他带领学生跋山涉水，栉风沐雨，到野外做短期旅行。他还曾为城镇的贫苦儿童专门编制了一套健身操。除积极倡导体育运动外，他还注意保健管理，改善饮食，注意卫生教育。

　　维多里诺的教育改革很快收到实效，他培养的学生有较高的质量，其中有的成为当时著名的学者。因而他的学校也更加发展，学生从 3 人陡增为 70 人。连邻国的不少富家子弟也来他的学校求学，他也因此成为欧洲教育界效仿的榜样，被誉为"第一个新式学校教师"。他的学生乌尔比诺公爵对老师的教诲身体力行，创造了新的绅士形象。卡斯底格朗（B. Castiglione，1478—1529）以此为素材，写成了影响巨大的《宫廷人物》一书。书中的"宫廷人物"既不是中世纪擅长军事体育、具礼仪风度却不通文墨的骑士，也不是文艺复兴初期的学者，而是二者完美结合的新型"文雅骑士"的形象，鲜明地体现了新人文主义的教育精神。

　　在这种"绅士"教育理想的影响下，16—17 世纪的西欧上流社会教育发生了巨大的变化。体育在教育中受到重视，身心并重成为年轻绅士追求的目标，体现人的体力、智慧和适应现代生活方式的剑术、骑马、打猎、网球、跳舞等成为日常学习科目。

文献选读五

完美的社交家

　　卡斯底格朗为我们所描绘的"廷臣"是理想的社交人物，并且被那个时代的文明看做是它的精华。与其说他是为了宫廷而存在，不如说宫廷是为他而存在。

　　在外在的才艺方面，要求廷臣有十二分完美的所谓骑士锻炼，其他各点显然是建立在个人完美的抽象观念之上的。廷臣必须精通各种高贵的游戏，其中包括赛跑、跳高、游泳和摔跤；他尤其必须是一个好的舞蹈家，自然也必须是一个熟练的骑手；他必须精通几国的语言，无论如何必须懂得拉丁语和意大利语；他必须熟谙文学和有某些关于美术的知识；在音乐上必须有某种实际技巧，但是他必须尽量地保密。除了与使用武器有关外，所有这些不要看得太认真。这些才能和技艺互相发生作用，结果就产生了各种秉性平均发展的完美的人。

可以肯定，16 世纪时，在一切高尚的体育锻炼和上流社会的习俗方面，意大利人无论在理论方面还是在实际方面都是整个欧洲的老师。它大概最早是由维多里诺·达·费尔特雷传授的，并且以后成了一种全面教育所不可缺少的课程。

—— [瑞士] 雅各布·布克哈特. 意大利文艺复兴时期的文化 [M].
北京：中国社会出版社，2000.

（二）夸美纽斯与学校体育的初步定型

1. 现代学校体育课程制度的初步形成

随着对肉体认识的根本性改变，身体活动逐渐受到重视和普及。都铎王朝时期英格兰王宫中的假面舞会一度闻名遐迩，受此影响，民间舞风日盛，牛津和剑桥的学生甚至跑到教堂附近草地上欢歌曼舞，冒险性的打猎和文雅的棋牌等体育活动也有了很大的发展。[①] 教育中越来越多地吸纳社会上的体育内容，以丰富教育的内涵。

1534 年为抵制宗教改革运动而成立的耶稣会十分重视对青年的教育。耶稣会学校采用寄宿制和全日制，其教学方式、方法非常富有特色。学校提倡温和管理，反对体罚，注重体育运动，重视师资的培养和教法的研究。1559 年耶稣会编写的《授课规则》采用了学级、学期和分节授课、课间休息制，奠定了体育课程的基本形式。

2. 早期的体育理论研究

人文主义者一方面从事体育实践，另一方面也在后期加强了对体育理论的研究。如英王亨利八世的御医赖纳克尔著作的《论健康》，法国人法伯尔编著的介绍竞技设施、祭典竞技和竞技法等的著作《竞技术》被译成多种文字，成为教育者的必读之书。

意大利医生美尔库里亚利斯（H. Mercurialis，1530—1606）的六卷本

---

① 李斌，蔡骐. 都铎时期英国文化娱乐活动述评 [J]. 湖南师范大学学报（社会科学版），2000（3）：116-121.

《体操术》是当时体操教师和医生最重要的参考书。该书前三卷介绍了古希腊和古罗马的体操活动，阐明了古代体操与医学保健学的联系以及身体活动与劳动的区别；后三卷从医学角度对各种练习的作用、效果进行了分析。美尔库里亚利斯按作用把身体练习分为医疗的、军事的和竞技的三大类，以按练习特点分为准备运动、主体运动和整理运动三部分。他对容易发生危险的拳击、摔跤、游泳等持否定态度，建议从事保健性的运动，多进行淋浴或钓鱼。美尔库里亚利斯复活了古代体操，这一历史功绩是不可磨灭的。

▲ 美尔库里亚利斯

文献选读六

美尔库里亚利斯的体育思想

美尔库里亚利斯认为，只是修炼灵魂或只修炼身体都是不完全的。为使身心协调发展，他让体操术承担身体方面的发展。因此，他的体操术不是像斯比茨体操那样"铸型化"、追求服从命令、图式化的人为体操。美尔库里亚利斯与盖伦一样把体操家与教练员的实践区别开。体操家是以维持增进健康为目的、指导医学的运动效果的，而教练员是用自己的"行为"、"活动"去指导运动技术的。也就是，体操家是医学的理论家，教练员是实践家，但盖伦认为教练员虽有活动的知识，但不知道活动的效果。亚里士多德也认为体操家考虑运动效果，而教练员只考虑运动本身。这样，美尔库里亚利斯的立场最终归结到亚里士多德的立场上。

—— ［日］岸野雄三. 体育·スポーツ人物思想史 ［M］.
东京：不昧堂出版，1983.

其他关心体育问题的人文主义者还很多。如巴巴罗（F. Barbaro）从遗传学角度考虑人种改良问题，他建议男青年要慎重择偶，以便生育出身心健康的后代；女青年应像古斯巴达妇女一样积极锻炼，使自己成为健康子女的健康母亲。裴力普斯（F. Philepus）有长期的教育经验，他将骑士的身体练习用于自己的教育实践，规定学生每天参加 2 小时的体操和竞技活动，其《良好生活教育》一书在社会上有一定影响。

3. 学校体育的初步定型

捷克教育家夸美纽斯（J. A. Comenius，1592—1670）使学校教育冲破贵族社会狭小天地而奠定了现代学校雏形。他第一个全面论述了人的价值，教育的目的及作用，旧教育的弊病，改革教育的必要性和可能性，学制、教学法、体育、德育、宗教教育。他称学校为"造就人的工场"，认为一个健全的人除了应具备学问、德行、虔诚之外，必须拥有健康的身体，达到"身心两方面的一种和谐"。"假如身体不健康，任何部分受了损害，它的客人灵魂便住在一个薄待客人的住所。"① 他主张采用有助儿童手足等部位肌肉训练的内容，但不赞成过分激烈的竞技性项目，也不注重骑术训练。

查看夸美纽斯的教育思想

夸美纽斯在他 1633 年编著的《母育学校》一书中将教育分成婴儿（0～6岁）、儿童（7～12岁）、少年（13～18岁）和青年（19～20岁）4个阶段，相应设立母育学校、国语学校、拉丁语学校和大学。他主张设置宽广的运动场，用游戏和各种体育活动增进学生健康并激发他们的精神。他首创了体育的班级授课制，提出在每 1 小时智力课后要有半小时休息；早饭和午饭后要有 1 小时散步和娱乐活动。这是为了"让身体活动，而让心灵休息"。在夸美纽斯的教学计划中，体育首次成为教学的有机组成部分，但他的体育课程计划还带有浓厚的思辨色彩，缺乏科学依据。夸美纽斯被称为"学校体育之父"。

▲ 1632 年出版的《大教学论》是西方教育史上第一部体系完整的教育学著作

从卡斯底格朗的《宫廷人物》到夸美纽斯的《母育学校》，现代体育经历了一个由上流社会和民间逐渐走进学校、走向普及的渐进过程。"快乐之家"为培养资产阶级新贵树立了一个理想的教育模式；"母育学校"为资本主义的普及教育提供了范例。在这个过程中，对涉及体育的一些基本问题形成了大体一致的认识：体育在教育和社会生活中的独特价值初步得到了肯定，确立了身心全面发展的原则，体育开始把医学、教育学等现代科

---

① ［捷］夸美纽斯. 大教学论［M］. 傅任敢，译. 北京：人民教育出版社，1984：34，86.

学作为自己的科学基础。这些认识奠定了现代体育产生的基础。

三、洛克与绅士体育

（一）洛克的绅士体育思想

约翰·洛克（1632—1704）是英国政治家、教育家和唯物主义哲学家。他1656年获牛津大学文学学士学位并留校任教，两年后获文学硕士学位。但他对化学和医学兴趣很浓，与牛顿等人过从甚密。1665年他离开学校，成为莎夫茨伯利伯爵的家庭医生和家庭教师，1673年担任伯爵的秘书，开始步入政界。1688年英国革命后，洛克曾在新政府中担任贸易和殖民地事务委员会委员。他于1690年发表了《政府论》和《人类理解论》。1693年发表的教育著作《教育漫话》，描绘了英国绅士教育的蓝图。

洛克认为，英国教育的目的是培养绅士。从《教育漫话》一书来看，英国绅士的基本特征是善于精明地处理自己的事务，赚取财物，聚敛资本，从而使自己得到幸福；具有德行与才干，并且有"勇敢的精神"，在征战时能拿起武器，决战疆场；要懂得"礼

▲ 约翰·洛克

仪"，具有"文雅的风度"。总之，在洛克的绅士身上，国家利益与个人的价值实现水乳交融，这与英国在国内巩固资本主义生产方式和对外扩大殖民地的战略十分吻合。绅士教育对那个时代具有特殊价值。在洛克看来，"现在欧洲一般学校时兴的学问和教育上的照例文章，对一个绅士说来大部分都是不必要的。"[1] 英国绅士应该学习"在世上最需用、最常用的事物"。洛克绅士教育的方案不仅奠定了现代教育理论体系的基础，也闪烁着现代体育思想的光辉。

洛克主张对未来的绅士进行德智体全方位教育，体育占全部教育的第一位。洛克认为"健康是为我们的事业和我们的福利所必需的，没有健康就不可能有什么福利、有什么幸福……我们要能工作，要有幸福，必须先

---

[1] ［英］洛克. 教育漫话［M］. 傅任敢，译. 北京：人民教育出版社，1985：96.

有健康，我们能忍耐劳苦，要能出人头地，也必须先有健康的身体"①。绅士最重要的德行如勇敢、礼仪等，也需要身体教育并以身体能力为基础。洛克提倡的体育手段主要是能培养勇敢坚韧和优雅风度的游泳、划船、骑马、击剑、舞蹈和旅行等。他还从医学角度提出了一套针对儿童的健康教育计划，包括体育锻炼、生活制度、饮食、睡眠、衣着以及预防疾病等内容。

文献选读七

洛克论体育

　　脆弱的精神与身体都要我们常常得到舒畅。凡是一个善于利用生活的任何部分的人，他就应把一大部分时间用在娱乐上面……把身体上与精神上的训练相互变成一种娱乐，说不定就是教育上的最大秘诀之一……但是永远要记住，凡是做来没有快乐的事情就不能够叫作娱乐。

　　击剑与骑马被看成教养的必要部分，不提到它们，会被认为一件重大的遗漏。骑马多半只有在大都市里面才能学习，它在安逸与奢侈的都市里面是一件对于健康最有利的运动……至于击剑，我觉得对于健康说来，是一种很好的运动，但是对于生命是很危险的。凡是自己觉得击剑击得好，有了自信力的人是会爱去和人争吵的……不过，击剑与骑马既然被认为是一个绅士的教养所必备的内容，要使任何绅士完全不具备这种特色当然是很困难的。所以，我打算把这个问题留给做父亲的人去考虑……不过我觉得决斗将来是会归于消灭的。

　　——［英］洛克. 教育漫话［M］. 北京：教育科学出版社，1999：171-176.

　　在西方教育史上，洛克是第一个明确提出三育并重、体育为先的教育家，这是对文艺复兴以来新教育思想和新体育思想的高度概括。洛克的绅士体育思想从功利主义出发、为实现个人幸福和国家利益服务，在一定程度上反映了资产阶级的时代精神。

（二）英国的绅士体育

　　《教育漫话》很快被译为各国文字广为流传。洛克提出的培养英国绅士的教育目标及其措施为改造旧教育、创办新教育指明了方向，他注重体育、注重德行和优雅的绅士风度等思想，对英国乃至西方各国的教育和体

---

① ［英］洛克. 教育漫话［M］. 傅任敢，译. 北京：人民教育出版社，1985：24，25.

育实践产生了广泛的影响。

　　在绅士体育的推动下，各种体育团体纷纷建立。1668 年，第一个地方板球俱乐部建立，此后保龄球、网球、射箭等运动组织也相继建立。这些早期的体育团体组织比赛、制定竞赛规则，促进了各种运动项目的发展。板球、弓箭、滑冰、网球、游泳、划船等项目，也在绅士体育的推动下成长为现代项目。带有浓厚贵族色彩的绅士体育俱乐部有强烈的排他性，如 1742 年成立的第一个花样滑冰组织——"爱丁堡俱乐部"规定入会者必须交纳大笔入会费，还要通过种种高难动作的考试。18 世纪末，由于板球、网球和高尔夫球场的球工等下层民众越来越多地参加比赛，绅士们遂制定了业余原则，以富家子弟为主的公学学生和大学学生成为推动业余原则的最大动力。1861 年成立的伦敦田径俱乐部正式把"业余原则"写进了章程："体力劳动者、领薪水的教练员，以及在某次比赛中收取过钱财的人，均不得参加业余运动员的比赛。"① 18 世纪末，一些为绅士的赌博赛跑充当跑步工具的差役组建了自己的赛跑者协会，经常举办定距、定时跑比赛，进行现金赌博，这成为现代田径运动的先声。

▲ 1820 年出版物上英国划船比赛的情景

　　英国社会浓厚的贵族习气和赌博传统造成了与赌博相连的项目的流行。在绅士体育的早期阶段，已经形成了运动员—体育中介或老板—观众的关系。赛马、足球比赛是最重要的赌博项目，场面之大、投注赌金之多，都是此前斗鸡和九柱戏赌博不能比拟的，参赌者遍及社会各阶层，竞赛赌博逐渐成为英国社会生活的一个内容。拳击是赛马和足球比赛的附产物，为防止比赛时因赌博、舞弊而常常引发骚乱，组织者禁止观众携棍棒、武器入场，徒手搏斗便成为唯一被认可的解决纷争的手段。久而久

之，逐渐形成了为打斗双方所共同遵守的一些约定俗成的规则，例如不许抓扯、不许脚踢、不许扼颈等，拳斗逐渐成为广泛流行的运动方式。

虽然绅士体育带有浓厚的贵族气息和阶级歧视色彩，但它使一些地方性的比赛变成了整个社会的流行赛事，以促进规范化的方式推动许多传统体育活动完成了现代化转变。竞技运动得以成为英国生活的特色在很大程度上应归功于绅士体育的发展。

本章小结

在欧洲中世纪后期发生的文艺复兴开启了人类认识和完善自身的新时代，身体活动的教育化是人体自身对象化的明确体现；伊斯兰化的阿拉伯民族仍然延续着他们固有的体育生活方式，生产、生活方式和精神生活方式对体育生活方式的影响由此可见一斑。

思考与探索

1. 从古代阿拉伯民族体育活动看精神、生产和生活与体育的关联。
2. 欧洲中世纪体育活动的特点。
3. 谈谈中世纪体育在体育史上的地位。
4. 文艺复兴运动从哪些方面推动现代体育的形成？

拓展阅读文献

1. ［瑞士］雅各布·布克哈特. 意大利文艺复兴时期的文化 ［M］. 北京：中国社会出版社，2000.
2. 颜绍泸，周西宽. 体育运动史（第五章）［M］. 北京：人民体育出版社，1990.
3. ［英］亨利·斯坦利·贝内特. 英国庄园生活：1150—1400 年农民生活状况研究 ［M］. 龙秀清，等译. 上海：上海人民出版社，2005.
4. 李斌，蔡骐. 都铎时期英国文化娱乐活动述评 ［J］. 湖南师范大学学报（社会科学版），2000（3）.

活动建议

1. 搜集有关中世纪后期欧洲民间体育活动，做一个专题介绍或课件。
2. 组织一次主题为"思想观念转变文艺复兴对体育发展的影响"的讨论。

中编 现代体育

第六章 现代体育的形成

本章提要

　　经历了文艺复兴和宗教改革的彩虹与风雨，人类社会终于步入现代之门。"现代"不仅是一个时间概念，也意味着告别昨天的生活。在这个意义上，"现代体育"不仅是指现代社会中的体育，也是指区别于古代体育的新型体育生活方式。这场体育革命发生在文艺复兴以后的几个世纪。在17—19世纪科学革命、工业革命、城市化和资产阶级政治革命的推动下，人文主义者将形而上学的理论兴趣、形式逻辑方法与工匠精神结合起来，把前所未有的认识能力用于探索运动的人和人的运动，努力揭示体育运动的奥秘和意义，进而形成了新的体育方式，这对人类的身体、健康和教育、生活都产生了深远影响。

第一节　欧洲工业化与城市社会体育的初兴

　　18世纪中叶，纺织机和蒸汽机的发明揭开了英国工业革命的序幕。到了19世纪中期，大机器生产在英国已基本取代了手工劳动，并从英国扩展到整个欧洲和北美地区。后来，工业革命传播到世界各国。采用大机器生产的工厂迅速集中了大量人口，在推动工业化和城市化进程的同时也形成了新的体育生活方式。

一、英国工业革命与城市公园运动

　　18世纪中叶，英国开始了声势浩大的工业革命。工业革命的快速发展，需要大量劳动力。为吸引外来劳动力，英国政府多次修改《贫民迁移法》，促进人口自由迁移。当时英国城市方圆仅3千米左右，属于典型的步行城市（Walking City），人口剧增导致城市越来越拥挤。以伦敦为例，1800年时仅有100万人，到了1850年增加到236.3万。1851年，城市人

查看《共产党宣言》

口已经占英国总人口的 52%，1870 年上升到 65.2%，1890 年又上升到
74.9%。随之而来的，是城市居住环境的急剧恶化，这极大地影响了居民
健康。1831 年一场霍乱就导致 431 个城市 3 万多人死亡。

查看伦敦奥运会开幕式关于英国工业革命的展示1

高昂的生命代价使人们开始关注公共空间与大众健康之间的关系。但
是，在当时的情况下，公众很难有合适的锻炼场所，需要政府进行大规模
的公共空间建设。19 世纪 30 年代，英国任命皇家委员会研究公共空间问
题，要求该委员会"考虑最佳的方式，保留在城镇人口密集地附近的开阔
地作为公共散步和锻炼之所，以提高居民的身体健康与生活舒适度"。
1833 年，皇家委员会提出报告，建议大规模进行公共空间建设。英国议会
在 1835—1859 年间多次通过法令，要求在城镇建立公共园林。1838 年，
英国政府通过了《娱乐地法》，规定在未来的圈地中需留出充足的空间供
居民锻炼和娱乐，并允许地方当局为建设公园而征收地方税。此后，一些
城市政府开始为民众提供"合理的娱乐"设施。这时，各城市建设公园更
多是出于大众健康方面的考虑，即建设"公共体操房"而不是中产阶级的
景观式园林。1872 年，格拉斯哥市公共卫生委员会负责人詹·伯·罗素就
认为："爱好户外运动对体质和精神都是健康的。"[1] 为此，他在格拉斯哥
市工业区划出了许多公共用地，并给予补贴，建设可用于体育活动的公
园。该市的亚历山德拉公园充分体现了当时公园的特色，拥有游泳池、高
尔夫球场和供船模航行的小池塘等众多运动设施。

查看伦敦奥运会开幕式关于英国工业革命的展示2

此后，公园运动在英国如火如荼地开展起来。1843 年，利物浦市用税
收修建了约 50 公顷的伯肯海德公园，这标志着城市公园的正式诞生。城市
公园基本满足了城市产业工人体育锻炼的场地需求，也逐渐演变成城市体
育的中心，这促进了现代体育的发展。1857 年，伦敦水晶宫公园（Crystal
Palace）成为伦敦板球比赛的场所。19 世纪 40 年代取消对公众游戏的禁令
后，英国出现了大量的户外运动俱乐部。例如，足球俱乐部就既有学校办
的，又有教会办的，甚至一些厂主也建立了工人足球俱乐部。

查看英国"公园运动"延伸阅读材料

二、欧美的公园运动与户外体育的发展

1. 欧洲的公园运动与公众体育管理

19 世纪后期，英国各城市已普遍建设了类似公园，并且逐渐扩散到德

---

① Irene Maver. Glasgow s Public Parks and the Community, 1850—1914：A case study in Scottish
civic interventionism［J］. Urban History, 1998, 25（3）：323-341.

国、法国、美国、丹麦、瑞士、波兰等国家。最初，公园中的游戏场主要为儿童而设，设施也比较简单。随着越来越多的成年人在这里活动，公园游戏场增添了许多适合成人需要的体育运动和娱乐项目①，逐渐形成了相对独立而完善的运动场的雏形。

19世纪末，欧美许多国家开始出现全国性的游戏场管理机构，如德国的"青年和成年游戏中央促进委员会"（1891年）、丹麦的"全国学生游戏促进委员会"（1897年）、瑞士的"瑞士游戏、旅行协会"、波兰的"青年游戏、娱乐委员会"和美国的"美国游戏场联合会"（1906年）等。这些组织的出现，促进了游戏场和公众体育活动的发展。

2. 美国的公园运动与公众体育管理

美国是继英国之后新兴的资本主义国家。1840年后，大量欧洲移民开始涌入美国。人口的急剧增加，不断压缩着公园、绿地等公共空间，也使得城市弊端暴露无遗：卫生环境恶化、城市污染不断加剧、传染病流行。1858年，美国第一个城市公园——纽约中央公园在曼哈顿岛诞生，它极大地方便了广大纽约市民的娱乐和休闲。1889年修建的波士顿查尔斯河畔公园专门设立了游戏场地和体育场，以满足不同年龄人群的需求，这为美国其他城市公园建设提供了良好的范例。

▲ 查尔斯河畔露天体育场（Charlesbank park，Boston）

南北战争后，体育运动在美国得到了迅速发展。19世纪70年代，美国人最喜爱的运动有射击、划船、散步和徒步旅行。1873年，约有10万人参加了在长岛举行的射击比赛。1876年，有两件事标志着美国近现代体育运动时代的开始：一是全国棒球联盟作为管理棒球运动的新机构，取代

---

① ［匈］拉兹洛·孔. 体育运动全史［M］. 中国体育史学会办公室译本，1986：209-210.

了投机性质的全国职业棒球运动员协会；二是由普林斯顿大学、耶鲁大学、哈佛大学、哥伦比亚大学和拉特格斯大学在马萨诸塞州的斯普林菲尔德成立了美国校际橄榄球协会。随后，网球、高尔夫球、滚木球、田径等项目都建立了类似的职业或业余协会组织。

第二节　现代学校体育的形成及其社会影响

在 18—19 世纪欧洲工业革命和资产阶级革命的同时，学校教育也由贵族式的家庭教育向工厂式大众教育转化，学校体育课程和体育师资培养都日趋规范化，体育逐渐越出学校范围影响到社会。

一、体育的课程化

（一）巴塞多与学校体育的初步课程化

在实现了教育化的基础上，体育逐渐形成为课程，并随着课程化的完成开始了体育的制度化和科学化之路。1774年，德国教育家巴塞多（J. B. Basedow，1723—1790）在德绍创办了第一所博爱学校，首次把体育列为学校教育的正式课程。他把古希腊体操、传统骑士项目和民间游戏等糅合在一起，并加以改造和发展，整合成协调统一的体育手段，创造了著名的"德绍五项"体操，即跑步、跳高、攀登、平衡和负重。他还采用按年龄选用教材和分组教学的方法，把学生一天的课程安排为 5 小时学习、3 小时休闲和 2 小时手工劳动。由于巴

▲ 巴塞多

塞多个人在性格和管理能力方面的欠缺，这所学校到 1793 年就难以为继了，但他开创的博爱教育运动却在整个欧洲迅速蔓延，对学校体育产生了划时代的影响。

从美尔库里亚利斯的《体操术》到巴塞多的"德绍五项"的形成，标志着学校体育内容的初步体系化。这同时促进了体育教师的专门化，在德绍产生了最早的专门体育教师。

（二）古茨穆斯与体育课程的初步体系化

在巴塞多的博爱学校止步的时候，博爱派教育家萨尔茨曼（G. G. Salzmann，1744—1811）和他的继任者古茨穆斯（J. C. F. Guts Muths，1759—1839）在施涅芬塔尔的博爱学校却取得了成功。萨尔茨曼1784年的《教育余论及学校通告》中说他新建学校的特色就是对身体教育的关注。他的"身体养护"的内容包括：衣服、食物和身体运动，包括走、跳、平均、游戏、舞蹈、骑马、音乐、园艺、手工劳动、散步、旅行等项目。萨尔茨曼亲自指导体育活动，一位学生说："开校不久，每天午饭前的一小时，他都训练学生跳跃、竞走、在横木上步行，通过这些武装精神的运动，训练胆小、意志不坚定的人。"① 每天11点到12点，学校教师在林间运动场上指导走、跳、投等运动。古茨穆斯1785年来到这所学校任教，1796年教授体育课程。在这里他付出了毕生的精力，完成了一系列著作：《游泳术》（1789年）、《青年体操》（1793年）、《游戏》（1796年）、《坦宁堡的家庭娱乐和游戏》（1809年）、《祖国男儿的体操》（1817年）、《体操术问答》（1818年）。其中以《青年体操》和《游戏》两书影响最大。

古茨穆斯认为体操有两个功能：一是满足身体的需要，二是使身体完美。练习体操的人可以获得身心的和谐和护身的技能。古茨穆斯认为，体操对身体的作用在于使整个身体和肌肉都得到运动，使肌体强健，使肌肉和四肢受到锻炼并形成技巧，使人感官得到锻炼。他把前两种作用称为体操的生理作用，后两种视为体操的教育作用。身体是人的根本，因为完美的道德往往是强健身体的产物。

古茨穆斯第一个指出了体操和劳动的异同："任何手工劳动虽然都有锻炼身体的作用，然而劳动并不因此同体操等值，因为劳动的客体与劳动者本人无关，而体操则针对体操者本人……人们从事这一活动不是为了庸俗的消遣，而是为了增进自己的健康。"古茨穆斯也看到，"经合理安排的劳动在某种程度上也可改善身体状况，它也正因如此而成为体操的一个组成部分。"② 这些看法使他超越了他的前辈。

古茨穆斯搜集了古代希腊、罗马、德意志的运动项目和民间游戏，并将它们用于体操实践中。因此，古茨穆斯的体操同古代和当时流行的运动

---

① ［日］岸野雄三. 体育·スポーツ人物思想史［M］. 东京：不昧堂出版，1983.

② ［苏］H. 托罗波夫. 为普鲁士侵略者服务的体操［C］//体育史论文集（俄文版），1947：177-178.

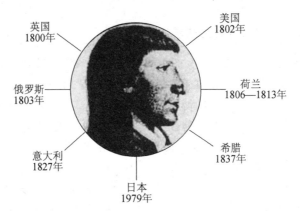

英国
1800年

美国
1802年

俄罗斯
1803年

荷兰
1806—1813年

意大利
1827年

希腊
1837年

日本
1979年

▲ 古茨穆斯和他的《青年体操》一书被翻译
成各国文字出版的时间

形式有很密切的联系，古代体育项目在他的体操体系中是按现代理论组织的。他按 4 个分类原理使其体系化：按运动目的、运动性质、运动解剖学特征和运动类型分类。他认为按目的分类虽然重要，但不实用；按运动性质分类，只是表面的、机械的合理分类；按解剖分类本质上有益，但指导者不能完全掌握；只有按运动类型分类最自然，对体育教学最有益。

按照这样的方法，古茨穆斯把体操教材分为三类：以身体形成为目的的活动，即基本运动、手工劳动和青少年游戏。基本运动内容包括以下8 项：

（1）跑。主要分快跑和持续跑，越野跑也是内容之一。

（2）跳。分徒手跳和持竿跳两大类，这两类又包括跳高、跳远、由高处向下跳、跳高和跳远相结合的跳跃，以及由高处向下跳远的跳跃 5 项。

（3）投掷。分投高、投远和投准三种，投掷器材用石块、投枪和铁饼。

（4）角力。也分两种，一种为互相推掀的角力，另一种是施涅芬

▲ 1745 年欧洲学校的体育活动

塔尔学校采用的角力。后一种角力又包括互抢、互摔、将对手拖出场外或将其摔倒在地等比赛形式。

（5）悬垂。采用木梯和吊绳进行的攀、悬运动。

（6）平衡。分保持身体平衡和物体平衡两类。前者包括单手、单脚支撑动作和平衡木、秋千、竹马、竖梯等活动，后者是在手掌或手指上竖立12 英尺长的木棒游戏。

（7）搬、举重物，手倒立，拔河，跳绳和滚翻。拔河是一对一或二对二的对抗性游戏，跳绳有跳长绳和跳短绳两种。

（8）舞蹈、步行和兵士运动。舞蹈，排除了庸俗的流行舞蹈；步行，姿势是挺胸抬头，步伐刚健，轻快敏捷，双臂自然摆动；兵士运动即所谓秩序运动，主要是队列训练。

1804 年，又增加了射击和剑术的内容，基本运动因而增至 9 项。

在教学法方面，古茨穆斯主张采用自然的方法，即适合儿童、学生的发展的方法和尊重学生自觉性的方法。他十分重视身教和个别指导，还根据学生的能力采用了分类指导的方法。他的著作中还提到了小组循环学习的教学组织方式，后来被费里德里希·路德维德·杨付诸实施。[①] 古茨穆斯认识到体操的真正理论是建立在生理学基础上的，因而他为自己未能按照这个原则对运动进行分类感到不安。但他的原则后来被瑞典体操等流派所采纳。

古茨穆斯构建了完整的体育课程体系，对与体育教学有关的几乎所有问题都进行了卓有成效的研究。他为此赢得了广泛的国际声誉，他所在学校一时成为欧洲各国体育教师造访的中心，他的理论和实践为德国、瑞典、丹麦等国家的体操体系奠定了基础。古茨穆斯以"近代体育之父"的地位载入世界体育史册。他使学校体育彻底改变了以前的贵族性质，解决了大工业对大批提高劳动者身体素质的需要。

二、学校体育制度的确立与体育师资培养的专门化

（一）学校体育制度的确立

随着工业革命的发展，国民教育问题日益引起广泛重视。生产力和科技的发展对新型劳动者的需求，城市规模的扩大以及解决随之而来的各种问题的需要，资本主义的全球扩张，都要求将对教育的控制权从教会转到国家。这样，19 世纪欧洲各国相继掀起了国民教育改革的高潮，体育也伴

---

① ［日］岸野雄三. 体育・スポーツ人物思想史［M］. 东京：不昧堂出版，1983.

随这个过程最终在学校教育中得以确立。

　　早在 1809 年和 1814 年，丹麦政府就先后命令中、小学男生必修体操，还规定了教师和场地标准。1820 年，瑞典政府也命令在男子中学实施体操。1844 年，普鲁士先是颁发了在各文科中学、市立高等学校和师范学校实施体育的命令。19 世纪 60 年代，又规定体育为必修课并颁发了第一本体操手册。19 世纪 90 年代，又对课时作了严格规定。

　　法国在普法战争结束后开始重视学校体育，先后在 1872 年、1880 年、1887 年和 1905 年的法律中规定各类学校开设体育课。法国学校体育的推广是先男生后女生、先公立学校后私立学校和教会学校。但由于法国的体育器材、场地十分缺乏，法国的学校体育发展较为缓慢。这种状况直到 20 世纪初期才开始有一定程度的改善。

▲　拿破仑中学（1802）的学生

　　与欧洲国家大多以政府行政命令推行的方式不同，美国大多以议会立法的方式对学校体育做出法律规定。1886 年俄亥俄州通过法案，要求在全州学校对儿童进行卫生教育和有益的身体训练；1892 年该州又规定在较大的学校实施体育课；1909 年改为全州学校一律开设体育课。此后，路易斯安那州（1894 年）、威斯康星州（1897 年）、北达科他州（1899 年）、宾夕法尼亚州（1901 年）也先后通过了在学校实施体育的法案。1919 年，美国国会通过了《体育法案》，它是美国历史上第一个全国性体育立法。到了 1925 年，又有 22 个州以立法形式来强制学校实施体育课程。

　　体育进入英国学校时间比较早，但直到 1885 年才被列为必修课。体育真正引起英国社会的重视则是进入 20 世纪以后的事。第二次布尔战争[①]结束后，英国国民体质的退化引起了官方的注意。国家开始认真讨论学校体育问题。1903 年和 1904 年，"英国军队考察团"和"英国各部门研究体力衰退问题委员会"都指出：应设立和保护体育场地和设备，培养体育教

---

　　①　布尔战争是英国与南非布尔人建立的共和国之间的战争。第二次布尔战争发生在 1899 年至 1902 年。

师，并多次强烈要求把体育列为正式课程。直到这时，英国的学校体育才真正进入新的发展阶段。

（二）早期的体育师资培养

随着教育和体育的发展，培养体育师资也逐渐提到了议事日程。在 18 世纪末巴塞多的博爱学校中，就有一些穷人子弟被培养成教师。在 19 世纪前期体操风行的时代，丹麦、瑞典、德国和法国等国都出现了培养体操师资的专门学校，但仍然不能满足社会娱乐和体育活动急剧发展对体育指导者的需要。如美国曾不得不起用军队教官、职业拳击手、举重运动员，甚至体育馆守门人充任大学体育教师。19 世纪中叶，丹麦（1804）、瑞典（1813）、法国（1820）、德国（1851）、俄罗斯（1856）和美国（1866）等先后开办了军事体操学校、体操学校或体育师范学校，以培养体育教师。

美国是较早开始解决体育师资问题的国家。1800 年以前，体育师资的培养都由私立学校承担。萨金特、海明威夫人等都曾为培养早期的体育指导人员做出了很大贡献。1900 年后，国立院校也开始承担体育教师的培养任务。美国的师资培训工作走在当时世界的前列，1902 年有 16 所公、私立院校招收体育专业学员，到 1914 年，有 24 个教育机构对 2 800 名学员进行职业训练。

早期各国体育师资培养学制差异甚大，分别为 1～4 年不等，也有短期训练班，课程设置也不尽相同。比较全面的是美国的课程设置。如奥白林学院 1892 年两年制体育专业的课程除身体练习术科外，还有化学、物理学、生理学、解剖学、骨骼肌肉学、动物学、组织学、比较解剖学、心理学、体育卫生学、急救术、辩论术等学科。

三、体育课程内容的体系化和体育的初步社会化

19 世纪欧洲的教育改革和欧洲资产阶级民族国家的成立，加速了体育手段的体系化和社会化进程。在德国、瑞典体操的影响下，欧洲出现了一个体操运动的热潮。德国体操、瑞典体操和英国的户外运动一起，形成了现代体育发展中最具影响的三大运动体系，并逐步走出学校，在世界各地广为传播。

（一）德式体操

德式体操是 18—19 世纪德意志实施的以器械体操为中心、重视爱国主

义、民族主义和意志教育的体操体系。德式体操的建立和发展与费里德里希·路德维格·杨和施皮斯的名字紧密相连。

1. 杨氏体操体系

费里德里希·路德维格·杨（1778—1852）生于邻近法国的宁泽恩，德法之间的多次战争激发了他强烈的民族主义情感。1816 年，他与助手艾泽伦合著了《德意志体操术》一书，全面阐述了他的体操体系。他不仅把反法斗争纪念日定为体操日，还把有关体操的希腊文术语一律改为德文，意欲唤醒民众的体育参与意识，并期盼以此培植民族情感、团结意识和勇敢精神，从而增强民族身体素质，强国强种。他成了德式体操的开创者，也使体育突破了学校教育的局限，使体育从学校走向了社会，他因此被尊称为"德国国民体操之父"。

▲ 费里德里希·路德维格·杨

通过对拿破仑军事艺术和德奥联军失败原因的分析，他认为协同行动、按号令进退的部队依靠专门的队列训练和器械操练，能大大提高攻击能力。杨和他的助手设计出一种体操体系，除了旨在培养协同作战能力的队列训练外，还有培养克服障碍能力的器械体操和培养意志力的竞技运动。

杨特别重视器械体操，器械体操可以说是杨氏体操的核心。虽然杨氏体操基本源于古茨穆斯的体操，但有较大的创新和发展。他把古茨穆斯悬

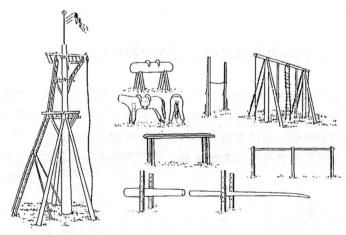

▲ 19 世纪中叶的体操器械

垂运动中的单杠发展为单杠运动；把在木马上进行的支撑运动发展为双杠运动，主要动作有正撑、摆动、前后腾越和悬挂等。他还将木马去掉马鞍，蒙上皮面，使之更适合练习。杨改革和推广的运动器械还有跳跃器、吊绳和吊杆等。

杨氏体操的竞技运动包含快速跑、耐力跑、角力、牵拉、挤压、荡桥对抗、举重物跳跃、跳绳、投掷等竞赛活动。

杨氏体操注重培养人协调行动的能力、克服障碍的能力以及意志力品德，对人体生理特点有所忽略，也不注意人体的均衡发展，这是它明显的不足之处。

2. 施皮斯体操体系

瑞士人阿道夫·施皮斯（1810—1858）出生于德国黑森公国，少年时代曾就读于裴斯塔洛齐开办的学校，他本人与古茨穆斯和杨有过交往。写有《体操系统》《学校体操教本》等著作。施皮斯主张把古茨穆斯体操的基本理念和杨氏体操的精神鼓舞结合起来，因而更加适合于学校教育。由此，施皮斯也被誉为德国"学校体育之父"。

施皮斯的体操体系包括秩序运动、徒手体操和器械体操三部分。

秩序运动又称队伍练习，包括行进、转向等动作，配以唱歌和音乐。徒手体操的主要内容是跑步（蛇形跑、耐力跑、疾跑、竞赛跑、跳绳跑等）、跳跃、拔河、角力和游戏等项目。器械体操亦称协同体操，即可供集体练习的器械体操，主要是支撑运动、悬垂运动和卧位运动等，主要器械是攀登架、阶梯台、长双杠、支撑棒等。施皮斯反对杨根据运动器械的特点来决定人体运动的观点，使德国的器械练习进入合理实施的阶段。施皮斯也是女子体操的倡导者，他把女子体操纳入学校教育之中，并制定了各种徒手器械、队形变换、垂悬和支撑练习。

德意志民族统一的时期正值德国体操的繁荣时代。许多当时的历史学家和军事理论家都把普鲁士对丹麦、奥地利、法国的胜利同体操运动在德国的广为传播联系在一起，这一观点的流行促进了体操协会在欧洲甚至在欧洲以外的迅速发展。

（二）瑞典体操

瑞典体操是18世纪末至19世纪初在瑞典流行的以重视人体生命活力为其特色的体操流派，对近代体育产生过很大的影响，它的创始者是佩尔·亨里克·林。

佩尔·亨里克·林（1776—1839）是瑞典有名的文学家和诗人，曾在

哥本哈根剑术学校学习并获得剑术教授职衔。1804 年任德隆大学体操、剑术和骑术的专职教师，1814 年在斯德哥尔摩创立"皇家中央体操学院"并担任了 25 年的院长。他著有《体操的一般原理》《瑞典体操》等书。林认为：体操不应建立在杜撰的练习或时髦的流派上，而应建立在已被解剖学和生理学所证实的知识上。林发展了古茨穆斯等人的科学体操思想，奠定了以生理学和解剖学原理指导体操练习的基础，从而创立了林氏体操即瑞典体操。

▲ 佩尔·亨里克·林

其主要内容是：

（1）教育体操。即使身体按自己的意愿自由活动，旨在求得身体自然全面发展的体操。

（2）兵式体操。林氏的兵操比德式兵操多一些持枪、击剑和器械练习。

（3）医疗体操。用以矫正身体的偏缺使之均衡发展的体操，由主动动作、被动动作和协同动作组成。

（4）健美体操。以抒发感情、追求身体匀称发展为目的的艺术体操，又称韵律体操。

此外，佩尔·亨里克·林非常重视根据身体的发展需要来设计体操器械和选择器械练习，因此他设计了不少新的器械，如肋木、体操凳、平衡木、木马、体操梯、垂直绳、水平绳、斜绳等。这些器械至今仍在使用。

▲ 19 世纪初佩尔·亨里克·林时代的木马

佩尔·亨里克·林的儿子进一步把教育体操引入普通学校，并主张按学生的性别、年龄和身体发育特征分配教材，按教案指导体操教学。

瑞典体操虽然也带有一定的军事色彩，但它更注重发展和完善人体自身，更注重人体的健美和均衡发展，其动作较为舒缓优美而富有艺术性，使用的器械更丰富多样，更加科学合理，因而在19世纪后半期传遍欧美各国。佩尔·亨里克·林被尊称为"瑞典体操之父"。

（三）英国的户外运动

　　英国是最早确立资本主义生产关系的国家，当欧洲大陆正处于资产阶级革命风暴之中的时候，英国已接近完成工业革命。迅速增长的社会生产力使社会财富快速积聚，人们对健康和娱乐的需求逐步增长，体育获得了新的发展空间。

　　19世纪初，当体操在欧洲大陆风行的时候，英国却掀起了一股户外运动热潮。这些户外活动丰富多彩，主要有射箭、板球、网球、足球、羽毛球、橄榄球、曲棍球、高尔夫球、手球、水球、钓鱼、登山、划船、游泳、滑冰、滑雪等项目以及竞技性较强的田径运动。席卷欧洲的军国民主义浪潮对英国社会并没有多少影响，因此英国并无为军事目的推行体操的迫切需要，人们对刻板的体操也并不感兴趣，因而英国体育一直沿着竞技和娱乐的方向发展，繁多的运动项目作为社会体育兴盛起来。到了19世纪中叶，英国学校体育才引进了一些田径项目。1850年，牛津大学举行了一次赛跑运动会，第二年的运动会新增了跳高和跳远。

▲ 19世纪末的110米栏赛跑

　　英国人十分强调体育运动的业余性，反对运动的职业化。英国社会终身体育的意识较强，人们长期在俱乐部参加各种体育活动：青年时期进行足球、橄榄球等激烈运动，中年改为网球、曲棍球等运动，晚年则练习高尔夫球和保龄球。他们以不同年龄时期都能参加运动而自豪。英国体育的社会化程度在当时是首屈一指的。

　　户外运动也是英国学校体育的主要形式，这在很大程度上归功于拉格比公学的校长托马斯·阿诺德（1792—1842）。他实践了洛克的"绅士教育"思想，并且特别重视户外体育运动多方位的教育作用。他发现运动较出色的学生在平时生活中也有一定的影响；各种运动队作为特殊的社会小单位，其成员的内部关系也自觉遵循着按他们比赛规则确定的"诚实游戏"原则。这启示他形成了最初的思想：通过身体活动和游戏中产生的激奋情绪，再加上教会和各类学校的教育活动的配合，青年学生是可以通过运动场培养成为有用人才的。学校在 1794 年为学生们修建了大型游戏场，深受欢迎的户外运动被改造成为重要的教育手段，学校竞技性的运动、青年学生们的定期比赛以及根据自治原则组织的运动队，这一切成为全英学校效仿的榜样。全英各地学校兴起的户外运动热，又极大地推动了社会户外运动的蓬勃开展，这给英国的社会生活带来了极大影响，以致有人这样评说"英国是在拉格比公学和伊顿公学的竞技场上取得滑铁卢战役的胜利的"。

▲ 1876 年的英格兰国家足球队

在 19 世纪初先后与法国和西班牙的战争后，体操一度引起英国人的注意并传入军队和学校，但始终处于次要地位。相反，英国的户外运动和游戏却越来越受青睐，并迅速发展为世界范围内普遍流行的运动方式，成为现代体育手段的三大基石之一。

四、现代体育思想的初步形成

三大文化革命运动和工业革命带来的种种变化，不仅动摇了旧教育的传统根基，也对人的培养提出了新的要求并创造了新的条件。一批教育家和思想家纷纷著书立说，奠定了现代教育理论体系的坚实基础，直接促进了包括体育在内的教育理念的重大变革。其中，卢梭、斯宾塞等人精辟的体育思想对社会进步的贡献都是功垂后世的。

（一）卢梭的体育思想

1. 生平与主要著作

让·雅克·卢梭（1712—1778）是法国 18 世纪著名的启蒙思想家和教育家。他没有受过系统的学校教育，16 岁离开故乡过流浪生活，做过仆役、家庭教师、私人秘书等。在漂泊中，他博览群书，获得了广泛的知识，逐渐形成了他的资产阶级民主主义思想，成为 18 世纪资产阶级激进的启蒙思想家。

卢梭的思想深受洛克的影响，他的著作广泛涉及各个领域，其中影响最大的是《社会契约论》（1762）和《爱弥尔》（1762）。《爱弥尔》也是卢梭自己认为是最好的一部半小说体的教育巨著。他在书中通过对主人公爱弥尔教育的描述猛烈抨击教会，反对封建教育，系统阐述了他的自然教育思想。卢梭也因此遭受迫害，逃亡国外。

▲　让·雅克·卢梭

查看卢梭的思想及其体育贡献

2. 卢梭的自然教育和自然体育思想

卢梭提出了一切"顺应自然""归于自然"的教育理论，他以培养"自然人"为目的，其核心是强调对儿童进行教育时必须顺应人的本性，顺乎自然地去开展教育。他说："从我的门下出去，我承认，他既不是文官，也不是武人，也不是僧侣，他首先是人。"[1] 卢梭笔下的爱弥尔就是自然人的化身：他体格健壮，虽然书本知识不多，但通晓事理，善于思考，敏于判断；他能胜任任何工作，他对任何职业都有所准备；不管命运怎样变动，他都能应付自如。正如卢梭曾对自然人做出的形象概括那样：自然人既有农夫和运动家的身手，又有哲学家的头脑。卢梭的"自然人"与封建社会培养的"上帝的奴仆"以及不劳而获、寄生虫式的贵族形成了鲜明的对比，既适应自由竞争的需要，又符合人的自然本性，有着鲜明的时代特点。

从卢梭对自然人的描述中可以清楚地看出体育在自然教育中的地位。

其一，体育是一切教育的前提。卢梭说："如果你想培养你的学生的

---

① ［法］卢梭. 爱弥尔［M］. 北京：商务印书馆，1983：5.

智慧，就应当先培养受他的智慧所支配的体力。不断地锻炼他的身体，使他健壮起来，以便他长得既聪慧又有理性。"① 卢梭甚至认为健康的身体也是优良品德的基础，一切邪恶都是由衰弱的身体而产生的。儿童因为娇弱才令人讨厌，如果设法使他健壮，他就会变好的。

其二，体育教育的任务是使受教育者的身体获得自然的发展。卢梭强调教育应脱离"文明社会"的樊笼而顺应人的自然天性，使之在自然中率性发展。在卢梭看来，率性发展就意味着像植物那样生长发育。这种比喻贯穿了《爱弥尔》一书的始终。

卢梭认为对儿童进行身体教育必须遵循自然的要求，顺应人的自然本性即儿童自身的发育规律以及生理、心理特点。卢梭提倡的体育主要包括身体的护养和锻炼。在护养方面的任务是使儿童的身体获得自然的发展，"多给孩子们以真正的自由"，不限制儿童好动的天性，解除一切身体上的桎梏，要求衣服宽松，使儿童的肢体可以自由地活动，而且衣服不要穿得太多，应该养成他们适应各种天气变化的能力和抵抗疾病的能力等。卢梭也十分强调体格锻炼以促进儿童身体健康，他认为："大自然是有增强孩子的身体和使之增长的办法的。"他主张利用自然环境锻炼孩子克服自然障碍的能力，比如爬树、攀石岩、翻越石墙、游泳等。这样会使孩子将来"在冰岛的冰天雪地里或者马耳他岛灼热的岩石上也能够生活"②。

其三，体育教育是阶段性教育的基础。卢梭重视儿童成长的阶段性和顺序性，强调根据不同年龄段的身心特点实施教育。卢梭说："我们的教育是同我们的生命一起开始的。"③ 在对婴儿和童年的教育中最重要的任务是体育，直到12至15岁的少年期才是"劳动、教育、学习的时期"。"大自然希望儿童在成人以前就要像儿童的样子。如果我们打乱了这个次序……将造就一些年纪轻轻的博士和老态龙钟的儿童。"④

卢梭是世界教育史上划时代的教育家。丹麦哲学家霍甫定称《爱弥尔》是儿童的宪章；英国教育史家博伊德和金认为："就他的思想和行动的影响来评价，《爱弥尔》一书可能是已有教育著作中最有价值的一部。"⑤他的自然教育思想对后来的教育家如裴斯泰洛齐、福禄倍尔、康德、巴塞

①　[法] 卢梭. 爱弥尔 [M]. 北京：商务印书馆，1983：137-138.
②　[法] 卢梭. 爱弥尔 [M]. 北京：商务印书馆，1983：14.
③　[法] 卢梭. 爱弥尔 [M]. 北京：商务印书馆，1983：13-14.
④　[法] 卢梭. 爱弥尔 [M]. 北京：商务印书馆，1983：91，257.
⑤　[英] 博伊德·金. 西方教育史 [M]. 北京：人民教育出版社，1985：298.

多以及列夫·托尔斯泰，直到 19 世纪末 20 世纪初的斯宾塞、杜威、蒙台梭利等人都给以极大的影响，也是自然体育思想的重要来源。

（二）裴斯塔洛齐的和谐发展课程体系及其影响

1. 裴斯塔洛齐的生平与教育活动

裴斯塔洛齐（J. H. Pestalozzi，1746—1827）是 19 世纪瑞士著名的民主教育家，他年轻时深受启蒙运动和资产阶级革命思想的影响，仔细研读了《爱弥尔》等著作。上大学时因抨击政局被拘留后弃学回家。在朋友的帮助下，他于 1769 年购买荒地建立了一个名叫新庄的农场，1775 年在新庄开办了贫儿之家，7 年后被迫停办。裴斯塔洛齐认真总结经验，开始撰写教育著作。1798 年以后，裴斯塔洛齐先后办过孤儿院，在布格多夫城的学校担任幼儿教师和中学领导，深入系统地进行了教育研究与实验，其教育理论渐趋成熟。他执掌的布格多夫初等学校获得了巨大成功，许多人前来参观学习。

▲ 裴斯塔洛齐和他的学生们

1805 年，裴斯塔洛齐开办了包括小学班、中学班和师范部的伊佛东学校，获得了新的成就，许多国家还派人来此留学。德国另一位教育家福禄倍尔（F. Froebel，1782—1852）曾来此任教 3 年，认真学习裴斯塔洛齐的经验和理论。伊佛东学校的实验一共持续了 20 年，它是裴斯塔洛齐一生事业的辉煌时期，也是当时世界教育发展的顶峰。后来由于教师之间互不团结，学校日趋衰落最终停办。

2. 裴斯塔洛齐的和谐发展课程体系和体育课程思想

受 18 世纪哲学的影响，裴斯塔洛齐认为人生来就蕴藏着各种能力的萌芽，它们像植物一样渴望得到发展；人的认识必须通过感觉器官，从模糊的感觉印象逐渐上升到清晰的观念。他主张教育应成为全民共享的财富，对不平等的等级教育表示了强烈的愤慨；但同时又认为不同的人应接受适合其社会地位的教育。

从自然主义的立场出发，裴斯塔洛齐要求教育必须激发和发展儿童的天赋能力和力量。在他看来，"只有依赖教育，人才能成为人。"他要求把受教育者培养成为有智慧的、有德行的、身体强健的、能劳动并有一劳动技能的完整的人。1807年，裴斯塔洛齐在《与友人论斯坦兹经验的信》中，论述了他关于儿童应得到全面和谐发展的教育理想，提出要使"心的教育、手的教育、头的教育"协同发展，而以心的教育为基础。

由此，他认为教育必须包括三个过程：教给儿童知识并发展他的智力的过程；发展儿童的手艺、活动技巧的过程；发展儿童道德、德性、心性的过程。"孤立地只考虑发展任何一种才能（头脑或心灵或手），都将损害和毁坏人的天性的均衡。它意味着使用非自然的训练方法产生片面发展的人。仅仅注重道德与宗教教育，或仅仅注重智力教育，都是错误的。"①

由和谐发展的教育理想出发，裴斯塔洛齐建立了一套和谐发展的课程体系，主要包括体育和劳动教育、道德教育、智育。裴斯塔洛齐把体育看成是人的和谐发展教育的一项重要的内容，并且主张体育跟劳动教育应紧密联系。他认为体育的任务就是要把所有潜藏在人身上的天赋的生理上的力量全部发展出来。②他主张"教学初步必须从体力最简单的表现形式开始"。裴斯塔洛齐由体育而论及劳动教育，并进而主张体育与其他教育协调一致："基本的四肢操练必须同基本的感觉训练协调合拍，同所有的机械思维练习协调合拍，同形状训练和数字教学协调合拍。"裴斯塔洛齐认为，"一个恶魔般的幽灵带给这个时代的最可怕的礼物是：有知识而没有行动的能力，有见识而没有实干或克服困难的能力。"③他希望通过体育与劳动教育相结合来培养人的行动能力、实干能力和克服困难的能力。事实证明，这确实是一条行之有效的途径。

---

① ［瑞士］裴斯塔洛齐. 天鹅之歌［M］//裴斯塔洛齐教育论著选. 夏之莲，等译. 北京：人民教育出版社，1992：426.

② 王天一. 外国教育史［M］. 北京：北京师范大学出版社，1984：301.

③ ［瑞士］裴斯塔洛齐. 实践技能的重要性［M］//裴斯塔洛齐教育论著选. 夏之莲，等译. 北京：人民教育出版社，1992：179，175.

3. 裴斯塔洛齐对学校体育发展的贡献

裴斯塔洛齐体育思想的一个突出特点是突破了前人对体育作用的认识，他认为体育在形成人格的过程中有重要作用，应成为和谐发展教育中的重要组成部分。裴斯塔洛齐充分认识到体育的德育和智育价值，认为体育可以培养勤奋的习惯、坦诚的性格、个人勇气和吃苦耐劳的意志品质；体育可以训练思维和身体的灵活性，从而为掌握复杂的知识和技能打下基础；教师在体育教育中积累的从简单到复杂、从单项到综合的方法也可以迁移到其他学科的教育之中。

裴斯塔洛齐第一个用要素的观点分析人体运动，他认为人体运动的基本要素是关节活动，它表现为简单的搬、推、拉、摇等基本动作，可由此结合构成各种复杂的动作；自然赋予儿童的这种能力是体力发展的基础，也是进行体育练习和各种体力活动包括劳动的要素。他主张按照关节活动的难易程度安排体育教学顺序。[①] 为了发展儿童的身体并训练他们的劳动精神和技能，他专门制定了一套名为"技能入门"的体育活动内容，其中包括一些最基本的身体练习，如打、拿、掷、推、挥动、角力等。

裴斯塔洛齐奠定了现代体育在教育中的地位，他的思想和实践对19世纪初的德国有很大影响，并在世界各地广为传播。19世纪中叶，欧美甚至出现了一场裴斯塔洛齐运动，以推广他的教育理论和体育理论。裴斯塔洛齐的体育课程理论反映出人文精神与科学精神的统一，也反映出一定程度的内在矛盾性：他的要素主义课程观是科学主义课程论的先驱，但他的体育教学实践却恪守着卢梭以来的自然体育传统。

文献选读一

裴斯塔洛齐论体育

教学必须从体力的最简单的表现形式开始，因为人类最复杂的实践能力的基础就蕴含在其中。打击与搬运、刺戳与投掷、拖拉与旋转、绕圈与摆动等，都是我们最简单的体力表现形式。它们自身虽各不相同，但是或合或分，都蕴含着一切可能的行动的基础，乃至蕴含着构成人类各种职业的最复杂的运动基础。因此，很明显，这些基本运动的训练，必须一律从根据心理学原理安排的早期训练开始，单项训练和综合训练无不如此。当然，这些基本的四肢操练必须同基本的感觉训

---

① ［瑞士］裴斯塔洛齐. 裴斯塔洛齐教育论著选［M］. 夏之莲，等译. 北京：人民教育出版社，1992：81.

练协调合拍，同所有的机械思维练习协调合拍，同形状训练和数字教学协调合拍。

我们需要一套分级训练，从最简单的开始，直至最高级的完善程度。从容易进行的运动开始，以此为准备，继而进行更为复杂、难度更高的运动。唯有通过练习，那些看来似乎是缺乏的能力才是可以产生的，或者至少是能够发展起来的。

——〔瑞士〕裴斯塔洛齐. 裴斯塔洛齐教育论著选〔M〕. 夏之莲，等译.
北京：人民教育出版社，1992.

（三）斯宾塞的体育思想

1. 生平与主要著作

赫伯特·斯宾塞（Herbert Spencer，1820—1903），英国著名的哲学家、社会学家，近代自然科学教育运动的倡导者。他 13 岁时被送到在剑桥大学当教师的叔叔家接受严格的科学训练，接触到进化论思想，从此进化论成为他研究问题的出发点。他运用进化论思想研究社会政治问题，认为社会与生物界一样存在着"自然淘汰"的现象和过程；只有自由竞争才会带来社会的繁荣和民族的强盛，否则会引起人们智力和体力的普遍衰退。

斯宾塞从没受过高等教育，是完全通过自学和独立研究而获得巨大成就的伟大学者。他一生著述颇丰，但影响最大的是 1861 年的《教育论：智育、德育和体育》。该书影响了当时和后来的

▲ 赫伯特·斯宾塞

世界教育改革，对现代科学教育的发展起到了重大的促进作用。

2. 崇尚科学教育的功利主义体育观

斯宾塞把进化论原理视为一切事物的普遍规律，应用于自然界和人类社会的各个领域。斯宾塞把进化论原理应用于教育时，提倡科学教育，促进教育和生活的紧密联系，体现出以功利主义为价值取向的时代特征，这对传统的英国绅士教育是一场革命。

19 世纪是自然科学突飞猛进的时代，它促进了科学教育的发展。欧美各国间的激烈竞争更刺激了人们对科学教育的重视。哥本哈根大学、哈佛大学等许多高等学府都率先开设了科学讲座、科学实验及教育中心，德国

和美国在中学教育中增设大量自然科学课程。但在当时最先进和最强大的英国，科学教育却十分落后。19 世纪 30—40 年代，以科学家法拉第、边沁、赫胥黎为代表的有识之士，要求废除古典教育的统治地位，代之以科学教育。斯宾塞的科学教育和体育思想正是在这场论战中形成的。

斯宾塞尖锐批判了英国上层社会中"虚饰重于实用"的风气，认为在学校教育中"华而不实""本末倒置"的情况十分严重。在详尽论证了科学知识在社会生产和个人生活中的最高价值和巨大作用的基础上，斯宾塞提出了以科学为主的课程体系；体育教育则成为斯宾塞实用科学教育的重要内容。

斯宾塞的功利主义体育观主要包括两个方面：

首先，他认为体育科学教育是实现"完满生活"之首要。斯宾塞提出"为我们的完美生活做好准备是教育应尽的职责；而评判一门教学科目的唯一合理办法，就是看它对这个职责尽到什么程度"。斯宾塞认为"一致的答案就是科学"[1]。斯宾塞把人类生活按其重要程度划分为 5 种：第一，直接保全自己的活动；第二，间接保全自己的活动；第三，抚养教育子女的活动；第四，社会政治活动；第五，闲暇爱好和情感活动。斯宾塞把直接关系到个人安全、保全生命的活动放在人类生活的首位，这无疑是确立了体育在人生中的重要地位。因此他主张把这类知识看作教育上的最重要的内容。据此，斯宾塞根据人类完美生活的需要，按知识价值的顺序，把普通学校的课程分为 5 个部分：排在第一位的就是生理学、解剖学。他提出：这是提供"防止丧失健康来直接保全自己的知识"[2]。它阐述了生命和健康规律，能指导人们保持良好的健康、充沛的精力和饱满的情绪，这是保证人们从事一切活动的最基本的知识。这种科学知识是"合理的教育中最重要的一部分"[3]。斯宾塞的课程体系强调与生产和生活的联系，大大冲击了追求"虚饰"的传统课程体系。

其次，斯宾塞认为体育是人类生存竞争的需要。他指出："在训练儿童的时候，使他们不只在心智方面适合于面临的斗争，也在身体方面经得起斗争中的过度损耗，就显得特别重要了。"[4] 斯宾塞不仅充分肯定了体育的重要性，并对体育提出了不少实施的办法。斯宾塞理解的体育是广义

---

① ［英］斯宾塞. 教育论［M］. 胡毅，译. 北京：人民教育出版社，1962：14.

② ［英］斯宾塞. 教育论［M］. 胡毅，译. 北京：人民教育出版社，1962：13.

③ 同①.

④ ［英］斯宾塞. 教育论［M］. 胡毅，译. 北京：人民教育出版社，1962：114.

的，包括饮食、衣着、体格锻炼和生活制度等方面。不过，斯宾塞对当时流行的德国施皮斯体操却很反感，认为它是人为的运动，不如自然的体育和游戏活动，从中不难看出其中有卢梭自然教育的印记。

3. 斯宾塞教育思想对后世的影响

斯宾塞的《教育论》及其科学教育思想，是对前人优秀教育思想的继承和发展，深深影响了当时和后来的世界教育改革。1861 年《教育论》在美国首次出版，并很快被翻译成多种文字出版，引起欧美各界人士的普遍重视。19 世纪后期，美国许多大学课程都要求学生阅读斯宾塞的著作，美国学者几乎都受他教育思想的影响。在我国，1895 年严复以《明民权》和《劝学篇》为名译介了斯宾塞的《教育论》；1922 年，胡毅用白话文重译出版了斯宾塞的《教育论》。从此，斯宾塞的三育思想在中国广为传播。

文献选读二

论体育（节录）

不仅战场的胜负常取决于士兵的壮健程度，商场竞争部分也由生产者的身体耐力所决定。直到目前，我们还没有理由担心我们和其他种族在这两方面较量体力会失败。可是并不是没有迹象，我们是将近强弩之末。现代生活中的竞争是如此尖锐，以致很少有人能够经受负担而不受损伤。成千的人已经在所受的高度压力下垮台。如果这种压力继续增加（情况似乎会如此），那么，即便是最结实的身体也要受到严格考验。因此，在训练儿童的时候，使他们不只在心智方面适合于面临的斗争，而且在身体方面也经得起斗争中的过度损耗，这就显得特别重要了。

解剖学家、生理学家、化学家都会毫不迟疑地承认，动物生命过程的普通原理也就是人的生命过程的普遍原理。老实地承认这个事实并不是没有好处，那就是能够使用从观察动物、进行动物实验得来的概括来指导人类。生命的科学尽管还是很粗浅，可是已经了解了一切有机体（包括人在内）发育上的某些基本原理。现在所要做的，而我们将努力做到某种程度的，就是探求这些基本原理和儿童、青年身体训练的关系。

—— ［英］斯宾塞. 教育论 [M]. 胡毅，译. 北京：人民教育出版社，1962.

五、职业体育的形成与初期发展

由于体育比赛所特有的结果的高度不确定性，因而自古以来竞赛结果就常常成为赌博游戏的标的物，竞赛与赌博可以说始终是相伴共生的。但从自发、分散性体育赌博中发展出职业体育，则是工业革命以后的事。19世纪后半期到 20 世纪前期，是职业体育发展最重要的时期，其中英国和美国的情况最为典型。

（一）英国职业体育的形成

工业革命以前，英格兰的斗熊、赛马和足球比赛中的赌博就十分盛行，① 以至于王室曾数度下令禁止足球、摔跤、投掷一类的赌博性活动。有组织的体育活动是与工业化紧密联系在一起的。② 18 世纪初，英国的赛马已经有了标准化的比赛规则、数据统计和奖金制度，拳击常常被用来解决赛马和赌马中的纷争。19 世纪初，马场老板们将拳斗规范化，1853 年修订的《伦敦拳击比赛规则》在 1891 年得到世界公认，拳击成了最早的职业运动。城市的快速膨胀迫使英国在 19 世纪 40 年代取消了对公众游戏的禁令，此后户外俱乐部大量涌现。19 世纪中叶，一些体育俱乐部内部或俱乐部之间往往组织一些商业性比赛，主要通过接受赞助的方式为职业选手设奖，吸引观众观看。这是职业体育制度形成的最初组织形式。

在 19 世纪 80 年代的英格兰，由英格兰足球协会组织的足总杯（The FA Cup）已经在全英广受关注，但 1882 年比赛规则还规定："禁止从俱乐部获得工资收入的球员参加比赛、联盟赛或国际比赛；任何雇佣球员的俱乐部都将被逐出联盟。"1885 年 7 月，英格兰足协终于承认了职业球员合法。1888 年，阿斯顿维拉等 5 家俱乐部组织了足球联盟（Football League），确立了双循环赛制，以此规范赛程，提高各家俱乐部的经济收益。世界上第一个职业足球联盟就此诞生。③

19 世纪末 20 世纪初，英国掀起了职业体育发展和体育产业化的高潮，各种商业体育俱乐部大量产生，主要通过出售门票获得商业利益。这影响了同期的欧洲。在英国职业足球的带动下，西班牙、法国、意大利、葡萄牙等国的足球在 20 世纪 30 年代实现了职业化，到 50 年代中期，比利时、荷兰等国也出现了职业足球。

---

① ［英］阿萨·勃里格斯. 英国社会史［M］. 北京：中国人民大学出版社，1991.

② ［美］约翰·卢卡姆，罗纳德·史密斯. 乡村城市化与体育商业化进程——19 世纪中叶至 20 世纪初美国体育的变革（下）［J］. 体育文史，1995（4）.

③ 李晓龙. 职业足球联盟的兴起与发展研究［D］. 山东师范大学硕士论文，2007.

（二） 美国职业体育的发展

早期美国体育受英国和德国影响很大，但宽松的社会环境和快速发展的经济，使其体育也后来居上。美国东部城市的赛马、斗鸡等活动，在 18 世纪末已经开始商业化运作。1825 年，一个叫 John Cox Sevens 的商人拿出 1 000 美元奖励第一个在 1 小时内跑完 10 英里的人，约 3 万名观众观看了比赛；1860 年，观众人数攀升到 5 万人，奖金提高到 4 000 美元，相当于普通劳动者一年收入的 20 倍。[①] 不过，赛马还是当时最规范、影响最大的比赛活动，吸引了大批领薪酬的运动员。

19 世纪美国经济的迅猛发展，特别是铁路、电讯和新闻业的发展，极大地刺激了职业体育的发展。比赛消息通过电波和报纸迅速传递到各地，使全社会的美国人都积极参与到体育活动中来。南北战争也让更多青年人见识了他们从未见过的那些体育活动。如 1862 年圣诞节就有 4 万人观看了纽约军团的棒球表演，退役士兵在全国广泛传播了棒球、拳击、摔跤、击剑、游泳、钓鱼、高尔夫球等运动。战后在大中城市，职业或业余的体育俱乐部纷纷成立。[②]

铁路对美国体育职业化初期产生了非常大的推动作用。1869 年，横贯美国东西部的铁路通车后仅仅 4 个月，第一支职业棒球队——辛辛那提红袜队就沿着这条铁路举行了一系列的比赛。1895 年，图兰大学体育协会想修一个足球场，一家铁路公司认为可以增加旅客数量，便投资为该大学修建了一个体育场。[③] 到了 19 世纪末，职业体育比赛本身以及支持职业体育比赛的组织结构都已经比较完备。

1900 年，美国的工业总产值占世界工业总值的 61%，国内工业产值超过农业产值，[④] 美国职业体育也进入快速发展阶段。到第一次世界大战前后，美国体育发展成为全国性有组织的运动，商业化的规模开始出现。1898 年，美国的职业篮球诞生，在经历了多个职业篮球联盟的自由竞争后，1949 年成立了美国职业篮球联盟（NBA）。职业冰球在 1909 年开始凸

查看迈克尔·乔丹的十大经典瞬间

① 郑芳. 美国职业体育制度的起源、演化和创新——对中国职业体育制度创新的启示 [J]. 体育科学，2007（2）：79-85.

② ［美］约翰·卢卡姗，罗纳德·史密斯. 乡村城市化与体育商业化进程——19 世纪中叶至 20 世纪初美国体育的变革（上）[J]. 体育文史，1995（3）.

③ ［美］约翰·卢卡姗，罗纳德·史密斯. 乡村城市化与体育商业化进程——19 世纪中叶至 20 世纪初美国体育的变革（下）[J]. 体育文史，1995（4）.

④ 汝信. 美国文明 [M]. 北京：中国社会科学出版社，2001：270-283.

显出来后，1912 年，前一年成立的两个联盟共同举行决赛，意味着职业冰球的产生。① 1922 年，美国职业足球联盟（NFL）成立。

第三节　现代体育赛事的兴起

随着工业革命和城市化进程的不断发展，各种竞赛活动也越来越活跃，各种体育组织和规则也逐渐形成。

早期的体育竞赛活动

（一）板球

板球（cricket），又称木球，被人称颂为"绅士的游戏"（gentleman's game），是一项崇尚体育精神（sportsmanship）和"公平比赛"（fair play）的运动，其雏形可以追溯到 12 世纪。约在 1300 年，英格兰爱德华王子曾进行过一种叫作"creag"的运动（板球的雏形）。1598 年的资料显示，位于吉尔福德的皇家文法学校（Royal Grammar School，Guildford）里已有学生参与板球运动的记载。

第一次有记载的板球比赛发生在 1646 年的古代益格鲁建立的王国。18 世纪，板球开始在英国广泛开展。1706 年，威廉姆·戈尔德温（William Goldwyn）描述了此项运动的参与方式，而后在 1744 年撰写了板球的规则，其中写道：这项运动应该有两名大家推选出来的绅士作为裁判，来处理比赛中的争端，门柱高 22 英寸，球的重量在 5～6 盎司等。据史料记载，1730—1740 年间，报纸上报道的板球比赛有 150 多场；1750—1760 年间，板球比赛达到 230 多场。18 世纪 60 年代，第一个板球俱乐部在英国的博尔顿成立，而今英国著名的玛莉波恩板球俱乐部（Marylebone Cricket Club，简称 MCC）则成立于 1787 年。此后的 1770—1790 年间，英国板球比赛场数则飙升到 500 多场。玛莉波恩板球俱乐部在 1788 年对板球规则进行了完善并进行推广，这使得越来越多的人开始参与板球的比赛。进入 19 世纪，板球比赛场地和规则多次进行了调整，比赛变得日益频繁和广泛。1827 年，牛津大学与剑桥大学之间举行了板球比赛，英国南北部之间也举行了

① 王庆伟. 论西方发达国家职业体育制度的源起及其变迁［J］. 西安体育学院学报，2004（2）：17-20.

比赛。而后，随着板球在其他国家的盛行，第一次官方的国际比赛在加拿大和美国之间进行。

（二）足球

英国是现代足球的发源地，中世纪时就出现了类似现代足球的活动。到了 19 世纪初，足球运动在英国已经相当普及，在公立学校中已非常流行，作为一种教育活动而存在，但其规则各不相同，拉格比公学拥有宽敞的草地球场，因而球员既可以抱球跑，也可以拖住或绊倒对方的球员；而在曼彻斯特，由于球场狭窄，因此要求球员们在场地内用脚带球。由于比赛的需要，迫切需要形成一个统一的规则。1863 年 10 月 26 日，有关人士在伦敦女王大街的弗雷马森酒店聚会，讨论并同意成立权威的足球组织——英格兰足球协会。会上除宣布英格兰足球协会正式成立外，还制定和通过了一部较为统一的足球竞赛规则，并于 12 月 7 日出版发行，这是现代足球竞赛规则的雏形，标志着现代足球的诞生。

19 世纪 70—80 年代，英格兰足球协会举办了挑战杯比赛，使得足球在英格兰、苏格兰、爱尔兰、威尔士等地流行起来，越来越多的人开始加入这项运动。早期足球主要是在公立中学和大学中进行，参与人群主要是上层阶级和中产阶级。后来，随着工业化的发展，在英格兰足球协会的推动之下，工人阶级开始参与进来，工厂开始招募那些有专业特长的足球运动员成立俱乐部参加比赛，比赛中在其队员的队服上打上公司和生产商的名字。1885 年，英格兰足球协会允许专业球员参与挑战杯比赛，这提高了参赛水平，也使得足球运动传播速度加快。英国公司的员工走到哪里就在哪里开展一些足球活动。1889 年，英国铁路的员工在阿根廷成立了足球俱乐部。随着贸易的发展，足球先后在巴西、德国、意大利、澳大利亚等国开始蔓延开来。到了 1900 年，英格兰足球协会开展的挑战杯比赛，队伍达到 242 支，超过 11 万人观看了足球比赛。①

（三）拳击

拳击是古代世界广泛存在的竞技活动，现代拳击运动于 18 世纪起源于英国，当时比赛不戴拳套，也没有规则。1743 年 8 月 16 日，约翰·布劳顿（1704—1789）推出了世界上最早的职业拳击运动比赛规则，并命名为

---

① Crego Robert. Sports and Games of the 18th and 19th Centuries［M］. London：Greewood Press，2003：105.

"布劳顿规则"。规则主要规定不准打击已倒地者和不准打击腰部以下任何部位。1792 年，英国拳击冠军门道沙为了推广拳击，加入马戏团到英伦三岛各地表演拳击，1798 年他写成了拳击史上第一本拳击指南，定名为《拳击艺术》。1838 年，在布劳顿最初的规则基础上，英国颁布了新的《伦敦拳击锦标赛规则》，被用在此后的各大拳击比赛中。1865 年，英国伦敦业余竞技俱乐部成员记者约翰·古拉哈姆·钱伯斯进一步完善修订了拳击规则，英国昆士伯利的侯爵约翰·肖鲁图·道格拉斯担任了这个新规则的保证人，并把它命名为"昆士伯利拳击规则"。在这个规则中，明确规定了参加拳击比赛的人必须戴拳击手套，比赛的每个回合打满 3 分钟，回合之间休息 1 分钟；比赛中禁止发生搂抱和摔跤现象，否则被判为犯规；一方被打倒后开始数秒，如果 10 秒钟被打倒的人不能站起来，就判定对方胜利等内容。这个规则基本上形成了后来拳击比赛的竞赛框架，为拳击运动的发展指明了方向。"昆士伯利规则"形成之后，大约经过 20 年的反复实践和运用，才逐渐被人们肯定。1880 年，伦敦成立了英国业余拳击协会，并于次年举行了第 1 次锦标赛。但由于早期几届奥运会都拒绝将拳击列为奥运会项目，直到 1924 年第 8 届奥运会前夕，才成立了国际业余拳击联合会。

（四）网球

现代网球运动始于 1873 年。这一年，英国人沃尔特·克洛普顿·温菲尔德将源于法国的网球打法加以改进，使之成为夏天在草坪上进行的一种体育活动，并取名为"草地网球"。同年，他还出版了一本《草地网球》的书。为此，温菲尔德被称为"近代网球运动的创始人"。1875 年，建立了全英网球运动俱乐部。这个俱乐部建造了世界上第一个网球场地，并于 1877 年举办了全英草地网球男子单打锦标赛，即后来闻名于世的温布尔顿网球赛。随着网球比赛日益频繁，1876 年，由一些地区的著名网球俱乐部派出代表讨论制定了全英统一的网球规则。此后，英国大多数网球俱乐部都逐渐按照新的打法开展活动，进行训练和比赛。1878 年，在英格兰举行了第一次男子双打锦标赛。1879 年，在爱尔兰举行了第一次女子单打和混合双打比赛。1884 年，温布尔顿增加了女子单打和男子双打锦标赛。1913 年又增加了女子双打和混合双打锦标赛。

1881 年，世界上出现了第一个全国性的网球协会，即美国全国草地网球协会（"全国"两字于 1920 年取消）。该会于当年 8 月 31 日至 9 月 3 日在罗得岛纽波特港举行了第一届美国草地网球男子单打和男子双打锦标赛，比赛采用温布尔顿的比赛规则，当时参加比赛的有 26 人。

1891 年，法国首次举行了男子单打和男子双打锦标赛，参加者仅限于法国公民，女子单打始于 1897 年。

1900 年，21 岁的美国网球运动员戴维斯，为了推动现代网球运动的发展，捐赠了一只黄金衬里的纯银大钵，名为戴维斯杯。它后来成为国际网坛声望最高的男子团体锦标赛永久性的流动奖杯。每年的冠军队和队员的名字刻在杯上，当 1920 年刻满名字后，戴维斯又捐赠了一只垫盒，以后又增添了两只托盘。

1904 年，澳大利亚草地网球协会成立，并于 1905 年开始主办澳大利亚锦标赛，设男子单打和男子双打两个项目。1922 年又增加了女子单打、女子双打和混合双打三项。

法国网球公开赛、英国温布尔顿网球公开赛、美国网球公开赛和澳大利亚网球公开赛合在一起是世界上最有声望的"大满贯"网球赛事。任何一名选手或一组双打选手能在同一赛季中赢得这 4 个公开赛的冠军时，便获得"大满贯"优胜者的荣誉。

（五）其他现代体育比赛活动

随着城市的发展和商业活动规模的扩大，各种体育比赛也越来越多，赛马、击剑、田径、高尔夫球、乒乓球等项目都举行了不少比赛。在中世纪欧洲各国绅士俱乐部的基础上，在各项运动的发展中，形成了形形色色的体育俱乐部和体育协会。

第四节　体育科学体系的形成

在文艺复兴人文主义教育思想和 17 世纪科学革命，特别是物理学和生物学革命的基础上，力学、数学和化学方法越来越广泛应用于对人类运动的研究中，人类对体育的意义和人体运动规律的认识日益深刻，初步形成了现代体育科学的完整体系。

一、主要体育学科的形成

（一）现代体育科学形成的基础

人类在长期的发展中积累了许多有关身体运动和健康的知识，但这些知识却曾经混杂着许多谬误和偏见。例如，直到 16 世纪，人们还普遍接受盖伦这样的看法：根据圣父、圣子、圣灵三位一体的观点，人体的生理机能也是三位一体的，它分为受自然灵气和静脉血支配的植物性机能，受活力、动物灵气和动脉血支配的动物性机能，受智慧性灵气和神经液支配的神经机能三个等级；肝脏把食物化为血液，三种灵气混入血液，通过动脉血管输送到全身。[1]

扫除中世纪神学禁锢和古代权威对人体及人体运动的种种认识谬误，是正确认识人体和人体运动、形成现代体育和体育科学的思想前提。文艺复兴和宗教改革以后，人和人体、人生成为讴歌的对象，包括身体运动在内的娱乐不再被认为是亵渎神灵。对人体和人体运动的新认识一旦与 17 世纪以来的科学技术发展相结合，体育科学的产生也就顺理成章了。达·芬奇已经认识到："科学如果不是从实验中产生并以一种清晰实验结束，便是毫无用处的、充满谬误的，因为实验乃是确实性之母。"[2] 培根从哲学上论证了实验的认识意义，牛顿及其同辈科学家从实践上完善了实验方法，并使之成为科学活动的经典方法。到了 19 世纪，科学已经脱离了处于附属和咨询的地位，它改造旧工业，甚至创造全新的工业。

体育科学就是在这样的背景下伴随着现代体育的兴起而逐渐形成的。

（二）早期的体育科学活动

体育科学的形成得益于近代教育和医学的进步。解剖学是自然科学领域最早摆脱古代谬误和神学控制的一门学科，紧接着是生理学。意大利画家、科学家达·芬奇（Leonardo da Vinci，1452—1519）不但是天才的艺术家，也是一位科学巨匠。他被认为是现代生理解剖学的始祖。他发现了血液的功能和心脏的结构，认为动脉硬化是老年人的死因之一，缺乏运动是动脉硬化的原因。他最先用力学研究人体的运动。

100 年后，英国生理学家哈维（W. Harvey，1578—1657）通过对 40 多种动物的解剖和观察，证明了血液循环的普遍性。他在 1616 年的一次演讲中公布了自己的研究成果，并在 1628 年出版了《动物的心血运动及解剖学研究》[3] 一书，他第一个把血液循环的动力归结为心脏肌肉的机械收缩。哈维打开了人类认识自身的道路，标志着新的生命科学的开始，他因此而

①　［英］S. F. 梅森. 自然科学史［M］. 上海：上海译文出版社，1980：200.

②　［英］W. C. 丹皮尔. 科学史［M］. 北京：商务印书馆，1975：165.

③　［英］威廉·哈维. 心血运动论［M］. 北平：商务印书馆，1929.

被尊为"现代生理学之父"。阿·波雷利
（G. A. Borelli, 1608—1679）沿着达·芬奇和
伽利略关于动物运动服从一般力学定律的思路
进行了更深入的研究。在 1680 年出版的哈维的
遗著《论动物的运动》一书中，详细讨论了行
走、跑、跳、滑冰、举重等时所发生的机械
运动。①

对现代生理学作出巨大贡献的另一位科学
家是瑞士生理学家哈勒（A. von Haller, 1708—
1777）。1757 年，哈勒在他的《生理学纲要》
第一卷中，对呼吸生理以及神经、肌肉与运动
的关系，对肌肉的受激反应、肌肉运动与神经
及脑的关系等，都做了详尽的论述。② 他被称
为是"现代生理学和过去的分界线"③。

▲ 哈维打开了人类认识
自身之路，他因此被尊为
"现代生理学之父"

（三）体育学科的初步形成

1. 体育科学研究分科研究的开始

从 19 世纪后期到 20 世纪初期，自然科学家和社会科学家的大量研究
成果，不但对现代体育产生了直接的影响，也推动了体育分科研究的发
展。德国的菲特（G. U. A. Vieth, 1763—1836）是分科研究的先驱之一。
他从 1794—1818 年陆续出版了三卷本《体育辞典》。第一卷为《体育史》，
第二卷从解剖学、生理学和力学角度分析人体运动。1836 年，德国人韦伯
兄弟（E. H. Weber, 1795—1878；F. W. Weber, 1806—1871）出版了《人
走步器官的运动力学》，系统地分析了走、跑等动作的力学结构，奠定了
劳动生理学和运动生物力学的基础。

德国人施莱贝尔（D. G. M. Schreber, 1808—1861）的《运动医治法》
（1852）和《室内医疗体操》（1855）是最早从临床医学角度研究体育的
著作。1889 年，法国人格拉郎热发表了《身体练习的医疗措施》。1911
年，在德列斯汀国际卫生会议上正式使用了"运动医学"一词。1920 年，
法国儒安维尔体育师范学院出版了《运动医学百科全书》，对运动医学成

---

① ［英］S. F. 梅森. 自然科学史 ［M］. 上海：上海译文出版社，1980：207.
② ［英］S. F. 梅森. 自然科学史 ［M］. 上海：上海译文出版社，1980：187.
③ ［英］W. C. 丹皮尔. 科学史 ［M］. 北京：商务印书馆，1975：267.

果进行了系统的整理。1921 年，该校又建立了生理、解剖和力学实验室、放射实验室、化学实验室，开始系统地进行分科研究。

1861 年，法国人布洛卡（P. Broca，1824—1880）发明了多种人体测量仪器，10 年后格特勒出版了《人体测量学》一书。此后，人体测量很快被广泛应用于体育研究。1891 年，美国体育促进会和基督教青年会采用了萨金特（Q. A. Sargent，1849—1924）制定的人体测量指标体系，用于测定和评价青少年体质健康状况。

俄国生理学家谢切诺夫（И. М. Селенов，1827—1905）通过实验证明了思维和肌肉、心理和生理活动过程、外在运动和内部器官功能间的关系，使人体运动研究摆脱了单纯从组织、器官活动入手的传统方法，对体育的认识开始深入到心理学领域。他发现身体练习不仅能够增强肌肉，而且还能提高动作的速度和精确性。俄国学者彼·弗·列斯加夫特（П. Ф. Лесгафт，1837—1909）提出了动作学习的四阶段理论：① 通过观察、比较和练习，最终掌握较简单的基本动作；② 通过增大动作的强度和难度，增强儿童的身体素质和活动能力；③ 通过与别人的动作或周围物体进行比较，形成对活动效果预先判断的能力，并增强其本体感觉；④ 采用更为复杂的活动形式完成上述三项练习，使儿童能在复杂环境中运用已经获得的动作技能。

到了 20 世纪初，现代体育科学中的主要学科都已经基本脱离了母学科开始了独立的发展。因此，斯宾塞才能够充满自信地说："生命的科学尽管还很粗糙，可是已经了解了一切有机体（包括人在内）发育上的某些基本原理。"①

第一次世界大战引起了各国对身体和体育问题的普遍关注，随着体育的广泛实施，体育科学化进程大大加快。苏联在"十月革命"后建立了一批运动心理学实验室。1922 年，美国的戈·格里菲斯（C. R. Griffith）出版了《运动心理学》，1924 年成立的日本国立体育研究所也开展了运动生理学和运动心理学的研究。在 20 世纪 20 年代到 30 年代德国的体育方面的学位论文中，已经涵盖了运动医学、运动与成长发育、心理学、社会学、经济学、体育统计学、劳动生理学等领域。

2. 科学主义体育倾向的出现

科学的态度和方法本来是人文主义的内容之一，但在 19 世纪以后却出

---

① ［英］斯宾塞. 教育论［M］. 胡毅，译. 北京：人民教育出版社，1962：114.

现了一种认为"科学知识和技术万能的信念"(《牛津英语词典》)或认为"自然科学方法应该被应用于包括哲学、人文和社会科学在内的一切研究领域"(《韦伯斯特大词典》)。这种信念或主张被称为科学主义或唯科学主义。

在体育课程发展中，很早就出现了人文主义和科学主义两种倾向。裴斯塔洛齐的要素体育课程观、斯宾塞把"从观察动物、进行动物实验得来的概括用来指导人类"的主张，都表现出初步的科学主义体育倾向。但是，20世纪初流水作业生产线的出现和随之而来的对劳动动作合理化的研究，才为体育研究中科学主义倾向的发展提供了现实的动力和基础。在美国和德国，诞生了专门的劳动心理或生理研究机构。研究发现，从事体操练习有助于提高劳动动作的效率。20年代，在一些大企业中已经出现了专门的体育指导者。这些进一步刺激了体育测量和运动生理学、运动心理学和运动生物力学等学科的发展。[①]

这些学科本身并不代表科学主义，但随着人体运动科学的发展和它们对体育发展显而易见的巨大作用，科学价值逐渐越出了科学研究的范围，逐渐形成为一种普遍的，甚至是最高的体育价值观。对体育的人文主义审视渐渐被许多人淡忘。体育的科学化和科学主义倾向相伴发展成为整个20世纪体育的主旋律。

二、运动训练的初步科学化

1. 早期的运动训练

19世纪后期体育竞赛已经非常广泛，但训练方法和理论还很落后。当时大多数运动员都采用连续进行3~4周重复练习的方法。1885年在伦敦出版亨利·乌奥里什论训练的小册子，还把这种方法看作运动训练的基本原则。在19世纪70年代时，英国运动员每周进行3次训练，每次3~4小时。

由于当时还不清楚运动成绩同哪些因素有关，因而在训练中，人们或模仿优秀运动员的训练，或教师凭个人经验传授，或以其他项目的训练方法为借鉴（如驯马的方法被套用于田径、划船等项目运动员的训练中），或从饮食制度中去找寻捷径。这反映了早期人们对运动训练规律的艰难探

---

① ［匈］拉斯洛·孔. 体育运动全史［M］. 中国体育史学会办公室译本. 1986：342-343.

索。人们对训练的早期关注，主要停留于训练的表层问题——运动技术的改进方面。

文献选读三

跳高技术的改进

跳高技术的演进更能反映田径运动的稳步发展、渐趋成熟的过程。19世纪前期，人们长期采用正面助跑、双脚前伸的过竿姿势，这种现在只有在体操运动中还可见到的优美姿势，于19世纪60年代时终被淘汰。1884年，英国大学生罗伯特·库奇从侧面分腿跨过了横竿，著名的"跨越式跳法"从此产生。1895年，欧美国家不少报刊上刊载了一幅一个正以奇特姿势飞越横竿的跳高运动员的照片：与从前运动员过竿时身躯与横竿垂直、双手高举的姿势不同，该运动员过竿时身体几乎与横竿平行。照片说明称图中介绍的是美国创造的一种跳高新技术，正在运用这种跳高技术的人是美国一田径俱乐部人员迈克·苏因。这种新的跳高技术被人们称为"剪式跳高法"（或"波浪式跳高法"）。1896年秋，苏因用剪式跳高法创造了当时的世界跳高纪录——1.97米。当时的纽约一家报纸曾预言：2米大关将在最短时间内被突破。但是，行家却未能言中，1.97米的世界纪录一直保持了17年，直到1912年第5届奥运会前夕，美国运动员霍拉因才以2.01米的成绩改写了这个纪录。因霍拉因过竿姿势形同"翻滚"，他的跳高技术遂被定名为"滚式跳高法"（或按运动员之名称作"霍拉因式跳高法"）。

——颜绍泸，周西宽. 体育运动史 [M]. 北京：人民体育出版社，1990.

2. 教练员的出现

19世纪前期，只有赛马运动中的指导者才起着现代教练员的作用。到了19世纪60年代，美国的棒球、板球教师也开始承担了部分教练任务。但在绝大多数项目中，"教练"都是以陪练身份出现的。这些"教练员"多半是职业运动高手。运动队聘用他们传授运动基本技能、战术和训练，竞赛方案则由队长承担。直到20年后，教练员的重要性才开始被人认识。1882年，哈佛大学明令禁止聘用职业运动员做教练，认为他们除有高超的运动技术之外，都是些不学无术，甚至品行恶劣、对运动队不能起教师指导作用的粗人。

三、美国"新体育"学说与奥地利自然体育思想

19世纪后期，体育学术思想发生了引人注目的变化：与体育学科开始

脱离母学科独立发展相应，过去主要从教育角度论及体育的现象发生了很大的转变，体育理论或体育原理开始成为独立的学科。其中对 20 世纪体育产生深远影响的，是后来被统称为自然体育学派的两种体育学说——美国的"新体育"体育思想和奥地利的自然体育思想。

1. 美国"新体育"学说

美国教育家杜威和美国新体育学派对世界学校体育产生了巨大影响。杜威（John Dewey，1859—1952）十分强调教育的社会改造功能，他以实用主义哲学为基础，认为学校即社会、教育即生长、教育即适应，重视让学生在活动和游戏中，即在做中学，自己去获得经验。杜威高度评价游戏的教育作用，认为"任何时代、任何人对于儿童的教育，尤其是对于年幼儿童的教育，无不在很大程度上依赖于游戏和娱乐"。他的学说对美国教育产生了深远的影响。

19 世纪末 20 世纪初，"新体育（New Physical Education）"学说逐渐成为美国体育学界的主流思想。在其引导下，美国体育思想的关注点从个体健康层面转移到社会化教育层面，完成了对欧洲传统体育的本土化改造。"新体育"思想体系是在诸多体育学者的共同努力下，历经近 30 年的时间逐渐发展、完善起来的。其中，最具代表性和影响力的有 4 个人：古利克（LutherHalsey Gulick）和伍德（Thomas Denison Wood）首先倡导了"新体育"的理念；作为伍德的学生，赫瑟林顿（Clark Wilson Hetherington）创立了"新体育（new physical education）"一词，是"新体育"思想的立论者；而威廉姆斯（Jesse Feiring Williams）属于相对比较后期的学者，是"新体育"思想的集大成者。[①]

他们几位都认为应该培养学生健全的人格，并强调通过体育活动来发展社会行为的重要性。在体育课程方面，4 位学者几乎一致强调自然活动的重要性以及游戏、竞技运动和舞蹈在学校体育课程体系中的重要性。而威廉姆斯在体育教育（P.E.）概念方面的认识上超越了其他三人。他对体育教育的认识已经脱离了"of physical""about physical"或"through physical"的桎梏，而是一种综合的、多元的教育行为："体育教育包含的内容有情绪反应、个人关系、团队行为、脑力学习以及其他的智力、社会和美学层面的效果。"[②]

---

① 吕红芳，边宇. 美国"新体育"思想的历史解析与启示 [J]. 体育学刊，2013 (2)：12.

② Jess F. Williams. The Principles of physical education [M]. 8th ed. Philadelphia：B. Saunders，1964：8.

2. 奥地利自然体育学派

高尔霍夫尔（Karl Gaulhofer，1885—1941）是 20 世纪前期奥地利体育课程改革的主要设计者和推动者。作为奥地利教育部体育局局长，他推动了奥地利的体育课程改革和学校体育理论的研究。他主持制定的《奥地利学校体育概要》，否定了曾在欧洲占主导地位的德国施皮斯的体育课程体系，为当时陷于困惑的体育教师提供了新的课程思路。书中阐述了奥地利教育改革三原则（自主活动原则、乡土化原则和综合教学原则）在体育课程中的应用。与施皮斯体育课程体系要求孩子们学习符合运动规律的体操不同，《奥地利学校体育概要》按照儿童生长发育的规律、体育活动的生理学价值和儿童的运动兴趣，设计了针对儿童发育成长的课程。

查看高尔霍夫尔的体育教育思想

高尔霍夫尔建立了以保健和有利于青少年发育为目标的教材体系，包括补偿运动（补偿柔软性、弛缓和肌肉力量以消除或改善体格上的欠缺）、形成运动（运动形成与姿势形成）和完美运动（竞争游戏、防卫运动、冬季运动、游泳和基本运动等）。在教学法方面，他提出了以生物学为基础的儿童中心主义，要求尊重儿童的运动需求。他首次提出要系统考虑速度、耐力和灵敏的运动学特性，这是他在方法论上的突出贡献。[1] 奥地利体育课程体系和高尔霍夫尔自然体育思想对欧洲的体育课程产生了极大的影响，许多国家纷纷派人去观摩学习。

本章小结

> 对整个人类社会和人类体育生活而言，文艺复兴以来的 500 年具有非常重要的意义。文艺复兴开启的对人性、人类理性的发现和科技革命开始的科学大发现确立了科学理性至高无上的地位；地理大发现和工业革命的完成以及随之而来的资本主义的全球扩张，使世界日益联系成为一个整体。原本只是民间民俗活动和骑士训练的许多身体活动，与古希腊罗马体育文化一道，被具有人文主义思想和现代意识的人们赋予了全新的意义，并被组织成日益完整的体系进入教育和余暇生活领域。巴塞多、古茨穆斯、杨、林和施皮斯等人完成了对欧洲传统体育活动的整理和现代化改造，使之逐渐成为系统、规范、科学的方法体系，而裴斯塔洛齐、卢梭和斯宾塞等人则以睿智之光照亮了人类认识自身之

---

① ［日］岸野雄三，等，体育・スポーツ人物思想史［M］．东京：不昧堂出版，1983.

路。体育从此成为人类认识和改造自身自然和人类生活的特殊途径，成为丰富人类生活和体现人生价值的重要方式。在这个过程中，社会现代化为体育的现代化提供了条件和动因，现代化的体育则一度成为民族特性的象征，而在现代国民意识和现代国家的形成过程中发挥了极大的作用。

思考与探索

1. 简述学校体育形成的过程及学校体育在体育现代化过程中的作用。
2. 什么是体育教育化？体育的课程化内容和意义是什么？
3. 哪些人在哪些方面做出了自己的贡献？
4. 试论现代体育的本质特征及其与传统体育的异同。
5. 简述现代体育形成的前提和条件。

拓展阅读文献

1. ［美］理查德·布利特. 20 世纪史（第五章）［M］. 南京：江苏人民出版社，2001.
2. 谭华. 现代体育形成的前提条件［J］. 成都体育学院学报，1995（1）.
3. ［美］约翰·卢卡姗，罗纳德·史密斯. 乡村城市化与体育商业化进程——19 世纪中叶至 20 世纪初美国体育的变革［J］. 体育文史，1995（3）（4）.

活动建议

1. 写一篇有关体育课程发展史或体育学科史的文献综述。
2. 搜集有关文艺复兴时期体育的资料，做一个专题网站或课件。
3. 搜集某个杰出体育人物的资料，写一篇文献综述或写一篇小论文。
4. 做一个 20 世纪某项目赛事发展的课件。

第七章　现代体育的全球传播

本章提要

　　19 世纪中叶以后，欧洲各国先后开始了工业化。机器生产的广泛应用和垄断资本主义的形成，加快了全球化的进程。与此同时，现代体育也随着资本主义的全球扩张而逐渐向全球扩散。无论后进国家对现代体育的态度是欢迎还是抵制，从 19 世纪后半期开始，源于西方的现代体育已经逐渐成为全世界的主流体育生活方式。与此同时，奥林匹克运动发挥了巨大的作用。奥运会成为 20 世纪人类生活中最重要的事件之一。

第一节　现代奥林匹克运动的发展

　　现代奥林匹克运动是古希腊奥林匹克祭典与现代体育结合的产物。随着工业化、城市化和全球化的发展，人类不但需要体育休闲娱乐的物理空间，也需要通过体育活动进行的人际交往空间。奥林匹克运动就是全球体育领域人际交往的最高体现。

一、现代奥林匹克运动的兴起

　　1. 恢复奥运会的热情与前奥林匹克运动会

　　从 16 世纪开始就有一些先驱者尝试恢复举办奥运。1516 年，巴黎组织了"奥林匹克示范表演"；英国的罗伯特·多弗（1575—1652）举办了科茨沃尔德运动会，内容有田径、拳击、赛马、摔跤、击剑，还有歌舞、棋类、杂技和乐器演奏等。在 1796 年 9 月 22 日法兰西共和国成立庆典上，同时举办了壮观的"仿古希腊运动会"，运动会上首次使用"米"作为距离的计量单位。①

查看奥林匹克运动会的起源

---

　　① ［法］Alcin Arvin-Berod. 是谁最早提出现代奥运会构想 [J]. 体育文史，1995（4）：38-39.

19 世纪是复兴奥运会的高潮。1830 年希腊独立以后，奥林匹亚附近列特林村村民为庆祝独立，在 1838 年按古奥运会传统举办了运动会，以后每 4 年举办一次。此外，法国龙多神学院的奥林匹克竞走节（1832—1925），瑞典斯堪的纳维亚运动会（1834，1838）、加拿大蒙特利尔运动会（1844）和英国从 1849 年举办至今的马奇温洛克奥林匹克节，都有一定影响。

这些被称为前奥运会中影响最大的是希腊的泛希腊奥运会。1837 年，希腊国王奥托一世命令每 3 年举办一次包括体育比赛的博览会，但其中的体育赛会直到 1859 年才在商人札巴斯的努力下得以在雅典首

▲ 1888 年希腊奥运会目录

次召开，奥托出席并主持了开幕式。运动会完全按古奥运会传统举行。1865 年札巴斯去世时捐出全部财产，在雅典郊区修建了一个运动场，并于 1870、1875、1888 和 1889 年举办了 4 届奥运会。这几届奥运会未能超出希腊范围，但引起了国际社会对奥运会的更大关注。

2. 现代奥林匹克运动之父——顾拜旦

皮埃尔·德·顾拜旦（Pierre de Coubertin，1863—1937）出生于巴黎一个古老的贵族家庭，毕业于巴黎政治科学学院，擅长曲棍球和足球，求学期间，他对古希腊历史有浓厚兴趣。1883—1887 年，青年顾拜旦多次到英国和欧洲各国考察，他为英国公学里活跃的体育活动所感染，为在德国的博物馆里和希腊奥林匹亚遗迹看到的出土文物所震撼。在顾拜旦的时代，连发武器已经淘汰了密集队形战术，兵操已经不再是提高作战能力的主要手段，英国式的户外运动和古希腊的竞技更让他感兴趣。他开始思考这样一个问题："很久以前，我就思考着在它的废墟上找到它起死回生之术，我的想象一直为重建它所占据，要使它重新站立起来……德国已经使残存的奥林匹亚重见天日，为什么法国不能接着去重建它往日的辉煌？"

1891 年，顾拜旦创办了《体育评论》杂志。

▲ 现代奥林匹克之父——
顾拜旦

查看世界体育领袖风云录之顾拜旦

在 1892 年 11 月 25 日法国体育协会成立 5 周年庆祝集会上，顾拜旦公开倡议恢复举办奥运会。在各国体育界人士的支持下，接着他又遍访欧美诸国，游说各界人士，宣传复兴奥林匹克。

1894 年 6 月，12 个国家[①]49 个体育团体 79 名代表参加了在巴黎索邦大学举行的国际体育会议。6 月 23 日，会议讨论通过了关于业余和职业运动员、复兴奥林匹克运动会和成立国际奥委会（IOC）三个决议，国际奥林匹克委员会正式宣告成立，并决定 1896 年在雅典召开首届奥运会。希腊诗人维凯拉斯（D. Vikelas，1835—1909）担任了国际奥委会第一任主席，顾拜旦任秘书长。会议还批准了顾拜旦草拟的第一部奥林匹克宪章。宪章第九条规定国际奥委会有保证奥运会正常举行、发扬奥运会的崇高理想、鼓励建立更多能举办业余运动员比赛的体育组织、领导业余竞技运动等职责，章程还规定了国际奥委会委员选举制度、每隔 4 年在某国大城市举行奥运会等条款。

3. 现代夏季奥运会和冬季奥运会

1896 年 4 月 6 日，熄灭了 1500 年的圣火终于在希腊重新点燃，13 个国家的 311 名运动员参加了雅典奥运会。第 1 届现代奥运会举行时，奥运会的项目、场地等都没有严格规定，东道国可随意决定。此后的几届奥运会不仅单项变化较大，大项也不稳定。直到第一次世界大战前夕，奥运会才逐渐趋于稳定。

查看第1届现代奥林匹克运动会赛况

▲ 1896 年的国际奥委会，左站立第一人为顾拜旦

1963 年，国际奥委会正式确定的夏季奥运会大项比赛顺序是：田径、游泳、摔跤、体操、举重、曲棍球、马术、击剑、赛艇、拳击、射击、现

———————

① 这 12 个国家是法国、英国、希腊、瑞典、意大利、俄国、比利时、捷克斯洛伐克、新西兰、美国、阿根廷、匈牙利。

代五项、帆船、篮球、皮划艇、自行车、足球、排球、射箭、手球、柔道等 21 项；1972—1980 年，奥运会比赛大项稳定为 21 项；1984 年第 24 届奥运会增加了乒乓球、网球，使夏季奥运会大项达 23 个，单项达 237 个，其中男子 151 个，女子 72 个，男女混合项目为 14 个。

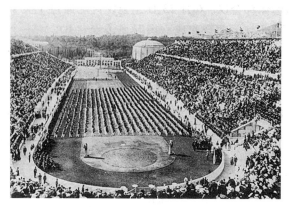

▲ 1896 年雅典第 1 届奥运会会场

被列为奥运会正式比赛项目的批准条件是：夏季奥运会男子项目至少要在四大洲 75 个国家广泛开展，女子项目至少要在三大洲 40 个国家广泛开展。夏季奥运会迄今已经举行了 29 届，这个数字包括因两次世界大战而未能举行的 3 届，但不包括在 1906 年为纪念首届奥运会 10 周年而举行的唯一一届"届间奥运会"。经过 100 多年的曲折发展，奥运会已经成为当代国际体坛最盛大的活动。

第 1 届冬季奥林匹克运动会于 1924 年 1 月 26 日—2 月 4 日在法国夏蒙尼举行，16 个国家 293 名运动员参赛，其中女选手 13 人。冬季奥运会原与夏季奥运会同年举行，从 1994 年的第 17 届起改为与夏季奥运会错开两年举行。冬季奥运会至今已经举行了 20 届。与夏季奥运会不同的是，由于世界大战未能举行的两届冬季奥运会不计届次。

▲ 第 3 届冬季奥运会会标（1932，美国）

查看第1届冬季奥林匹克运动会开幕式片段

4. 奥林匹克运动的组织机构

奥林匹克运动之所以能够不断发展，是因为它逐渐形成了结构完备、功能齐全的体系，包括国际奥委会、国际单项体育联合会和国家奥委会三大组织体系。

国际奥林匹克委员会（International Olympic Committee，IOC）总部设

在瑞士洛桑。国际奥委会是一个国际性非政府、非营利性的组织，是奥林匹克运动的最高权力机构。国际奥委会具有法人地位，按照《奥林匹克宪章》领导奥林匹克运动。它的组织机构包括主席、副主席、国际奥委会全体委员会议、执行委员会、秘书处和若干专门委员会。

国际单项体育联合会由各个国家或地区的单项体育协会组成，其最高权力机构是定期召开的代表大会，它在奥林匹克运动中的主要任务是负责其所管辖的运动项目的技术和行政管理方面的工作。

各国家或地区奥委会是按照《奥林匹克宪章》的规定建立起来，并得到国际奥委会承认的负责在一个国家或地区开展奥林匹克运动的组织，它担负着各自国家或地区发展和维护奥林匹克运动的重大任务。

二、现代奥林匹克运动的早期发展

1. 现代奥林匹克体制的初步确立

国际奥委会成立初期存在着不少缺点和问题，例如委员均由顾拜旦指定、国际奥委会主席由奥运会举办国的国际奥委会委员轮流担任、排斥妇女参加奥运会等，同时它也受到国际体操联合会等当时许多国际体育组织的怀疑和抵制，但它仍然战胜了重重困难一天天壮大起来，逐渐成为现代体育中最有生机、最富活力的一部分，并取代学校体育成为推动现代体育发展的最大动力。

早在奥林匹克运动创建初期，顾拜旦就提出了奥林匹克主义这一概念。虽然当时他没有对"奥林匹克主义"的含义进行明确解释，但这意味着他一开始并不是把体育视为单纯的身体运动，而是把它视为一种理想和精神境界。

除田径、游泳、体操、击剑、网球、射击、自行车、足球、划艇、拔河在前5届奥运会中相对比较稳定外，总的说来，前5届的奥运会还很不规范。例如前5届的场地设施还不统一，这5届奥运会的田径跑道周长分别是 333.33 米、500.00 米、536.45 米（第3、4届）和 383.00 米，既有在 U 字形（第1届）跑道上赛跑的，也有直接在草坪（第2、3届）上赛跑的；前4届的游泳比赛

▲ 第2届奥运会（1900）的跳水赛场在塞纳河上

场分别在雅典海港、巴黎塞纳河、圣路易的人工湖和在运动场内开挖的100 米×17 米游泳池中举行；比赛时间春、夏、秋三季都有；赛程既有 10 天的，也有半年多的（第 1 届）。

此外，早期奥运会的竞赛规则也很不健全。如马拉松的比赛距离每届都不一样；举重和摔跤比赛既无体重级别的区分，也无比赛时间的限制，1912 年奥运会上瑞典和芬兰运动员的摔跤比赛就进行了 9 个小时；比赛的度量衡制也很不一致，有用英制（码制）的，也有用公制（米制）的；对参赛者的资格也缺乏明确规定，就连报名时间也没有截止日期。所有这些都说明了早期奥运会尚未成熟。

文献选读一

我为什么要复兴奥运会

我还要再一次说，我们必须让奥运会现代化。我们不要进行笨拙、简单的模仿和复原，从过去寻求启发而不照搬是可能的。让我们从诸多事例中仅举一例说明：奥林匹亚，奥运会给人以深刻印象的事情之一，是运动员聚在宙斯像前，进行庄严的宣誓。他们保证将公平和忠实地竞争，保证他们将毫无耻辱地面对敌手。如今宙斯已不存在，我们早已丧失对神像的崇敬。因此，我设想，今后，运动员们可以在他们自己国家的旗帜前，同时也面对其他国家的众多旗帜庄严宣誓：保证他们将在运动中忠诚和光荣地竞争。这种形式将使他们从精神上接近奥运会。难道我们不能提供一个合适的、充满崇高和美的场景来激发起运动员与观众的最高尚、最慷慨的情感吗？倘若在请高级唱诗班演唱伟大的作曲家的杰作，以取代通俗歌唱队和那些独幕小歌剧时，我们难道不应该完全确认艺术与体育运动的结合——即肌肉力量与创造性的想象力，是人类生活两极的完美结合吗？

——顾拜旦. 我为什么要复兴奥运会［J］. 体育文史，1989（4）.

品读顾拜旦的《体育颂》

1908 年的伦敦奥运会在奥运会发展初期极为关键。主办这届奥运会的英国奥林匹克理事会由国际奥委会的英国委员、英国各单项体协代表组成，这为后来国家奥委会的构成提供了范例。同时，伦敦奥运会的各项比赛从制定赛制、编排赛程，到选派裁判、组织比赛的技术性工作，均由各单项体育协会负责，这大大提高了赛事的规范化程度，也为各国际单项体联管理奥运会各项赛事提供了范例。

无论现代奥运会是怎样的幼稚和不成熟，但到第一次世界大战爆发前，奥林匹克运动已经基本上找到正确的方向，这为它的后续发展打下了良好的基础。

2. 现代奥林匹克的稳定发展

第一次世界大战结束以后，逐渐形成了以国际奥委会为龙头、以国际单项体育联合会和国家奥委会为两翼、三者相互配合的组织体系。

两次世界大战之间，国际单项体育联合会有了很大的发展，在现有 30 个体育组织中，二战前建立的就有 24 个。两次世界大战之间，国际奥委会与国际单项体育联合会之间曾有过一些不协调，但当 1926 年国际奥委会建立了由各国际单项体育联合会代表组成的技术委员会以后，矛盾就逐步得到了解决。国际奥委会逐渐摆脱了奥运会的技术性事务，开始更多地在领导、协调、决策层次上发挥作用。

国际足球联合会会标

国际体操联合会会标

国际排球联合会会标

国际无舵雪橇联合会会标

国际业余摔跤联合会会标

▲ 部分国际单项体育联合会会标

到第二次世界大战爆发前，国家奥委会数已经从一战前的 29 个增加到 60 个，这使奥林匹克运动的发展有了坚实的国家基础。第二次世界大战以前，参加奥运会的国家和地区数量最多的一届已达 49 个。

这个时期已经形成了相对稳定的奥林匹克运行模式：有了关于正式比赛项目和由组委会选择项目的规定；1930 年规定除集体项目外，每个项目每个国家只能派 3 名运动员参赛；奥运会会期限制为 16 天。这些都标志着奥运会的规范化。

规范化也体现在场地设施的标准化上：400 米跑道在 1920 年的奥运会上首次使用，1928 年被正式确定为奥运会标准跑道；在 1924 年巴黎奥运会上使用了 50 米游泳池；在 1932 年的洛杉矶奥运会上正式使用奥运村。很多"第一次"都出现在 1936 年的柏林奥运会上：不同高度的授奖台和终点摄影、电动计时和终点摄影仪、大屏幕记分牌和自动打印机网络、采用电影全程记录奥运会和闭路电视转播。

奥林匹克的标识系统也在这个时期形成。奥林匹克五环旗由顾拜旦亲自设计并于 1920 年奥运会期间正式使用；在开幕式上放和平鸽、运动员宣誓仪式、颁奖仪式都是在 1920 年确定的。由德国籍国际奥委会委员莱瓦尔德提出的奥林匹克圣火传递仪式，也在 1928 年的奥运会上正式被采用。

3. 奥林匹克运动与现代体育的国际化

奥林匹克运动兴起以后，极大地促进了体育的国际化进程。从下表中可以看出，大多数国际单项体育组织成立于 1894 年国际奥委会成立之后。英国是 19 世纪户外竞技运动最发达的国家。1896 年以前，从英国出现全国性单项组织到出现同项目国际单项体育组织的间隔时间平均为 51 年（表 7-1）。奥运会出现后，这个间隔时间缩短为 2.6 年，这表明了体育国际化进程大大加快的趋势。

表 7-1　各运动项目英国全国性组织成立时间和国际体育组织成立时间对比表

项目	英国全国组织成立时间*	国际单项组织成立时间**	项目	英国全国组织成立时间*	国际单项组织成立时间**
体操	（1888）	1881	田径	1880	1912
滑冰	1879	1892	网球	1886	1912
皮划艇	1879	1892	击剑	1898	1913
自行车	1878（1887）	1900	马术	1750	1921
足球	1863	1904	曲棍球	1886（1866）	1924
射击	1860	1907	乒乓球	1927	1926
帆船	1875	1907	篮球	1936	1932
游泳	1869（1886）	1908	羽毛球	1895	1934
冰球	1908	1908	拳击	1884（1880）	1946
板球	1788	1909	柔道	1948	1951

资料来源：＊ Sport and International Understanding, Berling, Springer-verlag, 1984.

括号中的年代采自 D. B. Van Dalen；A World History of Physical Education, 1953.

＊＊ IOC, Olympie Movement Directory'92.

第二节　现代体育的国际传播

随着经济全球化的发展，从 19 世纪初开始，在西欧形成的现代体育也逐渐开始了国际传播的进程，但传播的路线、方式和特点各有不同：现代体育传播到美洲和澳洲主要是通过移民；在俄罗斯和日本等后起资本主义国家以及其他欧洲国家，主要是通过政治革命主动引进现代教育和体育制度；在印度、菲律宾和中国等殖民地半殖民地国家，则呈现出现代体育与传统体育冲突与交融的复杂情况。

一、以欧洲移民为主要媒介的传播

第一类是以欧洲移民为载体的向美洲和大洋洲的传播，这类国家有美国、加拿大和澳大利亚等。从 17 世纪开始，大批逃避宗教迫害的欧洲人开始移民美洲，同时把欧洲传统的运动项目带入了美洲。1809 年，约塞夫·尼夫在北美费城创办了一所裴斯塔洛齐学校，成为美国体操活动的先声。1850 年，美国成立了全美德式体操联盟，并在 1851 年举办了第一次国民体操节。1861 年，成立了第一所体育师范学校。南北战争（1861—1865）以后，体育师资培训逐步正规化，场馆建设、体育专业教育、竞技运动、体育组织均有长足进步，网球、高尔夫球、拳击、游泳、橄榄球、篮球、排球等项目的竞赛也越来越活跃。户外运动逐步取代了体操在学校中的首要地位，各项运动协会相继建立，体育学科和科研也有很大的进展。但这些地区原住民的传统体育方式却遭遇了灭顶之灾。

基督教青年会在近代体育的国际传播中起了重要的桥梁作用。基督教青年会于 1844 年在伦敦成立，1855 年在巴黎成立"基督教青年世界协会"，但直到活动重心转移到北美以后才迅速发展。青年会的宗旨是"改善青年灵魂、精神、社会和身体状况"，十分重视文化和体育活动，每个青年会均设体育部并建造体育馆。1885 年，波士顿青年会在马萨诸塞州斯普林菲尔德市成立青年会干事训练班（后改为学院），培养了大批青年会干事到世界各地工作。20 世纪前期，该校还为一些国家青年会培训了不少体育干事。该校教师奈史密斯（James Naismith，1861—1939）于 1891 年发明了篮球运动，霍利奥克城青年会干事威廉·摩根（W. G. Morgan）于

▲ 在斯普林菲尔德学院中的世界首个篮球馆。清华大学
校长马约翰（1882—1966）和国际奥委会委员董守义
（1895—1978）等都毕业于该校

1895 年发明了排球运动。基督教女青年会也于 1866 年在波士顿建立，提出了"使女性得到身体、精神、道德和灵魂方面的提高"的口号。在许多殖民地半殖民地国家，青年会都是竞技运动的传播者、组织者以及早期体育师资和管理人员的培养者。1913 年，由中、日、菲三国发起的远东运动会，也是三国的北美籍基督教青年会干事在幕后组织的。

巴西、阿根廷、墨西哥等拉美国家在 19 世纪初获得独立，现代体育也随着新移民的到来而在这些国家中开展。

二、在后起资本主义国家中的传播

日本是通过资本主义改革促进社会各方面现代化的典型。1868 年明治维新以后，日本在教育改革中积极推进现代体育，1872 年颁布的《教育基本法》使体操（当时称体术）和兵操成了学校的必修课，德式体操受到重视。1873 年，日本户山陆军学校设立了体操科。1878 年，美国人李兰德（G. A. Lealand）建立了日本体操传习所（今日本体育大学）。① 1879 年，体格检查方法传入日本，成为学校体育

▲ 1878—1888 年日本绵绘中的跳马

制度之一。19 世纪 90 年代，日本形成了比较完备的学校卫生保健制度。1903 年，日本体操学校成立女子部，开始培养女子体育师资。

这一时期，户外竞技也同时传入了日本，但直到第一次世界大战之前还主要是课外活动。1909 年春，日本柔道之父嘉纳治五郎应顾拜旦之请成为国际奥委会委员。1911 年，日本体育协会成立。1912 年，日本参加奥运会。② 1913 年，日本又成为远东运动会发起国之一。日本也重视民族传统体育的发展，1882 年，嘉纳治五郎在昌寺书院开设了柔道场，推动传统武艺发展的核心机构大日本武德会也在 1895 年成立。

三、在殖民地半殖民地国家中的传播

在菲律宾、印度、朝鲜、中国等亚洲以及其他一些非洲和拉美国家

① ［日］岸野雄三等. スポーツの技术史. 东京：大修馆书店，1972：43.
② 于青. 东瀛奥运拾零［N］. 人民日报，2008-8-5（14）.

中，近代体育的传入与这些国家沦为殖民地、半殖民地的过程大体同步。现代体育的传入与这些国家反帝反封建斗争交织在一起，表现出异常复杂曲折的情况。

（一）现代体育在菲律宾的传播

菲律宾是亚洲较早沦为殖民地的国家之一。从 16 世纪中起它一直在西班牙殖民者政教合一的统治之下，1902 年以后又被美帝国主义占领。在西班牙统治时期，人们只能参加天主教教会允许的舞蹈、纸牌游戏、弹子游戏以及击剑和一种类似拳击的打斗活动等。直到 19 世纪，许多欧洲人移居菲律宾，马尼拉的英国人每逢星期日举行足球比赛，当地人才开始了解现代体育运动。美国占领菲律宾后，带来了棒球、田径、排球和篮球等运动，不少美国人成了体育教师和官员。

基督教青年会对传播近代西方体育起了更大的作用。青年会的早期领导人在马尼拉等城市建立了学校体育联合会、南吕宋体育联合会（1904）、中吕宋体育联合会（1908）、马尼拉校际体育组织和米沙鄢体育联合会（1909）等，举办了各种运动会。1911 年，菲律宾体育协进会成立，负责制订统一的比赛规则、推动运动场所和设施的建设、为参加国际比赛选拔和训练运动员等。

在美国占领时期，美国军人和美国教师把持了各级学校的体育教学。1903 年制订的学校体育制度完全是对美国体制的照搬。作为学校通用教材的《体育课本》和《体育教师手册》，也全部是由美国人编写并照搬美国的运动项目，菲律宾民族民间体育活动完全得不到体现。菲律宾体育打上了深深的殖民主义烙印。这种情况直到第二次世界大战结束菲律宾获得独立以后才有所改变。

（二）现代体育在印度的传播

印度是一个有着悠久体育文化传统的国家。在 18 世纪中叶印度沦为英国殖民地的时期，英式体育逐渐占据了主导地位。19 世纪 30 年代，体操逐渐在印度国立和私立学校流行，体操和军事训练曾作为学校体育的核心内容实施。但由于指导者大多是缺乏教育教学经验的军人，学生对体育课普遍不满，体操和军训收效甚微。从 19 世纪中期起，户外活动和竞技运动逐渐取代了体操的地位。19 世纪末，曲棍球、橄榄球、板球、足球等运动开始在中小学流行，深受学生欢迎。

查看板球运动的兴起

1908 年，美国人亨利·格雷在加尔各答创立了印度第一个基督教青年会，此后，青年会组织发展到全国各地。青年会除开展英国户外活动外，还推行篮球、排球、田径运动等项目。稍后一些时候，他们又把游戏场活动带到各大城市。

印度的民族主义者也力图利用教育手段为民族解放运动培养骨干。如被誉为印度民族独立运动奠基人的提拉克便亲自创办体育协会，希望把青年培养成既有强健体魄又有爱国主义思想、能承担争取民族独立斗争重任的革命者。

文献选读二

20 世纪的体育

在人类历史上，体育运动以及由体育运动产生的绝大多数体育比赛，反映了开展这些运动的社会的结构和目标。就体育运动而言，1896 年现代奥林匹克运动的诞生可以被看作是 20 世纪的起点。实际上，体育运动与 20 世纪的社会有一种共生的关系。

古代的体育仪式大多用来表达集体的宗教狂热，20 世纪的体育运动则主要是世俗活动。根据诸如智力、技能等这些平等的因素，20 世纪的体育运动规则以一种理论上公平的方式适用于所有的合格参赛者。同开展体育运动的社会一样，20 世纪的体育运动通过官僚机构发挥作用，而这些官僚机构的目的在于确保对既定秩序和规范的严格遵守，并且在必要时对不可抗拒的变化实行控制。现代科学技术已经影响到体育训练的大多数方面，并且为 20 世纪的体育运动带来了一种理性化的因素。正如整个社会包含着各种统计资料一样，体育运动也产生出衡量体育成绩的测量体系，虽然作为成就和名声的一种形式，打破纪录绝不是纯粹 20 世纪才有的现象。

体育运动至少在以下三个方面受到 20 世纪主要社会动力机制的深刻影响：西方对世界其他地区的影响基本上是通过现代奥林匹克运动的体育比赛反映出来的；传媒对公众直觉的广泛影响是通过媒体对体育仪式的渲染表现出来的；最后，在很大程度上，民族主义者的政治化和绝大多数民众努力的商业化明显地被包含在体育活动中。

—— [美] 理查德·W. 布利特. 20 世纪史 [M].

南京：江苏人民出版社，2001.

第三节 现代体育在中国的传播

鸦片战争以后，西方列强在给中国带来屈辱和痛苦的同时，也使中国人看到了一个从未有过的世界。一些有识之士逐渐认识到必须"师夷长技以制夷"，主张开办洋务，学习西方科学技术和军事训练方法，以"求强求富"。在 19 世纪 60 年代到 90 年代掀起的洋务运动中，近代体育的某些内容作为军事训练和军事教育的内容被引入中国，成为中国近代体育的发端，促进了中国体育的变革。

一、西方现代体育的传入

　　鸦片战争以后，到中国的传教士、军人和商人越来越多，也带来了各国的体育活动。1843 年 11 月，6 名英国人首次来到上海。1910 年，在上海的外侨已达 13 000 多人，包括英、美、德、日、俄等 30 多国。1848 年，英国人在租界内开设了被称为"老公园"或"抛球场"的第一个跑马场。1854 年、1862 年两次迁地扩建，逐渐开辟了抛球场、

▲　西方绘画中 1862 年的上海跑马场

滚球场、板球场、高尔夫球场、棒球场和足球场等，组织过侨民的拔河、田径比赛等。

　　与此同时，天津、上海、广州、烟台、青岛等沿海城市，也成了最早接触西方现代体育的城市。19 世纪末期，西方现代体育逐渐越出了在华外侨的圈子，开始在外侨学校和青年会的华人学生中开展。

文献选读三

上海早期外侨的体育生活

　　19 世纪五六十年代，上海的西侨已经开展了室内保龄球、跑马、划船、板球、足球、马球、赛跑等体育项目。王韬在 1870 年的《瀛环杂志》中这样描写划船比赛："西人以操舟为能事，虽富商文士，亦喜习之。每于夏秋之交，择黄浦空阔处，斗舟为乐。其舟皆取一叶小艇，或以帆，或以桨，亦以先至者为胜"，"斗时数十舟齐驾并驱，争先竞进，乘风破浪，捷若飞兔。"葛元煦在 1876 年成书的《沪游杂记》中，不但记有赛马、赛船的情形，还记录了当时跑步比赛的规则："跑人在跑马场中，其起步处界以白灰，肥者前，瘠者后。一人执铁铳为号，砰然一声，双足齐举，飞行绝迹，诚足快人心目云。"

> 　　西侨们还按照自己的爱好，按项目类型自由组织起了专门的体育俱乐部（习称总会），如板球总会、棒球总会、划船总会、足球总会、游泳总会等。这些总会定期举行单项比赛，著名的如史考托杯足球赛。
>
> 　　　　　　　——傅林祥. 长三角：体育也得风气先［N］. 人民日报，
> 　　　　　　　　　　　　　　　　　　　　　2004-9-15（12）.

　　西方人的七天作息制度也引起了国人的关注。《申报》于1872年发表的一篇文章对比分析了中国和西方作息方式的差异，提出了新的休闲观念。文章认为西方的作息方式有利于体力恢复和精神调节。文中介绍在沪外国侨民每逢星期日，"工停艺事，商不贸易。或携眷属以出游，或聚亲朋以寻乐，或驾轻车以冲突，或骑骏马以驱驰，或集球场以博输赢，或赴戏馆以广闻见，或从田猎以逐取鸟兽为能，或设酒筵以聚会宾客为事。"中国人则"日日不息……卒之心劳日拙，身劳日疲"①。文章建议中国人学习这种休闲观念和方式，以求富强。

二、洋务运动对中国体育变革的影响

　　1862年后，洋务派创办了一批新式学堂以培养西学人才。西文学校主要有京师同文馆（1862）、上海方言馆（1862）、广州同文馆（1864）、湖北自强学堂（1893）等；西艺学校主要有上海江南制造局机械学堂和福建马尾船政学堂（1865）、广州水师学堂（1882）、天津水师学堂、天津武备学堂（1886）、天津医学堂（1893）、湖北铁路附设化学堂、矿学堂（1872）、工艺学堂（1889）等。除开设西方科学技术和文化外，体育也作为"西艺"在这些学校中开课。如北洋水师学堂所开设的课程，除英语、测量、驾驶诸科外，"虑其或失文弱，授之枪，俾之步伐，树之桅，俾习升降……"②据该校学生回忆，当时的体育课程"有击剑、刺棍、木棒、拳

▲ 耶鲁大学东方棒球队
（约摄于1880年）

---

① 论西国七日各人休息事［N］. 申报，1872-6-13.
② 出自《清朝续文献通考》。

击、哑铃、足球、跳栏比赛、算术比赛、三足竞走、羹匙托物竞走、跳远、跳高、爬桅等项，此外还有游泳、滑冰、平台、木马、单双杠及爬山运动等，只是还没有篮球、网球等活动……我们那时所学的体操最初为德国操及军操……后来到了戊戌年间就改为英国操了"。① 其他学堂也大同小异。

洋务运动又一项重大举措是派出留学生。19世纪70年代，清政府先后派120名幼童到美国留学，这些学生迅速学会了棒球、足球、橄榄球、溜冰、划船等运动。中国铁路工程的先驱詹天佑等组织的"东方棒球队"在当地比赛中屡创佳绩；钟文耀是耶鲁大学划船队队长和掌舵，曾率队两次击败哈佛大学。

洋务运动期间编练新军实施兵操、创办新式学堂设置体育课程，包括派遣留学生回国以后带回一些体育活动等，为西方近代体育在中国的传播奠定了基础。但西方近代体育的思想和观念并没有与西方近代体育形式和手段一同登陆，中国早期的体育变革一开始就存在着理论的匮乏。

文献选读四

梁诚的棒球外交

本世纪初，清廷委任梁诚为驻美日秘古墨公使。梁氏为最早期留美官学生120名之一，当其就学于麻省安仪式华学校时期，为棒球好手，每代表校队，做重要赛事。在1881年间，参与对额士打队（Exeter）争夺锦标一役，凭其个人技术及努力，得获大捷，数十年后至今日，仍为当地人所乐道。故莅任之初，其时之总统曾问梁公使，当年得获好评蜚声校际棒球好手究为何人？梁氏答称："就是我。"自此之后，对于交涉事项一帆风顺，而白宫政要无不刮目相看。

——转引自吴文忠. 中国体育发展史［M］. 台北：三民书局，1981：71.

三、清末民初教会学校的体育活动

教会学校是西方文化"西学东渐"的产物。第一次鸦片战争后不久，西方帝国主义列强就陆续在中国各地兴办了一大批教会学校。教会学校通过校内和校际体育活动，在中国传播近代体育。这些教会学校一般无正式

---

① 王恩溥. 谈谈六十三年前的体育活动［M］//中国体育史参考资料（第三辑）. 北京：人民体育出版社，1958.

的体育课，只在课外开展田径、球类等体育活动，并组织运动代表队和运动竞赛。上海圣约翰书院从1890年开始每年春、秋两季举行的以田径为主的运动会，是我国最早的田径比赛。该校开展的其他体育活动还有足球、篮球、乒乓球、体操、网球、棒球、游泳等。1895年前后，北京汇文、协和书院组织了棒球队，同时还开展了墙球、网球、足球等运动。1895年底，天津基督教青年会开展了篮球运动，并迅速在京、津传开。

▲ 1895 年成立的圣约翰书院足球队
（摄于 1902 年）

1900年，清政府宣布外国人可在内地开设学堂。至民国初年，教会教育得以迅速发展，成为新教育的一个重要组成部分。据统计，20世纪20年代初，外国人所办学校的数量约占全国学生总数的30%，其中高等学校达80%。[1] 教会学校较广泛地开展了以田径、球类等运动项目为主的课外体育活动，并且举办了一些校内外的体育竞赛。教会学校的师生是旧中国第一届（1910年）、第二届全国运动会（1914年）和第二届远东运动会（上海，1915年）的主要参与者。

本章小结

1896年的奥运会成为新世纪体育的真正起点。它的诞生使竞技体育从此成为20世纪人类生活中最引人注目的事情之一，竞技体育也从此取代学校体育而成为推动现代体育前进的火车头。20世纪是体育科学突飞猛进和现代体育成功扩张的世纪。无论人们是否情愿，在欧洲传统体育基础上形成的现代体育在20世纪已经成为人类共同的体育方式，并带有20世纪的若干特征：科学理性色彩，强势体育文化具有的体育帝国主义色彩，体育与休闲结合的趋势，等等。

思考与探索

1. 顾拜旦复兴奥林匹克运动为什么能够成功？
2. 现代体育的全球传播有哪些途径？

① 舒新城. 中国近代教育史资料（下册）［M］. 北京：人民教育出版社，1961：1090.

3. 怎样认识民族主义对现代体育在不同国家的传播中的作用？

拓展阅读文献

1. 吴贻刚. 科学训练演变的历史特征 ［J］. 山东体育学院学报，2000 （2）.

2. 李恩民. 奥林匹克代表大会百年回顾 ［J］. 体育文史，1995 （2）.

3. ［希腊］陶里亚帝里. 希腊对复兴奥林匹克运动的贡献 （连载） ［J］. 体育文史，1997 （3） （4）.

4. ［美］约翰·卢卡姗，罗纳德·史密斯. 乡村城市化与体育商业化进程——19 世纪中叶至 20 世纪初美国体育的变革 ［J］. 体育文史，1995 （3） （4）.

5. ［日］大熊广明. 学者笔下的日本近代体育史 ［J］. 成都体育学院学报，2000 （1）.

活动建议

1. 撰写有关某体育学科发展史的研究提纲或文献综述。

2. 以现代奥运会的利弊为主题组织一次辩论会。

第八章　中国体育的转型

本章提要

　　古代中国是一个闭关自守、以自给自足的小农经济为主的封建社会，并有一套与之相适应的传统体育生活方式。19 世纪中叶以后，随着中国社会内外的剧烈变化，中国体育也发生了前所未有的变化。一方面，欧美国家的体育思想、内容、方法和制度渐渐传入中国，逐渐发展成为中国体育运动的主流。另一方面，传统体育活动虽然仍广泛存在，但渐渐退居次要位置。中国传统体育活动生存与发展的空间，面临着从未有过的危机与挑战。

第一节　中国传统体育的危机

　　中国的传统体育生活方式是建立在儒道思想和小农经济、村社组织基础上的经验型身体活动。但在鸦片战争以后，儒家思想、小农经济和村社组织都面临动摇，传统体育及其基础都面临空前的危机。

一、农村经济与村社体育组织的危机

　　鸦片战争打破了中国社会的封闭状态，西方列强逐渐进入中国。"外国资本主义对于中国社会经济起了很大的分解作用，一方面，破坏了城市的手工业和农民的家庭手工业；另一方面，则促进了中国城乡商品经济的发展。这些情形，不仅对中国封建经济的基础起了解体的作用，同时又给中国资本主义生产的发展造成了某些客观的条件和可能。"[①] 一批现代军事工业和民用工业相继建立，大量先进的科学技术、生产设备和管理方法被引进。到 19 世纪后期，资本主义已成为近代中国社会经济最活跃、最积极的因素。

---

① 毛泽东. 毛泽东选集［M］. 北京：人民出版社，1964：589.

农村原有各种香会、武会或狮堂、龙舟会等组织，大多在农闲时练武，兼有休闲、娱乐、经济、宗教、教育、村社认同、防卫等多种功能。[①] 在沿海一带，随着农村经济的破产，越来越多的农村人口流入城市，成为城市工商业的从业人员，原有的练武传统也被带入工商业行会之中，农村在传统体育生活中的重要地位渐渐让位于城市。例如，清末广州行会中的武馆与乡间村社练武组织很相似，但已不再具有宗法性质。广东从清雍正年间开

▲ 广州三元里古庙前空地是清代村民
农闲时练武之处

始有丝织业行会，各行工人都练习拳术。当时广州"机行中的武馆多至几十间，机行中每人都学会一些武术……工人在工余时间，常请武术拳师到馆教武艺，但学武是自愿的"[②]。

二、清末教案和义和团运动对传统体育的影响

传统体育的危机还表现在西方文化对中国传统文化的巨大冲击上。随着基督教在中国境内的传播，中国民间宗教的地位受到严重威胁，也威胁到许多依附于民间信仰的庙会活动和香会组织。与经济冲突和民族矛盾交织在一起的教案越来越多，带有秘密宗教色彩的练武组织成为一些地方民众从组织和精神两方面自卫的武器。以苏鲁边界乡村的大刀会为例，清朝兖沂曹济道台彭虞孙认为："曹州大刀会由来已久，恶其名不雅驯，改称红源、义和、诀字、红门等会，名目繁多，练习技艺……阳谓自卫家身，阴实寻教构衅，各属随地传习，与村塾同。"1896 年，鲁、苏一带的大刀会曾卷入了反洋教的斗争。在大刀会失败后，其成员一度停止了集聚练武的活动。[③] 许多成员为躲避迫害，加入了洋教。徐州主教勒劳称 1896 年大

① 谭华. 近代中国社会的变革与武术的进步 [J]. 华南师范大学学报（社会科学版），2003（1）：116-127.

② 广州工人参加三元里抗英斗争情况调查记录 [M] //三元里人民抗英斗争史料. 广东文史馆，1978.

③ 路遥. 山东义和团调查资料选编 [M]. 济南：齐鲁书社，1980：29.

刀会得势时新入教的只有 3 550 人，而在 1897—1899 年，每年新增教徒人数都超过两万人。这些洋教民自然不会再练武。

　　义和团原名义和拳，由山东、直隶一带民间操演拳术的结社组织逐渐发展起来的，该组织十分庞杂，但大多以操演"神拳"、反对洋教为号召。1899 年，山东巡抚张汝枚在给清廷的奏折中说："直隶、山东交界各州县，人民多习拳勇，创立乡团，名义和……拳民年多一年，往往趁商贾墟市之场，约期聚合，比较拳勇，名曰亮拳……此项拳民所习各种技勇，互有师承……"

▲ 义和团团民

　　庚子事变以后，清廷把列强入侵归咎于义和团，严禁民间习武，习武者大多转入地下，或转投军队。如沧州出生于武术世家的回族武术家王子平（1881—1973），20 岁时因受义和团运动牵连逃往山东，后被马良召为部下，任军队武术教练。① 当时留存下来的村社练武组织则大多有较浓厚的乡绅色彩，如"北京一隅仍多各派各门武术专家，但传授生徒不能如前之自由，须经绅商担保，方准成立。武术场教授普通人民，而在某巨宅秘传三五者，仍复不少，但较前之盛况相去远矣……各处镖局，虽仍其旧，然已不如往昔之盛矣。"② 不少人不顾禁令，仍以功夫馆、武馆或拳厂、拳场的名义，继续传授或练习武术。有人认为义和团运动对武术有两方面影响："盖因义和团起事，唯恃刀枪棍棒各器械，且其平时操练，亦是武术，故政府即以为民间自由存置武器，堪致巨变，遂严禁人民存置武器，武术因亦大受影响……又各村镇庄乡，经此巨变，藉武术之力得保平安者，亦复不少。此等庄乡对于武术教育，不唯不见退化，反从此愈加进步。"③

三、马良的"新武术"

　　马良，字子贞，祖籍河北清苑（属保定市），回族，生于清光绪元年

---

①　林一韦. 王子平传略 [J]. 上海体育史话，1984 (3).
②　马良. 中华北方武术体育五十余年纪略 [J]. 体育与卫生，1924，3 (3).
③　同②.

（1875年）。马良一生大节有亏，但在武术方面作了不少普及和改革尝试。他是第一个通过行政途径推动传统武术转型与发展的人，也是第一个以现代体育思维和现代组织方式推动传统身体练习方式体育化改造的人，对武术的发展起着承前启后的作用。中华新武术是晚清新军训练中"中体西用"的产物，是参照德式兵操的编排与练习方法改革中国武术的有益尝试。

马良的出发点是对民间武术进行改革，推陈出新，使之成为中国自己的体育方式，与西洋体育分庭抗礼。他遵循删繁就简的原则，将门派丛生、套路繁杂的民间武术简化为拳脚术、棍术和剑术三个代表性的技击类型，并按山东和河北的武术传统，将摔跤纳入"新武术"，在此基础上设计了制度化赛制。此外，他摆脱旧式的师徒传授方式，借鉴西式体操的训练模式，使之能够进入学校以求得规模化的教学效果。

马良的做法尚有许多不成熟的地方，在理论上也有不少陈旧乃至虚妄的东西。客观地说，"新武术"在本质上具有传统武术向现代转型的试验性质，在一定程度上开启了后来张之江"国术"的先河，可被视为近代中国武术主动走向体育化的起点。

当然，马良毕竟是一个思想陈旧、作风鄙陋的北洋军人，必定有其局限性。特别是马良对政治资本的过度依赖，使中华新武术自诞生起就先天不足，也无法适应社会化发展的大环境。因此，随着1920年后马良的失势，中华新武术的发展也随之迅速萎缩。到了国民政府时期，马良的"新武术"已销声匿迹，马良本人也成了过气人物，只能依附在张之江麾下，扮演一名跑前跑后的帮衬角色。代之而起的是张之江和他一手建构的"国术"体系。

四、日俄战争对中国体育的影响

鉴于清朝在甲午战争中的惨败，1896年，清政府命袁世凯在天津按照近代德国陆军制度督练新建陆军，同时首次派遣13名学生留学日本。1904年，日本在与俄国争夺中国辽东半岛和朝鲜半岛控制权的战争中获胜，令整个世界和中国为之震惊。日俄战争以后，留日人数逐年增加，到1905年、1906年达到了顶峰，每年有8 000人左右，其中，学习体育专业的有近百人，各专业留学生一般也要接受体育教育。这些留学生回国后，不少担任体育教师，还按照日本模式创建了不少体操学堂。也有一些日本人应聘到中国讲学或任教。据不完全统计，担任音乐体操科教师的约有15人。

清末民初，翻译了很多日本教育的文章以及大量包括教科书在内的日本书籍，1903—1915 年之间译介的日本体育书籍约有 10 种。[①]

日俄战争的结果还改变了中国人对传统体育的态度，让中国人目睹了体育在日本和日本人由弱转强过程中的作用。义和团运动之后，民间武术一时间噤若寒蝉，谁也不敢公开练拳习武。但在日俄战争以后，北京、上海、济南等地的武馆、拳场大批出现，如 1910 年在上海成立了精武体育会，在北京成立了北京体育会，以武术为主的传统体育重新受到社会各界的重视。

第二节 "新政" 与现代体育制度的确立

八国联军的入侵终于让清政府从天朝迷梦中清醒过来，也让天朝的民众开始认识自身的处境和世界。体育在促进国家和国民意识的形成中起了积极的作用，与此同时，中国体育也开始了由传统向现代转型的进程。

一、现代体育意识的形成

(一) 现代国民意识与现代体育意识的形成

古代中国没有现代意义上国家、民族和国民的概念，"中国"更多的是一个地理和文化的概念。现代国家意识的形成源于 19 世纪中期知识分子对民族危机的深刻感受和对西方的现代国家理念的认同。面对前所未有的强大敌人，中国人被迫重新审视眼中的天下，魏源、林则徐等睁眼发现了一个全新的世界，一系列不平等条约和边界勘定迫使人们有了"国家"和"疆域"的概念，严复、梁启超等人更认识到树立国人国家和国民意识的重要性。1899 年，梁启超发表《国家论》的译文，[②] 现代国家概念内化为他的思想，进而影响到中国人的国家意识。

在国家意识形成的同时，也逐渐形成了现代国民的意识。国民不再是

---

① 刘春燕，谭华. 晚清—明治时期中日学校体育之比较 [M]. 首都体育学院学报，2014 (4)：323-327.

② [法]巴斯蒂. 中国近代国家观念溯源——关于伯伦知理《国家论》的翻译 [J]. 近代史研究，1997 (4)：221-232. 该译文发表在 1899 年的《清议报》第 11，15～19，23，25～31 期，实际上是日本学者吾妻兵治译、伯知理著《国家学》（东京善书馆/国光社，1899）的节选。

"子民"或"臣民"的概念,而是奠定国家基础的政治、精神和道德团体,其集体精神是国家的灵魂,而身躯则是国家的政体。① 在重新认识国家和国民的过程中,维新派日益认识到国民性改造的重要性。严复于1895年率先提出了国民性改造问题,提倡鼓民力、开民智、新民德。梁启超明确提出"今日所最要者,则制造中国魂是也"。② 在反思变法失败的原因以后,他在1902年发表了多篇讨论国民性的文章和《新民说》长文,同时详细论述了新民的含义、方法和内容,努力唤醒国人的现代国家和国民意识。资产阶级革命派也大力提倡"铸国魂"。1904年,日本在日俄战争中获胜,这更加刺激了中国人的民族意识。孙中山指出:"鄙人往年提倡民族主义,应而和之者,特会党耳……乃曾几何时,思想进步,民族主义大有一日千里之势,充布于各种社会之中,殆无不认革命为必要者。"③ 显然,中国社会已普遍接受了民族主义。"中华民国"成立以后,国民、民国的概念更是深入人心,现代国民意识成为"摆脱半殖民地半封建的国家地位的强大动力"。④

现代体育在这个进程中发挥了十分重要的作用。从严复、梁启超到孙中山、毛泽东,都十分强调体育对于培养有健壮身体和顽强意志的现代国民的作用。现代体育对人们现代意识和国民意识有着潜移默化的影响。20世纪初期大量体育团体的建立,各种地方性运动会的举办,沿海若干城市中的所谓"万国运动会",特别是全国运动会的举行和远东运动会的参加,都在强化国民体育意识的同时,不露痕迹地强化着人们的国家和国民意识。

(二)军国民主义教育思潮

自严复提出"自强保种"以后,尚武思潮已经在中国流行。变法失败以后,更是使人人耻于文弱,"多想慕于武侠……有志之士,乃汇集同志,聘请豪勇军帅,以研究体育之学。"⑤ 20世纪初,这种尚武思潮被更具理论色彩的军国民教育思想所代替。封建统治者、维新派人士以及民主革命人士等,都大力提倡军国民教育,军国民教育思想迅速成为学校体育的主导思想。

① [法] 巴斯蒂. 中国近代国家观念溯源——关于伯伦知理《国家论》的翻译 [J]. 近代史研究, 1997 (4): 221-232.

② 梁启超. 中国魂安在乎 [N] 清议报 (第33期), 1899-11-15.

③ 孙中山. 在东京中国留学生欢迎大会的演说 (1905年8月13日) [M] //孙中山全集 (1). 北京: 中华书局, 1981: 282.

④ 印少云. 近代中国国民意识的生成与国民外交 [J]. 学术论坛, 2005 (6): 33-36, 54.

⑤ (清) 欧榘甲. 论政变与中国不亡之关系 [N]. 清议报 (第27期), 1899-9-15.

▲ 1902 年开办的上海爱国女学学生在做哑铃操

军国民教育思想的核心是以"军人之智识、军人之精神、军人之本领"教育国民。① 这在清末民初有关体育的法令中有鲜明体现。例如，1904 年《奏定学堂章程》规定各级各类学堂"宜以兵式体操为主"，1906年《学部奏请宣示教育宗旨折》将"尚武"列为教育宗旨之一："所谓尚武者何也？东西各国，全国皆兵。"要求"凡中小学堂各种教科书，必寓军国民主义，俾儿童熟见而习闻之"。民国成立后也一度把军国民主义与体育等量齐观，并作为教育方针的主要内容之一。直到五四运动期间，军国民教育思潮才被新的教育和体育学说所代替。

文献选读一

军国民篇（节录）

严子之《原强》，于国民德育、智育、体育三者之中，尤注重体育一端。当时读之，不过谓为新议奇章。及进而洋窥宇内大势，静究世界各国盛衰强弱之由，身历其文明之地，而后知严子之眼光之异于常人，而独得欧美列强立国之大本也。野蛮者，人所深恶之词。然灵魂贵文明，而体魄则贵野蛮。以野蛮之体魄，复文明其灵魂，则文明种族必败。

昔斯巴达之雄霸希腊，罗马之峙立欧洲，蒙古鞑靼人之横行东方，日耳曼蛮族之战退罗马人种，非有所谓绝伦之智慧者也，不过体力强悍，烈寒剧暑、风雨饥饿，皆足毅然耐之而不觉其苦而已。盖有坚壮不拔之体魄，而后能有百折不屈之精神，而后能有鬼神莫测之智略，故能负重致远，而开拓世界也。

——原载《新民丛报》壬寅年（1902）一、三、七、十一期（连载）

① 奋翮生（蔡锷）. 军国民篇 [N]. 新民丛报，1902.

（三） 新文化运动与新体育思想的影响

新文化运动是中国历史上空前的思想解放运动。新文化运动中由西方引进的思想文化思潮纷繁，主义众多。其中流传最广，对中国现代的教育影响最深、收效最大的，无疑是杜威的进步主义教育思想。[1] 1919—1921年间，杜威受邀来华从事长达两年之久的讲学，他在 14 个省市讲演百余场，其讲稿集结成书在他离华前就重版 10 次。"杜威理论对中国现代教育最重要的影响之一，是 1922 年新学制（壬戌学制）的制定。"[2] 这一学制从确定之后，一直沿用至今。

在杜威教育理论的基础上，伍德、威廉姆斯等人吸收融合了欧美自然教育思想，形成了新体育学说，又称自然体育思想。由于杜威、麦克乐和威廉姆斯的学生郝更生、方万邦、袁敦礼、吴蕴瑞等在中国积极传播自然体育思想，自然体育思想对五四运动前后的中国体育特别是学校体育产生了重大影响，是批判军国民教育思想和否定"兵式体操"课程的主要理论依据。

新体育思想强调体育的教育意义，重视体育对人全面教育的作用，因而提高了体育的地位，促进了人们对体育教学规律和教学法的研究。但在教师素质偏低、对进步主义教育思想和新体育思想缺乏全面、深刻把握的情况下，也对当时不成熟的学校体育带来了一些消极影响，主要表现为：过分强调儿童个性自由发展和忽视教师的主导作用，助长了不负责任的"放羊式"教学；过分强调体育的娱乐性与兴趣性，认为通过运动自然会得到健康，锻炼体格、增进健康只是运动的副产品，容易忽视体育旨在增强体质和健康水平的主要任务。

二、维新派人士的体育思想

1. 康有为的体育思想

康有为（1858—1927），广东南海人，戊戌变法的主要代表人物。他主张实行变法以救亡图存，在体育方面主张停止以弓刀步石为主要内容的武科考试，推崇德国的练兵制度与学校教育。他称赞普鲁士"其操兵则登山跳涧，横野渡河，遇伏遭伤无不备，其练兵为两甄，如真虞，深夜调千

---

[1] 杨东平. 艰难的日出：中国现代教育的 20 世纪 ［M］. 上海：文汇出版社，2003：432.
[2] 杨东平. 艰难的日出：中国现代教育的 20 世纪 ［M］. 上海：文汇出版社，2003：438.

数百里"，"当列国争强之世，尤重尚武"，要求光绪断发易服以提倡尚武之风。他反对妇女缠足，认为"于卫生实有所伤，而且绝涧莫踰，高峰难上，羸弱流传，何以为兵乎？"①

康有为高度重视教育，他将兴学育才作为维新救国的基本措施。甲午战争后，他更将日本战胜的原因归结为教育成功，进而提出废八股、办新学、废科举等建议。② 1891—1894 年在广州长兴里创办万木草堂时，他就要求学生每隔一日体操、放假时出外游历。在 1884—1902 年间成书的《大同书》中，他主张小学

▲ 康有为

院、中学院和大学院要注重卫生、体育设施及环境，儿童阶段应特别注重保健、游戏、唱歌、舞蹈及美化环境，应把体育放在第一位，"专以养体为主，而开智次之，令功课稍少，而游戏较多，以动荡其血气，发扬其身体。""体操场、游步场无不广大适宜，秋千、跳木、沿竿无不具备，花木水草无不茂美，足以适生人之体。"

2. 严复的体育思想

严复（1854—1921），福建侯官（今闽侯县）人，1877 年作为福建船政学堂的第一批留学生被派到英国学习海军，留学期间他注意研究西方思想文化，考察英国社会，深受进化论思想的影响。1879 年，严复学成回国，曾任福建船政学堂教习、北洋水师学堂总教习和北京大学校长等职。

▲ 严复

严复主张全面学习西方，反对"中体西用"，认为"中学有中学之体用，西学有西学之体用。分之则两立，合之则两亡"。严复翻译赫胥黎的《天演论》，系统介绍了"优胜劣汰，适者生存"和"自强保种"等思想，对当时救亡图存思潮有很大影响。严复还翻译了斯宾塞的《论教育》一书，译名为《劝学论》。他是最先在我国传播德、智、体三育并重教育的思想家。严复认为改良中国社会、自强保种要从三个方

---

① 出自康有为《戊戌奏稿》。
② 出自康有为《戊戌奏稿·请开学校折》。

面着手："一曰鼓民力，二曰开民智，三曰新民德"，使人人能具备"血气体力之强，聪明智虑之强，德行仁义之强"。严复认为身体是国家富强的基础，"论一国富强之效，而以其民之手足体力为之基。""鼓民力"就是要使人民有"血气体力之强"，既要通过体育和劳动，也要讲究卫生，认为"沿习至深，害效最著者，莫若吸食鸦片、女子缠足二事"，尤应禁止。①

严复的体育思想含有体力中心的色彩，强调体育对于救民救国的重要价值，对清末民初体育思想影响深远。但他在戊戌变法失败以后思想日渐消沉，辛亥革命以后更是走上主张帝制、尊孔读经的保守道路，成为时代的落伍者。

文献选读二

严复论鼓民力

今者论一国富强之效，而以其民之手足体力为之基，此自功名之士观之，似为甚迂而无当。顾此非不佞人之私言也，西洋言治之家莫不以此为最急。历考中西史传所垂，以至今世五洲五六十国之间，贫富弱强之异，莫不于此焉肇分……且自脑学大明，莫不知形神相知，志气相动，有最胜之精神而后有最胜之智略。是以君子小人劳心劳力之事，均非气体强健者不为功。此其理吾古人知之，故庠序校塾不忘武事，壶勺之仪、射御之教，凡所以练民筋骸、鼓民血气者也，而孔孟二子皆有魁杰之姿。彼古之希腊、罗马人亦知之，故其阿克德美（柏拉图所创学塾）之中，莫不有津蒙那知安（此言练身院）属焉，而柏拉图乃以骄胁著号。至于近世，则欧罗巴国尤鳃鳃然以人种日下为忧，操练形骸，不遗余力。

——严复. 原强 [C] //成都体育学院体育史研究所.
中国近代体育史参考资料. 成都：四川教育出版社，1988.

品读严复《原强》全文

3. 梁启超的体育思想

梁启超（1873—1929）是康有为的学生，广东新会人。他非常强调教育的重要性，认为要使国家富强，"条理万端，皆归本于学校。"梁启超大力宣扬新民说，认为教育的目的是培养新民，新民之"新"包括公德、国家思想、进取冒险精神、权利思想、自由、进步、自尊、合群、生利、分

---

① 严复. 原强 [C] //成都体育学院体育史研究所. 中国近代体育史参考资料. 成都：四川教育出版社，1988：356-360.

利、毅力、义务思想、尚武、私德、民气、政治能力等。为了改造重文轻武的国民性，梁启超写了《中国之武士道》，把尚武精神作为培养全面发展"新民"的重要途径。

▲ 梁启超

梁启超非常重视学校体育，他为 8～12 岁儿童拟的课表把每天的学习时间分为 12 段，下午开始的第七段是："一点钟，复集，习体操，略依幼儿学操身之法，或一月或两月尽一课，由教师指导，操毕，听其玩耍不禁。"梁启超也认为小学的文化学习时间要少，要多从事体育锻炼等活动。

文献选读三

梁启超论体育

体魄者，与精神有密切之关系者也。有健康强固之体魄，然后有坚忍不屈之精神……德国威廉第二视学于柏林小学，其敕训曰："凡我德国臣民，皆当留意体育，苟体育不讲，则男子不能担负兵役，女子不能孕产魁梧雄伟之婴儿，人种不强，国将何赖？"故欧洲诸国，靡不汲汲从事于体育。体操而外，凡击剑、驰马、蹴鞠、角抵、习射、击枪、游泳、竞渡诸戏，无不加意奖励，务使举国之人，皆具国民之资格。昔仅一斯巴达，今且举欧洲而为斯巴达矣……呜呼！生存竞争，优胜劣败，吾望吾国同胞练其筋骨，习于勇力，无奄然颓备以坐废也。

——梁启超. 新民说·论尚武［M］//中国近代体育文选.
北京：人民体育出版社，1992.

4. 谭嗣同的体育思想

谭嗣同（1865—1898），湖南浏阳人，幼年丧母，随父亲任职周游各地，自称"嗣同弱娴技艺，身手尚便，长弄弧矢，尤乐驰骋"[1]。他曾拜天津大刀王五为师。后经梁启超引荐结识康有为，极为佩服康、梁学识，更加发奋读书，曾创办湖南时务学堂（1897—1898，后改求实书院）。

谭嗣同思想中最可贵的是他"主动"的哲学和教育思想。他说："西人以喜动而霸五大洲，驯至文士亦尚体操，妇女亦侈游历，此其崛兴为何如矣……主静者，惰归之暮气，鬼道也。唯静故惰，惰则愚。"痛斥主静是"愚黔首之惨术"。

---

[1] 出自谭嗣同《仁学》。

▲ 谭嗣同（左二）和湖南时务学堂部分教师

维新派人士猛烈批判封建教育制度，提倡现代教育和体育，宣传德、智、体全面发展的三育思想，向国人展示了与传统思想全然不同的身体观、运动观和体育价值观，为新体育的确立和体育的现代化奠定了思想基础。

三、清末民初的体育思潮

戊戌变法的失败和八国联军的入侵，使许多人对清政府由失望而变为反对，革命情绪日渐高涨，终于导致辛亥革命的爆发和封建专制制度的覆灭。民国以后兴起的新文化运动是中国历史上又一个思想解放的时代，人们在反思儒家文化和教育得失之时，进一步研究和提倡体育，为新体育的发展奠定了思想基础。

1. 孙中山的体育思想

孙中山（1866—1925），名文，广东香山（今中山）人，中华民国的缔造者。孙中山一贯重视体育，认为"处在竞争剧烈之时代，不知求自卫之道，则不能生存"，"今之提倡体魄之修养，此与强种保国有莫大之关系。"视强身健体为国家存亡的前提："夫将欲图国之坚强，必先图国民体力

▲ 孙中山

之发达。"孙中山十分重视军事体育，注意发挥武术的作用，他特意为上海精武体育会题词"尚武精神"，以弘扬中华传统武术。

文献选读四

《精武本纪》序

慨自火器输入中国之后，国人多弃体育之技击术而不讲，驯至社会个人，积弱愈甚。不知最后五分钟之决胜，常在面前五尺地短兵相接者，为今次欧战所屡见者。则谓技击术与枪炮、飞机有同等作用亦奚不可。而我国人曩昔仅袭得他人物质文明之粗末，遂自弃其本体固有之技能以为无用，岂非大失计耶！我国民族，平和之民族也。吾人初不以黩武善战策我同胞，故处竞争剧烈之时代，不知求自卫之道，则不适于生存。且吾观近代战争之起，恒以弱国为问题。倘以平和之民族，善于自卫，则斯世初无弱肉强食之说，而自国之问题不待他人之解决，因以促进世界人类之平和，我民族之责任不綦大哉！

——孙中山.《精武本纪》序［M］//中国近代体育文选.
北京：人民体育出版社，1992.

2. 蔡元培五育教育思想中的体育观

蔡元培（1868—1940），浙江绍兴人，1902年发起组织中国教育会，1904年组织光复会，次年入同盟会。1907年赴德留学。民国成立后，历任教育总长（1912）、北京大学校长（1917）、国民政府大学院院长（1927）和中央研究院院长等职。蔡元培比较系统地研究和介绍了西方全面教育思想和体育学说，是近代著名的教育家。他认为教育的目的在于"养成完全之人格，必须体、智、德、美四育并重"。"完全之人格，首先在体育，体育最重要之事为运动"。①

▲ 蔡元培

蔡元培的体育观集中体现在他《对于教育方针之意见》（1912）一文中。他以人体为喻："军国民主义者，筋骨也，用以自卫；实利主义者，肠胃也，用以营养；公民道德者，呼吸机循环机也，周贯全身；美育者，神经系也，所以传导；世界观者，心理作用也，附连于神经系而无迹象之可求"，强调"五者不可偏废"。文末他引用"有健全的身体，始有健全的精神"，表明了对身心

① 蔡元培. 爱国要培养完全的人格［M］//张泉君. 著名教育家演讲鉴赏. 济南：山东人民出版社，1995：58-59.

健康关系的看法。

文
献
选
读
五

体育为修己之本（蔡元培，1912）

修己之道不一，而以康强其身为第一义。身不康强，虽有美意，无自而达也。康矣强矣，而不能启其知识，练其技能，则奚择于牛马，故又不可以不求知能。知识富矣，技能精矣，而不率之以德性，则适以长恶而遂非，故又不可以不养德性。是故修己之道，体育、智育、德育三者，不可以偏废也。

凡德道以修己为本，而修己之道，又以体育为本……非特忠孝也。一切道德，殆皆非羸弱之人所能实行者。苟欲实践道德，宣力国家，以尽人生之天职，其必自体育始矣。且体育与智育之关系，尤为密切。西哲有言：康强之精神，必寓于康强之身体。不我欺也。

——蔡元培. 中学修身教科书［C］//蔡元培全集（第二卷）.
杭州：浙江教育出版社，1997：172-175.

蔡元培并非盲目推崇军国民教育，但认为在当时势有所迫，"诚今日所不能不采者也"。五四前后，他改变了看法，指出军国民教育已经"不能容于今日"。①

3. 毛泽东的《体育之研究》

毛泽东（1893—1976），字润之，湖南湘潭人，中国共产党和中华人民共和国的缔造者之一。他的思想主要保存在《毛泽东选集》和《毛泽东文集》中。

毛泽东1917年在《新青年》三卷二号上，用"二十八画生"的笔名发表了《体育之研究》，文章分八节对体育的概念、目的、作用，体育与德育、智育的关系，体育锻炼的原则和方法等作了系统论述，深刻批判了当时的教育和体育。

毛泽东认为体育对人的全面发展具有首要意义："体育者，人类自养其生之道也，使身体平均发达，而有规则次序之可言者也"，其目的不仅在于"养生"，更在于"卫国"；"体育之效"既可

▲　毛泽东

---

① 蔡元培. 欧战后之教育问题［C］//蔡元培全集（第三卷）. 杭州：浙江教育出版社，1997：594-595.

"强筋骨"，"又足以增知识""调感情""强意志"，使人"身心皆适，是谓俱泰"。因此，"体育于吾人实占第一之位置"，"德智皆寄予人体，无体是无德智也"。因此，他主张"三育并重"，猛烈抨击当时的学校体育"率多有形式而无实质……教者发令，学生强应，身顺而心违，精神受无量之痛苦，精神苦而身亦苦矣，盖一体操之终，未有不貌瘁神伤者也"。

毛泽东强调充分发挥人的主观能动性："欲图体育之有效，非动其主观，促进对体育之自觉不可"，"故讲体育必自自动始。"在运动方法方面，他强调应"有恒""注全力"和"蛮拙"，"应诸方之用者其法宜多，锻一己之身者其法宜少。"

品读毛泽东《体育之研究》全文

文献选读六

体育之研究（节录）

　　体育一道，配德育与智育，而德智皆寄于体。无体是无德智也……体者，载知识之车而寓道德之舍也。儿童及年入小学，小学之时，宜专注重于身体之发育，而知识之增进、道德之养成次之。宜以养护为主，而以教授训练为辅。今盖多不知之，故儿童缘读书而得疾病或至夭殇者有之矣。中学及中学以上宜三育并重，今人则多偏于智。中学之年，身体之发育尚未完成，乃今培之者少而倾之者多，发育不将有中止之势乎？吾国学制，课程密如牛毛，虽成年之人，顽强之身，犹莫能举，况未成年者乎？况弱者乎？观其意，教者若特设此繁重之课，以困学生，蹂躏其身而残贼其生，有不受者则罚之；智力过人者，则令加读某种某种之书，甘言以恬之，厚赏以诱之。嗟乎，此所谓贼夫人之子欤！

　　——二十八画生. 体育之研究 [J]. 新青年，1917 年第三卷第二号.

写这篇文章时，青年毛泽东还是一个激进的民主主义者，受社会达尔文主义和尼采超人哲学的影响颇深，文中多处可以看到这些思想的痕迹。但《体育之研究》对体育的本质和功能的认识、对体育与德育智育关系的论述以及对当时学校体育的批判等，至今闪烁着真理的光芒，仍然给人们以深刻的启示和教益。

四、现代体育制度的初步确立

1901 年，面对庚子事变后日益紧迫的社会危机，为挽救清王朝的命运，流亡在西安的慈禧太后匆忙发布"变法"上谕，被迫在政治、经济、文化教育各方面实行改革，历时十年的"新政"由此开始，使新体育取得了合法发展的地位。

（一）现代教育制度的始建与学校体育的初步实施

1. 清末新政与体育的命运

1901年，在国内外日益危急的形势逼迫之下，清政府被迫宣布改革，全面推行"新政"。在各地陆续实行的各项"新政"措施中，有三件事对体育的命运产生了重大影响：废绿营、兴新学和禁淫祀。

（1）废绿营。清代后期，清军已不堪一击。从1862年起，清政府开始编练新军。最早组织新军并引进西方兵操的有曾国藩的湘军、李鸿章的淮军及部分禁卫军，主要是聘请英国军人训练洋枪、洋炮和洋操，兵操的内容包括列队、刺杀、战阵、战术以及一些普通体操。1894年甲午战争后，清政府开始在天津小站编练新军，并改聘德国军官为教练，也把德国体操直接传播到中国。1903年，清政府设练兵处后全面裁汰绿营，编练新军，废止武举考试，自此，通过练武以求升迁的路被堵死了。

▲ 1909年教练处编《体操法》中的木马练习

查看王恩溥回忆北洋学堂的体育情况

（2）兴新学。1904年《奏定学堂章程》颁布后，由于各级学校必修体操，自光绪以来就被认为是"中国式体操"的拳术在辛亥以后逐渐进入学校，武术逐渐被认为是体育的重要组成部分。另一方面，"凡欲以武取功名者，因科举已废，遂多改事他业。故各省各处之武学馆，亦入天演之淘汰。"[①] 这里所说的"他业"，大抵有经商、当武术教师或充当私人保镖、到军中任武术教官、到城市办武术会等。

（3）禁淫祀。20世纪初在中国曾掀起过一场以禁止淫祀为主要内容的反迷信运动，这对以庙会为主要活动中心的民间练武组织带来了极大的打击，这些组织的"老师"成为城市武术会的又一主要来源。但由于庙会活动的民众基础极为深厚和尚武思潮的盛行，许多民间拳场武馆仍然保留了下来。

---

① 马良.中华北方武术体育五十余年纪略［J］.体育与卫生，1924，3（3）.

总之，虽然大部分传统体育活动到清末时仍在城乡社会流行，但其重要性和广泛程度已远不如以前。中国传统体育生活已经面临着严重的生存危机。

2. 新教育的推进与学校体育的初步实施

（1）《奏定学堂章程》对学校体育课程的规定

1901 年 8 月，清政府颁布了《兴学诏书》，称"兴学育才，实为当务之急"①，此后全国掀起了兴办新学的高潮。1904 年 1 月 13 日，清廷批准颁布了由张之洞、张百熙起草的《奏定学堂章程》，时称"癸卯学制"，结束了中国几千年来教育无章程、教学无体系的状态，确立了中国现代学制的基本框架。

"癸卯学制"包括学务纲要、各学堂管理通则、考试章程、奖励章程及各级各类学堂章程共 22 件，对教育的方方面面作了较详细的规定。"癸卯学制"自称参考了各国教育制度，但主要还是参照日本学制。在体育方面，规定体操为各级各类学堂的必修科目，"小学堂每星期安排 3 个钟点，中学堂每星期安排 2 个钟点，高等学堂每星期安排 3 个钟点的体操课。"具体规定如下：

蒙养院：教育宗旨是"保育教导儿童，专在发展其身体，渐宏其心知，使之远于浅薄之恶风，习于善良之轨道"。主要内容有"游操、手技、徒手游戏和同人游戏"等。目的是"使其心情愉快，身体健适安全，且养成爱众乐群之习"。

初等小学堂："以启其人生应有之知识，立其明伦理爱国之根基，并调护儿童身体，令其发育为宗旨。"体操"要义在使儿童身体活动，发育均齐，矫正其恶习，流动其气血，鼓舞其精神，兼养其群居不乱，行立有礼之习；并当导以有益之游戏及运动，以舒展其心思。"主要内容是"有益之运动及游戏兼普通体操"。

高等小学堂："以培养国民之善性，扩充国民之知识，强壮国民之气体为宗旨。"体操的要义在于"使身体各部均齐发育，四肢动作敏捷，精神畅快，志气勇壮，兼养成其乐群和众动遵纪律之习"，主要内容是"普通体操，有益之运动和兵式体操"，要求"宜以兵式体操为主"。

中学堂："体操宜讲实用；其普通体操先教以准备法、矫正法、徒手哑铃等体操，再进则教以球竿、棍棒导体操。其兵式体操先教单人教练、

<hr />

① 朱寿朋. 东华续录：清光绪二十七年（1901），清宣统元年（1909）［M］. 上海等成图书公司铅印本.

柔软体操、小队教练及器械体操，再进则更教中队教练、枪剑术、野外演习及兵学大意。"主要内容有"普通体操、兵式体操。""若系水乡，应使其练习水泳"。同高等小学堂一样"宜以兵式体操为主"。

高等学堂："第一年至第三年，体操均为通习课，教学内容为普通体操、兵式体操。"此外，每星期另有一个钟点"兵学"，内容有"军制学、战术学、战史"等。

另外，对各级师范学堂及实业学堂体操课的宗旨和内容亦作了规定，与学段对应的中学堂和高等学堂大致相同，只是要求师范生还须学习体操教授法。

"癸卯学制"倡导的"以兵式体操为主"的学校体育，虽然未能、也不可能取得良好的效果，但它确立了体育在学校教育中的地位，具有非常重要的历史意义；在当时中国处于"群盗入室，白刃环门"（梁启超语）的危险局势中，对培养国民的尚武精神和军事素养，去除文弱娇惰的传统习性，也具有特殊的意义。

（2）张之洞的体育思想

张之洞和张百熙是晚清教育改革中的关键人物，也是中国现代教育制度的奠基人。张之洞（1837—1909），直隶南皮人，是洋务运动后期主将，曾连续十年出任浙江、湖北、四川三省考官和学政。张之洞在19世纪80年代任两广总督时就创设洋务学堂，提倡西学。1903年，张之洞入京与张百熙共同制订了"癸卯学制"，并最终促成了科举制度的废除。

张之洞较早提出德、智、体全面发展的教育目标。他说："考日本教育，总义以德育、智育、体育为三大端，洵可谓体用兼赅，先后有序。"[①] 1890年，他在主持两湖书院时，就在原有经史课程之外加入了体操、格致等新科目；他先后聘请了90余名德、日、英、俄、

▲ 张之洞

美等国教习包括体操教习在湖北武备学堂等任教。1904年，张之洞亲撰《学堂歌》发到各学堂，歌中把体育置于"第一桩"的重要地位。有人对

---

① 张之洞. 筹定学堂规模次第兴办折（1902）[C] //张文襄公全集（第五十七卷）.

《学务纲要》中规定"各学堂一体练习兵式体操以肆武事"提出异议，张之洞专函回复称："学堂兵操万不可少……此乃环球各国办学者第一注意之事，在中国今日学堂，尤为自强要端，似不宜删除也。"①

张之洞主张中体西用，既强调三育并行，更强调忠君读经。他在主持制定的多项教育法规中规定各种教科书"必寓军国民主义"，"稍长者以兵式体操严整其纪律……以造成完全之人格"。② 从中不难看出他对后来蔡元培教育思想的影响。

（3）体育师范教育的初步建立

1905 年 12 月，清政府成立了中国历史上首个中央教育行政机构——学部，并设立了地方教育行政系统。同年，清廷下谕废除科举考试。学部的成立导致教育规模的飞速增长。1902 年时全国学生数为 6 912 人，1909年增到 1 622 458 人③，8 年间学生人数增加了 230 多倍。1907 年，学部颁布了《女子小学堂章程》和《女子师范学堂章程》，女子也获得了受教育的权利。

由于学校发展过快，体操教师难以满足要求，许多退伍军人得以充任教师。这些兵弁"不明生理的次序，不知训练的方法，对体育课漫无阶级"，④ 当然教学效果不好。同时，这种以兵式体操为主的体育教学内容枯燥、单调、呆板，加上教学方法简单粗暴，不为学生欢迎，体育师资培养成为当时之急。

文献选读七

清末的学校体育

　　调查各省学堂之教育，其任体操者，非营兵无取也。叩其所操，于兵式亦非不谓良，特是其所措教，既无初等、高等之区别，复无小学、中学之特殊，不过取兵式之徒手而名之曰柔软以教小学而已，取兵式之器械以教中学而已。如是人者，目不识丁，口不言文，其品其性，一无可取，挟其青年浮躁气为各学堂教员，朝酒夜色者不可胜数。于是学界卑之，使不得与各教员齿；学生轻之，指目以"动物标本"之名。

　　　　　　　　　——出自邓莹诗《呈学部奏请设立体育学堂札（1907）》

---

① 何晓明. 张之洞教育思想论 [J]. 社会科学研究，1995（3）：96-101.

② 学部奏宣示教育宗旨折，1906.

③ 陈学恂. 中国教育史参考资料（下册）[M]. 北京：人民教育出版社，1987.

④ 徐一冰. 整顿全日学校体育上教育部 [J]. 体育杂志，1914（2）.

较早开办的体育师资培训机构有江苏优级师范学堂体操科（1903）、湖南体操研究所（1904）、中国体操学校（1904）、大通师范学堂体操专修科（1905）和江苏两级师范体操专修科（1905）等。1906 年，学部通令各省于师范学堂"附设五个月毕业之体操专修科，授予体操、游戏、教育、生理、教授法等，名额百名，以养成体操教习"，加速了体育专业教育的发展，一批培养体育师资的专门学校陆续开办，1906 年开办的有云南体操专修科、四川体操专门学堂；1907 年开办的有成都体育学堂、浙江两级师范学堂体操专修科、奉天师范学堂体操专修科、四川王氏私立树人学堂体操专修科、浙江台州耀梓体育学堂、河南体操专修学堂；1908 年开办的有重庆体育学堂、中国体操学校、中国女子体操学校等。

▲ 大通师范学堂使用的木马和枪

▲ 1909 年中国女子体操学校春季运动会

这些学校中比较重要的有以下一些：

● 江苏优级师范学堂体操科。创办于 1903 年的江苏优级师范学堂体操科，这是已知中国第一所体育专科学校，科主任为日本人高田仪太郎，学制一年，共毕业 60 人。

● 大通师范学堂体操专修科。由日本留学归来的光复会会员徐锡麟、陶成章 1905 年 8 月创办于浙江绍兴。学堂以体育为手段，培训和积蓄武装革命力量。体操专修科共招生 3 期，学员约 300 人，主要开设兵式体操和器械体操、射击等军事课程。1907 年，徐锡麟去安庆后该校由民主革命者秋瑾（1875—1907）主持，7 月秋瑾英勇就义后解散。

● 中国体操学校。留日学生徐傅霖 1907 年创办于上海，后由徐一冰接办。该校本着"提倡正当体育，发扬全国尚武精神，养成完全体育教师，以备教育界专门人才"的宗旨，克服重重困难，坚持办校 20 年，先后共毕业 36 届 1 531 人。该校毕业生献身体育事业的不乏其人，如傅球、庞醒跃创办上海东亚体专，华豪吾创办中国女子师范学校，吴志清创办上海中华武术会，陆礼华创办上海两江女子体育学校，朱重明创办苏州中山体专，柳成烈创办成烈体专等。中国体操学校曾因贡献突出受到北洋政府的表彰。

● 中国女子体操学校。1908 年正式开办于上海，原为中国体操学校的女子部，创办人是徐傅霖之妻汤剑蛾，至 1937 年停办共毕业学生 45 班 1 751 人，是中国最早的女子体育学校。

（4）早期的学校体育教材

1890 年益知书会印行的由庆丕、翟汝舟所译的《幼学操身》，是我国较早出版的适合于普通学校的体育教材。梁启超说该书"述体操之法，与中国易筋经相仿佛，而其法较善"。梁启超曾把这本书列入他编撰的《西学书目表》中。

1902 年，俞复、廉泉等在上海开办文明书局，同时发行了"蒙学"科学全书，其中有丁锦所编的《体操》一书。1904 年，又有王肇翻译的《普通体操教材》出版。1906 年 3 月，清政府学部第一次对中小学暂用教材予以审定，把日本留学会馆李春所译的《新撰小学校体操法》和《瑞典式体操初步》暂定为小学教科书，把作新社编印的《普通体操法》暂定为中学教科书。另外，江苏优级师范学堂的学生整理在校执教的日本教习的授课笔记，于 1906 年编撰了《江苏师范讲义》计 16 册，其中包括体操教材。[①] 这些教材都翻译或编译自日本。

（二）早期的体育组织与竞赛

中国最早的体育组织多由在华的外国侨民或基督教育年会所办。进入 20 世纪后，中国人开始自己组织体育组织。

1. 早期的体育组织

1903 年 5 月，由中国共产党创始人陈独秀在安庆发起组织爱国会，其下分设演说、体操各会，规定"每日体操以二小时为率，唯学堂已有体操者，星期会操"。"凡体操会操，必须人人到场。倘实有事故，可先期报明，违章不报至三次者除名。"

1905 年初，中国民主革命者徐锡麟等人在浙江创办了"绍兴体育会"，"聚诸校弟子数百人"，从事体格锻炼，每月组织绍兴各校学生会操一次。下属各区体育会。

1906 年，上海商界组织了沪学会体育部、商务体操会、商余学会、商

---

① 中华民国教育部. 第一次中国教育年鉴·戊编［C］.

业补习会、沪西士商体育会 5 个体育团体，后联合组建商团公会，团员达 5 000 余众，团员注重强体魄、习武事，并进行军事操练，不少人成为辛亥革命的骨干。①

1907 年初，同盟会人士谢逸桥在广东梅县组织了松口体育会。该会的 100 余名学员多数加入了同盟会。学员在学习体育知识技能的同时，主要授以战术、筑城等军事知识和技能，为后来的广州起义和武昌起义输送了不少战士。

查看爱国武术家霍元甲简介

1909 年，霍元甲在上海创办了精武体操学校。次年他的学生陈公哲、姚蟾伯等在此基础上改组成"精武体育会"。精武体育会是最早引入西方体育观念和训练方法改造传统体育的体育社团。本着"以体育居先，复以武术为主，参以时代各种运动"的精神，提出武术同源、不分门派，融南拳北腿为一体，编排精武基本拳十套为武术基本功训练，同时开展了各种球类及体操、举重、拳击、田径等项目。到 1925 年，精武体育会在国内外的分会已达 38 所，会员数万人，成为当时规模最大的群众体育组织。孙中山先生曾为其题词"尚武精神"，并担任该会的名誉会长。

查看"精武体育会"介绍

2. 早期的体育竞赛

早期的体育竞赛主要是由教会学校组织的。19 世纪末期，教会学校之外的各种学校和学校间也陆续开始举办运动会或比赛活动。

（1）校际运动会

随着学校体育活动的蓬勃开展，校际运动会也日益增多。1898 年，山东烟台汇文书院等教会学校开始定期举行阖滩运动会，除拔河、

▲ 精武体育会教师在上海中华铁路学校技击部传授武术（摄于 1916 年）

夺旗杆、二人三足竞走、退步竞走等游艺性项目外，还有 100 码、200 码、跳高、跳远等比赛。

1898 年，天津北洋大学倡议举办了校际运动会，有天津水师学堂、武备学堂和电报学堂等校参加。各校于 1902 年开始定期举办联合运动会直到

---

① 汤仁泽. 辛亥革命前后的上海商团领袖郁怀智 [J]. 社会科学，2007（3）：164-173.

1911 年。

1902 年，南洋公学和圣约翰书院举办了首次校际足球赛；1904 年，南洋公学与上海的英华书院、圣约翰大学和苏州的东吴大学联合创办了中华学校联合运动会，每年按季举办校际足球、网球、田径比赛。①

1906 年，浙江杭州举行了各校联合运动会，有游戏性赛跑等 12 个项目。同年，由湖南高等实业学堂主办了长沙校际运动会，有兵式体操、田径和武术等项目。

▲ 江南第一次联合运动会会场（1907）

1907 年，在南京举行的"宁垣学界第一次联合运动会"（又称"江南第一次联合运动会"）是当时规模最大的一次校际运动会。86 所学校的运动员参加了 69 个项目的比赛和表演，有兵式体操、竞技运动和民间游艺活动，成为现代体育在各级各类学校初步实施成果的最好展示。

（2）地区性运动会

在校际运动会举行的同时，一些地区也开始举办地区性运动会，较早的有 1905 年举办的湖南省联合运动会（至 1916 年共举行 4 届）；同年在成都举行了第一届四川省运动会，1908 年又举行了第二届四川运动会；广东省从 1904 年开始有门球和足球赛，1909 年又增加了篮、排球比赛，1908 年开始举行省运动会。

1910 年，北京基督教青年会组织成立了清华学堂、汇文书院、协和书院三校体育联合会，1912 年以后北京高等师范也加入共同组成了"北京体育竞进会"。为准备 1914 年的第二届全国运动会，该会于 1913 年举办了第一届华北运动会；1914 年，又联合天津、唐山、保定以及河南、山西省，举行了第二届华北运动会。到 1934 年，华北运动会一共举行了 18 届。

（3）第一届全国运动会

1910 年 10 月 18—22 日，上海基督教青年会发起在南京贸易博览会期间举行了"全国学校区分队第一次体育同盟会"，辛亥革命后以这次运动会为第一届全国运动会。参赛的 140 名运动员分别代表华北、上海、华南、吴宁（苏州、南京）和武汉 5 个地区。运动会设有田径、足球、网球和篮

---

① 成都体育学院体育史研究所. 中国近代体育史（初稿）[M]. 成都体育学院，1979.

球 4 个大项。田径分高等组分区赛、中等组分区赛和全国各校联合赛，采用团体记分办法，各项总分最高的队为锦标队，奖银杯一座；每个单项前三名依次奖金、银、铜牌一面。这届运动会由上海青年会美籍干事爱克斯纳（M. Jexner）负责操办，工作人员多为各城市青年会的

▲ 圣约翰大学运动员拖着长辫子跳高

英、美人士，运动会的各种文件和比赛术语也都用英语。

　　这次大会具有划时代的意义：它是中国第一次以奥运会模式和内容为榜样举行的运动会；它是第一次具有全国意义的运动会；它以空前的规模和影响力在中国传播了奥林匹克理想，中国体育从此开始与奥林匹克运动和世界体育接轨，从此，中国各类运动会在仪式、内容和规则等方面，都逐渐缩小了与奥运会的差距。

文献选读八

中国运动大会之先声

　　世界日趋于竞争，而国民苟安于文弱，其不为天演所淘汰者几希！近以来吾国始知讲求体育，尚未能几于上进。按泰西各国，每四年必举行万国运动大会。① 各国均派代表预赛，唯中国未与其列，可耻孰甚！试问中国何时能派代表赴万国运动大会？何时能于万国运动大会时独得锦标？又何时能使万国运动大会举行于中土？兹值南洋赛会之时机，爱邀集全国体育家，订期九月十五日齐集金陵，开第一次中国运动大会。藉以提倡体育，振刷尚武精神，以与世界竞争优胜。

　　　　　　——录《中外日报》，《成都日报》大清宣统二年（1910）八月初六.

本章小结

　　鸦片战争以后，传统体育受到来自西方的冲击而造成了发展轨迹的中断；西方的坚船利炮，使本已不合时宜的传统军事体育加速退出战场；日渐委顿的乡村社会和遭遇现代工商业及现代化农业围剿的小农经济，已经无力支持传统民俗民间体育活动继续

────────

① 指奥林匹克运动会。

发展；传统的养生方术也遭遇到前所未有的现代健身理论与方法的挑战……传统体育陷入了空前的危机。

面对危机与挑战，社会各阶层都以自己的方式做出回应。尽管这些回应并不都明确地指向体育，但其中多少包含着对体育性质、功能与方法的重新认识。在这个过程中，洋务运动使许多中国人开始接触西方体育；甲午战争前后的危急局势，使越来越多的中国人意识到变法维新和自强保种的紧迫性，从而开始从国家前途、民族素质和教育使命等角度去重新认识素来被鄙视的身体活动，形成了不同于传统养生保健观念的新的身体观和体育观。在这种认识和社会需要的双重推动下，中国体育以不断解决现实需要的形式，艰难地寻求着体育的现代化之路。

思考与探索

1. 试对西方现代体育与中国传统体育的特点加以比较。
2. 试就洋务运动、维新运动对我国现代体育发展的影响加以评价。
3. 哪些人、以哪种方式对现代体育在中国的传入过程中作出了哪些贡献？

拓展阅读文献

1. 中国体育史学会. 中国近代体育史 ［M］. 北京：北京体育学院出版社，1989.
2. 蔡扬武. 上海的租界体育 ［J］. 体育文史，1995（2）.
3. 吕利平. 我国近代洋操的引进及其影响 ［J］. 安庆师院社会科学学报，1998（4）.
4. 林伯原. 中国近代前期武术家向城市的移动以及对武术流派分化的影响 ［J］. 体育文化导刊，1996（3）.
5. 王华倬. 我国近代学制建立前体育课程发展概况 ［J］. 西安体育学院学报，2004（1）.

活动建议

1. 调查本地历史最久的一所学校（可以是大学或者中小学）早期体育的情况。
2. 在本章范围内选择一个事件或一个人物，搜集相关资料并完成一篇文献综述或调查报告。
3. 在完成文献综述的基础上写一篇短文。

第九章 中国体育的初步现代化

本章提要

辛亥革命前十年的变革终于使现代体育制度在中国逐步确立。但中国体育的现代化之路却并不平坦，充满了风风雨雨。由于现代体育进入中国的过程伴随着西方列强的入侵，在强烈的救亡思想影响下，国人对体育寄予了特殊的情感，使体育承载了过重的社会职责和过多的情感，妨碍了国人对体育的理性和客观思索。伴随着中国人对体育现代化、国际化的热情追求，传统体育却一步步被边缘化。而长期的内外战争，也使中国体育缺乏健康发展所需要的社会环境。

第一节　新文化运动与新体育的兴起

辛亥革命前十年，对科学、民主以及各种西方学说的宣传已经十分活跃。民国建立后，这种宣传更迅速汇成了汹涌澎湃的反对封建文化的思想启蒙运动。新文化运动以 1915 年 9 月创办的《青年》杂志（1916 年 9 月起改名为《新青年》）为起点和中心阵地，以民主和科学为旗帜，对中国社会和体育都产生了巨大而深远的影响。

一、"壬子癸丑学制"与双轨制学校体育

1. "壬子癸丑学制"对体育的规定

1912 年 2 月，蔡元培就任中华民国首任教育总长，提出了以"五育"即军国民教育、实利主义教育、公民道德教育、世界观教育和美感教育为民国教育之重。1912 年 9 月，教育部颁布了《学校系统令》，次年又陆续公布了各种学校令，史称"壬子癸丑学制"。新学制废除了经学和贵族学堂，规定初小 4 年、高小 3 年、中学 4 年、大学预科 4 年、大学 4 年，以资产阶级的自由、平等、博爱等观念取代了三纲五常的封建思想，初等教

育实行男女同校，中学以上可设女校。

"壬子癸丑学制"规定各级各类学校开设体操科，其宗旨为"使身体各部分平均发育，强健体质，活泼精神，兼养成守纪律尚协同的习惯"，并要求学校应有体操场，该场地"除非常突变外，不得作为他用"。各级学校体操课具体要求如下：初等小学一、二年级体操课和唱歌课合并，每周 4 小时；三、四年级体操课每周 3 小时，除普通体操和游戏外，另外加授兵式体操，"视地方情形，得在体操教授时间或时间以外，授适宜的户外运动或游泳"；中学体操课每周 3 小时（女子中学校 2 小时），内容为普通体操和兵式体操，强调"兵式体操尤宜注意"，但"女子中学校免课兵式体操，可代以舞蹈游戏"。

对师范学校的要求有所不同，除要遵循"健全之精神宿于健全之身体，故宜使学生谨于摄生，勤于体育"的"教养学生之要旨"外，还要求"解悟高等小学校及国民学校体操教授法"；男子师范学校体操课每周 4 小时，女子师范学校前 3 年每周 3 小时，第 4 年每周 2 小时。教学内容除"普通体操、游戏及兵式体操"外还有"教授法"，其中"女子师范学校免课兵式体操"。① 高等师范预科（三年）和本科（三年）每周体操课均为 3 小时，内容亦为普通体操、游戏及兵式训练。

民国初年，学校体育中军国民教育思想的影响仍十分突出，"以兵式体操为主"的教育内容与《奏定学堂章程》相比无实质性变化。第一次世界大战爆发后，军国民教育更受重视。1915 年，全国教育联合会提出了《军国民教育实施方案》，规定"小学校学生宜注重作战之游戏"，"中等学校以上注重兵式枪操，最后学年宜实行射击"，"管理用军事规则"；"师范学校及各级中等学校之体操学科时间内，宜于最后学年加授军事大要。"要求"各学校应添授中国固有武技"，还"应养成粗衣淡食之习惯……并奖励海水浴或冷水浴"等。②

2. 双轨制学校体育体制的形成

与此同时，教会学校活跃的体育活动也引起了教育行政部门的关注。1915 年，教育部颁布的《教育宗旨》虽然仍"以军国民教育为道德之辅"，但也认为："学校教课，势难于体操科独增教学时数，凡办理学校人员，宜体此急，引导学生正课之外为种种有益之运动。专门以上学校，体

---

① 王增明. 近代中国体育法规 ［Z］. 中国体育史学会河北分会，1988：200-203，310-314，403-407.

② 谷世权. 中国体育史（下册）［M］. 北京：北京体育学院出版社，1989：78.

操不列正课，尤宜组织运动部，随时练习，以免偏用脑力。每年春秋两季，宜酌开学校运动会，互相革励。"这以后，公立学校也逐渐建立了各种运动部、运动队，开展各种课外体育活动和竞赛。这种以"兵式体操"为主的体育课和以田径、球类为主的课外体育活动在学校并存的局面被称为"双轨制"，其影响至今犹存。

二、兵式体操的没落与《壬戌学制》的颁布

1. 兵操体育的没落

以"兵式体操"为主的体操课在各级学校推行了近 20 年。由于内容枯燥乏味，加之教习不良，早就引起了社会和学生家长的不满，因而在新文化运动中受到了更加猛烈的冲击。1918 年第一次世界大战结束后，军国主义的德国战败，对军国民教育持否定态度的人越来越多。就连提出《军国民教育实施方案》的全国教育联合会在 1919 年 10 月召开的第五次会议上也承认："近鉴世界大势，军国民主义已不合教育之潮流，故对学校体育应加以改革。"由此通过了《改革学校体育案》。主要内容有 8 项：减少兵操时间，增加体育时间，实行 20 分钟课间操及课外活动；增加体育经费，注意师范学校体育，注意女子体育；改良高等小学校和国民学校体育，实行身体检查（临时与定期检查）；改良运动会，包括注重体育道德；运动要适合学生体力；学校体育成绩当以全校学生体力如何及学生之病数多寡为准，不得以运动会胜负为断；注意团体竞争等。

尽管这一方案未必能认真全面地贯彻执行，但自 1919 年起，有些学校如长沙雅礼学校、南京高等师范学校等自行废止兵操，有的将"体操课"改为"体育课"，内容以普通体操和田径、球类、游戏等项目为主。从此，军国民教育和兵式体操在学校中日渐没落。1922 年，"壬戌学制"公布，兵式体操被正式废止。

2. "壬戌学制"与学校体育的规范化

全国教育联合会事先曾以广东省教育会提出的草案为基础，在全国范围内征求对学制系统方案的意见。美国教育家孟禄（Paul Monroe, 1869—1947）直接参与了新学制的讨论和制订。1922 年 9 月，教育部将此草案修改后交给在济南举行的全国教育会第八次年会讨论修正，11 月 1 日以大总统令公布《学校系统改革方案》，史称"壬戌学制"。新学制由七四制（小学 7 年，中学 4 年）改为美国式"六三三"分段的单轨学制（小学 6 年，初中、高中各 3 年），一直施行至今。

新学制废除了旧的教育宗旨，提出了 7 项新的标准：① 适应社会进化之需要；② 发挥平民教育精神；③ 谋求个性的发展；④ 注意国民经济力；⑤ 注意生活教育；⑥ 使教育易于普及；⑦ 多留各地伸缩余地。① "壬戌学制"和 1923 年公布的《新学制课程标准纲要》正式把学校的"体操科"改名为"体育科"，规定小学体育课占总课时的 10%；初中体育为 16 学分（每学期每周 1 小时为 1 学分，其中生理卫生占 4 学分）；高中 10 个学分（包括健身法、卫生法）；体育课以田径、体操、球类、游戏等为主要内容，兵操在学校体育中被彻底废止。

新学制标志着新的体育课程体系的建立，中国的学校体育从此朝着有利于学生的健康成长、更加科学化和现代化的方向发展。

三、体育专业教育的发展

民国建立以后，教育发展很快。据统计，1912 年全国有各类学校 8.7 万所，学生 293.3 万人；1922 年发展到 17.9 万所，662.0 万人，10 年间教育规模扩大了一倍多。② 教育的扩充和运动竞赛的发展促进了体育专业教育的新发展。民国建立后，除原有的中国体操学校、中国女子体操学校等私立体育师资培训机构外，又陆续开办了数十所公立的体育系、科和学校。其中影响最大的有：

● 南京高等师范学校体育专修科。南京高等师范学校创办于 1915 年，1916 年设体育科，前两位科主任是美国人麦克乐和乔格，学制两年，1918 年改为三年。1923 年，南京高等师范学校并入东南大学，改科为系，学制四年。1927 年，学校改名为中央大学，体育系属教育学院，毕业生授教育学学士学位。该系（科）是当时南方体育专业人才培养最重要的场所。

● 北京高等师范学校（现北京师范大学）体育专修科。该校是当时中国北方最重要的体育人才培养机构，前身为成立于 1902 年的京师大学堂师范馆，1908 年改为京师优级师范学堂，1912 年改名为北京高等师范学校，1923 年改为国立北京师范大学。该校体育专修科始建于 1917 年，第一届学制为两年半，第二届改为三年，第三届改为四年。1930 年改为系。

这一时期建立的体育系（科），还有广东高等师范学校体育专修科（1915）、东南女子体育师范学校（1919）、上海两江女子体育学校

---

① 新教育，1922，5（5）.

② 杨东平. 艰难的日出——中国现代教育的 20 世纪［M］. 上海：文汇出版社，2003：29.

▲ 1921 年远东运动会中国篮球队北京高师队员

（1920）、浙江体育师范学校（1921）、成都高等师范学校体育专修科和私立东吴大学体育专修科（1924）以及辽宁省立师范学校体育专修科（1926）等数十所体育专业学校（科）。各校尽管体育课程设置还不够规范和统一，师资和办学经费等也得不到保证，但一般都能依法办学，培养了一批体育师资和体育专门人才，为推行新体育发挥了重要作用，其中不少人成为全国和各地运动会的骨干力量。

第二节 "收回体育权"与中华全国体育协进会

辛亥革命后，中国社会陷入军阀混战。在为结束军阀割据而进行的北伐战争前后，中国社会掀起了收回教育权和体育权的运动，中国体育开始逐步走上自主发展的道路。

一、早期的全国性体育组织与全国运动会

（一）基督教青年会与现代体育在中国的传播

基督教青年会对现代体育的国际传播，起了重要的作用。1885 年，福州英华书院开始有基督教青年会的组织，以后许多教会学校都成立了青年会。1895 年，北美青年会派来会理（David Willard Lyon）在天津组织了第一个校际青年会，次年在上海成立了中国基督教学塾幼徒会，1915 年改称中华基督教青年会全国协会，许多城市陆续成立了青年会。各城市青年会

主要针对学生开展体育活动。

1. 引进和传播现代体育活动

来会理于 1915 年 12 月 8 日在天津基督教青年会成立大会庆祝活动中，就进行了篮球表演。他曾在《中国青年会早期史实之回忆》中说："会员对篮球亦极感兴趣，故一时有成为群众运动的气概……他们必须盘好自己的发辫，修短长长的指甲，把不便利的长袍脱去。这样，他们就把书生的尊严放弃，而换上一副高兴活泼的姿态了。"1911 年来华的上海青年会干事柯乐克，在青年会新建运动场组织了排球比赛。

▲ 天津青年会室内篮球馆（1913）

青年会还在各地发起和主办了许多运动会。其中影响最大、意义最深远的是 1910 年在南京举行的第一届全国运动会（参见第八章第三节）。

2. 介绍西方体育理论与方法

除在青年会传授运动技术以外，青年会人士还经常到当地学校指导体育活动，介绍西方体育的理论与方法。1904—1908 年间，天津青年会干事罗伯逊曾到北京、天津各学校讲演西洋体育。1915 年来华的美国著名体育家麦克乐（C. H. McCloy，1885—1959）对我国体育影响更大。他于 1916 年任南京高等师范学校体育科的首届主任，1917—1919 年任中华基督教青年会全国协会体育干事，五四运动后回国。1923 年，麦克乐再度来华，并担任南京大学体育系主任。他创办了《体育季刊》杂志，并在南京作了中小学生体质调查研究，制订出中小学生体育课分组和成绩考核标准。他经常到上海、南京各学校作体育演讲，发表了不少体育论著。他在中国出版的体育著作有《分级器械运动》（1916）、《体操释名》（1917）。

麦克乐是第一个在中国系统介绍美国体育理论与方法的学者，对于清算民国初年"兵式体操"的消极影响起到了一定的作用。麦克乐也是中国体育理论、学校体育和体育科学研究的奠基人。

3. 培养体育专业人员

为了培养体育干事，上海基督教青年会早在 1906 年就举办过体操培训班。1918 年开始，上海青年会开办了一年制体育干事训练班，以后改称"全国基督教青年会体育专门学校"，学制两年。北京、天津、长沙、成都等城市的青年会也举办过体育训练班。这些训练班人数虽很少，但是却是我国最早系统接受西方体育专业训练的人，其中许多人成为后来我国体育的领导者和著名体育家，对培养体育专业人才和我国体育的发展起了很大的作用。

▲ 20 世纪 20 年代最早留学美国春田学院学习
体育的许民辉、高锡威和董守义（自左向右）

（二）早期的全国性体育组织与第二届全国运动会

中国最早的全国性体育组织成立于 1910 年，是为筹办"全国学校区分队第一次同盟会"成立的同名体育组织。这是一个以青年会人士为主的临时性组织，当时有董事 25 人，其中外国人 12 名，无固定会址、机构和组织系统，运动会一结束就解散了。第二届全运会由"北京体育竞进会"主办，于 1914 年 5 月 21—22 日在北京天坛运动场举行，实际负责人是该会的名誉秘书、北京基督教青年会干事侯格兰德。参赛单位分华东、华南、华西、华北四部，运动员各佩戴不同的标志带以示区别。比赛只有男子项目，共有 96 名运动员参加。第二届全运会参照远东运动会的项目设置，进行了田径、篮球、足球、网球、排球和棒球 6 个项目的比赛，其中田径设置了 16 个小项目，径赛仍用码制，如 100 码、220 码、440 码、880 码、1 英里、5 英里赛跑及 220 码低栏、半英里接力跑、1 英里接力跑等。

为参加第四届远东运动会，1919 年，有关青年会的体育部协商成立了全国运动联盟，1922 年 4 月 3 日更名为中华业余运动联合会，由王正廷（会长，1882—1961）、郭秉文（副

▲ 1913 年远东运动会宣传画

会长）、麦克乐（书记）等9人组成，其中有3名外国人。1922年，王正廷成为中国的第一位国际奥委会委员。

二、"收回体育权"与中华全国体育协进会的诞生

（一）第三届全国运动会与"收回体育权"

1923年5月，中国体育代表团在日本举行的第六届远东运动会上惨败，国人认为这是中国体育的奇耻大辱。这次参赛名义上由中华业余运动联合会领导，实际上由该会书记美国人葛雷主持，他甚至代表中国在此次运动会上登台讲话。体育界人士纷纷批评中华业余运动联合会和葛雷，认为体育界必须改变放弃责任的态度，组织体育机关。当年7月7日，中华体育协会筹备处在上海成立。

1924年初，葛雷代表中华业余运动联合会赴武昌协助第三届全国运动大会委员会工作。此时正值北伐战争高潮之际，反帝呼声正高。因而第三届全运会的消息传出后不久，抵制的呼声就越来越高。武汉、香港南华体育会、广东女子体育团、广东第九届运动会会长等先后发表反对参加本届大会的意见。中华体育协进会筹备处也于同年4月22—23日在《民国日报》发表"复香港南华体育会函"和"征求对全国运动会意见"的通函，反对葛雷和抵制第三届全运会。

鉴于这种形势，全国运动会委员会在各大报刊登题为《全国运动会解释内容》的公开信，说明中华业余运动联合会仅为发动者之一，葛雷不过是工作人员。这时，上海圣约翰大学体育教员兼申报体育编辑蒋湘青提出了对抵制的不同看法。他建议这届全运会由武昌委员会主持，同时借大会机会成立全国体育总机关。他还认为远东运动会的失败，归罪于葛雷一人似欠公平。蒋湘青的意见为大部分人所接受。葛雷也表示本次大会并非由其主办，将来事务当然归全国体协处理。[①]

这次风波的积极效应是显而易见的，它使"中国的事由中国人办"的思想在体育界得到了广泛传播，打破了依赖外国人办运动会的做法。其直接的效果是促进了中华全国体育协进会的成立，更深远的意义是全面收回了自己办体育的权利。

---

①　张天白. 中国体育协进会筹备成立始末［J］. 体育文史，1990（6）：30-33.

第三届全国运动会于 1924 年 5 月 22—24 日如期在武昌举行。中华体育协进会由于"因筹备手续尚欠妥善，未获结果"，运动会由中华业余运动联合会和武汉体育界人士共同主持，700 多人代表华东、华西、华南、华北和华中五区参加了 8 个项目的比赛。

▲ 1924 年第三届全国运动会在湖北省体育场举行

这届全运会不但较以往两届项目多、规模大，还专门修建了运动场和游泳池，首次举行了团体操表演。与以往竞赛活动不同的是，这届运动会首次设立了女子比赛项目（只发奖品而无锦标）；除少数外国人担任裁判工作外，一切会务均由中国人承担；在田径比赛中一律使用国际通用公制量度单位。

（二）中华全国体育协进会的诞生与作用

在第三届全运会期间，中华体育协会经与中华业余运动联合会协商，在湖北召开了联席会议，最后推选了中华业余运动联合会会长张伯苓、中华体育协会发起人卢炜昌为筹备委员，成立了由 5 人组成的"章程起草委员会"。新组织初步定名为"中华体育联合会"，拟于 1924 年 7 月在南京召集各省区代表举办成立大会。

1924 年 7 月 4—5 日，由中华业余运动联合会及中华体育协会筹备处共同召集，在南京东南大学举行了大会。来自江苏、浙江、直隶、山东、河南、陕西、湖南、湖北、江西、安徽、四川、香港等 10 余个省的代表团 66 人出席会议，张伯苓为临时主席，沈嗣良为临时书记。会议经投票选出张伯苓、郭秉文、陈时、卢炜昌、聂云台、郝伯阳、沈嗣良、方克刚、穆藕初 9 人为临时董事会董事。董事会会议公推王正廷为名誉会长，张伯苓为董事长，聘请沈嗣良为名誉干事，蒋湘青为干事，董事会由 15 人组成，全部是中国人。组织正式定名为"中华全国体育协进会"（China National Amateur Athletic Federation）。1924 年 7 月 5 日，中华全国体育协进会（简称全国体协）在南京东南大学正式宣告成立。

全国体协成立之后，先后参加了田径、游泳、体操、网球、举重、拳击、足球、篮球等国际单项体育组织。1931 年被国际奥委会正式承认为团体会员。抗战开始后，中华全国体育协进会西迁重庆，由董守义任总干事。1941 年向国民政府社会部正式注册为社会团体。

▲ 中华全国体育协进会部分董事。左起前排冯少山、
卢炜昌、沈嗣良，后排陈时、张伯苓、王正廷

中华全国体育协进会是中华民国唯一正式的全国性体育组织，1949 年之前筹办了第四届至第七届全国运动会，1927 年成功主办第八届远东运动会。全国体协负责编审各项运动竞赛规则；负责编辑出版《体育季刊》，并通过它解答体育竞赛、裁判工作及有关疑难问题；审订全国田径、游泳最高纪录；帮助各地体育组织展开活动。中华全国体育协进会代表中国参加各类国际体育事务，负责组队参加远东运动会、奥运会以及戴维斯杯网球赛等国际比赛，为开展和推动近代体育事业发挥了积极作用。

三、中国与国际奥委会的早期联系

中国人最早知道奥运会是在 1904 年。《万国公报》1904 年第 191 卷"时局一览"栏中刊登的《圣路易人博览会之游记》中说："体操院一切赛力法皆备，而希腊赛人时代之亚力必嬉戏会，亦在其中"。[①] 在 1907 年 10 月 24 日天津第五届学校联合运动会举行颁奖仪式上，南开中学校长张伯苓以 1906 年在雅典举行的庆祝奥林匹克复兴 10 周年运动会为题发表了演讲，并提出了中国运动员参加奥运会的可能性。

中国与国际奥委会最早发生联系是在 1915 年第二届远东运动会开幕前。1915 年夏，担任大会组织工作的上海基督教青年会接到了国际奥委会的电报，建议取消"远东奥林匹克运动会"的"奥林匹克"字样，表示

---

① 转引自上海图书馆编. 中国与世博历史记录（1940—1951）［M］. 上海：上海科学技术文献出版社，2002：152-153.

"承认远东运动会为其东方之支部。将来万国运动会总干事部中国得派代表参加会议；下次万国运动会时，中国亦得派运动家前往预赛。"① 然而，第一次世界大战的战火不但使中国人实现奥林匹克之梦的希望化为灰烬，也中断了与国际奥委会刚刚建立起来的联系。1922 年，中国重新以"中华业余运动联合会"的名义与国际奥委会建立了联系。但由于中国此后并未实际参加奥运会和奥委会的活动，中华业余运动联合会也在 1924 年被中华全国体育协进会所取代，以至直到 1931 年，中华全国体育协进会才第三次被国际奥委会正式接纳。

▲ 第二届远东运动会奖章

▲ IOC 委员王正廷、孔祥熙、董守义（左起）

第三节　体育文化冲突与传统体育的初步现代化

民国初期，围绕传统体育与现代体育的价值，一直存在着激烈的冲突。1927 年南京国民政府建立后，中国体育逐步走上了法制化的道路。西方体育进行过比较。如 1897 年时就有人问："近日学堂皆增体操，与拳法有无异同？"② 也有人认为"体操实非西法，乃我中古习武之遗意。"③ 20

---

① 高劳. 纪远东运动会 [J]. 东方杂志，1915，12（6）.
② 何炳. 中西体操比较说 [N]. 利济学堂报（第三册），1897-2-18. 利济学堂是浙江人陈虬 1885 年在浙江瑞安办的中国第一所近代中医院（利济医院）附设的中医学堂。
③ 王维泰. 体操说 [N]. 知新报（第二十九册），1897-8-28.

世纪初，对日本在日俄战争中获胜原因的思考使国人更加关注以武术、气功为代表的传统体育，试图将它们纳入或取代现代体育，由此引发了一次次争论。这些争论深化了对现代体育和传统体育的认识，促进了二者的融合和中国体育的现代化。

一、民国初年的传统体育活动

民国以后，武术、舞龙、舞狮、划龙舟、踩高跷、跑旱船等民间游戏和各种养生健身活动，大部分仍继续存在和发展。在传统节日、纪念日与庙会以及婚丧典礼等民俗活动中，体育活动是重要的内容。在各种传统节日（如春节、元宵节、端午节、重阳节、中秋节等）、宗教纪念日（四月初八佛诞、腊月初八成道节、四月十九观音诞辰等）以及庙会（如东岳庙会、药王庙会、关帝庙会等）活动中，演武、舞龙、舞狮、踩高跷、跑旱船、放风筝、抖空竹等十分普遍。其中演武多以武会或打擂的形式出现，龙狮活动一般由狮堂、狮团、狮队组织，一些民间拳社中也有龙狮队；在北方还有以活动项目命名的高跷会、小车会、旱船队等。"不仅是佛事活动和大众娱乐，而且是民间传统体育的大联赛。"①

又如在甘肃临潭县，600多年来每到元宵节时，老城居民包括周围村镇的农牧民，分为下街和上街两队，用重达数吨的长绳进行拔河比赛。每次比赛少则七八千人，多则上万人，观众三五万不等。连续三晚，三天九局定胜负。一年一度，极富有地方特色。②

▲ 甘肃临潭第 618 届拔河赛（2007 年 7 月 16 日）

---

① 成善卿. 北京民间花会中的体育活动 [J]. 体育文史，1991（1）：67-69.
② 刘生文. 临潭"万人拔河"古今谈 [J]. 体育文史，1992（6）：33-36.

二、清末民初的公园运动与市民休闲方式的转变

中国古代的公众活动方式主要是庙会，园林都为皇家所有或豪门私有，不对公众开放。虽然也有"洛下园池不闭门，遍入何尝问主人"① 的情况，但这只限于一年中的特定时段与个别园林。第一个真正意义上的公园是上海英租界工部局于 1868 年 8 月开辟的外滩公园②，此后在其他通商口岸的租界中也相继出现了西式公园，如汉口海关花园（1875 年）、天津维多利亚公园（1887 年）和德国公园（1895 年）。③ 但中国人不能随意进入游玩，很多公园门口竖着污辱中国人的"华人与狗不得入内"的牌子。

此后，中国人开始自己造公园。最先是一些私园如上海的张园（1885 年）、愚园等对外开放。1903 年，张园的园主成立了张叔和花园公司，添建了抛球场、网球场、溜冰场、弹子房、舞厅等体育游乐设施。张园曾举行过脚踏车大赛和拳术比赛等，1909 年霍元甲曾在此设擂较拳。1910 年，霍元甲拟与奥皮音比赛的赛场也在这里（后因奥皮音胆怯逃走而未举行）。④ 民国以后，张园因上海娱乐场所增多而逐渐衰落。

▲ 清末最早对外开放的私家园林——张园

1906 年，出洋考察归来的清政府大臣端方建议开办图书馆、博物院、万牲园（即动物园）和公园⑤，由此掀起了兴建公园的高潮。民国成立以后，公园成为各地城市规划的重要内容。据统计，20 世纪 30 年代前后，

---

① 出自（宋）邵雍《咏洛下园》。
② 上海研究资料 [M]. 上海：上海书店出版社，1984：473.
③ 彭雷霆. 娱乐与教化：近代公园的中国变迁 [J]. 江淮论坛，2007（4）：184-188.
④ 李庆瑞点校，燕华君评说. 上海旧闻 [M]. 苏州：古吴轩出版社，2004：139.
⑤ 考察政治大臣端方、戴鸿慈奏陈各国导民善法请次第举办折 [N]. 大公报，1906-12-8.

全国有中山公园达 267 座。① 这些公园大多挖湖堆山，有喷水池、游泳池、运动场、球场等设施。公园建成后，"有钱的人坐（公园的）茶馆，身体好的到运动场运动，花没人摘，没人随地大小便了，人民接受日常生活教育，井井有条。"② 可见公园对推广现代体育的积极作用。

三、民国前期围绕传统体育的争论

（一）传统武术的教育化

对日俄战争中日本获胜原因的思考，使人们重新认识到了武术的价值。"今也欲求强国，非速研究此术不可，尤非崇为普通学科不为功。"③ 辛亥革命后，有人在《教育杂志》载文，称中国之击剑、枪术、弓法、骑法等为最佳运动，主张作为体操课内容，以代西式体操。京、津、沪学校闻风而动，争相聘师开课；各校运动会也增加了武术表演。1914 年，武术被列为各级学校正课。1915 年 4 月，全国教育联合会第一次会议通过了北京体育研究社委托北京教育会提出的《拟请提倡中国旧有武术列为学校必修课》议案，教育部当即明令"各学校应添授中国旧有武技，此项教员于各师范学校养成之"。武术从此正式进入学校。第一次世界大战结束后，"尚武"教育受到猛烈批判。在"兵操废存"讨论的背景下，不少人"一变致用之志，而以武术为卫生之方"，更多地从强健体魄角度阐述武术的作用，"自卫应敌"不再是提倡武术的主要依据。武术从"致用之志"到"卫生之方"的转变，标志着人们开始从培养人的角度去发掘传统体育的价值，也标志着传统体育现代化的真正开端。同时，也整理了一些传统保健术和游戏。

文献选读一

将来五十年体育发达之方

　　将来亦必应研求一种中国的体育系统。此项系统不应直接译自欧美。因各国之民性不同，其遗传及社会之精神又不同。是以应从事于数年之实验，并研究各国最优美之教材及行政法，即能采其精英，变

---

　　① 陈蕴茜. 空间重组与孙中山崇拜——以民国时期中山公园为中心的考察 [J]. 史林，2006（1）：1–18.

　　② 吴国柄. 我与汉口中山公园及市政建设 [J]. 武汉文史资料，1988 年第 1 辑.

　　③ 社说. 论今日国民宜崇旧有之武术 [N]. 神州日报，1908–7–2.

通应用，成一适合中国民性之体育系统。

无论何国，构成新系统时，均宜利用其本国之教材。在中国则有固有之国技，因历史与民俗之关系，更不宜轻视也。然鄙意中国武术之教授法及其教材，更应加一番研究，发明一种科学的教材与教授法。如现时学生已习过三四年之武术，尚未能得多少实用。然如用较良之教授法与教材，则一二年中必能多获进益也。

中国固有之游戏法亦应多加研究。现时各处只知研究外来之游戏法，毫不注意本国之游戏法。然由余观之，如中国已有某项教材，则即不应勉强采用他国者。

——麦克乐. 五十年来中国之体育及武术［C］//最近之五十年
（申报馆五十周年纪念），1922.

20世纪20年代，在民主之风劲吹的情况下，学校体育中的"选手制"倾向成为众矢之的。人们开始检讨我国体育的发展道路，有人甚至尽力去找"外国体育的劣点和国粹体育的优点"，因为这样，"国粹体育可以格外显得有价值"。他们极力证明传统体育较现代体育更优越，更符合中国国情，"无事则为强健之劳动者，有事则为强健之军人"；不仅有练身体的方法，还有练精神的方法；不仅有练肌肉的方法，还有练内脏的方法，是"无处不平均发达"的全面的体育。①

这场"新旧体育"之辩和对现代体育的批评，并没有阻碍西方体育的发展。人们"批评西洋近代体育的武器恰恰又是近代体育的基本原则。因此，不管他们怎样反对或批判西洋近代体育，怎样强调民族传统体育的优越性，其最终结果，不是传统体育取代了近代体育，而是按照近代体育的原则去发掘传统体育形式的体育意义，并对其加以改造。正是通过这样的改造，部分传统体育形式才找到新的立足点，成为近代中国体育教育的一部分内容。"②

（二）"土洋体育"之争

到了30年代，对中国传统体育和西方体育的不同认识，终因"九·一八"事变、1932年奥运会上的失败和第一次全国体育会议的召开，引发了一场"土洋体育"的大讨论，这对中国体育的发展方向产生了深刻

查看《70年前的一场中国体育发展道路》

---

① 王庚. 国粹体育［M］//中国近代体育文选. 北京：人民体育出版社，1992：6.

② 熊晓正等. 从"土洋"对立到"建设民族本位体育"［J］. 体育文史，1997（4）：13-17.

的影响。

▲ 刘长春在奥运会百米预赛中（下右二）

　　1932 年 7 月，北平《世界时报》发表社论，呼吁改革体育，"须寓体育于劳动之中"①，揭开了新一轮土洋体育学术之争的序幕。同年 8 月 7 日和 16 日，《大公报》两度发表社论，批评中国多年来学习西方体育不得要领、西方近代体育（包括参加奥运会和远东运动会）不合中国国情，明确提出"中国体育的根本出路在于脱离'洋体育'，提倡'土体育'，从中国文化之丰富遗产中，觅取中国独有的体育之道"的观点。② 8 月 13 日，天津《体育周报》发表社论对上述观点予以反驳，认为"学术无国界，体育何分洋土？体育如有教育意义，不分洋土，自当采而行之；其不善者，立应淘汰，亦无顾虑洋土"。③

　　第三种意见则认为食"洋"不化和食"土"不化都是错误的：提倡"洋体育"的人，注意到了体育的时间性却忽略了体育的空间性，盲目采用"洋体育"很难使我国体育走上新途径；提倡"土体育"的人虽然留意了体育存在的社会条件，但却忘记了它的时代性，也不能使我国体育走上新途径。④

　　在各种报刊上笔战正酣时，正在南京召开的第一次全国体育会议的代表们也围绕上述问题展开了讨论。会议通过的宣言反映了对一些基本问题的看法："学术无国界，人类之天性中外无不同。凡不背科学原则及能适

　　① 社评. 体育呼唤革新 [N]. 世界日报，1932-7-17.
　　② 社评. 与全国体育会议商榷 [N]. 大公报，1932-8-17.
　　③ 社论. 体育何分洋土 [N]. 体育周报，1932-8-13.
　　④ 方万邦. 今日中国的十大问题及其解决途径 [J]. 教育杂志，1935（3）.

合人类天性之种种体育活动，均应按照国内社会状况一律提倡之，不应以其发源地点不同而有所轩轾……故本会谋为我国体育前途计，深望全国国民，对各种身体方法，抱择善而从之之态度，毋分新旧中外。"①

但这个会议宣言没有结束争论，反而引起了全社会对"土"、"洋"体育问题的广泛关注。教育界、体育界的一些名流，乃至政府的一些要员都先后加入了讨论。程登科、袁敦礼、吴蕴瑞、谢似颜、章辑五、邵汝干、陈果夫等都就如何发展中国体育提出了自己的观点。这反映了当时国人体育自觉意识的增强。

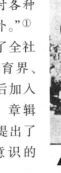

▲ 张之江 1935 年在第六届全国运动会上表演太极拳

从"新旧体育"之辩到"土洋体育"之争，讨论的重点从"何为体育"转为"怎样体育"。通过争论虽然达成了"建设民族本位体育"的共识，但在理解何为"民族本位体育"及如何推进的问题上，各方还存在较大分歧。但由于当时中日之战已一触即发，讨论已无法再继续下去了。②

四、国术馆系统的建立与武术的现代化建设

（一）国术馆系统的建立与管理

1926 年 12 月，原西北军将领张之江（1882—1969）和李景林、钮惕生创建了武术研究所（后改名国术研究所）。1927 年，宋子文、蒋介石、孔祥熙、李宗仁、何应钦、于右任、冯玉祥以及蔡元培等人"联名发起，呈请政府"改称武术为国术。同年 3 月，经行政院批准，在国术研究所基础上正式组建了中央武术馆，6 月改名为中央国术馆，由张之江任馆长，李景林任副馆长（1929 年后为张荣）。国术馆设 9~11 人的理事会，初设少林、武当两门，1929 年改为教务、编审、总务三处一室（参事室）制。国术馆经费除政府资助外主要靠自筹。1929 年，爱国华侨陈嘉庚和胡文虎、胡文豹兄弟捐大洋 35 万元。

中央国术馆成立后，国民政府通令各地设立相应机构。据不完全统

---

① 全国体育会议宣言［N］. 申报，1932-8-22.

② 熊晓正等. 从"土洋"对立到"建设民族本位体育"［J］. 体育文史，1997（4）：13-16.

计，至 1933 年底，全国共有 25 个省市建有国术馆，县级国术馆达 300 余处，许多区、乡也建立了分（支）馆（所、社）。根据《国术馆组织大纲》规定，各级国术馆负责人由同级"政府首脑"兼任，"或由省市政府及董事会推定资望相当者充之"，然后由上级国术馆加以聘任；各级国术馆均接受上级国术馆和同级政府的领导；各级国术馆按统一要求设置管理部门和下属机构，形成了一个完备的国术馆系统。

国术馆的宗旨是"提倡中国武术，增进全民健康"，"特延聘国术专家、体育专家及其他专门学者"，履行"研究中国武术与体育，教授中国武术与体育，编著关于国术及

▲ 初期的武当门门长杨澄甫

其他武术之图书，管理全国国术事宜"的职责。国术馆的建立，在推动对传统武术的整理和普及方面，发挥了一定的积极作用。

文献选读二

中央国术馆成立大会宣言（1928，节录）

国术是我们固有的技能，是锻炼体魄的方法。从前习练国术，只知其然而不知其所以然。自从近数十年来，许多同志用了科学的方法，来估计我们国术的价值，才晓得我们的国术不但不是反科学，而且在科学的立场上，还有崇高的位置。

关于这一点，同志们著书立说的很多，综其要旨，约有数端：

一、国术以手眼身步为锻炼的本位，是四肢百体协同的动作。

二、国术锻炼的功效，能增长神气，调和血脉，有百利无一害。

三、国术不受经济的束缚，有平民化的可能，不分老幼，不拘贫富，不分性别，不拘人数，不拘场合，不拘空间时间，随时都可练习。

四、国术是体用兼备的，既可以强身强种，亦能增进百兵格斗的技术，不论平时战时，皆可得到国术的功效，使人人皆有自卫卫国的能力。

五、国术是一种优美的锻炼，稍得门径，便有可观，果能得其精深，手眼身步，具有风虎云龙的变化，足以增加体育上的兴趣和美感。

综上所述，可以证明，我们所提倡的国术，不但是完美最易普及的体育，也是我们救国最重要的工作。

——张之江. 中央国术馆成立大会宣言 [M] // 中国近代体育文选.

北京：人民体育出版社，1992.

（二）国术馆系统的主要活动

1. 组织国术考试

组织国术考试是国术馆系统的主要工作之一。国术考试分国考、省市考和县考三级。考试内容分文科和术科。文科考三民主义、语数史地、生理卫生和国术源流，术科预试须通过搏击、摔跤、劈剑、刺枪、拳械五科中的三科方可参加正试。正试分为初试、复试、决试三轮，初试按体重编为 5 级分组进行淘汰赛，淘汰达预定人数后进行复试；复试胜者参加决试，最后选出 3 人采用循环对阵定出名次。

第一届国术国考于 1928 年 10 月 1—7 日在南京举行。应考的有中央国术馆及各省市选手共 400 余人，最后选出最优秀 15 名，优等 30 名。第二届国术国考 1933 年 10 月 20—30 日仍在南京举行，19 个省市和中央国术馆共 429 人（含女 9 人）参考，按《国术考试条例》及其细则进行，选手按体重分 5 组比试，各录取甲、乙、丙等 1~6 名。

▲　第一届国术国考中的棍枪长兵比赛

在这两次国考前后，许多地方举行了国术省考、市考和县考，有的地方还为迎接国考而专门组织了选拔赛或观摩比赛。

2. 举办武术比赛

中央国术馆于 1929 年举办了杭州国术游艺大会和上海国术比赛，1931 年举办了上海国术比赛大会，1933 年举办了香港武术比赛大会。杭州国术游艺大会有 19 个省市 400 多名运动员参加，前四天为名家表演，后七天为散打比赛。除了全国性比赛外，在各省市和大区运动会、全国运动会上也有武术比赛和表演。第六届全运会把武术列为正式比赛项目，其中男子 16 项，女子 11 项。这些武术竞赛活动是中国武术融入现代体育竞赛体系的标志。

3. 推广和普及武术运动

推广武术运动是国术馆系统的一项经常性活动，主要有办各种武术训练班（所、队、社）、设武术辅导站和派人到机关、学校辅导等形式。据不完全统计，到抗战前，中央国术馆各类学校（不含 1933 年创办的国立

查看中央国术馆举办的国术比赛集锦（20 世纪 30 年代）

国术体育专科学校）培训过的学员达三四千人。这种班级教学形式的效果，是传统的师傅带徒弟的形式无法比拟的，对社会武术发展促进作用很大。

4. 对外宣传中华武术

中央国术馆曾组织过一些武术代表团出国访问表演。如 1936 年 1 月，为了募集国立国术体专基建资金，中央国术馆和国术体专联合组织了南洋旅行团，由张之江率领李锡恩、杨松生、张文广、温敬铭、马文奎、何福生、马正武等人，到香港和东南亚表演募捐。1936 年 7 月，全国体协选拔出张文广、温敬铭、郑怀贤、金石生、翟涟源（女）、傅淑云（女）6人和备取选手 3 人组成武术代表队，随中国体育代表团赴欧表演。到达德国后，他们先后在汉堡、柏林、法兰克福和维斯巴顿进行了武术表演，反应热烈。代表队还收到了丹麦、瑞典体育当局的邀请，可惜未能成行。

▲ 刘玉华和傅淑云表演对练

中国武术出国表演，向世界宣传了中国武术文化，受到意外好评，对中华武术走向世界进行了开拓性的有益尝试。

5. 开展武术学术研究

在"研究中国武术与体育""编著关于国术及其他武术之图书"方面，中央国术馆和一些省市国术馆也做了一些工作，例如编撰武术教材、出版刊物和专著、挖掘整理武术遗产、规范武术名词术语、制定武术比赛规则和规程等。国术馆系统在整理和促进其他传统体育活动的发展方面也做了一些工作，如组织踢毽、跳绳、风筝比赛等。

（三）武术教育的规范化

武术改称国术后，在 1934 年 2 月成立了全国国术统一委员会，负责国术的整理统一工作。同年，在教育部公布的师范学校统一课程标准及体育师范学校各学年课程安排中，均列有国术教材。1936 年，教育部修正公布的初中及高中体育课程标准及《暂行大学体育课程纲要》均将国术定为教材，并对初中、高中和大专学校的教学内容作了具体规定。1941 年，教育部再训令《各级学校提倡国术》，并设立了"国术教材编审委员会"。到

1944 年，编有"健康操" 4 种、普通教材 24 种、军事教材 4 种和特种教材 17 种，共计 49 种，由体育委员会制定实验。[①]

武术教学的规范化，大大加快了武术现代化的进程，意义深远。

（四）武术文化传播手段的现代化

20 世纪 20 年代，在以"南向北赵"[②] 为代表的新武侠小说日益走红的同时，又出现了武侠电影。根据著名武侠小说家平江不肖生（向恺然）的《江湖奇侠传》改编的电影《火烧红莲寺》于 1928 年 5 月公映，"一出之后，远近轰动"，红莲寺一把火"放出了无数的刀光剑影。" 30 年代中期，又有杨小仲导演的《红羊豪侠传》，也是一部较为突出的武侠题材的有声电影。此后，香港的武侠电影发展比较迅速，1938 年金城电影公司拍摄了香港第一部武侠片《粉妆楼》，40 年代，香港又将《七侠武义》、《施公案》等剑侠小说搬上银幕。[③] 新武侠小说和武侠电影的出现，使武术文化得以更广泛、迅速、生动地传播。

五、民间拳社的发展

民国以后，城市民间拳社迅速发展。各拳社多由一两名有一定水平和名望的拳师组织，也有的外聘拳师任教，开堂收徒。部分城市拳社有很强的行会性质，大多面向某行成员或由某行会组织主办，如面向店员的道友社国术馆（上海）、上海市邮务工会国术股、开滦赵各庄煤矿工友俱乐部武术班等。另一部分则已初具现代体育社团的性质，如精武体育会、北平的体育研究会、天津的中华武士会等。在乡村，多数拳社保留了传统的组织名称，例如五虎棍会、少林会、红枪会、大刀会等。这些组织大多数以宗族为基础，拳社成员往往由同宗组成，忙时务农，

▲ 1935 年第五届全运会上的
蒙古式摔跤比赛

---

① 易剑东，张苓. 中国武术百年历程回顾［J］. 体育文史，1998（3）：21-23.
② 指向恺然和赵焕亭。参见羊羽. 民国武侠小说鸟瞰［J］. 民国春秋，1994（3）：31-38.
③ 同①。

闲暇时习武练拳，农闲或遇庙会节庆时则走乡串户表演武艺，相邻拳社常定期或不定期打擂比武。

民间拳社的组织规模、师资水平等与国术馆比较差距较大，但也有发展不错的。据不完全统计，20 世纪 30 年代仅上海一地，较大的民间拳社就有 30 多处，较著名的有中华武术会、致柔拳社、武当太极拳社、益友社、汇川太极社等。

六、体育管理的初步现代化

（一）体育行政管理机构的建立

1927 年南京国民政府成立以后，为加强对体育事业的管理，陆续建立了一些体育行政管理机构。1927 年 12 月，国民政府大学院（1928 年底改称教育部）在南京成立了全国体育指导委员会。这是国民政府建立的第一个体育咨询机构。此后，国民政府又先后建立了教育部体育委员会（1932 年成立，1941 年改称国民体育委员会）和教育部体育组（1936 年成立，直属部长领导，地方则称体育股）。1933 年，教育部曾任命郝更生为督学，主要负责督察体育实施情况。

在此期间，隶属国民党党部的体育机构有民训部体育科（1935）、党政军体育促进委员会（1935）等；隶属三青团的是中央团部体育指导委员会（1943）；属于军队的有军委训练总监部体育科（1929）和军委政治部体育科（1938）。

（二）体育法规的颁布与实施

为促进体育运动的发展，国民政府于 1929 年 4 月 16 日公布了《国民体育法》（1931 年 9 月 9 日修正），这是中国历史上第一部体育法。此后，先后颁发了《国民体育实施方案》（1932 年 10 月 18 日）、《国民体育实施方针》（1941 年 2 月 24 日）、《教育部国民体育委员会组织条例》（1945 年 6 月 9 日）、《体育组织方法》（1944 年 8 月）、《体育节（九月九日）举行办法要点》（1942 年 6 月 9 日）、《民众业余运动会办法大纲》（1931 年 4 月 18 日）、《全国运动大会举行办法》（1935 年 3 月 11 日）、《各省市县运动会举行办法大纲》（1940 年 4 月 17 日）、《奖励民众体育团体实施要项》（1941 年 3 月 18 日）、《各省市实行体育视导办法》（1941 年 2 月 21 日）、《各县市公共体育场暂行规定》（1929）、《体育场规程》（1939 年 9 月 12

日）以及一些学校体育方面的法令、法规。

体育组织管理机构的建立和体育法规制度的实施，标志着体育已经成为国家事务的组成部分，是中国体育走向初步现代化的反映。

第四节　抗日战争和解放战争时期的中国体育

1931 年"九·一八"事变揭开了日本侵华的序幕。1937 年"七·七"卢沟桥事变后，日本帝国主义发动了全面的侵华战争。全面抗战开始以后，中国实际上分为三大区域，即沦陷区、国民党统治下的国统区和中国共产党领导下的抗日根据地。1945 年抗日战争胜利结束，国民党反动派又发动了全面内战，直到 1949 年中华人民共和国成立。

一、国民政府治理区域的体育专业教育和运动竞赛

（一）国民政府治理区域的体育专业教育

抗日战争期间，受"战时教育平时看"的战时教育方针的影响，大批高校内迁，使体育专业教育在内地，尤其是西南、西北地区得以发展。

"七·七"事变后，国立北平师范大学西迁至陕西城固，与同时西迁的国立北平大学、北洋工学院共同组成西北联合大学，国立北平师范大学整体改组为西北联大下设的师范学院。1939 年，师范学院独立设置，改称国立西北师范学院，1941 年迁往兰州。袁敦礼、董守义、徐英超等著名体育家随校内迁。

随着战事的蔓延，到大后方的学校和学生不断增加。1940 前后，一批体育系、科和体育学校相继内迁或改组新建。如 1939 年建立的国立师范学院体育童子军科（湖南安化）、广东省文理学院体育科（广东曲江），1940 年建立的国立重庆师范学校体育科（四川北碚）、国立女子师范学院体育专修科（四川江津），1941 年建立的私立泾南体育专修科（四川泸县）、福建省立师范专科学校体育科（福州）、四川省立师范专科学校艺术体育组（成都）、国立体育师范专科学校（四川江津）、湖北省立教育学院体育专修科（湖北恩施）、国立贵阳师范学院体育童子军科（贵阳），1943 年建立的四川省立体育专科学校（成都）和 1944 年建立的中央干部学校体育童子军科（重庆）等。这些体育院、系、校虽然办学条件艰难，但对我国体育教育的延续和西部体育事业发展的作用不容低估。

（二）举办第七届全运会和参加第 14 届奥运会

1948 年，国民党政权已摇摇欲坠。为了粉饰太平，掩盖其政治、军事上的残败，国民党政权以"选拔奥运选手"为名，于 1948 年 5 月 5—16 日在上海江湾体育场举行了第七届全国运动会。各省市、华侨团体和军队 55 个单位 2677 名运动员参加了田径、游泳、足球、篮球、排球、棒球、网球、垒球、乒乓球、举重和拳击等 11 个项目的比赛。台湾首次参赛，并获男子田径总分第一名。

1948 年 7 月 30 日—8 月 13 日，第 14 届奥运会在英国伦敦举行。由 55 人组成的中国体育代表团（运动员 33 人）参加了田径、游泳、足球、篮球和自行车 5 个项目的比赛，但均在预赛中被淘汰。

▲ 第七届全运会的女子 400 米接力
第四名

▲ 第 14 届奥运会中国代表团出发前
的授旗仪式

二、沦陷区的殖民地体育

1931 年"九·一八"事变后，日本帝国主义侵占了中国东北，并扶植了伪"满洲国"傀儡政权。1937 年"七·七"事变后，日本又相继侵占了华北、华东和华南的大片国土，先后成立了"中华民国临时政府"等伪政权。在残酷镇压中国人民的同时，日本在中国竭力推行奴化教育，体育运动也被作为奴化中国人民的一种工具。

（一）日伪统治区的体育机构

伪满统治区体育主要包括学校和社会两方面，管理学校体育的最高机关初为伪"国务院"的"文教部"，1937 年 7 月"文教部"改为"民生部"，下设教育司、社会司，分管学校体育及社会体育等事宜。1932年成立的"大满洲帝国体育协会"负责具体事务，总裁、理事长、官员乃至中小学校长均是日本人，受日本全国体协指挥。

"七·七"事变后，日伪在华北"新民会中央总会"内设"新民体育协会"，各"省""市"也相应设"新民体育协会分会"，各级"新民体育协会"和分会负责人，大多是日本人。1942年，各级"新民体育协会"改为"华北体育协会"，尽管裁判员、工作人员都是中国人，但协会一切活动均受日本顾问控制。

（二）奴化教育中的学校体育

日寇在占领区大力推行殖民化和奴化教育，对青少年强迫实施体育与军事相结合的奴化训练。伪满学校体育课使用的教材最初全部从日本照搬。1944年，伪满"文教部"制定了统一的《学校体育科教授要目》，队列口令均用日语，综合训练包括体力测定、行军、手榴弹、游泳、滑冰、柔道、剑道等。伪满学校体育课还有一些特殊的奴化教育教材，如"日满国旗传递竞走""日满国歌竞走""排共竞走""防共竞走""日满亲善二人三足走"等，充分表明了其侵略、肢解中国的野心。

在华北伪政权和汪伪政府管辖的学校里，同样推行着奴化体育。体育课的内容和时数规定等基本仿效日本。学校中恢复了童子军和军事训练，并作为体育的内容，其目的就是为日本帝国主义扩大侵略战争训练炮灰。

（三）伪满时期的体育专业教育

为满足实施奴化教育的需要，日伪统治区先后续办和开办了一些师范院校，其中有些院校设立了体育系、科。如一直延续到1936年停办的哈尔滨特别区师范专科学校体育科、"满洲国"吉林高等师范学校（后改名为吉林师道高等学校）体育专业班、女子师道高等学校体育专业班、伪国立北平师范学院体育科、伪国立北平女子师范学院体育科（后与伪国立北平师范学院合并为伪国立北平师范大学体育系）、伪北平市立体育专科学校、伪国立南京师范学校体育科等。这些体育系、科均受日本人控制，不但负责人大多是日本人，而且由不少日本教官直接任教。为扩大体育师资队伍，伪满要求各科师范学生要学习一个主项和一个兼项，体育属于兼项专业。另外，几乎每年假期都要举办体育讲习班或研究班。

（四）沦陷区的运动竞赛

在日伪统治下的沦陷区的运动竞赛大致分为4大类：

一是灌输亡国奴思想的所谓"建国纪念运动会"，每逢伪"满洲国纪念日"前后举行。在运动会上通过升伪"国旗"、唱伪"国歌"、向伪"国旗"行三鞠躬礼、三呼伪"满洲国万岁"等手段，企图达到去中国化的目的。

二是为使各伪政权合法化的活动。日本帝国主义竭力把伪政权塞进国际体育赛事，妄图造成国际社会承认的假象。1932年，日伪曾策划以"满洲国"名义出席第10届奥运会，未能得逞。1934年，因日本强行把伪满塞进远东运动会而导致远东运动会解散。1940年6月，日本在东京和大阪举行了有日伪政权和被日本占领的菲律宾参加的所谓第一届"东亚竞技大会"，1942年8月又在新京（长春）举行了第二届。

三是标榜日伪"亲善"、"提携"的"交欢运动会"。在伪"满洲国"和日本本土，经常有"日满"篮球、排球、足球、棒球等定期比赛和田径对抗赛。在华北沦陷区几乎每年都要举行"华北都市交欢体育大会"，分别在天津、济南、保定等市轮流举行。在沦陷区还不时举行各种"中、日学生交欢运动会"等。

▲ 刘长春拒绝代表伪满参加奥运会

四是在日军侵略所谓"胜利"之时，如占领南京、武汉、长沙、广州等地，华北的敌伪组织便要搞一些庆祝比赛，以祈盼日寇"武运长久"。

三、根据地和解放区的体育

（一）新民主主义体育的兴起

新民主主义体育即中国共产党领导下的以建立服务于新民主主义社会为目标的体育运动。"五四运动"孕育的先进体育思想和马克思主义成为建立新民主主义体育思想的基础。1927年，中国共产党创建了中国工农红军，并先后开辟了井冈山等革命根据地。作为苏维埃文化教育的重要组成部分，苏区努力"发展赤色体育运动，养成工农群众的集团精神与强健体格，适合阶级斗争的需要"，以"锻炼工农阶级铁的筋骨，战胜一切敌人"。苏区成为新民主主义体育的实验区。

1. 苏区的群众体育

苏区体育行政上受中华苏维埃共和国政府设立的教育人民委员部及地方教育部门领导，在红军部队则由政治部门领导。"中华苏维埃共和国赤色体育会"（简称赤色体育会）是根据地最早的群众体育组织，由《青年实话》杂志（少共苏区中央局机关报）发起、于1933年"五四运动"大会后成立，项英、王盛荣、邓发、张爱萍、施碧晨任委员，是领导和组织全苏区赤色体育运动的组织。赤色体育会加入了"赤色体育国际"，并在江西、福建等地建立了省、县级赤色体育分会。

负责群众体育活动的是俱乐部，"凡是苏维埃公民，都得加入他所在地方的某一俱乐部。"俱乐部管理委员会下设运动、游艺、集会、出版、展览5个委员会。运动委员会的任务是"为着健全群众身体，发展群众勇敢精神而计划建设指导各项运动，并保管、购置、募集各项运动用具"，组织开展"普通操、器械操、拳术、球术、田径赛、劈刺、竞争游戏"等；游艺委员会负责"组织各种体育游艺的竞赛"。"在最偏僻的地方，可以组织踢毽子、放风筝等或赛跑、跳远等简易运动的竞赛。"① 俱乐部按单位或村设列宁室，配备运动场或游艺室设备。1933年，仅中央苏区2 932个乡就有俱乐部1917个，经常参加活动者近10万人。

苏区领导同志积极带头参加体育活动，如毛泽东经常参加游泳、赛跑、爬山，还当过篮球裁判员；朱德特别喜爱球类活动，比赛时亲自做啦啦队；康克清经常和女学员一起跳高、跳远，还亲自带女学员去河里嬉水；邓小平、聂荣臻坚持跑步锻炼；任弼时、邓发、张爱萍、杨勇等同志经常打球，任弼时还是中央局篮球队的中锋。闽南根据地的领导人郭滴人、邓子恢、张鼎臣组织过拳术馆、"铁血团"等武术团体。领导带头参加体育锻炼带动了广大群众参与体育活动的积极性，跳高、跳远、赛跑、游泳、秋千、篮球、足球、乒乓球等活动在各地十分普及，热火朝天。正如毛泽东1934年1月在《苏维埃区域的文化教育》的报告中指出的："群众的红色体育，也是迅速发展的，现在偏僻乡村也有了田径赛，而运动场则在许多地方都设置了。"

---

① 中央教育人民委员部. 俱乐部纲要［Z］, 1934.

2. 苏区的学校体育和少年儿童体育

为了"培养共产主义建设的新后代",苏维埃政府非常重视学校体育,制定了各种法规。在《列宁初级小学组织大纲》和《列宁高级小学组织大纲》中均规定"每年级体操每周三小时",体操课的目的是"使学生身体平均发育,强健体质,活泼精神,并养成其守秩序尚协同之习惯"。还按一二年级、三四年级和五年级分级确定了具体的教学内容。为保证学校体育的开展,中央政府教育人民委员会在《中华苏维埃共和国小学校制度暂行条例》(1936 年 2 月 16 日)和《小学管理大纲》(1934 年 4 月)中,对学校运动场地和设施提出了专门要求,认为室外运动场为学校不可缺少的部分,要求"学校的运动场,至少有一平坦的草坪,尽可能设置一些体育用具和建筑,例如秋千架、杠子、跳远的沙地等"。

苏区还编印了《体育教学法》《柔软体操》等教材。在苏区编的《国语读本》等各种教材中,均有反映体育内容的课文。如《共产主义读本》第三册第 9 课就用儿歌的方式介绍了跳绳的方法。苏区儿童的校外体育活动也异常活跃。1933 年,为迎接 4 月 1 日儿童节举行的共产儿童团大检阅,少共中央局号召儿童开展游戏、舞蹈、体操、打秋千、拍皮球、叠罗汉等各种体育活动。同年 12 月,中央教育人民委员会和青年团中央儿童局决定联合举行"列宁小学校学生大检阅",其体育比赛内容有拍皮球、跳高、跳远、跳绳、团体操、赛跑、游戏等。

苏区少年先锋队的年龄为 16~23 岁,与赤卫队同为红军后备军性质,少先队的任务除"一般的军事训练"外,主要是"文化娱乐工作"。少先队中央总队部(周恩来任党代表)下设体育训练委员会,编印了《少队游戏》与《少队体操》作为少先队的基本教材,也是小学体育课的参考教材。1932 年 9 月 4—8 日,在瑞金红军运动场上举行了盛大的"中华苏维埃共和国少先队第一次总检阅",王盛荣担任总指挥,"评判人"有顾作霖、周恩来、项英、刘伯承、陈寿昌、任弼时、张爱萍等;比赛项目有跳高、跳远、1600 米接力、障碍赛跑、游泳 5 项。

为了加快培养地方和军队干部,苏区创办了一批大专学校如马克思共产主义大学、红军大学、苏维埃大学和师范学校等。这些院校有的安排了体操课,有的把体育列入常识科目,有的结合军事训练进行体育锻炼。各院校校内外体育活动很活跃,经常参加校际以及苏区组织的大型竞赛活动。

3. 红军体育

为"造成活泼、敏捷、生动、钢铁似的军队",结合军事训练的体育在红军中备受重视。红军体育由师的俱乐部和连的列宁室负责组织管理,俱乐部和列宁室下设体育组。体育组一般都设有武术股、劈刺股和球术股。在井冈山时期，红军经常结合练兵进行爬山、行军、打野操、游戏等活动，射击、刺刀、劈刀、跑步、爬山（抢山头）、越障碍、爬竿、爬云梯、投手榴弹、过独木桥等军事体育在红军中极为普遍。与此同时，一些现代体育项目也在红军中得到开展，主要有单杠、双杠、木马、跳高、跳远、撑竿跳、标枪以及乒乓球、篮球、足球等。

每逢"五一""七一""八一"（1933 年定为建军节）、"九·一八"等节日和纪念日，除了参加地方的体育活动外，部队还常常举行军内竞赛活动。其中较大规模的是 1933 年 5 月 1 日在江西永丰县举行的红一方面军全军运动大会，200 余名红军运动员参加了田径（跳高、跳远、100 米、200 米、500 米）、球类（篮球、足球）和军事（射击、投手榴弹、过浪桥、越障碍）等项目的比赛，毛泽东参加了开幕仪式并观看了比赛。

红军坚持开展部队体育活动，即使在长征路上那些艰难困苦的日子里，也未中断。1936 年，由朱德率领的红四方面军在过草地前的休整期内，于 5 月 1 日在四川炉霍县举行了为期三天的红四方面军运动大会。同年 5 月 30 日，红四方面军在炉霍举行了"五四"运动会，朱德、廖承志等领导同志还亲自参加了比赛。

另外，1936 年在甘肃庆阳举行的全军运动大会、1937 年红一军团的"五一"运动大会、同年 5 月红十五军团在甘肃驿马关的运动大会等，规模都比较大。

4. 苏区的体育竞赛活动

尽管战事频繁，各种物质条件十分艰苦，但中央苏区和各根据地依然十分重视通过竞赛普及体育的作用，因陋就简、因地制宜地积极开展体育竞赛活动。

苏区的竞赛活动十分频繁，每逢重大节日、纪念日和重大集会、部队检阅后，一般都要举行体育竞赛活动。竞赛活动可分为全苏维埃共和国、省、县三级以及中央苏区以外其他根据地的运动会。

（1）全苏区性的运动竞赛。中央苏区举行过多次全苏区性的运动竞赛，主要有 1931 年 11 月在江西瑞金叶坪大练兵场为庆祝中华苏维埃第一次全国代表大会（简称"一苏大会"）召开举行的运动会，比赛项目有田径、障碍跑、投手榴弹、刺杀、劈刀及抬担架、负重（背枪、背药箱、背行军锅）、爬云梯等。

1933 年 5 月 30 日—6 月 3 日，在瑞金叶坪大练兵场举行了中华苏维埃共和国第一次运动大会（又称"五卅"全苏区运动大会）。这是苏区时期第一届，也是唯一的一届综合性"全运会"。大会由博古、邓颖超、王盛荣、项英、张爱萍、何长工、杨尚昆7人组成主席团，博古任总评判主任，张闻天、邓颖超、凯丰、毛泽东、项英、杨尚昆、陈云、何长工为总裁判员。红军各军团、江西省军区、江西省和福建省少先队，以及苏区各县和中央机关共180多名选手，参加了篮球、排球、足球、乒乓球、网球、田径等项目的比赛。运动会按照通行的规则举行，对苏区体育有极大的示范和推动作用。会后还成立了"中华苏维埃共和国赤色体育会"。1934年1月21日，在瑞金沙洲坝大运动场举行了"二苏大会"后的阅兵和体育比赛，毛泽东、朱德、蔡畅出席了阅兵典礼并发表了演说。

▲ 中央苏区运动会总裁判杨尚昆（右一）

（2）省级运动会。苏区时期的省级体育运动竞赛活动主要有：1932年5月1日在福建长汀举行的福建全省游艺体育运动大会；1933年8月1—4日"八一"福建全省赤色运动大会，赛后成立了福建省赤色体育委员会；1933年8月3—4日在宁都举行的"八一"江西全省运动大会，在闭幕式上诞生了赤色体育会江西分会；1933年12月27—29日为纪念"二苏大会"在长汀举行的福建全省第二次游艺体育大会等。这些运动会的项目除现代田径、球类项目外，还有刺枪、劈刀、投手榴弹、越障碍等军事体育项目和武术。

（3）县级运动会。1930—1933年间，中央苏区所属各县举行的各类设有现代竞技项目的游艺、体育性质的运动会至少有8次，分别在龙岩、上杭、安远、乐安、瑞金、汀州等县举行。所设比赛项目除了军事、游戏及田径、球类外，有些运动会还设有武术、武艺的比赛和表演。

（4）其他苏区的体育竞赛。第二次革命战争时期，除中央苏区外，其他苏区也在更为艰苦的条件下开展体育竞赛活动。在湘赣苏区，1932年2月在永新举行了一次全省军事、政治、文化比赛运动会，数千少年儿童参加了跑步、投手榴弹、跳高、打秋千等项目的体育比赛。

无产阶级革命家、军事家方志敏（1899—1935）领导的赣东北（又称闽浙赣）苏区专门修建了大操场和游泳池，每年春秋两季召开"赤色运动会"。1932年1月，苏区举行了有400多名少先队员参加的运动会。为办好当年3月的全省春季运动大会，省苏维埃文化部号召各地举行运动会以选拔运动员。1934年1月，省军区举行了一次军事体育运动大会。

1931年5月1—4日，鄂豫皖苏区召开大型运动会，800多名运动员参加了田径、单杠、双杠、篮球、投手榴弹、刺杀、卧倒、爬行、浪桥、打秋千等项目的比赛。

川陕苏区在1934年元旦期间，每日下午3时至5时半在赤江城红场举行打球、跳栏、赛跑、掷铁竿活动，参加者极为踊跃。

苏区体育是新民主主义体育发展的早期阶段，它培养和准备了一批体育干部，为新民主主义体育的发展奠定了基础，也为中国体育的初步现代化做出了重大贡献。苏区大多地处边远农村，苏区体育使广大农民直接与体育接触，在一定程度上改变了现代体育在地区间开展不平衡的状况，有利于现代体育的普及。[1]

（二）根据地和解放区的体育

1. 根据地体育运动的组织领导

西安事变以后，国共合作抗日，红军改编为国民革命军第八路军和新四军，全国各地陆续开辟了一些敌后抗日根据地。为加强对根据地体育工作的领导，1937年上半年成立了"陕甘宁边区体育运动委员会"，由边区人民政府主席林伯渠任名誉会长。1940年5月4日，成立了由李富春担任名誉会长的"延安体育会"，以组织和推动群众体育运动，增强军民体质。1942年1月25日，成立了"延安新体育学会"，以推动体育学术研究和体育运动的发展，朱德为名誉会长。这些组织积极宣传和开展体育活动，为新民主主义体育奠定了思想和干部基础。

文献选读三

祝九月运动大会（朱德，1942）

在普及体育运动和卫生保健知识方面，我们的成绩还很小。有些人的头脑中还存在重文轻武、鄙视体育的旧观念，文弱之风还在猖獗。我们一定要把这种风气转移过来，只有变文弱为雄武，军强文壮，才

---

① 苏肖晴. 新民主主义体育史 ［M］. 福州：福建教育出版社，1999：31.

好打仗办事，力任艰巨；而文弱之风如继续存在，不论在个人或在集团，都只有处处挨打，处处落后的份儿。今天的中国青年应与老一辈人不同，不但要以近代科学的丰富知识来充实自己，而且要培养成健全强盛的体魄，把自己锻炼成坚强结实的一代，来担负抗战建国的艰巨事业。

——朱德. 祝九月运动大会（代社论）. 解放日报，1942-9-2.

2. 学校体育与体育专业教育

（1）学校体育课和课外体育。在陕甘宁边区，小学课程内容都以抗战为中心，体育是必修课，初小每周 3 节，以走、跑等活动性游戏为主；高小每周 5 节，除了赛跑、爬山、跳高、跳远等练习内容外，还有军事常识学习与操练。体育是中学课外必要活动，学校被要求建设运动场及体育器材室。延安各高等学校十分重视课外体育活动，中央党校学员自己动手修建了不少运动场，几乎是每两个党支部就有一个排球场，每三四个党支部就有一个篮球场，每个党支部都组织了篮球、排球队，足球、跳高、跳远、双杠、石锁、太极拳、滑冰、游泳等开展普遍。为提高体育教学质量，边区教育厅于 1941 年还发行了凌之编写的《体育游戏教材》。

（2）延安大学体育系。1941 年春，在中共中央青年工作委员会军体部的领导下，延安青年干部学校曾创办了一个体育训练班。同年 9 月，陕北公学、中国女子大学和青年干部学校合并成立延安大学，体训班改为体育系。该系 30 多名学员均是有一定运动基础的青年干部和学生，教师除一位专职干部外，其他都是有运动特长或各院校有专业特长的兼职教师从事义务教学，无任何报酬。在极其艰苦的条件下，体育系师生坚持办学，克服重重困难，因陋就简修建场地设施，制作简易器材，保证了篮球、排球、田径、游泳、体操和解剖学、卫生学等 10 多门课程的教学。1942 年夏天，由于各地急需干部，延大体育系学员提前结业，到部队和学校担任体育工作。该体育专业虽然只办了一年，却培养了一批体育专门人才。

3. 革命军队的体育与"战斗"篮球队

不论在抗日战争还是解放战争期间，革命军队都十分注意开展体育运动。根据地和解放区，从早到晚都能看到战士在自建的运动场上打球、跳高、跳远、练武术、练投弹、练刺杀的身影。战士们经常利用战斗间隙，举行篮球、乒乓球、跳高、跳远、单杠、双杠、拔河、射击、投弹、马术等多种运动项目的比赛和表演。在人民军队中，开展体育运动最具代表性的是贺龙和关向应等同志领导下的八路军 120 师。全师每年都要举行一两次运动会，并且采用层层比赛选拔参加上一级运动会的办法，推动全师体育运动的普及与提高。

使 120 师体育更加威名大震的是该师 1938 年春成立的"战斗"篮球队。该队队员均为 120 师的干部和战士，其中有参加过 1936 年柏林奥运会中国篮球队的刘卓甫。他们刻苦锻炼，不断提高运动水平，取得了优异成绩。1940 年，"战斗"篮球队在延安战胜了所有强队，最后以 95 比 20 的比分战胜了延安联队；1942 年又荣获"九一"扩大运动会冠军。1942 年，毛泽东亲切接见了全体队员，朱德为授予该队的锦旗上亲笔题词："篮场健儿，沙场勇士。"

▲ 1937 年贺龙和战斗篮球队队员合影

4. 群众体育和运动竞赛

在延安体育会的组织和推动下，陕甘宁边区的群众体育活动开展得如火如荼。延安体育会经常利用节日和星期日组织各种群众性体育竞赛活动，提倡每天"十分钟运动"，组织了运动示范表演和照片展览。在延安，晨练蔚然成风。每日黎明，伴随着哨声或号声，人们就开始跑步、打球、体操、爬山、做游戏等。延河在夏天是天然的游泳场，冬天又成了天然的滑冰场，游泳、跳水、水球和滑冰在延安都成为人们十分喜爱的体育活动。

在其他抗日革命根据地和解放区，群众性的运动竞赛也十分活跃。1937 年 8 月 1 日，为纪念工农红军建军 10 周年，在延安举行了为

▲ 1939 年毛泽东在全军
八一体育运动会上讲话

期一周的抗战动员运动大会，来自边区各部队和学校的 469 名运动员参加了田径、球类、军事体育的竞赛，这是抗战中边区举行的第一次大型运动会。此后，延安还举行过首届青年节运动大会（1939 年 5 月 4 日）、妇女运动会（1940 年 3 月 8 日）、"朱德杯"排球赛（1941 年）、水上运动会（每年一次）、冰上运动会（1942 年 2 月）等活动。

根据地影响最大的运动会是"九一"扩大运动会。1942 年 9 月 1 日，运动会在延安青年运动场开幕，大会由朱德同志任会长，贺龙、柳湜同志为副会长；李富春、萧劲光同志分别担任正副裁判长；叶剑英同志任资格审查委员会主任。来自延安各地区和三边、绥德、米脂和晋西北等地 1380 名男女运动员参加了为期 6 天的比赛。大会期间，许多中央领导发表讲话和文章，阐明新民主主义体育的意义和方向，对推动新民主主义体育发展影响很大。

▲ 毛泽东在延安雪地中打乒乓球

抗日根据地和解放区的体育较之苏区有了更加全面的发展，它创造和积累了丰富的经验，为新中国体育事业的建设和中国体育的现代化奠定了坚实的基础。

本章小结

20 世纪前半期，中国社会经历了前所未有的巨变：辛亥革命结束了延续 2000 多年的封建专制制度，新文化运动更使中国人开始摆脱思想和文化的专制，然而纷至沓来的战争却粉碎了中国人的和平崛起之梦，日本侵略者更把全民族拖进了空前的灾难和苦难的深渊。残酷的历史告诉人们：体育的发展和人民的幸福都离不开和平安定的环境和国家的强盛。

在这样的背景下，救亡与启蒙成为 20 世纪前半期中国体育现代化进程的双重主题。在此期间，中国体育一步步走向现代化，走向世界。一方面，通过清末的学制和兵制改革，西方传入的新体育方式逐渐在中国社会扎下了根，并且在辛亥革命前后、新文化运动时期、20 年代和 30 年代与传统思想的交锋中扩大了自己的阵地，并成了影响中国体育发展的主导力量。另一方面，传统体育在社会根基动摇和现代体育冲击的双重压力下，艰难地进行着自身的改造，以求能在变化了的社会中继续生存和发展。到了 30 年代，两种体育文化共同构成了现代中国体育不可或缺的组成部分，共同开始了走向规范化、科学化和国际化发展的道路。新民主主义体育在十分艰难的环境中尝试着现代体育与贫穷落后的农村生活的结合。然而，日本的全面侵华战争打断了中国体育的现代化进程，也再一次使人们认识到体育发展与社会发展的关系。

思考与探索

1. 试对 20 世纪前期土洋体育的几次论争做简单的回顾和评论。

2. 20 世纪前半期中国学校体育经历了哪些变化？这些变化的历史意义如何？

3. 新民主主义体育有什么特点和意义？对于今天有哪些启示？

拓展阅读文献

1. 国家体委体育文史委员会编. 中国近代体育史 [M]. 北京：北京体育学院出版社，1989.

2. 王华倬. 中国近现代体育课程史论 [M]. 北京：高等教育出版社，2004.

3. 苏肖晴. 新民主主义体育史 [M]. 福州：福建教育出版社，1999.

4. 谭华. 体格—人格—国格——20 世纪中国体育思潮的变迁 [J]. 成都体育学院学报，1996（1）.

5. 熊晓正. 从"土洋"对立到"建设民族本位体育" [J]. 体育文史，1997（4）.

6. 谭华. 近代中国社会的变革与武术的进步 [J]. 华南师范大学学报（社

会科学版），2003（1）．

活动建议

1．调查本地区在 20 世纪前期出现的体育人物或体育事件。

2．在本章范围内选择一个事件或人物，搜集相关资料并完成一篇文献综述。

3．通过访谈、查阅地方志、文献或参观展览等方式调查抗日战争时期自己长辈所在地区的体育人物、事件或状况，写一篇调查报告或短文。

下编 当代体育

第十章 全球化背景下世界体育的新发展

本章提要

第二次世界大战夺去了 5 500 多万人的生命，加速了欧洲的衰落和美国、苏联的崛起，以欧洲大国均势为中心的国际政治格局被冷战对峙的两极格局所取代，20 世纪 90 年代以后又随着社会主义阵营的解体而逐步呈现出多极格局。伴随这个过程的是经济的全球化和新一轮科技及产业革命，前者把资本主义经济的超民族性和超地域性发展推到一个新的阶段，[①] 后者以原子能技术、电子计算机技术、空间技术等方面的重大突破和信息技术革命为主要标志，把生产力提高到空前发达的水平，对人类的生活产生了深刻的影响。在这样的背景下，第二次世界大战后的世界体育也发生了深刻的变化：体育的科学化和信息化程度越来越高，苏联东欧集团的解体和中国体育的崛起改变了世界竞技体育的格局，资本的全球化加深了体育的全球化，体育正在成为越来越多人的生活方式。

第一节 第二次世界大战后世界体育的新发展

20 世纪后半期是人类在各方面取得巨大进展的时期，在劳动生产率快速提高的同时，人类的物质生活水平也急剧提高，正在改变着人类的生活方式。这既为体育的发展提供了条件，也对体育提出了新的挑战，体育正在经历着新的深刻变化。

---

① 梁树发. 全球化：世界社会形态的形成与发展 [J]. 北京行政学院学报，2000（2）：47-48.

一、第二次世界大战后世界经济和社会发展对体育的新挑战

（一）人类健康面临新挑战

1. 现代化生产对人的健康和体质发展的影响

恩格斯曾经乐观地认为："通过社会生产，不仅可能保证一切社会成员有富足的和一天比一天充裕的物质生活，而且还可能保证他们的体力和智力获得充分的自由的发展和运用。"[①] 但到目前为止，这种可能并没有完全成为现实。现代劳动形式的巨大变化正在影响着人类的体质和健康，人类正面临着新的挑战。

第二次世界大战后初期，美国劳动者的65%是蓝领工人，30多年后这个数字下降到约13%；美国独立前90%的人是农民，战后这个比例降至3.5%，20世纪末更是不到2%；[②] 1956年，美国白领劳动者的数量第一次超过蓝领工人，知识劳动者正迅速取代体力劳动者成为现代社会劳动人口的主体。人类不再需要像工业社会初期和以前那样主要靠肌肉力量劳动，而是依靠智力、充沛的精力和耐久的体力来维持紧张的工作。信息化、数字化社会对人类的健康和体质提出了新的要求。

2. 现代生活方式的变化使人类面临新的挑战

在劳动的智能化程度和生活水平不断提高的同时，人类的体力活动却越来越少。人类的期望寿命从1950年至1978年期间提高了8岁，1978年至2008年提高了7岁。[③] 在学习和娱乐等各方面时间增加的同时，运动不足的问题却日益突出。世界卫生组织预计，到2020年，全球将有70%的疾病是因缺乏运动引起的。[④] 到2030年，预计致死人数最多的前三位疾病将是HIV/AIDS、单纯抑郁症和由于运动不足导致的缺血性心脏病。[⑤]

---

① 马克思，恩格斯. 马克思恩格斯全集（第20卷）[M]. 北京：人民出版社，1998：307.
② [美] 珍妮特·沃斯等. 学习的革命 [M]. 顾瑞荣，等译. 上海：上海三联书店，1998：21-22.
③ 出自《2008年世界卫生报告——初级卫生保健：过去重要 现在更重要》。
④ 方宁，张秋霞. 每年200多万人因长时间坐着不动而死亡 [N]. 广州日报，2009-1-28.
⑤ 段纪俊，常海燕. 社会经济发展与全球疾病死亡率预测研究 [J]. 中国社会医学杂志，2007（4）：256.

缺少运动的生活方式——一个全球性的健康问题

缺少运动的生活方式是导致死亡、疾病和残疾的一项主要的潜在内因。全世界每年大约有 2000 万人的死因可归为缺少健身活动。而且一项来自世界卫生组织（WHO）的调查的初步结果显示，缺少运动的生活方式是世界十大致死和致残原因之一。缺少健身活动使所有疾病的死亡率增加，可使患心血管疾病、Ⅱ型糖尿病和肥胖的危险性加倍。它同样还使患结肠癌与乳腺癌、高血压、脂质失调、骨质疏松症、抑郁症和焦虑症的危险性增加。

来自世界各地的关于健康问题的调查结果显示出惊人的一致性：缺乏运动或处于类似情况的成年人约占人口总数的 60%～85%。

——体育总局信息所编. WHO2002 年世界健康日信息通报［J］.
中外群体信息，2003（10）.

3. 富裕与贫困同样面临危及健康的挑战

20 世纪后半期，世界经济加速增长，仅 1985—1995 年这 10 年中就增长了 4 万亿——比从有文明开始直到 1950 年为止的增长总数还要多。[①] 在富裕程度提高的同时，贫富差距也在扩大。世界银行的研究表明，发展中国家的赤贫人口比例从 1987 年的 28% 下降到了 1998 年的 24%。但是，如果将中国排除在外，赤贫人口反而从 8.8 亿增加到了 9.8 亿。[②] 世界银行的一份报告称：2005 年世界贫困人口总数为 14 亿，到 2015 年可能会减少到 9 亿。但贫困人口减少较多的地区主要集中在东亚，特别是中国，而在撒哈拉以南非洲地区和独联体国家，贫困人口不降反升。[③] 贫困者由于营养、卫生、生活条件较差，健康受到的威胁更大。例如，在肯尼亚首都内罗毕，高收入区 5 岁以下儿童的死亡率低于 15‰，贫民区这一比率却高达 254‰。[④] 在中国，2007 年家庭人均年收入最低组的城市男、女生和农村男、女生，与人均收入最高组相比，平均身高分别低 3.8 厘米、3.2 厘米、5.1 厘米和 4.5 厘米。[⑤] 这些都说明贫困仍然威胁着许多人的健康。但许多富人由于营养过剩、运动不足和不良生活方式等，同样面临健康问题的

---

① ［美］莱斯特·R. 布朗. 世界现状——1996［M］. 北京：科学技术文献出版社，1998.
② 出自 1999 年社会发展首脑会议新闻稿《用统计数字概述社会发展状况》。
③ 出自联合国报告《全球脱贫努力面临新挑战》。
④ 出自《2008 年世界卫生报告——初级卫生保健：过去重要　现在更重要》。
⑤ 贾奋勇. 低收入家庭子弟平均身高低于高收入家庭. 新华网，2007-5-20.

困扰。

（二）终身体育与体育的休闲化

社会进步改变了人们的生活方式，也改变着人们的体育观念。第二次世界大战后，各国相继进入经济稳定增长时期，在生活水平不断提高的同时，劳动强度和劳动时间反而下降了。1956 年，法国、瑞士、波兰等 11 国在联合国教科文组织的赞助下对闲暇时间进行了大规模的调查，发现人类余暇时间大幅度增加，这引起了国际社会对闲暇问题的广泛注意。社会的发展引起了体育的变化，人类正在重新认识体育的作用。

1965 年，联合国教科文组织国际教育局的保尔·朗格郎（P. Lengrand）在成人教育国际促进委员会上正式提出了终身教育思想。1967 年以来，联合国教科文组织正式采纳了这个思想。1976 年，联合国教科文组织确认了终身体育的普遍价值，并于 1978 年在《国际体育运动宪章》宣布："体育运动是整个教育体系的重要组成部分，是生涯教育中不可缺少的重要因素。"①

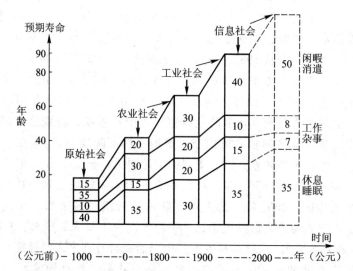

▲ 与工作、杂事、休息和睡眠的时间相比，历史上和可推知的
未来花费在闲暇和消遣上的时间逐渐增加

---

① 出自联合国教科文组织《体育运动国际宪章》。

终身体育引起了越来越多的国家和社会各阶层民众的重视。多数国家公布了自己的大众体育发展计划，"终身体育"和"休闲体育"的思想已对世界体育产生了越来越广泛和深刻的影响。与此同时，20世纪70年代以后各国开始推行"健康体能促进计划"。到80年代末，排名前500家的美国大公司中，有300多家在推行各种各样的工作场所健康促进计划。①联邦德国立法要求：所有坐式工作的场所内必须提供身体活动空间。② 日本将健康体能促进活动列入企业管理体系中，并建立起一整套制度。如黑川建设公司从1983年10月起对全体员工进行体能测定。凡根据6项体能测定结果被评为"高级"或"最高级"的60岁职工可以延长工作3年；被评为"中级"者只能延聘2年，"初级"则年满60岁就须退休。这显然不同于以往仅靠国家法令而实行的体育和健康管理措施，代表了国际上大众体育发展的新趋势。③

（三）国际组织推进体育发展的努力

　　终身体育和大众体育在全球的发展与国际组织的努力密不可分。20世纪后期，国际上成立了各种政府间或非政府间的体育合作组织，展开了形式和内容多样的活动，促进了各国和各地区大众体育活动的开展。

　　1. 国际体育组织及其活动

　　（1）国际奥委会与国际大众体育运动。在国际大众体育浪潮的推动下，1983年国际奥委会成立了一个名为"大众体育工作组"的机构。1985年改为"大众体育委员会"。1994年9月，在巴黎召开了主题为"体育的社会环境"的百年奥运纪念大会，会议关于大众体

文献选读二

魁北克 2000 年宣言

　　我们重申大众体育是个人、社区以及社会安定幸福的一个基本的要素。许多因素，包括电子游戏、电动运输、缺乏体育教育以及城市化促使更多的人形成懒惰和不健康的生活方式，这种生活方式是世界上导致健康问题与疾病的一个主要原因。

　　——2000年第8届世界大众体育大会通过

---

　　① Hollard R. B，Lengerman J. J. A simple method to assess exercise behavior and health promotion programs：Survey finding from Fortune 500 company. Soc-Sci-Med，1988，26（5）：491-501.

　　② Corroll，Victor A. Employee Fitness Programmers：An Expanding Concept. International Journal of Health Education，1980，23（1）：35-44.

　　③ 谭华. 世界体育发展与我国的全民健身计划［J］. 成都体育学院学报，1996（2）：1-5.

育的决议被 IOC 第 105 届大会采纳并写进了《奥林匹克宪章》。IOC 大众体育委员会的工作主要有两方面：一是每两年召开一次国际大众体育大会；二是开展全球性"奥林匹克日赛跑"和资助各国的大众体育。至今，有 115 个国家和地区的奥委会获得该项资助。

除了上述组织之外，还有国际体育科学与体育教育理事会（ICSSPE，1958）、国际体育教育联合会（FIEP，1923）、国际儿童运动会委员会（1968）、国际市民体育联盟（IFPS，1968）、亚洲及大洋洲地区大众体育协会（ASFAA，1991）等组织，也在不同的领域为推进体育发展而努力。

（2）国际健身大众体育协会（TAFISA）。1969 年 12 月，在奥斯陆召开了"第一届国际健身大众体育会议"（TAFISA），8 个欧洲国家参加了该会议。国际健身大众体育会议原则上每两年举行一次。在 1991 年 6 月法国波尔多召开的第 12 届国际健身大众体育会议上成立了"国际健身大众体育协会"。该协会是领导和代表世界大众体育的重要组织，主要任务是召开国际健身会议、举办国际健身活动（如国际挑战日、国际传统体育节、世界长走日等）、举办国际研讨会（如指导员研讨会等）、举办国际信息交流活动（如编发信息通讯）等。[①]

（3）国际大众体育联合会（FISPT）。该会于 1982 年 4 月在斯特拉斯堡举行的欧洲议会上成立，主要由各国的体育官员组成，以欧洲、阿拉伯及地中海各国为中心开展基层大众体育活动和推动国际交流为目的。该会的事务局总部设在布鲁塞尔。[②]

2. 世界卫生组织（WHO）促进大众体育的政策

世界卫生组织是联合国的分支机构，它的任务是推动全球健康事业的发展。1946 年，世界卫生组织就在其章程中明确提出："健康是每一个人最基本的人权，不论人们的种族、宗教、政治、经济或社会地位如何……实现每一个民族的健康目标是赢得全世界和平与安宁的最基本的保证。"1977 年，世界卫生组织制定了"健康为大众"的政策框架，并于 1978 年发起了国际"健康为大众运动"，主要目标包括：延长每一个人的健康期望年龄；使人们拥有平等的健康保健机会；实现国与国之间、民族与民族之间的健康平等；使健康成为可持续发展的核心。为了有效地实现健康为大众政策的目标，推动国际健康事业的发展，世界卫生组织高度重视大众体育对健康的价值，不遗余力地支持国际大众体育运动。

① 陈琳. 国际健身大众体育协会简介 [J]. 国外体育动态, 1997 (31).
② 陈琳. 国际大众体育联合会简介 [J]. 国外体育动态, 1997 (38).

支持世界各国实施大众体育计划，是世界卫生组织促进大众体育发展，实现全人类健康生活的重要方针。世界卫生组织先后帮助美国、加拿大、新加坡、澳大利亚、老挝、南非以及瑞士等国制定了大众体育计划，在全世界开展了"健康城市 2000 年"运动和健康促进运动。2002 年世界卫生日（4 月 7 日）的主题是"运动有益健康"。2003 年，世界卫生组织又发起了"为您的健康动起来"行动，鼓励人们参加体育锻炼，以增强体质，抵御疾病，建议人们每天至少进行 30 分钟适当的体育锻炼。

世界卫生组织还积极加强与国际奥委会的合作，共同促进国际大众体育事业的发展。两个组织的重要成果之一是从 1988 年卡尔加里冬季奥运会起，规定历届奥运会必须是无烟奥运会。世界卫生组织与国际奥委会还联合召开了历届"世界群众体育大会"。

3. 联合国教科文组织政府间体育运动委员会（CIGEPS）

1978 年 11 月 21 日，在教科文组织第 20 届大会上通过了《体育运动委员会章程》、《体育运动国际宪章》和《发展体育运动国际基金章程》等文件，正式成立了政府间体育运动委员会。政府间体育委员会的宗旨是：对教科文组织制订的体育活动计划和执行情况进行指导和监督，推进国际体育运动的合作，帮助各国实现对体育问题的研究，收集、分析和出版体育运动的科学资料，通过举办训练班和讲座，培养体育骨干。

政府间体育运动委员会由 30 名委员组成，由教科文组织大会选举产生，每国 1 票表决权；每届大会改选一半，委员会两年召开 1~2 次会议，需要时可召开特别会议。由主席 1 人、副主席 5 人及总报告人组成执行局主持日常工作。教科文组织会员国和准会员国及联合国系统其他组织的代表均可列席委员会会议。委员会常设咨询理事会。

政府间体育运动委员会的主要任务是加强各国政府间的体育合作，如在成员国中大力开展群众体育，在反对兴奋剂的斗争中采取一致行动等。

（四）国际体育法规与宣言

第二次世界大战以后，随着体育在社会生活中的地位日益突出，国际社会日益意识到管理体育事务的重要，许多国际组织和国家求助于体育立法，以保障公民的体育权益。各国际组织努力的重点是争取公民特别是 18 岁以下儿童的体育和健康权益。1959 年 11 月 20 日，联合国大会通过的《儿童权利宣言》明确指出："儿童因身心尚未成熟，在其出生以前和以后均需要特殊的保护和照料，包括法律上的适当保护。"

1978 年 11 月，101 个国家的政府部（局）长级官员参加的联合国教科文组织第一届国际体育内阁会议讨论通过了《体育运动国际宪章》，强调指出"参加体育运动是所有人的一项基本权利"。

如果说《体育运动国际宪章》还不是具有国际法效力的文件的话，1989年第44届联合国大会通过的《儿童权利公约》则是具有国际法效力的法律性文件。该公约第24条规定："缔约国确认儿童有权享有可达到的最高标准的健康，并享有康复设施，缔约国应努力确保没有任何儿童被剥夺获得这种保健服务的权利。"同时要求缔约国采取发展初级保健、消除疾病和营养不良现象、广泛进行儿童保健教育、废除对儿童健康有害的传统习俗等方式充分实现儿童的这一权利。该公约第29条指出："缔约国一致认为教育儿童的目的应是：最充分地发展儿童的个性、才智和身心能力……"；第31条规定："缔约国确认儿童有权享有休息和闲暇，从事与儿童年龄相宜的游戏和娱乐活动，以及自由参加文化生活和艺术活动。""缔约国应尊重促进儿童充分参加文化和艺术生活的权利，并应鼓励提供从事文化、艺术、娱乐和休闲活动的适应和均等的机会。"1991年，我国政府签署了《儿童权利公约》，庄严承诺维护儿童权益。

文献选读三

体育运动国际宪章·序言

……确信有效地行使人权的基本条件之一是每个人应能自由地发展和保持他或她的身体、心智与道德的力量；因而任何人参加体育运动的机会均应得到保证和保障；

确信保持和发展人的身体、心智与道德力量能在本国和国际范围内提高生活质量，相信体育运动在培养人类基本价值观念方面应做出更有效的贡献，这种价值观念是各国人民得以充分发展的基础，因而强调体育运动应谋求促进各国人民间与个人间更加密切的交流，以及无私的竞赛、团结友爱、相互尊重与了解和对人的正直与尊严的充分尊重；

考虑到工业化国家和发展中国家同样负有义不容辞的责任与义务以减少它们之间在自由普遍享有体育运动的机会方面仍然存在的不平等；

考虑到体育运动与自然环境相结合能使体育运动丰富多彩，唤起人们尊重地球的资源和关心，为了整个人类更大利益而保护与使用这些资源；

考虑到世界现有的训练与教育形式的多样性，尽管各国运动结构有差异，体育运动却并不局限于人体的幸福与健康，还有助于人的充

> 分和平衡的发展；
>
> 　　还考虑到要使参加体育运动的权利对所有人来说成为现实，仍须付出巨大的努力，强调负责体育运动的政府性和非政府性国际组织间为了各国人民之间的和平与友谊而进行合作的重要性，特宣布本国际宪章，以便使体育运动的发展为人类进步服务，促使体育运动的发展，并敦促各国政府和非政府性主管机构、教育工作者、家庭和个人遵循、传播并实施本宪章。
>
> 　　　　　　——联合国教科文组织第 20 届大会，1978 年 11 月 21 日.

二、第二次世界大战后学校体育的发展

20 世纪后半期以来，是世界教育变革转轨的时期。各国都把教育作为社会发展的关键环节，同时也多次进行体育课程改革。以 70 年代为界可以分为两个阶段：

（一）第二次世界大战后初期的学校体育改革

受第二次世界大战的影响，战后各国青少年的体质都不同程度地有所下降。为了遏制青少年体质下降的倾向，各国通过建立体育俱乐部、体育夏令营等形式大力提倡体育运动，并通过增加体育课时、增加经费、实施体质测试标准制度等方式，加强对学校体育的干预。英国在 1944 年颁布了影响深远的《白特勒法案》，将教育委员会改为教育部，加强了对教育的控制。1953 年 12 月美国的一项调查表明：美国 6~16 岁少年儿童的体能远不如欧洲同龄学生；全国 15 万所小学 90% 无体育馆设备，高中列体育课为必修科目的学校不及半数；在第二次世界大战陆军入伍人员中，有 40% 不能游 50 码；全国青少年爱好参加露营户外活动的不及 5%。[①] 此后，美国成立了总统青年健康理事会和总统青年体适能咨询委员会。之后，有 30 个州陆续设立了体格健全顾问委员会或指导委员会，第一次在没有战争影响下掀起了一场全国性的体格健全运动。1961—1964 年，总统青年健康理事会先后发行了多种从青少年到成人的体能发展指导手册，对青少年实施了体能测试。

第二次世界大战后，日本学校体育批判了与军事相联系的形式主义教

---

① 吴文忠. 比较体育［M］. 台北：台湾地区编译馆，1986：455.

育，学校体育由以体操为中心逐步转向以游戏和运动为中心。随着生活水平的提高，1960 年，日本也出现了青少年体力下降的问题，不能坚持整天工作的青年日益增多，为此文部省成立了"青少年体力问题恳谈会"。1964 年，日本在东京奥运会上成绩不佳，青少年体力问题更为社会广泛关注。1966 年 11 月，文部省发布的《体育白皮书》认为："体格在一定程度上改善了，但是体力的增长还不能说是十分充分。"1968 年的《体育学习指导要领》因而把"促进学生体力发展，保持和增进学生健康，培养学生进行运动和劳动所需要的身体能力，以适应国家经济建设的需要"作为学校体育目标。① 日本学校体育进入了一个以体力为中心的阶段。② 很多学校为此延长课间体育活动时间，但又增加了学生的厌倦情绪。

第二次世界大战后联邦德国的体育课程目标一直是以健康和教育为主，并承认竞技运动项目的价值。20 世纪 70 年代以后，除了上述观点之外，开始注重培养学生的社会适应能力，并力求从如下 6 点中寻求运动的新功能：① 培养运动行为能力；② 通过自身经验，掌握技术技能；③ 维持健康，弥补缺陷；④ 提高安全感，稳定情绪；⑤ 重视人际交往、社会经验及社会认识；⑥ 教给孩子利用余暇时间的方法和必要的行动方式。

（二）20 世纪 70 年代以来的学校体育改革

20 世纪 70 年代以来，随着社会逐步进入知识经济时代和学习化社会，教育正在发生着深刻的变化。许多人认为世界教育发展出现了教育终身化、个性化、国际化和信息化的趋势，③ 推动许多国家对传统的教育体制、课程体系和教学方法等进行了全面的改革。学校体育也是这些改革的重要领域之一。

1. 以促进终身体育和增进健康为首要目标

20 世纪 70 年代以后，缺乏运动而对人类健康的威胁日益引起各国政府和教育界的关注。各国普遍加强了健康教育，促进终身体育和增进健康成为学校体育的首要目标。

日本在 20 世纪 70 年代就确立了为终身体育奠基的体育课程目标。针

---

① 潘志琛，王凯珍. 中日近现代学校体育思想发展及其比较［J］. 中国学校体育，1994（6）：55-58.

② 顾渊彦. 战后日本体育课程改革的历史变迁与发展新动向［J］. 全球教育展望，2001（3）：50-54.

③ 卓挺亚. 当代世界教育思潮及教育改革动态［M］. 海口：南海出版公司，2003.

对此前过分突出体力导致学生厌倦体育的情况，1989 年起日本的体育课开始向"快乐体育"转变。

1987 年，美国健康体育娱乐与舞蹈协会在"健康体适能教育计划"中指出，应"帮助青少年发展有助于形成充沛的体力、健康的生活方式的技能、知识、态度和行为。通过教授和应用健康体适能概念以促进终身体育活动"。① 1995 年美国制定了第一个学校体育国家标准，目标第三条要求"形成积极运动的生活方式"，第七条要求"懂得身体活动能够提供快乐、挑战、自我展现和社会交往的机会"。这是因为"由于参加身体活动固有的益处，学生将会追求他们自己可终身从事的身体活动"②。

英国教育历来相当自由。针对体育课时减少的倾向，英国在 1988 年的《教育改革法》中规定中小学必须开设核心课程和基础课程（包括每周 2 小时以上的体育课），标志着课程设置趋于统一；在 1999 年颁布的《体育教学大纲》中要求体育课应"帮助学生建立积极健康的生活方式"，学生通过体育课"发现自己的天赋、能力和爱好，并借此选择自己一生受用的体育活动"③。

2. 强调学生体育态度的转变和运动能力的培养

在终身教育运动的推动下，世界教育已逐渐从知识本位转向能力本位，"一个有教养的人指的是懂得如何学习，特别是懂得不仅通过学校、而且是在教育以外继续终身学习的人。"④ 不会学习的人被认为是功能性文盲。在这种情况下，各国学校体育也越来越关注学生的体育态度和在学校以外参加体育运动的能力。

英国《1999 年体育教学大纲》在确定体育教学目标时，充分考虑了学生的生长发育特点，据此提出了不同的阶段目标。在关键阶段 1（5~7 岁）和关键阶段 2（8~11 岁）强调培养学生的体育兴趣；英国在体育课要实现的目标中处处体现出培养"学生的自主运动和实践能力以及对体育和运动的理解力"的思想。

美国最佳体适能教育计划的核心是终身化、个性化和健康化，强调帮助学生从依靠老师转变为独立地追求健康标准，并把它作为一种生活方

---

① 张建华，殷恒婵，钱铭佳等. 美国最佳体适能教育计划及其对我国体育课程改革的启示 [J]. 体育与科学，2001（1）：68-70.

② 人民教育出版社课程教材研究所. 美国学校体育国家标准研究 [M]. 北京：人民教育出版社，2007：3，59.

③ 英国教育与就业部、资格和课程审查局. 英国体育教学大纲，1999.

④ Drucker. Know-work and Know-Society：Social Transformation of This Century，1992.

式，以至于被称为"个性化课程"。① 1995 年美国"体育国家标准"在解释"形成积极运动的生活方式"目标时，称这条标准的目的是"建立有规律地参加有意义的身体活动的生活模式"。

日本学校体育从 20 世纪 70 年代以来，非常强调满足学生的兴趣和发展学生的个性，历次《保健体育指导纲要》都强调"态度"的培养。1999年，日本《高中体育教学大纲》提出：要"在实施终身体育计划的运动中，养成热爱体育的信念与能力的同时，保持增进健康的实践能力和体力，培养积极的生活态度，充实丰富多彩的生活经历"。

3. 寻求课程的统一性和灵活性的有机平衡

实现课程统一性与灵活性之间的平衡，是实现课程目标的保证。近年来，以美、英为代表的自由化教学和以日本、苏联等为代表的强制教学之间，开始寻求某种统一性。1988 年，英国通过推行国家课程，加强了对课程的统一领导和控制。为响应美国公众设立全国性教育标准的要求，1994年 3 月，美国国会颁布了"目标 2000：教育美国法案"，随后根据法案制定了中小学体育、体育教育专业本科和硕士三个国家标准，表明了美国学校体育中统一管理的趋势。与此相反，日本体育课程历来高度统一，但在1989 年、1999 年修订纲要时，都大幅度扩大了学校的自主权和学生的选择权，加大了灵活性。② 这些都反映了寻求实现体育课程统一性和灵活性平衡的努力。

为了实现这种平衡，改变青少年运动兴趣随年龄增长而下降的趋势，实行选修制成为各国体育教学的主要选择。日本从初中二年级开始实施体育必修选项，到高中进一步扩大选择。意大利、芬兰、德国等国也在体育正课之外开设了选修课。

4. 影响体育教学的几种理论

20 世纪 60 年代以后，欧美各国出现了一些新的体育教学理论，其中最有代表性的是教育目标分类理论、人体运动论（1963，布朗、卡西迪等）、运动教育论（1978，西米兹等；1981，西登托普）。虽然这些理论在指导原则、活动形式等方面存在着差异，但在将体育活动作为人的终身活动内容对其进行培养、训练这一点上，却有着共同之处。③ 此外，70 年代

---

① 张建华，殷恒婵，钱铭佳等. 美国最佳体适能教育计划及其对我国体育课程改革的启示 [J]. 体育与科学，2001（1）：68-70.

② 曲宗湖. 域外学校体育传真 [M]. 北京：人民体育出版社，1999.

③ [日] 团琢磨. 转换期的日本体育 [J]. 中国学校体育，1985（5）：58.

出现的感觉统合理论对 12 岁以下儿童教育有极大的影响。

（1）教育目标分类学（Taxonomy of Educational Objectives）。目标教学是建立在教育目标分类学和掌握学习理论基础上的一种教学模式，美国教育心理学家本杰明·S. 布鲁姆（B. S. Bloom，1913—1999）为首的团队以美国大学考试专家小组提出的分类组织结构理论框架为基础，把各类教育目标归入认知、情感和动作技能①三个领域，相继出版了《教育目标分类学》的认知领域（1956）、情感领域（1964）和动作技能领域（1970）三个分册。L. W. 安德森和 D. R. 克拉斯沃于 1999 年对该书作了修改，出版了《学习、教学和评估的分类学：布鲁姆教育目标分类学（修订版）》。《教育目标分类学》被认为是 20 世纪教育领域影响最大的著作之一，被译成 20 多种文字出版。

布鲁姆将三个领域的目标按照由低到高、由简到繁的顺序再细分为多个层次和水平，基本涵盖了个体发展的所有内容，为制定课程目标提供了一个重要的理论框架。其主要目的在于保证教学从清晰的可实现、可检测的目标开始，最后达到实现教学目标的结果。

认知教育目标按水平依次分为知识、领会、应用、分析、综合和评价6 级；情感教育目标分为接受、反应、价值化、组织和价值或价值体系的性格化 5 级。

技能领域目标则分为 7 级：

- 知觉：指运用感官获得可用于指导动作的相关信息；
- 定向：指从生理、心理和情绪等方面做好活动的准备；
- 有控制的反应：指对某一动作技能的模仿和尝试；
- 机械性动作：指能以某种熟练和自信水平完成动作；
- 复杂的外显反应：指能熟练操作复杂的动作；
- 适应：指技能的高度发展水平，即根据具体情境修正自己的动作；
- 创新：根据具体情境需要创造新动作，强调在技能发展基础上的创造能力。

《学习、教学和评估的分类学：布鲁姆教育目标分类学（修订版）》进一步将认知教育目标分为知识和认知过程两个维度。知识被分为事实性知识、概念性知识、程序性知识和元认知知识 4 类，认知过程分为记忆、理解、运用、分析、评价和创造 6 级水平（表 10-1）。

_____

① 布鲁姆所说的动作主要指心理动作，包括身体认知的动作过程，但不完全等同于体育领域的身体动作。

表 10-1　《学习、教学和评估的分类学：布鲁姆教育目标分类学（修订版）》中的认知目标分类表①

知识维度	认知过程维度					
	1. 记忆	2. 理解	3. 应用	4. 分析	5. 评价	6. 创造
A. 事实性知识						
B. 概念性知识						
C. 程序性知识						
D. 元认知知识						

注：表中的空格用于填写教学活动安排或教学测评。

　　目标教学模式的另一个理论基础是布鲁姆于 20 世纪 60 年代提出的"掌握学习"理论。它的核心观点是：学生中的个体差异是"人为的和偶然的，而不是个体固有的"，"除了占学生总数的 5% 的超常学生与低常学生之外，其余 95% 左右的学生在学习能力、学习速度、进一步学习动机方面并不存在什么差异"；许多学生未能取得好成绩的主要原因在于缺乏合理的策略和及时、恰当的指导，否则所有学生都能取得优异成绩；② 强调教学过程中"矫正—反馈"系统的作用。布鲁姆主张用诊断性评价或事前置性评价、形成性评价和总结性评价对学习过程给予评价和反馈，以及时了解各种教学策略对达到预定目标的效果。

　　1986 年 9 月，布鲁姆应邀到华东师范大学讲学，他的《教育目标分类学：认知领域》等著作也在中国翻译出版，此后在中国掀起了实验和推广目标教学的热潮。在大量教学改革实验的基础上，形成了具有中国特色的目标教学模式。在此过程中，部分体育教师也在体育教学中进行了目标教学的实验。

　　目标教学要求明确教课程目标、单元目标和课时目标，强调以可操作和可评估的行为或指标表述教学目标，强调知识、技能和态度并重。在教学方法上，强调教师的引导、帮助和学生的自觉学习，鼓励学生相互纠正、自己示范讲解和分类、分层学习。完整的目标教学大致包括学前诊断性测试—确定教学内容和标准—精讲示范难点重点—学生练习—课时目标测试—反馈矫正—练习—课时目标达成度测试—形成性测试—期末测试等

　　① 张燕，黄荣怀. 教育目标分类学 2001 版对我国教学改革的启示［J］. 中国电化教育，2005（7）：16-20.
　　② 王纲等译. 布鲁姆掌握学习论文集［M］. 福州：福建教育出版社，1986：9，26，43.

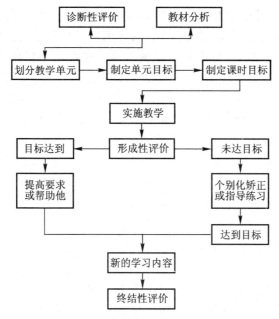

▲ 目标教学过程示意图

步骤。

实验显示，在实施目标教学需要注意以下问题：班级人数过多不利于施行目标教学；不同基础和接受能力的学生，课堂达标情况有差异，不能以一时表现对学生下定论，也不能对所有学生按统一标准要求；情感态度目标评价应避免随意性；目标教学应"小循环，快反馈，强矫正"，及时引导学生复习巩固，课后练习，强化训练，及时总结归纳；教师平时要注意观察，激发和巩固学生的运动兴趣，引导他们体验和强化体育的积极意义，注意运动爱好和锻炼习惯的养成。

目标教学对于大面积提高学生基本知识和基本技能的学习质量效果明显。但有人认为目标教学很费精力，实验班所用时间比对照班多 10% ~ 15%；也有人认为在体育教学中采用目标教学相对较难。[1] 同时，布卢姆—安德森模式偏重于教师的教，与当代教育思潮强调学生自我监控和学习能力发展有较大差异。[2]

（2）运动教育（Sport Education Curriculum）模式。运动教育实际上在

---

[1] 聂俊雄，曹世民，付新民. 刍议对目标教学的认识误区 [J]. 中等医学教育，1995（5）：235，239.

[2] 董奇. 目标教学：理性的评论与思考 [J]. 当代教育科学，2007（17）：28-29.

战后初期的英国等已经出现。直到 20 世纪 80 年代以前，美国学校体育主要采用以竞技性运动和以健身参与为目标的两种课程模式，但比较多的学校采用健身运动课程。现在的运动教育模式是由西登托普（D. Siedentot）于 1985 年正式开创的课程模式，其特点是用较多时间集中教授一项竞技性运动项目。它包括 10 个相互关联的目标：教学生运动技术以及发展学生完成这些技术所需的身体素质，能够欣赏和运用战术，参与体育活动，学生能够计划和管理这项竞技活动，使学生能够作为领导、具备领导的才能，能够与同伴合作，尊重传统，具备组织、安排本项目的竞赛，学会本竞技项目的裁判和训练工作，能够在课外参与体育活动。2004 年，西登托普来华讲学，运动教育模式开始在中国受到关注。[①]

运动教育模式包括这样几个关键要素：

• 运动季。通常包括练习期、季前期、比赛和季后赛；时间不少于 20 节课。

• 运动团队。学生可以根据自愿原则自由组成学习团队，也可以由体育老师根据学生能力进行团队分组，在整个运动季中基本固定。

• 常规赛。运动教育模式中的竞赛不同于一般的教学比赛，它是按赛程有计划进行的"正规"比赛，可以采用对抗赛、分组循环赛、联赛等形式。

• 季后赛。实际是正式比赛的最后一个阶段，即决出最终优胜名次的比赛。

• 成绩记录。除记录比赛成绩外，还包括击球率、命中率、名次、时间、距离等。

• 庆祝活动。包括运动员宣誓、邀请特别来宾、颁奖典礼、比赛场地的装饰、拍摄录像带等。

除了西登托普的运动教育模式，20 世纪 70 年代中叶，在德国也出现了重视运动教学的倾向，很多著作开始把体育学（P. E.）改称为运动教育学（S. E.），其意义在于强调"运动"（sport）这一词语含有的游戏和竞赛意义，这代表了学校体育的一种发展趋势。但德国的"运动"一词包含高水平的竞技和一般的大众娱乐性运动两个层次，他们用"运动教育"代替"体育教育"，并不意味着要把学校体育引向高水平竞技的道路。

（3）感觉统合训练（Training for Sensory Integration）理论。感觉统合

---

① 高航. 运动教育模式研究 [D]. 北京师范大学硕士学位论文，2004.

（Sensory Integration）这个概念是由 S. 谢林顿（1908）和 S. 拉斯蕾（1960）
提出的。1972 年，A. J. 艾尔丝博士系统地提出了感觉统合理论。[①] 她认为
感觉统合是指将人体器官各部分感觉信息输入组合起来，经大脑统合作
用，完成对身体内外知觉做出反应。只有经过感觉统合，神经系统的不同
部分才能协调整体工作，使个体与环境接触顺利。[②] 如果大脑对感觉信息
的整合发生了问题，即产生了感觉统合失调，大脑的高级认知活动，如注
意力、组织力、控制力、协调力、感受力、判断力等都会受到影响。统合
失调可分为视觉统合失调、听觉统合失调、触觉统合失调、平衡觉统合失
调和本体觉统合失调 5 大类。[③] 多数有感觉统合失调现象的儿童往往是多
种感觉的统合失调，因而其表现症状也较为复杂。

感觉统合失调会影响儿童的智力和学习能力发展，造成孩子学习困
难、不擅长处理人际关系等，进而出现厌学、逃学、撒谎、打架、叛逆等
不良行为，影响儿童健康成长。[④] 据调查，台湾正常儿童的感觉统合失调
率仅为 15.9%，而学习困难儿童则为 28%；[⑤] 北京市城区智力正常学龄儿
童轻、重度感觉统合失调发生率分别为 35.9% 和 10.3%，但在 12.9% 有行
为问题的儿童中，76.1% 的儿童伴有轻度感觉统合失调，明显高于非行为
问题儿童的 29.2%；在学习成绩差的儿童中，有 60.4% 伴有轻度感觉统合
失调、22.6% 伴有重度感觉统合失调，明显高于学习成绩中等以上儿童。[⑥]
虽然感觉统合失调有自愈趋势，6 年自愈率为 48.3%，[⑦] 但统合失调对儿童
成长造成的消极影响却可能终生无法挽回。

艾尔丝博士在提出感觉统合理论的基础上，于 1972 年提出了治疗统合
失调的原则和方法。她认为治疗该病宜用促进脑发育的游戏而不宜用药
物，只有游戏才能有效地治疗感觉统合失调。临床实验表明，通过以运动

---

①　Ottenbacher Kenneth，Short Margret A：Sensory integrative dysfunction in children：A review of
theory and treatment ［M］. Advance in Development and Behavior Pediatrics，1985：287-329.

②　廖文武. 儿童感觉统合 ［M］. 台北：心理出版社，1991.

③　张炼. 感觉统合失调综述 ［J］. 中国特殊教育，2005（12）：25-32.

④　梁巍. 感觉统合失调 ［J］. 中国听力语言康复科学杂志，2006（6）：18-22.

⑤　陈文德. 学习困难儿童指导手册 ［M］. 北京：中国少年儿童出版社，1996.

　　任桂英等. 北京市城区儿童行为问题与感觉统合失调的调查报告 ［J］. 中国心理卫生杂
志，1997（11）：34-36.

⑥　任桂英等. 北京市 1994 名学龄儿童感觉统合失调的调查报告 ［J］. 中国心理卫生杂志，
1995，9（2）：70.

⑦　黄悦勤，李旭东，王玉凤. 儿童感觉统合失调的随访研究 ［J］. 中华儿科杂志，2002，40
（5）：260-262.

游戏为主的统合训练,有效率可达 83.3%~91.5%。[①] 运动干预提高统合能力的效果已被多项研究证实。[②]

20 世纪 70 年代,从美国开始的儿童统合智能训练馆迅速席卷欧美。80 年代传入韩国、日本和中国台湾,90 年代传入中国香港。1996 年,香港的统合训练机构数量已经超过幼儿园的数量,93.2% 的幼儿园装备了感统智能训练系统。2002 年,港台儿童智能训练器材销售额超过 8 亿美元,全球销售量超过了 200 亿美元。在许多西方国家,儿童感统智能训练馆的数量比成人健身俱乐部多 7~8 倍,参加统合智能训练的儿童比参加健身的成人多 6 倍。到 90 年代后期,天津、上海、广州等地也相继出现了感觉统合训练机构,已有多所幼儿园设有统合训练室。

根据统合失调的不同类型,统合训练采用的体育方法主要有如下几种类型:

● 强化前庭体系和增加颈部张力,调适重力感的训练。如俯卧大龙球、推小车——持儿童双腿让其用双手爬行等。

● 提高本体感觉,改善触觉功能的训练。如吊篮、吊袋游戏,孩子在前后摆动的吊篮或吊袋中做推球和接球游戏等。

● 提高平衡能力的训练。通过滑板、平衡木、水上步行球、前后翻滚等提高儿童的平衡能力。

● 提高触觉能力的训练。如让儿童通过各种不同形状的触点塑胶地板、"独木桥"等,刺激其触觉,达到改善触觉能力的目的。

● 发展多种感觉能力的综合训练。通过多种组件混合使用,使儿童感官、肌体、前庭平衡,精细动作及创作游戏互动等各种能力协调统合发展。

幼儿园阶段至小学 4 年级(3~10 岁)是感觉综合能力发展的最佳时期。体育教师要及时发现儿童的感觉统合失调现象,并有意识地、系统地进行感觉统合游戏训练。对感觉统合失调症状严重的儿童还必须同时进行心理辅导、药物辅助治疗和认知学习辅导。对小学中、高年级仍表现出统合失调症状的儿童,除继续通过有针对性的体育活动进行巩固训练效果以

---

① 任桂英,王玉凤. 儿童感觉统合治疗方法的临床疗效观察 [J]. 中国心理卫生杂志,1995,9(2):74.

② 陈血梅. 30 例儿童感觉统合失调运动训练治疗的对比研究 [J]. 中华临床医学杂志,2006(9):74.

张胜彪. 儿童感觉统合失调及运动疗法 [J]. 鞍山师范学院学报,2005(4):87-89.

外，还应通过认知学习、自我锻炼等加强和提高，对过渡到少年期的学生应引导其有意识、有目的地主动进行感觉统合综合训练，逐步消除因感觉统合失调所导致的危害。

三、战后妇女体育的发展

（一）妇女解放运动与早期的女子体育

"在任何社会中，妇女的解放是衡量普遍解放的尺度。"[①] 19 世纪后期，欧洲兴起了妇女解放运动。1848 年 7 月，女权主义者在纽约发表原则性宣言，要求选举权、受教育权、传教权和谋生权。1857 年 3 月 8 日，纽约女工示威要求改善工作环境、反对 12 小时工作制和低薪。1908 年，纽约女工再次发动示威，这导致了 1910 年国际妇女节的诞生。随后，每年各地举行纪念妇女节的活动，推动了妇女解放运动的发展。

受传统观念的束缚和女性不宜从事剧烈运动理论的影响，直到 19 世纪后期，妇女在体育活动中还受到诸多限制，比如她们必须恪守"不伤风化"的规定，如运动中两腿不得过分分开。在妇女解放运动的推动下，第一次世界大战前在美国等国已经出现妇女运动协会。1919 年国际妇女体育联合会诞生后，先后在巴黎（1922）、哥德堡（1926）、布拉格（1930），伦敦（1934）举办了包括田径、游泳、手球、篮球几个项目的世界妇女运动会。1935 年，由于就妇女比赛脱离奥运会等国际大赛的谈判失败，世界妇女运动会也随之停办。

▲ 在 1900 年巴黎奥运会上首次出现女运动员

（二）战后妇女体育的新发展

1. 妇女体育地位的提高

20 世纪后期，妇女运动有了更大的发展。1972 年，联合国宣布 1975

---

① 恩格斯在《反杜林论》中引法国社会主义者傅立叶（1772—1866）的话。

年为国际妇女年。1976—1985 年是以"平等、发展与和平"为主题的 10 年。1975 年，联合国在墨西哥举行了第一次世界妇女大会。20 世纪 90 年代，奥林匹克运动加快了男女平等的步伐。在国际妇女运动的推动下，1994 年，国际奥委会在巴黎"百年奥林匹克大会"上要求"在国际体育组织的管理层中，妇女应该起更大的作用"，要求各个国家和国际的体育组织保证妇女在各种体育机构从事工作。1994 年 5 月 5—8 日，在英国举行的首届妇女与体育国际大会发布了《布赖顿妇女与体育宣言》。[①] 2007 年，联合国教科文组织又批准成立了由其赞助的妇女运动体育和体育教育观察站。《宣言》的发布和观察站的建立表明世界妇女体育进入了一个新时期，对推动体育领域男女平等的理想和妇女体育的发展都有重要意义。

2. 妇女参与国际体育组织人数增加

随着妇女社会地位与社会权力的提高，女性在有关的国际或国内机构、组织中担负起领导责任日益成为普遍的现象。在国际体育界，越来越多的女性走上领导者的岗位，出色地发挥着她们的聪明才智和领导才能。在 1980 年以前，国际奥委会全部由男性委员组成。1981 年萨马兰奇担任国际奥委会主席后，这个国际体育组织第一次有了两位女性委员。20 世纪 90 年代，委内瑞拉的伊萨瓦·丰塞卡和美国的阿妮塔·德弗朗茨先后进入了 IOC 执委会。

▲ IOC 首位女委员和
女执委伊萨瓦·丰塞卡

在各国际单项体育联合会里，先后有 4 位女性担任过主席，她们是国际羽毛球联合会主席——中国的吕圣荣，国际马术联合会主席——西班牙的拉因方塔·皮拉尔·德博尔冯（卡洛斯国王的姐姐），国际无板篮球联合会主席——英国的帕特·泰勒以及国际定向越野联合会主席——英国的休·哈维。此外，还有 4 位女性担任过秘书长。

在国家奥委会中，在 90 年代中有 5 位女性国家奥委会主席和一位副主席。担当国家奥委会秘书长的女性共有 12 位。[②]

3. 全面参加竞技体育

在早期奥运会上很少见到妇女运动员的身影。直到 1992 年巴塞罗那奥运会上，还有 35 个奥运代表团是清一色的男性，其中 12 个来自伊斯兰国

---

① 谢丽娜. 《布赖顿妇女与体育宣言》和妇女体育 [J]. 体育文化导刊, 2002 (1)：48.

② 马铁. 当今国际体坛的女性领导人 [J]. 国外体育动态, 1995 (35).

家。近年来，妇女进入奥运会已经取得了很大的进展。1996 年奥运会女子项目增加了 11 项，占实际增加项目总数的 78.6%。1996 年奥运会增加了女子重剑、自行车记分赛和计时赛、三级跳远，2000 年奥运会增加了女子举重、跆拳道、撑竿跳高、链球、水球、现代五项等，28 个运动项目中 25 个项目有女选手参赛。女子冰球和女子冰壶也都进入了长野冬奥会。2002 年冬奥会还增设了女子跳台滑雪、女子双人雪橇和女子雪车等项目。萨马兰奇曾表示："进入 21 世纪的奥林匹克运动将标志着女子体育的新纪元，我们将为此做出努力。凡要进入奥运会的项目，首先必须包括女子项目才能被考虑。"国际奥委会首位女性副主席德弗朗茨也表示，将积极推动奥林匹克运动中的男女平等。

第二节　当代体育的全球化与多元化

15 世纪美洲的发现宣告了两半球文明隔绝状态的结束，也预示着全球化时代即将来临。资本主义和工业化的全球扩张使世界的联系日益紧密，但直到 20 世纪 60—70 年代才出现"全球的（global）"和"全球性（globality）"等用语，到 80 年代中期正式形成"全球化"（globalization）的概念，并逐步被用于各学科领域。现在已经演变为一个描述人类社会发展现状和未来趋势的重要概念。

一、全球化与体育全球化

（一）当代世界发展的全球化趋势

尽管对全球化的本质和特征存在许多争议，同时也存在着强大的反对全球化的力量，但全球化在今天的存在和发展已经是一个不容否认的现实。

从全球性问题角度看，全球化意味着一系列全球性问题的凸显：环境、生态、资源、人口、核威胁、国际恐怖主义……这些问题危及全人类的生存和共同利益。全人类只有在达成共识的基础上联合行动，才能避免全人类共同的灾难和危机。这些全球性问题的凸显，促进了全球意识的形成，被认为是全球化时代的重要标志。

可以从多个角度分析全球化进程。从技术角度看，全球化是人类利用交通工具和信息技术不断突破各种障碍，扩大交往的过程；从经济角度看，全球化是各种生产要素超越国家界限自由流动和配置的过程，各国经济的相互依赖性越来越强；① 从政治角度看，全球化被一些人理解为各国在民主和人权等普世性价值和政治制度上的认同趋势，国与国之间由对抗转向对话与合作成为当前的主要趋势；从国际组织角度看，在主权国家体系中的大国话语权正在被国际组织和集体协商所取代，世界贸易组织、国际货币基金组织等，正在成为当今经济全球化的主要组织者和规则制定者，联合国在世界政治和国际关系中依然扮演着重要的角色；② 从文化角度看，全球化被看作是各民族和地域文化逐步超越本土文化的狭隘性而达到文化认同和价值认同的过程，多元化和民族化是这个过程中的共生趋势。这些趋势都对当代体育的全球化进程产生了深刻的影响，它们决定或影响着体育全球化的基本方向和态势。

（二）当代体育全球化的特征和表现

1. 体育资源国际化

由于受经济全球化的影响，提供体育服务产品的体育产业正在加速实现着体育资源的国际化。以优惠的条件和"看得见的事业"吸引国外高水平教练员、运动员，已经成为当代国际体育的常规做法。20 世纪 90 年代，苏联和东德有数千名高水平运动员和教练员流入西方，欧洲、美国和澳大利亚成为最大的受惠对象，典型例子是苏联游泳功勋教练图列茨基来到澳大利亚，几年中将澳大利亚国家队带入世界一流水平，并超越了俄罗斯。此外，中国的乒乓球、体操、跳水和羽毛球运动员、教练员几乎遍布全球，北京奥运会中国花样游泳等代表团的外籍主教练、中国国内联赛中的外国球员、姚明到 NBA 打球等，都是高水平竞技人才资源配置国际化的体现。

把教练员和运动员包括后备人才送往高水平国家培养训练，以迅速提高运动技术水平，是体育资源国际化的又一表现。肯尼亚、埃塞俄比亚等国的长跑选手长期在美国接受训练；在美国训练的运动员为南非夺得第一枚奥运游泳奖牌；亚特兰大奥运会后韩国将击剑队派往法国训练，收到了很好的效果。国际奥委会等一些国际体育组织也积极鼓励采取这种办法帮助第三世界国家提高运动水平。

① 国际货币基金组织. 世界经济展望［M］. 北京：中国金融出版社，1997：45.
② 丰子义，杨学功. 马克思"世界历史"理论与全球化［M］. 北京：人民出版社，2002.

运动员的跨洲际流动

非洲的选手更喜欢参加欧洲和美洲的运动，因为这些运动会水平比较高，奖金也很丰厚。事实上，虽然非洲产生了无数世界体育明星，尤其是田径项目的优秀选手，但是几乎所有这些运动员都在外国大学，特别是美国大学受训，并且几乎完全在国外参赛。他们只在参加奥运会时才换上祖国代表队的运动服。

——［美］理查德·W.布利特.20世纪史（第五章）［M］.南京：
江苏人民出版社，2001.

体育资源国际化的另一个重要表现，是体育传播的国际化。战后电视的迅速普及，空前增大了体育传播的速度和范围。以美国为例，1946年拥有电视机的家庭是1.5万户。1950年达到约400万户，1953年猛增到3 000万户，1960年达到4 600万户。[①] 这促使60年代以后美国职业体育俱乐部数量猛增。1964年，东京奥运会第一次实现了体育赛事的全球实况转播。这以后，全球任何重要赛事资源都能及时传播到世界的每一个角落，为更多的人所共享。进入21世纪以后，服务功能更强大的数字电视又将迅速取代传统的模拟电视，2007年英国、日本、美国的数字电视普及率已经达到74%、71%和53%。[②] 这将进一步促进体育信息服务的个性化和国际化发展。

2. 体育方式同一化

民族化、地域化是前工业社会体育活动的主要特色之一。在现代社会中，各国之间在体育活动内容和方式上的差异越来越小，无论是在高水平竞技运动，还是各国的学校体育，都日益强烈地表现出同一化倾向。没能被纳入现代国际体育体系的体育活动，特别是那些流传范围较小的传统体育活动，正在因被媒体忽视而边缘化并迅速衰落。

为了弘扬和保护传统竞赛和体育运动，联合国教科文组织政府间体育运动委员会建立了一个负责弘扬和保护传统竞赛和体育运动的工作组。2005年联合国教科文组织第33届大会对该工作组起草的《国际传统竞赛和体育运动宪章》进行了可行性审议。该工作组还负责编辑"世界传统运

---

① 张林.职业体育俱乐部运行机制［M］.北京：人民体育出版社，2001：13.
② 黄顺芳.英、日、美位居全球数字电视普及率前三甲.搜狐网，2007-3-29.

动与游戏遗产名录"的工作。① 这些表现了国际社会保护传统体育活动的努力。

国际传统运动与竞赛项目宪章草案（节选）

第3条　传统运动与竞赛项目的社会和文化价值

3.1　传统运动与竞赛项目有助于不同的社会和文化团体、群体和民族之间相互理解、和平相处，是它们彰显个性的手段。因此，传统运动与竞赛项目的重要意义必须予以强化，必须使所有的人，尤其是社会中的年轻人、身体残障者和弱势群体都有机会练习。

3.2　传统运动与竞赛项目有其自己的规则和标准，无需加以全球化或标准化。为使其进一步发展，对于它们的价值、独创性和练习者的需要应给予适当的关注。应对它们加以保护，使其远离商业化，因为商业化影响传统运动与竞赛项目的文化传承和价值。

3.3　传统运动与竞赛项目无需昂贵的设施和设备，应当在世界各地，尤其是在资金不足的地方推广。

——关于国际传统竞赛和体育运动宪章的可行性及范围的初步报告，
UNESCO 2005 年大会

3. 体育组织超国家化

一个国家的体育组织及其活动方式本来属于一个国家的内政，但在体育日益全球化的背景下，国际和国内体育组织之间正在紧密地联系在一起，国际体育组织正日益深刻地影响甚至"干预"着历来被视为是国家主权范围内的国内体育事务。

例如，《奥林匹克宪章》中就对各国国家奥委会的职权和人员组成都有明确规定，同时规定被开除的国际奥委会委员不得成为各国的奥林匹克组织成员。

不仅如此，国际体育组织在反兴奋剂等行动中，更是明显超越了国家主权的范围。国际奥委会反兴奋剂委员会可以在事先不告知的情况，随时抽检它认为需要检查的任何注册运动员，而且对违禁运动员的处罚权高于运动员所属国。例如，1990 年 8 月 12 日，国际田径联合会（IAAF）查出前男子 400 米世界冠军、美国运动员巴赫·雷诺兹尿样呈阳性，宣布对其

---

① 关于国际传统竞赛和体育运动宪章的可行性及范围的初步报告. UNESCO 第 33 届大会，2005-10-5.

禁赛两年。雷诺兹不服，在 1991 年初向美国地方法院提起诉讼。在以后的 4 年时间内，雷诺兹事件一共经历了 12 次仲裁与诉讼程序，雷诺兹最终败诉。其间雷诺兹曾通过选拔赛取得了参加 1992 年巴塞罗那奥运会的资格，但是国际田联坚持对雷诺兹的处罚，禁止雷诺兹参加奥运会。美国奥委会在国际田联的压力下，也不得不取消了雷诺兹的美国奥运会田径队队员资格。为了防止这类事件影响奥运会，国际奥委会于 1994 年底要求奥运会参赛运动员签署协议，遵守国际奥委会体育仲裁院（CAS）对体育运动争议的仲裁，而不能寻求司法途径。2001 年 8 月，国际田径联合会宣布接受 CAS 的管辖权。1990 年发生的另一例比利时足球运动员博斯曼（Bosman）因转会问题诉俱乐部、比利时足协和欧洲足协的案件，最终以欧洲法院判决博斯曼胜诉告终。[①] 这两例案件都表明，在某些体育问题上，国家主权可能会受到一定的影响，但这是维持正常的国际体育秩序不可避免的。

体育组织及其活动的这种超国家性一体化趋势，最明显地体现在欧盟成员国之间。欧盟最初只是将体育看作一种促进经济发展的方式，通过体育树立形象，增强欧洲国家的认同感。20 世纪 90 年代以来，欧盟对欧洲体育的干预越来越广泛深入。例如运动员的自由流动和废除转会限制，对体育流氓的管理，废除对不同国家的运动员参加体育赛事的限制，对彩票、赌注及体育赌注的规定，对运动员的最低年龄限制，体育基本设施的安全标准，电视转播权及合同生效期，体育联合会的专利权及垄断地位的取消，购票制度，公众对体育俱乐部的资助，马匹的运输，武器的运输，吉祥物及商标的使用等。2007 年 10 月通过的欧盟新条约列入了专门的体育条款，第 124 条指出："欧盟将根据发展的特点，在以自愿为基础的机制内，考虑教育和社会效益，促进欧盟体育事业的发展。"欧盟承认：关于体育的法规条文可能会使体育丧失自主权，然而只应该采取某种措施预防这种情形的出现，而不是放弃立法努力。

（三）　当代的国际体育合作

国际体育合作是体育全球化的必然结果。20 世纪后半期，随着奥林匹克运动的兴起和发展，逐渐形成了多形式、多层次的国际体育合作新格局。

---

① 郭树理，肖伟志. 体育纠纷的法律解决——国际体育界若干著名案例探讨 [J]. 体育文化导刊，2003（7）：52-55.

1. 大洲和区域性体育合作

1910 年，南美洲体育组织成立，这揭开了大洲体育合作的序幕。第一次世界大战以后，这种大洲的体育合作被逐步纳入奥林匹克运动内。1940年，泛美体育组织（PASO）成立，并在 1951 年举行了第一届泛美运动会。亚洲、大洋洲和非洲的体育合作则开始于第二次世界大战以后。例如，亚洲乒乓球联盟成立于 1952 年，大洋洲击剑联盟（FCOS）和大洋洲柔道联盟（OJU）都成立于 50 年代。50 年代以后，随着非洲殖民主义统治的崩溃，非洲的足球、篮球、网球、柔道等组织也相继建立起来。今天，各大洲都已建立了基于国家奥委会的新的大洲体育组织，形成了各洲体育合作的新局面。

由于历史和地理等原因，一些特殊地区如北欧斯堪的纳维亚半岛国家、地中海沿岸国家、阿拉伯国家、巴尔干地区、加勒比地区和东南亚等地区内的国家间，历来有较密切的体育联系。20 世纪初，北欧的丹麦、芬兰、冰岛、挪威、瑞典等国建立了北欧国家体育协会，此后北欧范围内的单项体育联合会、体育科学委员会也陆续成立；中、日、菲三国发起的远东运动会从 1913 年到 1939 年间连续举办了 10 届。第二次世界大战后，这些地区的国际体育关系依然沿袭了这种格局。50 年代中期，地中海运动会、各种地中海区域单项组织（如地中海乒乓球协会 MCTT）和阿拉伯体育组织（如阿拉伯举重协会 AWA，阿拉伯乒乓球联合会 ATTF，1956）都陆续诞生；从 30 年代开始的巴尔干运动会一直延续至今；中美洲—加勒比地区运动会从 1926 年开始定期举行，东南亚地区也从 1959 年开始，每两年举行一届运动会。

2. 特定领域内的国际体育合作

除了上述主要基于地理因素的国际体育合作，在某些特定领域，如工人、学生、军队、残疾人、妇女等领域内的体育合作也逐渐发展起来。

国际工人体育合作始于第一次世界大战前，1913 年在比利时的根特就成立了国际工人体育组织。1925 年、1931 年和 1937 年还曾举办过 3 届工人奥运会。但由于工人体育组织的分裂和法西斯主义的猖獗，国际工人体育运动一蹶不振。只有 1996 年 10 月成立的国际铁路职工体育联盟一直坚持举办四年一度的国际铁路职工体育锦标赛。

学校体育的国际合作开始于 20 世纪 60 年代末欧洲的一系列学生比赛。1972 年，国际学校体育联合会（ISF）在卢森堡成立。国际学校体育联合会努力和国际单项体育联合会及其他国际体育组织一道，加强成员国之间在中、小学体育方面的合作，并力图通过每两年一度的世界中学生运动会

（1972 年开始举行）、各单项运动会和其他运动会，促进奥林匹克精神的实现。大学生之间的体育交往开始于第一次世界大战前。在国际大学生联合会的推动下，1924 年和 1928 年，分别开始举行两年一届的夏季和冬季世界大学生运动会。第二次世界大战前后，大学生体联曾两度分裂，直到 1959 年才又重新统一，并重新开始举办两年一届的世界大学生运动会。

军队的体育合作是在 1948 年成立的国际单项军事体育理事会领导下进行的。主要是组织双边比赛和国际军事体育锦标赛，发展各国军队之间的体育交流与合作。

妇女体育联合会成立于 1919 年。两次世界大战期间，它曾成功地按照奥运模式举办了 4 届世界妇女运动会。战后，虽然妇女运动会不再举行，但妇女体育联合会仍然通过定期召开国际会议等活动来促进在妇女体育方面的国际交流和合作。[①]

为了让在战争中因伤瘫痪的士兵能够尽快康复，在 1948 年伦敦奥运会期间，英国的路·格特曼爵士等为一批轮椅运动员组织了斯托克·曼德维尔运动会。4 年后，国际斯托克·曼德维尔运动会联合会在英国成立，并于当年举办了首届国际残疾人运动会，这也就是"残疾人奥林匹克运动会"的前身。1960 年罗马奥运会结束后，来自世界 23 个国家的 400 名残疾人运动员参加了在罗马举办的第 9 届国际斯托克·曼德维尔运动会，这届运动会后来被国际奥委会正式承认为第一届"残疾人奥林匹克运动会"。从 1960 年开始，残奥会每四年举办一次。1988 年汉城第 8 届残奥会以后，形成了每届残奥会和夏季奥运会在同一城市举行的惯例。

▲ 2008 年北京残奥会开幕式升会旗

国际特殊奥运会组织是由美国前总统肯尼迪的姐姐爱·肯尼迪·史维法于 1968 年创立的，总部设立在美国华盛顿特区，目前参加这个组织活动

---

① Talltxsg, P. Challenges Facing the Olympic Movement – Outcome of the 11th Congress. cited in Sport and International Understanding. Herling, Springor-verlag, 1984：128-131.

的有 50 多个国家和地区。第一届国际特殊奥运会于 1968 年在美国芝加哥举行。2007 年，国际特殊奥林匹克运动会在上海举行。

残奥会和特奥会的诞生和不断壮大，标志着时代的发展和人类文明的进步。

3. 对欠发达国家和地区的国际体育援助

20 世纪 50 年代后，大批贫困国家加入奥林匹克大家庭。国际奥委会在 1961 年成立了奥林匹克援助委员会。由援助委员会提出的奥林匹克团结计划于 1972 年开始实行。这个计划将出售奥运会电视转播权的收益，全部用于支持落后国家发展体育事业。

在国际奥委会的带动下，多数国际单项体育组织和国家奥委会也加入了各种形式的援助活动。比如，国际羽联专门设立了教练员基金，用于资助教练员到一些水平落后的国家，推广羽毛球运动。此外，各类单项体育组织还采取减免会费、赠送书籍、影片和器材、培训体育官员与裁判员、举办训练班以及提供经济、技术与教练人员等方式给予援助。这些措施大大推动了国际体育合作和体育全球化的发展。

奥林匹克对国际体育合作的促进还表现在奥运会对于体育活动的引导作用。其中在职业和业余方面的相关规定、反兴奋剂、反对政治干预和商业化倾向以及竞赛和组织管理方面等，对现代体育的发展具有极大的影响。

4. 国际体育科学领域的交流与合作

在体育科学发展突飞猛进的情况下，国际体育科学的交流日益频繁。自 1989 年起，国际体育科学大会已形成惯例，每两年召开一次，而且会议规模逐步扩大。1989 年，根据国际奥委会医学委员会的倡议，由美国奥委会组织召开了第一届国际体育科学大会。此外，定期召开的奥林匹克科学大会，已成为奥林匹克运动不可缺少的组成部分，成为联系各国体育科学家和学者的纽带，成为促进各国体育科研成果交流与合作的重要方式。为进一步加强体育科研成果的交流，促进体育科研的发展，国际奥委会设立了体育科学研究领域的"诺贝尔奖"——国际奥委会主席体育科学奖。

二、奥运会以外的其他大型国际赛事

第二次世界大战结束以来，随着社会的发展，在奥林匹克运动的带动下，国际大型体育赛事越来越多，规模也不断扩大。

1. 世界运动会

世界运动会创办于 1981 年，每四年举行一届，是由非奥运会项目的国际单项体育组织联合举办的世界大型综合性运动会，迄今已举办过 9 届。世界运动会的领导机构是 1980 年成立的世界运动会理事会，执行机构为世界运动会执委会。除举行非奥运会项目的比赛外，在举办每届世界运动会的同时，主办城市还举办各种文化活动和社会活动，如音乐会、展览会等。世界运动会的创办，促进了世界体育文化的繁荣和发展，国际奥委会主席萨马兰奇称世界运动会为"二级奥运会"。

2. 世界大学生运动会

世界大学生运动会素有"小奥运会"之称，由国际大学生体育联合会主办，只限在校大学生和毕业不超过两年的大学生（年龄限制为 17～28 岁）参加的世界大型综合性运动会。始办于 1959 年，其前身为国际大学生运动会，原则上每两年举行一届。正式规定的比赛项目有田径、游泳、跳水、水球、体操、击剑、网球、篮球和排球 9 项，但东道国有权再增加 1 项。世界大学生运动会已举办 25 届，其中第 21 届于 2001 年 8 月在北京举行，第 26 届于 2011 年 8 月在中国深圳举行。第 29 届世界大学生冬季运动会将于 2017 年 8 月在中国台北举行。

3. 世界中学生运动会

世界中学生运动会（World Middle School Games）由国际中学生体育联合会（International School Sports Federation）主办，限 17 岁以下的在校中学生参加。始办于 1974 年，1990 年以前每两年举办一届，后改为每四年一届。世界中学生运动会的比赛项目通常有田径、游泳和体操 3 项。但偶尔比赛项目也略有增减，如第 3 届曾举行了乒乓球比赛。

1998 年 10 月 13—19 日，第 11 届世界中学生运动会在中国上海举行。这是世界中学生运动会首次在欧洲以外的国家举行。

▲ 中国台北大学生体育代表团在 2009 年哈尔滨
第 24 届世界大学生冬运会开幕式上

4. 单项世界运动会

据不完全统计，世界上有 100 多个世界性单项体育组织，其中成员组织较多的约有 50 个，此外还有 7 个世界性残障人体育组织。这些组织都定期举行自己的世界性比赛，主要包括各种单项杯赛、锦标赛、公开赛等。

▲ 1930 年乌拉圭首届世界杯足球赛开幕

5. 洲际运动会

国际奥委会承认的大洲运动会如亚洲运动会、非洲运动会、太平洋运动会、泛美运动会、中美洲—加勒比运动会等，都是综合性运动会。第 11 届亚运会在北京举行，第 16 届亚运会于 2010 年在中国广州举行。第 19 届亚洲运动会将于 2022 年 9 月在中国杭州举行，杭州将成为中国第三个取得亚运会主办权的城市。

泛阿拉伯运动会（Pan-Arab Games）是由埃及和摩洛哥等国倡导，创办于 1953 年，受阿拉伯联盟赞助，限阿拉伯国家参加的不定期举行的大型综合性运动会。

非洲运动会（African Games）创办于 1965 年，是由非洲最高体育理事会（Supreme Council for Sport in Africa）主办的非洲地区的大型综合性运动会。1987 年以前不定期举行，1987 年后每四年举行一届。

泛美运动会（Pan-American Games）是北美、中美和南美洲地区的大型综合性运动会，创办于 1951 年，每四年举行一届。第 17 届泛美运动会于 2015 年 7 月 10 日在加拿大多伦多开幕。来自 41 个美洲国家的 6 000 多名运动员参加了为期两周的比赛，参加运动员人数为历届之最。

中美洲及加勒比海地区运动会（Central American and Caribbean Games）原名为中美洲运动会，创办于 1926 年，是美洲仅次于泛美运动会的地区性大型综合运动会。1935 年起改用现名，除特殊原因外，每四年举行一届。

三、全球化背景下的各国大众体育

（一）各国发展大众体育的一般举措

在当今世界，是否重视发展体育已经成为衡量政府执政能力的一个重要标志，大众体育的发达程度常常会作为评价社会文明程度的标准之一，许多西方国家的政党都把体育政策列入其竞选或执政纲领，以争取民众的支持。因此，各国政府越来越重视发展体育、特别是发展大众体育。

1. 颁布体育政策法规

颁布有关体育运动的各种法令和行政法规，并指导实施，是国家管理体育运动的主要形式。20 世纪 70 年代至 90 年代，许多国家都颁布了体育法，其中包括瑞士（1972）、希腊（1975）、美国（1978）、芬兰（1980）、法国（1975、1984、1992）、意大利（1984）、西班牙（1988、1990）。同时，许多国家的宪法也有关于体育运动问题的条款。

这些条款并非是象征性的，而是具有重要的意义。第一，从事体育运动已成为得到国家保障的所有公民的权利。各社会组织的责任，在于将公民的这一权利付诸实现。第二，在宪法中纳入有关体育运动问题的条款，也意味着国家对体育运动的社会作用和社会地位的正式承认。为使法律与体育不产生矛盾，必须运用法律调整体育与运动的关系，调整国家与体育运动的相互关系，划分国家各级政府的管辖范围，划分国家和社会体育组织的管辖范围。[①] 例如，雷诺兹于 1991 年 6 月 7 日向美国仲裁协会提起仲裁申请，就是根据《美国业余体育法》以及美国奥委会章程的有关规定提出的。

2. 提高行政管理效率

每个国家都有自己的体育制度，其组织结构和管理方式取决于国家制度和国家参与体育事务的程度。实际上，各个国家都在采取不同的方式干预体育运动。许多国家通过完善体育基础设施、为各类大众体育计划提供财政资助、为不断完善高水平竞技制度提供财政资助的方式，支持本国体育运动的发展。

多数国家由国家行政机构承担管理体育运动的责任。这些国家包括绝

---

①　杜利军. 市场经济条件下国家怎样管理体育运动［J］. 国外体育动态，1997（43）.

大多数发展中国家和苏联、东欧各国。近年来，欧洲设立政府体育机构的国家有所增加。1976 年，加拿大政府设立了"业余体育和身体锻炼部"；法国成立了青年体育娱乐部，主管大众体育；英国各地方政府都有英格兰体育总署一类的政府机构；意大利于 2006 年也设立了体育部。这些政府体育机构的主要职能是负责体育运动发展的宏观指导和整体政策的制定，保障和协调体育组织的活动，为体育设施的建设提供支持等。①

采取"不干预原则"的国家主要是美国。美国在联邦政府中有 70 多个机构或多或少地管理着与大众体育有关的休闲资源，最重要的是内政部国家公园服务处和国家森林服务处。他们通过国家公园和国家森林，为人们提供野营、划船、游泳、徒步旅行、钓鱼、打猎等体育活动条件；在地方政府中管理大众体育的部门是休闲与公园部。国家不向高水平体育运动提供直接的财政支持，但备战奥运会时可以获得国会批准的资助。在其他采用这种模式的国家如荷兰、瑞典、日本等国家中，国家帮助体育组织自主发挥职能，并提供必要的资助。

目前，一些国家出现了国家高层体育运动组织联合的趋势。1994 年，荷兰、丹麦的国家奥委会与国家体育联合会合并。1995 年，挪威的国家奥委会与国家体育联合会合并。俄罗斯也在 1999 年重建了一度撤销的国家体育运动和旅游委员会。

3. 制定大众体育战略

根据对大众体育的理解和本国的实际情况，各国政府都制订了相应的计划或战略，一般都有专门的经费支持和组织指导。如荷兰在 1976 年开始推行"大众休息性体育活动"，针对不参加体育活动的人群成立了运动组织委员会，有专门的指导员开展工作。瑞士采用音乐伴奏的大众体操来推行"体育属于大众计划"，每次 1 小时，全国设有许多体操中心，仅苏黎世就有 70 多个。

在 1990 年美国卫生福利部门提交的《美国 2000 年健康目标的报告》中，体育活动与健康锻炼是其中的重要内容之一。全美主要体育学术团体和数千名体育专家、学者为这项报告付出了辛勤劳动。②

比利时的法兰德斯从 1970 年开始推行"每家 1 千米"运动，即每个家庭成员都参加跑步，跑的长度不少于 1 千米。随之，又进一步增加了

① 张秀丽. 英意西大众体育政策特点及其启示 [J]. 体育文化导刊，2008（8）：102-105.
② 张驰. 美国大众体育的科学指导给我们的启示 [J]. 河南大学学报（自然科学版），1998（1）.

"费特 1 米"练习（4 组 18 个练习）、"运动制"（游泳、竞走和骑自行车）、"奥林匹克基础"制（共 11 个练习）、家庭女子二项和三项（跑、跳远和跳高）、"运动等级"称号赛和"运动学校"8 项身体练习赛（所有学生都参加），还有为中年以上和发展较慢的运动项目设的练习。

德国从 1960 年开始推行五年一度的《黄金计划》，投巨资建设和改善体育场地设备，促进节能和环保。截止到 1991 年底，德国已有 50 000 个儿童游戏场，44 900 个体育和学校体育运动场，29 800 座体操馆，3 700 座室内游泳馆和 2 900 个室外游泳池，33 800 个室外网球场和 3 600 座网球馆，147 座冰上运动馆，209 个高尔夫球场。[①] 数量之多，任何国家无法与之相比。

英国在 1972 年制定了《英国全民运动十年计划》，主要内容包括运动设施、经济管理、运动参与等方面。[②] 20 世纪末，英格兰体育理事会又设计了"活跃社区"计划，以增加人们终身参加体育及娱乐活动的机会，使所有人不分种族、性别及能力都可以拥有这种参与机会并享有相关服务。田径、篮球、板球、女足、无板篮球、曲棍球、职业橄榄球、业余橄榄球、游泳及网球这 10 项最受年轻人喜爱的体育活动，被选为计划的基本项目。[③]

法国从 1979 年开始推行"3 个 8"运动，即自由泳 80 米、跑 800 米、步行 8 000 米。全国各地的 39 个中心领导这一运动。参加者从 5 岁到 73 岁都有。

澳大利亚自 1980—1981 年推行的计划是"找 30 分钟"。意思是希望每个人每天抽出 30 分钟作积极性休息，还采用多种方式吸引人们参加体育活动。[④] 活动形式分三类：① 徒步、骑马、打球、放风筝等活动项目；② 在公园、海滨浴场等地开展简化了的球类竞赛活动；③ 掌握运动技巧，首先是球类项目。

第二次世界大战以后，日本体育的强烈军事色彩渐渐消失，逐渐形成了"体育保健""新体育"的概念。1957 年，日本政府发出了"振兴地方运动令"，并在内阁设立了"运动振兴审议会"。[⑤] 1961 年 6 月，日本国会

① 李振彪. 二战以来德国体育的发展 [J]. 天津体育学院学报，1995（1）：15-20.
② 吴文忠. 比较体育 [M]. 台北：台湾地区编译馆，1986：952.
③ 出自冯苗苗译《英格兰体育理事会 1998—1999 年度报告》.
④ 张振玟. 各国群体发展简况 [J]. 国外体育动态，1982，5（19）.
⑤ 吴文忠. 比较体育 [M]. 台北：台湾地区编译馆，1986：464.

通过了《运动振兴法》，制定了有关社会体育运动场地的标准，为社会体育的发展提供了法律保障。

2000 年，日本文部省又制定了《体育振兴计划》的十年目标，其中包括竞技体育和大众体育两个方面，其目标是：第一，实现终身体育社会的目标，使无论哪一类型的国民都能找到适合自己体力、年龄、技术、兴趣的体育活动，让他们在任何时候、任何地点都可以从事体育活动。第二，在可能的情况下，要尽早实现这个目标：争取使每位成年人每周至少参加一次以上的体育活动，使体育实施率达到 50%，并包括体育设施的建设、体育俱乐部建设、体育指导员的培养、开放学校体育设施，促进学校与社区共同使用学校体育设施等多方面的措施。

到 1989 年，全世界共有 80 多个国家和地区颁布了大众体育发展计划。一些国家为了落实体育规划，还采取了许多生动活泼、具体实用的活动计划和制度。如美国有"总统体育奖章"制度，德国有"家庭体育奖章"制度等。①

▲　日本民众在奥林匹克日参加健身活动

4. 确定重点实施对象

荷兰政府在实施《荷兰人在运动》过程中，把 1995—1999 年的重点实施对象确定为老年人与慢性病患者，1999—2003 年的重点实施对象则为青少年。加拿大在实施《积极人生计划》中，将 12~15 岁的青少年，24~44 岁以及 55 岁以上的成年人确定为重点实施对象，并且针对不同的实施对象制定了不同的实施方案，如针对 55 岁以上成年人的"健身行走方案"和"健康生活方案"。英国则将刚毕业的青少年与妇女确定为重点实施对象。为此，英国体育理事会与地区体育理事会在牛奶业主的赞助下，共同发起了一个"你适合的体育活动"的宣传活动。

在各国体育人口发展战略中，从业人员始终是各国的重点实施对象。美国《健康公民 2000 年》中一项重要的实施目标，就是大幅度提高可向员工提供健身条件的不同规模企业的比例。新加坡为了使更多的从业人员加入到体育大军中，在实施《2000 年体育振兴计划》过程中专门推出了一

---

①　沈其茜. 国际大众体育和中国的全民健身运动 [J]. 上海师范大学学报（自然科学版），1998（2）：96-99.

个《公司健身计划》，新加坡体育理事会积极为公司企业开办健身讲座、提供场地设施、体质测试、培训指导员等服务。据该理事会 1995 年的调查，新加坡 80% 的公司、企业经常组织员工进行体育健身活动，58.4% 的公司、企业建立了体育俱乐部，30% 的公司、企业拥有自己的体育场馆设施，70% 的公司经常为员工进行医疗检查，64% 的公司经常为员工开小健身讲座。

5. 完善公共体育设施

日本政府高度重视大众体育场地设施的建设。日本文部省 1995 年和 1996 年用于大众体育场地设施建设方面的费用分别为 252.09 亿日元和 242.63 亿日元。

发达国家主要依托学校体育场地开展大众体育活动。1990 年，日本小学、初中、高中分别有 86.9%、79.7%、57.2% 的室外运动场和 91.7%、84.4%、42.1% 的体育馆对居民开放。日本的学校体育设施在建设时就充分考虑到对外开放的需求，一般都装配夜间照明设施，并充分考虑老年人、妇女、残疾人的特殊需要。

西方的公园是大众体育活动的另一重要支柱，一般都建有简易高尔夫球场、网球场、羽毛球场等。20 世纪 90 年代以来，公园系统在提供大众体育场地设施方面起着越来越重要的作用。在这方面美国更具有代表性。它的公园系统分为小型公园、街区公

▲ 澳大利亚布里斯班在公园里锻炼的人们

园、社区公园、州公园和国家公园。州公园和国家公园一般远离聚居区，面积较大，提供更适合于大自然环境的户外体育活动场所，如野营、冬季运动、徒步旅行、划船、独木舟、游泳、冲浪、钓鱼、骑马等活动场所。美国州公园和国家公园每年分别有大约 7 亿与 1.76 亿人次参加各种户外体育活动。1996 年 9 月，新加坡总理吴作栋签发命令启动了《体育生活计划》，投巨资建设社区体育与健身中心，体育与健身中心还是新加坡体育理事会组织的各类体质测试网点。

近年来，人们更加热衷于适合个人嗜好的户外体育活动，更强调享受回归自然的感受，散步、自行车、游泳、滑雪、攀岩等成为深受大众喜爱的体育活动。美国致力于完美社区的体育设施如健身小道、公共游泳池、公园与休闲体育场地等，北欧各国则修建了许多自行车道，并开发了大量

的滑雪场地。

到 2000 年前后，欧美各国已基本能满足对场地设施的需要，体育的重心逐渐向提高大众体育的科学化水平方面转移。

（二）国家和地区间体育发展的不平衡

虽然体育方面的国际交流日益频繁，但地区或国家间的差距似乎也并未缩小。据欧洲理事会《体育信息公报》1997 年第 10 期公布的数据，欧洲 27 国按有组织参加体育运动的人口占本国总人口比例被分为 4 级：5% 以下的国家依次有立陶宛、乌克兰、波兰、匈牙利、土耳其、爱沙尼亚、葡萄牙和希腊；5% ~ 15% 的国家有塞浦路斯、安道尔、西班牙、意大利、马耳他和斯洛文尼亚；20% ~ 29% 的国家有法国、捷克、卢森堡、德国、荷兰和瑞典；30% 及以上的国家有瑞士、冰岛、丹麦、奥地利、挪威和圣马力诺。[①] 这些数字说明：即使是在欧洲，国与国之间在体育方面不平衡的现象还很严重。在世界范围内，这种不平衡的状况更加严重。这种情况除了与各国的经济发展水平密切相关外，体育全球化更加扩大了体育大国的资源优势地位，也是一个重要因素。在许多经济和体育欠发达的国家，最优秀的运动员往往活跃在强国的运动场上，这事实上拉大了体育强国和弱国之间的差距。

第三节　当代奥林匹克运动的发展与改革

从体育全球化的意义上看，1992 年巴塞罗那奥运会具有强烈的象征性：南也门和北也门、东德和西德在统一国家的名义下，苏联解体后的各个新独立国家以独联体的名义参加了奥运会；未出席上届奥运会的朝鲜、古巴、塞舌尔、埃塞俄比亚、马达加斯加、尼加拉瓜、阿尔巴尼亚 7 国也参加了本届奥运会；南非在时隔 20 年后重新出现在奥运会赛场。奥林匹克大家庭在"二战"以后第一次实现了大团圆。

这种象征的意义在于：在 20 世纪后半期，体育全球化已经成为当代体育发展中的一种突出现象。居住在地球各部分的人们越来越强烈地感觉到：体育已经不仅是个人的事，各种体育现象之间的联系越来越紧密，相互之间的影响也越来越深，人们的健身、观赏高水平的体育竞赛，乃至学

---

① 白玲. 欧洲各国体育运动状况调查［J］. 国外体育动态，1997（30）.

校体育，无不感觉到体育全球化的影响。

一、奥林匹克运动与国际体育的发展

（一）奥林匹克运动的快速发展

　　战后奥林匹克运动出现了一系列新变化。国际奥委会组织和奥运会的规模都急剧扩大，项目剧增。在战争结束后的 1948 年奥运会上，还只有来自 59 个奥林匹克会员组织的 4 062 名运动员参加 136 个项目的比赛；1972 年时，已有 121 个会员组织派出 7 121 名运动员，参加 195 个项目的比赛；而到 1996 年奥运会时，这三个数字已经变成了 197、10 318 和 271。冬季奥运会参赛运动员人数也由 1948 年的 28 个成员国的 369 人增加到 2014 年的 88 个成员国的 2 873 人。在奥运会规模扩大的同时，竞技运动的水平也快速提高，出现了体操运动员科马内奇、田径运动员摩西、比蒙等一批超级明星和 8.90 米这样令人难以置信的跳远纪录。1960 年，埃塞俄比亚的阿贝贝赤足获得马拉松比赛冠军，标志着发展中国家开始在奥运体坛显示力量。奥运会举办地也不再局限于欧洲和美洲。

　　国际单项体育组织的发展从一个方面反映了现代体育国际化的趋势（表 10-2）。从 1960—1992 年，表中各国际单项体育组织成员数每隔 10 年的平均增长速度分别为 48.9%、23.5% 和 41.8%。这表明，现代体育国际化的进程仍然没有停止。

表 10-2　部分国际单项体育组织成员的增长情况

年代	足球	手球	羽毛球	乒乓球	田径	体操	篮球	排球	皮划艇
1960	90	27	41	72	103	45	—	—	39
1970	132	49	51	85	143	63	—	—	47
1980	150	80	64	116	162	79	150	129	53
1992	168	111	107	147	186	101	176	183	73

　　资料来源：Sport and International Understanding. Berlin，Springer-veriag，1984.

　　奥林匹克运动推动了体育的国际化，并且随着体育国际化的发展而发展。奥林匹克运动的历史表明，凡是被批准列入奥运会的项目，其普及程度和运动水平都显著提高。法国《队报》1991 年 4 月对 1980—1990 年各类体育协会会员人数的统计表明：27 个奥运项目协会会员人数在 10 年间增长了 43%，而各类协会会员人数在同一时期的平均增长率仅为 34.4%。

因此，那些尚未被列入奥运项目的国际体育组织，大多不遗余力地为达到国际奥委会的承认标准而努力推广该项运动，柔道、跆拳道、乒乓球和羽毛球等都曾经历了这样的发展过程。国际奥委会的承认，推动了该项运动的进一步国际化。反之，各项目的进一步发展，又不断扩大了奥林匹克运动的内容和影响。

（二）体育科学化水平不断提高

现代科学技术的迅猛发展，对体育产生了前所未有的影响，科学技术已成为提高体育发展水平的决定性因素。现代竞技体育的水平提高，增加了提高运动成绩的难度。有学者统计，"运动成绩的提高"这一现象涉及150多项因素，包括素质、体质、机能、心理、技术、战术、智力及许多社会因素，研究涉及众多学科领域。各国运动员和教练员都力争充分利用最新训练方法和最新科技手段挖掘人体运动潜力，这推动了体育科研的发展。各国高度重视体育科学研究，不断增加投入，强化体育科研。[①]

美国在1976年奥运会负于苏联和民主德国之后，切实加强了体育科研和科学训练工作。继1980年建成斯阔谷训练中心之后，1991年又建设了占地150公顷的加利福尼亚"阿尔科训练中心"。尽管迄今美国还没有独立的体育科研所，但全国大学有400多个体育系、科承担体育科研工作。这些体育系、科，配备先进的科研仪器和人才，从他们承担研究课题的数量和水平看，毫不亚于专门的体育科研所。

苏联曾长期雄踞世界体坛霸主地位，与他们拥有世界一流的体育科研机构和队伍有密切关系。苏联解体后，俄罗斯基本保留了苏联的体育科研体制，但由于经济困难，人员流失，使体育科研工作受到一定影响。近年来，俄罗斯已经决定恢复一度被解散的运动队综合科研组的组织形式，以加强优秀运动员训练的科学保障。

两德统一后，德国的体育科研体制在原西德体制的基础上，又吸收了原东德体制的优点，使体育科研体制进一步完善，形成了由政府、体育团体和高校三个系统组成、既明确分工又互相合作的体制，体育科研的经费投入不断扩大。兼负全国体育科研管理职责的科隆体育科研所和应用训练科研所（原东德莱比锡体科所）每年从联邦政府获得的科研经费都接近人民币1亿元。此外，德国还有50多所高校体育系或体育科学系承担重点科

---

①　杜利军. 国外体育科研的发展趋势 [J]. 国外体育动态, 1996 (3).

研课题研究和 22 个奥林匹克训练基地的科技服务工作。

20 世纪末期，意大利、西班牙、希腊、澳大利亚、英国、法国、墨西哥等，也相继建立了专门的体育科研机构。韩国在 20 世纪 80 年代初建立了体育科学研究所，1989 年更名为韩国体育科学研究院。日本保健体育审计会在向文部大臣提出的《面向 21 世纪的体育振兴方案》中，也提出了建立"国立体育科研中心"的设想。①

二、奥林匹克危机与基拉宁—萨马兰奇改革

（一）奥林匹克运动危机的出现

战后，奥林匹克运动的迅速发展引发了一系列新的问题，1952 年赫尔辛基奥运会以来，政治对奥运会的影响步入了一个新的阶段。两大阵营的对峙与冲突、种族主义与反种族主义的斗争、各种意识形态的对立等，都对奥运会产生了深刻的影响；恐怖分子也开始将奥运会作为自己的攻击目标；对奥运会的抵制也连续不断。

1. 体育商业化影响加大

20 世纪 60 年代中期以来，奥运会作为文化商品的趋势已露端倪；国际奥委会的"业余"禁条屡被触动；奥运会与商业结合的势头强劲，防不胜防；奥运会比赛中欺骗行为有所抬头；违禁药品的滥用日益严重，在 1960 年罗马奥运会上出现了奥运史上第一例运动员因服用兴奋剂而丧生的事故后，兴奋剂问题开始引起人们的注意；同时，在女子项目比赛中出现了有男性特征的运动员，运动员的性别问题也成为人们关注的对象。

2. 奥运会出现经济危机

随着奥运会的膨胀，举办奥运会所需要的人、财、物等各种资源投入急剧增加，而旧有的筹资方式远不能满足举办奥运会的需要，再加上举办奥运会对当地居民生活环境的影响，一些居民反对在自己的城市举办奥运会，如美国的丹佛市就因此而不得不将已经得到的 1972 年冬季奥运会举办权交回，由国际奥委会另选城市。1976 年蒙特利尔市因举办奥运会而债台高筑，直到 2006 年才宣布还清了债务。

---

①　杜利军. 国外体育科研的发展趋势 ［J］. 国外体育动态，1996（3）.

3. 奥林匹克运动内部发生矛盾

"委员自选"和"逆向代表"是国际奥委会最重要的组织原则，但从这项原则确立之日起，就屡遭非议。顾拜旦在 1908 年时就说，这两项原则激怒了"已习惯于选举"的公众。然而，奥林匹克运动所以能够存在并发展，不仅因为奥林匹克主义代表了人类的共同理想，还因为这两项原则从组织上避免了政治、经济势力对国际奥委会的影响和控制，使国际奥委会保持了自身的独立性，否则"奥林匹克主义随同由各国奥委会或各个国际单项体育联合会的代表组成的最高委员会一起，将在几年内死亡"①。

文献选读六

冷战与奥运会

自 1948 年起，冷战及其相连的非殖民化现象和第三世界的地方主义，赋予了奥运精神及奥运管理体系新的活力。1951 年，奥林匹克运动接纳了苏联及其东欧周边国家，有效地恢复了以奥运会作为停战机会的概念。这意味着跨集团表决，即公认的政治性将成为奥委会会议的固定特征。整个东西方对峙阶段，美苏两大集团运动员之间紧张的比赛成了衡量冷战的一个重要尺度。计算各方所得奖牌数在双方阵营间具有重要的象征意义。各方都培养了一批运动精英，他们控制了这一时代的奥运会，确保了政治不偏离田径赛场。

虽然冷战的结束使两大对立的超级大国中止了意识形态之争，却没有减少各个国家之间的争夺。事实上，像中国这样有自己的政治或思想目标的国家，继续利用奥运会来实现它的国际目标，即展示其在体育及其他领域比较杰出的技能。以市场经济为基础的美国和其他国家也继续利用奥运会来展示自由企业体制的优越性。而那些较小的国家，如果他们的运动员成功地战胜较大的国家或更先进国家的运动员，或甚至仅仅是有幸和他们一同参赛，他们也会因此获得极大声誉，即便这些运动员是在与他们竞争的国家中接受训练。传媒（包括商业影片制作人）使这一点成为今日奥林匹克最明显的特征。

——［美］理查德·W. 布利特主编. 20 世纪史［M］. 陈祖洲，等译.
南京：江苏人民出版社，2001.

但是，时过境迁，组织原则的历史必然性和合理性并不能消除已经出现的矛盾。例如，由于历史的原因，国际奥委会确实存在委员地域分布不平衡的情况，欧美所占的比重大大高于亚、非国家。这样不利于在世界范

---

① ［法］顾拜旦. 奥林匹克理想［M］. 居法宗，等译. 北京：奥林匹克出版社，1993：98.

围内传播奥林匹克主义，开展奥林匹克运动。同时，影响越来越大的国际单项体育组织也抱怨在奥委会中听不到自己的声音。为了集聚各自的力量，各国际单项体育联合会于 1967 年成立了国际单项体育联合会总会，各国的奥委会也于 1979 年成立了国家奥委会协会。

奥林匹克三大支柱的合作关系出现了危险的裂痕，而它们共议大事、互相沟通的奥林匹克代表大会从 1930 年起也处于休眠状态。此外，尽管"二战"后大批新独立国家加入奥林匹克运动，但在布伦戴奇任国际奥委会主席的 20 年间仅增加了 6 名国际奥委会委员，发展中国家的呼声受到忽视。20 世纪 60 年代后期以来，国际奥委会内外交困，风雨飘摇，其全部资产到 1972 年只剩下区区 200 万美元。解决矛盾迫在眉睫。

（二）基拉宁—萨马兰奇的改革

1972 年，爱尔兰人基拉宁接替布伦戴奇出任国际奥委会主席，拉开了改革序幕。1980 年，西班牙人萨马兰奇接替他担任国际奥委会主席，实施了力度更大的改革。

1. 第一轮改革：全面开放

奥林匹克运动从理想主义转向现实主义，是这种转变的核心内容。这种现实主义态度并没有湮灭奥林匹克精神，而是使之能适应社会发展的现实。随着奥林匹克运动在反对种族隔离、反对国际恐怖活动、促进体育平等和国际合作等方面的积极表现，奥林匹克精神更加深入人心。

▲　国际奥委会通过向主管体育的官员授勋等方式加强与各国政府的合作。
图为 1986 年 4 月 28 日萨马兰奇向中国副总理万里授勋

查看奥林匹克伟人——萨马兰奇

观念上的转变带来了奥林匹克运动从组织到实践的重大改革。这些改革可以概括为三个开放：向国际社会、国际体育界和市场开放。基拉宁承认了战后国际政治和社会发展的现实，恢复了中华人民共和国在奥委会的合法席位，开始加强与有关国际组织和各国政府的联系。萨马兰奇进一步扩大了奥林匹克运动向国际社会的开放程度：国际奥委会向妇女开放，向种族歧视和种族隔离制度宣战，加强与联合国教科文组织和世界卫生组织等的对话和合作，为各国政要授勋。国际奥委会与国际社会不再隔膜，不再对立，萨马兰奇在全世界都受到了国家元首般的欢迎。

对萨马兰奇来说，对国际政界开放不是目的而是手段，目的是扩大奥林匹克运动的影响和提高奥林匹克运动的地位，促进奥林匹克运动的发展。对于随战后世界体育发展而出现的各国际单项体育组织和发展中国家要求在国际奥委会内拥有更多发言权的潮流，布伦戴奇选择了漠视和对抗，萨马兰奇却聪明地选择了对话和合作。他采用逐步向职业运动员开放、成立夏季奥运会项目委员会和冬季奥运会项目委员会的方式，缓和了与各国际单项运动组织的关系。他又力排众议，将国际足联、国际田联的领导人阿维兰热和内比奥罗增补为国际奥委会委员。从 1981 年到 1992 年国际奥委会新增选的 55 名委员当中，来自发展中国家的 36 名委员占新增选总数的 65%。① 与此同时，IOC 通过成立各国奥委会总会、大洲奥委会组织和运动员委员会等方式，密切了 IOC 与各国奥委会和运动员的联系。20 世纪 90 年代，国际奥委会又进行了力度更大的改革：国际奥委会不再固守逆向代表制的委员产生原则，而是通过增补部分国际单项运动组织领导人和部分运动员代表为国际奥委会委员的方式，扩大了国际奥委会的代表性，也使国际奥委会的贵族化色彩开始有所减弱。至此，一度剑拔弩张的国际奥委会—国际单项运动组织—国家奥委会之间的紧张关系，已经重新回到对话与合作的轨道。尽管还有各种内外矛盾，但对抗已不复存在。

但仅仅如此还不能使奥林匹克运动摆脱危机。今天，人们都知道举办奥运会是一件蕴含巨大商机、有利可图的事。但当初正是因为萨马兰奇坚定地支持尤伯罗斯个人"承包奥运会"和尤伯罗斯的成功，才有后来国际奥委会的 TOP 计划和财政上的彻底翻身，市场正对奥林匹克的管理方式及奥运会的运作发生深远的影响。

从表面上看，奥林匹克改革只是对战后奥林匹克危机的应急性反应，但从本质上看，奥林匹克改革标志着奥林匹克运动由工业文明时代的体育文化向现代体育文化的嬗变。顾拜旦的成功是因为他顺应了欧洲体育文化

---

① ［英］DAVID MILLER 著. 萨马兰奇与奥林匹克［M］. 梁丽娟，译. 北京：人民体育出版社，1993：36.

向世界体育文化转化的时代潮流，代表着世界体育在奥林匹克运动旗帜下的整合和统一；萨马兰奇的成功则在于他对国际奥委会这个贵族化俱乐部进行改造，为它增添了适合全球化要求的新元素。

2. 第二轮改革：结构改革

正当奥林匹克运动即将进入 21 世纪之时，却又遭遇了一场更大的危机。1998 年底，媒体上爆出了美国盐湖城申办 2002 年冬奥会时向许多国际奥委会委员行贿的丑闻，在国际上引起轩然大波。美国和欧盟的一些政府表示：国际奥委会已经没有道德上的资格来领导全世界的体育运动，德国主管体育的部长也扬言，如果国际奥委会改革不彻底，欧盟将抵制奥运会。舆论也充满了对国际奥委会和萨马兰奇本人的批评。

事实上，从 1984 年成功举办洛杉矶奥运会以后，为了取得申办奥运会主办权的成功，以贿选等不正当物质手段争办奥运会的现象越来越多，最终导致发生了盐湖城事件。国际奥委会内部的斗争使得这场危机更加复杂。国际体育界和国际奥委会中历来有拉丁集团和以英美为主的盎格鲁—撒克逊集团的斗争。在战后很长一段时间里，世界体育领导权主要掌握在后者手里。80 年代以后，越来越多的国际体育组织改由拉丁集团掌握。与此同时，国际奥委会内部欧美集团对亚非集团话语权的逐步增长尤具戒心。因此，有人极力把矛头引向国际奥委会中的亚非籍委员身上。

1999 年 12 月 11—12 日，国际奥委会在瑞士洛桑召开了具有历史意义的第 110 次非常全会，表决通过了改革委员会提出的三个方面 50 项改革措施。其内容涉及国际奥委会的组织（委员的代表性、身份、任期、年龄限制、责任与权利、国际奥委会全会、执委会、主席、专门委员会、行政管理等）、国际奥委会的功能（包括奥运会、团结基金、与各种政府及非政府组织的关系、公共关系与交流等）和奥运会主办城市的确定（申办标准、程序、遴选制度等）。IOC 的组织发生了结构性的质的变化。

查看《走向知识经济时代的奥林匹克运动》

盐湖城丑闻引发的危机"是国际奥林匹克运动 105 年来面临的最严重的危机"[①]。它的顺利解决促进了国际奥委会和奥林匹克运动的改革，使国际奥委会进一步摆脱了不合时宜的绅士化管理框架，为新世纪改革奠定了良好基础。

---

① 何振梁. 国际奥委会的危机与改革［J］. 体育文史，1999（4）.

三、新的改革与奥林匹克运动的未来

（一）国际体育的新变化与奥林匹克运动面临的危机

1. 世界金融危机对国际体育的影响

2008 年，由美国房地产危机开始引发了"百年一遇"的世界性金融危机。① 危机很快对全球体育产生了严重影响：10 月 13 日，NBA 宣布本部裁员 80 人；通用汽车公司终止对高尔夫大师赛的赞助，不再购买 2009 赛季美国职业橄榄球"超级腕"比赛的电视广告；保险业老大 AIG 终止了与美国网球协会长达 10 年的合作。

类似的事情在全球陆续发生：美国的强生公司决定退出 TOP 计划，终止对 2010 年温哥华冬季奥运会和 2012 年伦敦夏季奥运会的赞助；F1（世界一级方程式）锦标赛、世界职业网球锦标赛 ATP 等都有多家公司退出赞助，女子职业高尔夫协会等宣布减少分站赛数量；英国足球超级联赛受到金融风暴的巨大冲击，20 家俱乐部总负债高达 30 亿英镑，其中曼联、切尔西、利物浦和阿森纳四强的债务就超过 3/4。2009 年 2 月意大利 StageUp 公司发布报告，预测 2009 年欧洲的体育赞助费将减少 11.3%。②

但经济危机对体育发展的影响是非常复杂的。1929 年世界经济大萧条期间，余暇成为有关国家关注的重要问题。美国劳联—产联两大工会组织看到了娱乐提高失业者情绪的作用，极力推动提倡公共娱乐活动；政府也通过拨款等帮助地方修建体育娱乐设施。③ 欧洲各国有意识地增加了对体育场地设施和赛事的投入，吸引更多的失业者参与到体育活动中去。第一本系统论述体育休闲的经典著作、奈什的《体育的性格培养》是 1931 年出版的，他的结论和建议产生了广泛的影响。④ 那场危机对体育从军事化向休闲化的转变，产生了积极的推动作用。可以预期的是，对花费较多的竞技运动和花费较少的休闲性、亲自然性体育活动，这场经济危机产生的影响会完全不同。

① 格林斯潘. 美国陷于"百年一遇"金融危机中. 新华网，2008-9-15.
② 金融危机横扫全球体坛 欧洲赛事赞助费将锐减 11%. 辽沈晚报，2009-2-16.
③ ［美］范达冷·本奈特. 世界体育史［M］. 成都体育学院中译本，1978.
④ ［匈］拉兹洛·孔. 体育运动全史［M］. 中国体育史学会办公室译本，1986：336-337.

2. 国际竞技体育格局的变化

第二次世界大战以前，美国曾经长期居奥运会金牌前列。在第 14 届奥运会以前实际举行过的 10 届奥运会中，美国共获 7 次金牌总数第一、两次第二。1952 年苏联参加奥运会以后到苏联解体以前的 1988 年共 10 届奥运会中，美国仅获得 4 届第一、3 届第二；从民主德国 1972 年单独组队参加奥运会以后，以奥运会为代表的国际大赛中形成了苏联、民主德国、美国列前三位的局面。

▲ 和健全人同场竞技并获北京奥运会女子 10 公里马拉松游泳比赛
第 16 名的南非肢残运动员纳塔莉·杜托伊特

1989 年苏联解体后，东欧政治局面随之激变，东欧国家体育实力普遍下降，世界体坛格局急剧变化。1990 年 10 月 3 日，两德合并。合并后的新德国，其实力已不能与美、俄抗衡，昔日奥运会中三强鼎立的局面不复存在。在第 25 届夏季奥运会上，解体后的苏联各国以"独立国家联合体队"名义参赛，勉强保住了第一。从 1996 年的第 26 届奥运会以来，美国除在 2008 年北京奥运会上让出了金牌总数第一的宝座外，在第 26 届、27 届、28 届、30 届和 31 届奥运会上都夺得了金牌总数第一。

从表 10-3 可以看出，从 1996 年第 26 届奥运会到 2016 年第 31 届奥运会，获金牌代表团总数已经超过了 1/4，获奖牌代表团总数也一直在 40% 左右。这表明尽管在奥运会上仍有一些传统意义上的体育强国，但各国间的差距正在缩小。我国在夏季奥运会上的成绩也呈稳步上升之势，特别是在 2008 年的北京奥运会上我国更是力压美国，占据金牌榜首位。奥林匹克运动会是世界上规模最大、水平最高的体育盛会，我国能在 30 多年时间里跻身于奥运第一集团，充分显示了我国竞技体育发展的水平。

表 10-3 第 26 届至第 31 届奥运会奖牌分布情况

届　　次	获金牌代表团数（%）*	获奖牌代表团数（%）	参加代表团总数
第 25 届（1992）	37（21.89）	64（37.87）	169
第 26 届（1996）	53（27.32）	79（40.10）	197
第 27 届（2000）	51（25.63）	80（40.20）	199
第 28 届（2004）	56（27.86）	74（36.82）	201
第 29 届（2008）	55（26.96）	87（42.65）	204
第 30 届（2012）	54（26.47）	85（41.67）	204
第 31 届（2016）	59（28.50）	87（42.02）	207

注：* （ ）中的数字为获金牌或奖牌代表团数占全体参加奥运会代表团总数的比例。

3. 大型国际体育赛事的新变化

竞赛是竞技体育的核心。如果说 20 世纪 80 年代以前还有很多运动员为荣誉、为自我证明或挑战人类极限而战的话，现在把体育作为谋生手段的人则大大增加。商家利用这一点为谋求利润而积极介入体育赛事，国际体育组织则利用他们的资金和商业运作能力寻求自身的发展。这几种结合使体育的竞赛形式、制度和格局发生了巨大的变化。除了传统的锦标赛、联赛、杯赛和邀请赛等外，各种名目的大奖赛、排名赛、精英赛、系列赛、资格赛、等级赛、公开赛、巡回赛，甚至"黄金大赛"等纷纷登场，奖金额度不断攀升，比赛站数越来越多，而且还有继续增加和升级的趋势。①

（二）对奥林匹克运动的忧虑和批判

除了对奥林匹克运动在道德伦理方面的批判，如对过度商业化的影响、运动员服用违禁药物、虚报年龄或性别、对裁判员或国际奥委会委员行贿等行为的批判外，20 世纪 80 年代以来对奥林匹克运动在经济等方面的负面效应的批评也有所增加。

1. 低谷效应

在奥运会举办历史中存在着这样一种现象：每届奥运会结束之后，举办城市或者主办国的竞技体育水平往往会出现一定程度的衰退。这就是所谓的后奥运"低谷效应"。从对"二战"后主办国在举办前后和当届的成绩比较中，可以看出主办国在举办奥运会当届会得到更多奖牌，而在举办

---

① 马铁. 国际竞技体育的发展趋势及对我们的启示（二）［J］. 天津体育学院学报，1999（3）：17-21.

奥运会后的竞技体育成绩都有不同程度的下滑。如墨西哥从当届的 3 枚金牌、9 枚奖牌的历史性好成绩跌落回举办前的最低水平即 0 枚金牌，东京、罗马、巴塞罗那和北京奥运会也表现出相似的举办后成绩下滑的趋势，但在第 27 届悉尼奥运会和第 30 届伦敦奥运会上，却表现出成绩上升的情况（表10-4）。

表 10-4　二战后历届举办国举办前、当届和举办后奥运会成绩比较

届次	举办地	举办前一届			当届			举办后一届		
		金牌	奖牌	名次	金牌	奖牌	名次	金牌	奖牌	名次
第 31 届	里约	3	17	22	7	19	13			
第 30 届	伦敦	19	47	4	29	65	3	27	67	2
第 29 届	北京	32	112	2	51	100	1	38	88	2
第 28 届	雅典	4	13	18	6	16	15	0	4	59
第 27 届	悉尼	9	41	7	16	58	4	17	49	4
第 26 届	亚特兰大	37	108	2	44	101	1	39	97	1
第 25 届	巴塞罗那	1	4	26	13	22	6	5	17	13
第 24 届	汉城	6	19	10	12	33	4	12	29	7
第 23 届	洛杉矶	*	*	*	83	174	1	36	94	3
第 22 届	莫斯科	19	125	1	80	195	1	*	*	*
第 21 届	蒙特利尔	0	——		0	——		0		
第 20 届	慕尼黑	5	26	8	13	40	4	10	39	4
第 19 届	墨西哥城	0	——		3	9	15	0		
第 18 届	东京	4	18	8	16	29	3	11	25	3
第 17 届	罗马	8	25	5	13	36	3	10	27	5
第 16 届	墨尔本	6	11	9	13	35	3	8	22	5
第 15 届	赫尔辛基	8	20	6	6	22	13	3	15	13
第 14 届	伦敦				3	23	12	1	11	18

注：第 22 届莫斯科奥运会美国未参加；第 23 届洛杉矶奥运会苏联未参加。

2. 虹吸效应

在奥运经济方面还存在着一个现象，即伴随主办城市经济发展，主办城市以外地区经济水平却表现出某种下降趋势，这被称为虹吸效应或漏斗效应（表 10-5）。①

---

① 赵晓. 增强奥运正经济 减少奥运负经济［N］. 中国经营报，2001-7-27.

表 10-5 最近几届奥运会的相关情况　　　单位：百万美元

城市/举办年份	申办费	举办费	收益情况
巴塞罗那（1992）	10	10 700	为 IOC 创收 3.0（留给政府和公众债务总计达 6 100.0）
阿尔贝维尔（1992）	2~3	2 000	损失：57
利勒哈默尔（1994）	3	1 600	收益：40~50
亚特兰大（1996）	7	1 700	收支平衡
长野（1998）	11	14 000	为 IOC 创收 28（政府债务 11 000）
悉尼（2000）	12	3 240	收支平衡（南威尔士净损失 1 326）
盐湖城（2002）	7	300	收益：100
北京（2008）	—	19 343	收益：1 000
伦敦（2012）	—	10 777	收益：24 000
里约（2016）	—	19 500	收益：—

例如，墨西哥、魁北克、悉尼和里约等都出现了因主办奥运而令全国受害的情况。[①] 有些举办城市虽然从奥运会组委会的角度实现了收支平衡，但其中收入部分已经包括政府拨款一项，而政府却可能已经为此承担了巨额债务。

3. 其他担忧和批评意见

除了围绕奥运经济对奥林匹克运动的批评以外，对奥林匹克运动发展造成负面影响的批评，主要还有以下一些：主办城市在筹办过程中因为修建运动场馆和公共设施，政府可能会对拟建设地区的居民采取一些强制性的迁移措施并因此而影响其利益；主办城市在举办奥运会期间可能会对流浪人口采取某种强制居住一类的措施，对奥运会期间的交通、出行、政治诉求等采取一定的限制措施；主办国的体育部门可能会为了取得较好的成绩而对运动员不适当地施加压力。

▲ 残疾人击剑运动员金晶在巴黎传递奥运火炬中用身体保护火炬

① 阿信. 冷静评估奥运经济收益 [J]. 中国企业家，2001（8）：58-59.

此外，围绕北京奥运会出现的一系列不正常现象，也使人们对奥林匹克运动产生了某些忧虑。在 1993 年和 2001 年北京两次申办奥运会的过程中，一些欧美国家议会或政界人士都曾经以"人权"等为借口，反对北京承办奥运会或对中国施压；在 2008 年北京奥运会火炬传递到巴黎时，国际上一些支持中国分裂势力的组织，甚至某些政府首脑，也公开出面破坏和干扰火炬传递活动。在过去的奥运会火炬传递活动中，虽然也发生过抢夺火炬或抗议奥运会的事件，但都是个人行为或合法示威活动。围绕北京奥运会发生的不正常事件使人们有理由担心：某些政治势力或组织"挟持"奥运会是否会成为一种常例？

国际奥委会和各主办国越来越重视这些批评意见，努力寻求妥善解决的途径。有趣的是，各种批评意见主要来自体育界之外的学术界或政界人士，体育界人士则通常对举办奥运会表现出一片乐观态度。

（三）罗格改革与 21 世纪的奥林匹克运动

从基拉宁—萨马兰奇改革以来，国际奥委会一直没有停止过改革的步伐。在盐湖城事件爆发前，国际奥委会内部、各单项体育组织和各国奥委会都曾以不同方式、在不同场合对国际奥委会提出改革要求，国际奥委会也进行了一些改革。从 2000 年修订的《奥林匹克宪章》可以看出，在增加国际奥委会的代表性、加强与国际单项体联和各国奥委会的沟通、增强妇女在国际体育事务中的地位和提高运动员的发言权等方面，国际奥委会都采取了一些措施，但许多委员感到有必要加快改革进程。

尽管这场危机已经顺利地渡过了，但暴力和恐怖活动、兴奋剂、由于经济利益等造成的道德危机，如何区别对待那些或蓬勃发展或逐渐消退的运动项目，都将是威胁奥林匹克运动以至当代国际体育发展前景的重要因素；某些势力"绑架"奥运会以实现其私利的企图和活动，也可能会给奥林匹克运动带来难以预料的麻烦。

国际奥委会主席罗格上任伊始，就提出了"更干净、更人性、更团结"的口号，同时打响了奥运会瘦身运动的前哨战。2013 年 9 月，来自德国的托马斯·巴赫当选为国际奥委会主席，他提出的"创新"对未来世界反兴奋剂体系的发展以及奥运会的申办都具有重要意义，并提出了未来世界体育"创新"的主题。

文献选读七

罗格的体育宣言（节录）

　　在新千年开始的时候，一个更强大的奥林匹克运动也步入了一个新时代。我们首先要解决的问题是同使用兴奋剂和体育界的腐败现象进行斗争。同时，我们还必须考虑奥运会的规模、内容和巨大的开销，必须保证2010年以后国际奥委会在财政上的独立性。国际奥委会内部将继续进行改革，改革的目标是更透明、更民主、更具有代表性。

　　我们要为运动员们结束运动生涯时顺利走向社会创造条件。国际奥委会将具有更广泛的普及性，这将表现在内部的管理、新委员的接纳和奥运会主办城市的选择上。尽量弥合发达国家和发展中国家在体育领域的差别是我们的责任。

　　奥林匹克的格言是更快、更高、更强。当然，我们将继续保留这个格言。但是，在新世纪来临的时候，或许对体育来讲需要新的格言，那就是：更干净、更人性、更团结。参加奥运会的梦想把青年们引导到体育世界，而体育作为一个教育工具将使他们获益良多。体育有利于他们的身体和心灵的发育，体育教他们遵守规则、尊重对手，体育带给他们社会经验和知识，体育还让他们证明自己，并获得快乐、骄傲和健康。

　　国际奥委会的职责就是：让这个梦想永存！

——更干净 更人性 更团结——罗格新年发表体育宣言［N］.

中国体育报，2003-2-9.

本章小结

　　第二次世界大战以后，长期冷战对峙的国际政治格局、高速发展的科学技术革命和不断提高的生活水平，成为推动奥林匹克运动不断壮大的外部动力；奥林匹克大家庭成员的不断增加，不断增长的对运动成绩的追求和对体育英雄的崇拜，又从内部推动着奥林匹克运动的发展。尽管某些不合时宜的原则和管理方式不但影响着奥林匹克运动的发展，而且一度使它遭遇重大危机，但是，人类对国际公共体育空间的内在需求和基拉宁—萨马兰奇开始的改革，使奥林匹克运动一次次化险为夷，迎来了新的更大的发展。

　　奥林匹克运动带动了当代体育的发展，加快了体育全球化的进程，也对当代体育产生了广泛的影响，大众体育、竞技体育、国际和国家的体育管理、民族传统体育以及学校体育等，都在体育全球化的进程中受到牵引、挤压或改造。如何在体育全球化的背景下保持民族特性，促使体育更健康、和谐地发展，为改善人类的生存质量和人类的发展服务，是21世纪各国体育工作者面临的重要任务。

思考与探索

　　1. 结合实际谈谈现代化进程对人的健康与体质发展的影响。

　　2. 谈谈战后世界学校体育发展的基本特点。

　　3. 国际社会与组织采用什么样的战略措施来促进世界各国体育与健康的发展？

　　4. 你对体育全球化持什么态度？为什么？

　　5. 谈谈体育全球化与各民族传统体育的命运。

　　6. 当代体育对余暇生活方式的影响是什么？

拓展阅读文献

　　1. 曲宗湖，杨文轩主编. 域外学校体育传真 ［M］. 北京：人民体育出版社，1999.

　　2. ［英］麦克尔·佩恩. 奥林匹克大逆转 ［M］. 郭先春，译. 北京：学林出版社，2005.

　　3. 任海，王庆伟，韩晓冬. 国外大众体育 ［M］. 北京：北京体育大学出版社，2003.

　　4. 谭华. 走向知识经济时代的奥林匹克运动 ［J］. 体育文史，2000（5）.

　　5. 何振梁. 国际奥委会的危机与改革 ［J］. 体育文史，1999（4）.

活动建议

　　1. 以一个国际体育组织为对象搜集有关其活动的文献资料，并对其活动加以述评。

　　2. 选择一个国家在某一方面和中国体育加以比较，例如中英学校体育的比较。

3. 围绕体育全球化的利弊和影响问题举行一场辩论会或讨论会。

4. 除了教材中提到的之外，讨论体育全球化还表现在哪些方面？有什么影响？

第十一章 当代中国体育的发展

本章提要

鸦片战争以来中国饱受欺凌的百年记忆，使中国体育背负了太多的历史承负。体育曾长期被作为实现民族复兴、国家富强的工具和国际地位的象征。中华人民共和国的成立，使中国重新以大国姿态屹立于世界民族之林，中国体育也揭开了新的历史篇章。由于中国是在一个"一穷二白"、曾被称为"东亚病夫"的国度中发展体育，体育基础十分薄弱，体育发展的外部环境异常困难，造成当代中国体育经历了异常曲折艰难的道路。在近70年的发展历程中，中国体育既经历了挫折和失误，也有经验和教训，在调整和改革中不断摸索总结体育发展规律，从而使体育为中华民族的伟大复兴和人民幸福发挥着越来越大的作用。

第一节　当代中国体育事业的创立

中华人民共和国成立以后，在继承和发扬革命根据地和解放区体育的基础上，通过接受和改造旧体育，学习和借鉴苏联和其他东欧社会主义国家的体育，逐步建立和健全了中国的体育制度，使中国体育进入了一个崭新的时代。

一、"新体育"思想与体育管理体制的确立

中华人民共和国是工人阶级为领导、以工农联盟为基础的人民民主国家，要求在体育、文化各方面都体现出人民当家做主的性质。因此，新中国成立后，中国共产党和政府提出了新的体育方针，并在此基础上确立了新的体育管理体制。

（一）"新体育"思想与社会主义体育方针的确立

1949 年 9 月中国人民政治协商会议制定的《共同纲领》中规定：国家"提倡国民体育"。1950 年 7 月，党和国家的最高领导人毛泽东给当时全国第一份体育杂志题写刊名时，送来了"新体育"三个大字。这标志着中国几千年的体育发展史步入新的阶段，也表明了新生的人民政府对国民体育的重视。新体育思想是指导新中国成立初期体育发展的理论依据，它奠定了社会主义体育方针的基础。

第一，"体育为人民服务"是新体育思想的本质和核心。1949 年 10 月 27 日，中华人民共和国成立伊始，中华人民共和国副主席朱德就在中华全国体育总会成立筹备会上说："过去的体育是和广大人民群众脱离的。现在我们的体育事业，一定要为人民服务，要为国防和国民健康服务。"三个服务是"为人民服务"思想在体育上的体现，也是对体育作为国民权利和对政府职能的一种新认识。

第二，"增强人民体质"是体育的根本目标。1952 年 6 月 10 日，毛泽东为中华全国体育总会成立题词："发展体育运动，增强人民体质"，突出强调"增强体质"是体育的目的和主要任务，也指明了体育运动的服务对象是"人民"。

第三，强调思想教育是"新体育"的重要任务。1949 年 10 月，在成立中华全国体育总会筹备会的主报告中，1/3 以上的篇幅都在论述体育中的思想教育问题。1954 年 1 月 8 日，中共中央指出："体育运动并且是培养人民勇敢、坚毅、集体主义精神和向劳动人民进行共产主义教育的重要手段之一。"[①]

第四，"新体育"强调体育的政治性。1953 年 11 月 17 日，中央人民政府体育运动委员会党组向中央提交的《关于加强人民体育运动的工作报告》中提出："应加强对体育工作者及运动员的政治思想教育，批判体育工作脱离政治的倾向。"

---

① 中共中央关于加强人民体育运动工作的指示［M］//中华人民共和国体育运动文件选编.北京：人民体育出版社，1957.

文献选读一

中共中央指示（1954年1月8日）

改善人民的健康状况，增强人民体质，是党的一项重要政治任务。特别是当前国家已进入有计划的经济建设的新的历史时期，更需要人民有健康的身体，但现在人民健康状况还远不能适应各项工作的需要。为了改变这种情况，除了加强卫生工作和逐步改善劳动、学习等条件外，开展体育运动确是一种最积极的有效的方法。不仅如此，体育运动并且是培养人民勇敢、坚毅、集体主义精神和向劳动人民进行共产主义教育的重要手段之一。当前我们国家正处在为实现过渡时期总路线、总任务而奋斗的时期，加强体育工作就有着更重大的意义。

——国家体委政研室. 中共中央批转中央人民政府体育运动委员会党组《关于加强人民体育运动工作的报告》的指示［M］//体育运动文件选编（1949—1981）. 北京：人民体育出版社，1982.

在新体育思想形成的同时，也逐渐形成了体育工作方针。1950年7月20日，受党和政府委托，管理全国体育工作的团中央书记冯文彬在全国体育工作者暑期学习会上提出：新体育的目标是"为了增进国民的健康，为了发展新中国的建设和巩固新中国的国防"。根据新体育的目标，负责全国体育事务的团中央和全国体育总会制定了体育工作的具体任务："首先，要把体育普及到千百万劳动人民中去。有步骤地从学校到工厂，从城市到乡村，从部队到地方，使体育很快成为广大人民的体育，融化到人民的生活中去，成为人民在自己伟大的建设事业和国防事业中获得胜利的一个有力因素和保障。其次，要系统地研究和总结旧体育，摒弃一切不合理的部分，细心地去发掘人民中已有的丰富的民族体育，切实改造旧体育界，使之能担负起建设新体育的重任。再次，要向苏联及各人民民主国家学习，根据我国实际吸取他们成功的经验，来充实我们的体育内容和启发我们的创造，使我们的体育成为世界进步体育的一个构成部分。"为了保证新体育任务和目标的实现，1951年我国提出了"使新中国的体育运动成为经常的广泛的运动"的具体工作方针，初步形成了"为劳动生产和国防建设服务"为基本任务，以"普及化和经常化"为基本方针，建设一个民族的、科学的、大众的体育事业为目标的体育发展思路。为了准备参加第15届赫尔辛基奥运会，1952年2月18日，中共中央组织部和团中央联合发出了《选拔各项运动选手集中培养的通知》，明确指出"近几年几次出国参加球赛，水平较低，与今天国家的地位极不相称"，这是中国历史上第一次把运动水平与"国家的地位"相提并论的官方文件。《通知》还提出"必须使普及与适当范围内提高体育技术水平相结合,以取得进一步的发展"。1952年6月24日,荣高棠在代表中华全国体育总会作的报告中正式提出:"今后的工作方针应该是:在现有基础上,从实际出发并与实际相结合,使体育运动普及和经常化,积极地'发展体育运动,增强人民体质',为加强生产建设与国防建设而服务。"① 这标志着在"新体育"思想基础上社会主义体育方针的正式确立。"普及与提高相结合"的对象也转向面向工农大众的普及和面向"适当范围内"即面向专业队的"提高"相结合,群众体育与专业体育由此渐行渐远。"普及与提高相结合"也成为此后半个多世纪我国体育发展的总方针。

(二)体育管理制度的建立

为了规范全国的体育管理,1949年10月26—27日,团中央受中共中央和中央人民政府委托,组织召开了中华全国体育总会筹备会议。在1952年6月20—24日召开的中华全国体育总会成立大会上,团中央书记冯文彬当选为主任,荣高棠兼任秘书长,初步建立了新的体育管理体制。

1952年11月15日,政务院成立了中央人民政府体育运动委员会(1954年改为中华人民共和国体育运动委员会),负责领导、协调、监督全国的体育工作,贺龙为首任主任。1956年3月23日,国务院常务会议批准了《国家体委组织简则》,随后,各省、市、自治区及其所属地、市、县陆续建立了体委机构。各级体委开始制定、颁布有关的体育事业的规章制度,体育事业逐步走上了规范管理的轨道。

在体育行政机构逐步建立和完善的同时,体育组织也有了较大的发展。1952年中华全国体育总会正式建立后,从1956年起,又先后成立了各行业、各系统的体育协会和大量基层单位的体育协会。它们按照各自的管辖范围开展工作。至此,各级体育行政管理机构和体育组织逐步完善,有力地组织领导了新中国体育事业的发展和提高,使中国体育落后的面貌开始得以改善。

▲ 毛主席为中华全国体育总会成立题词

---

① 荣高棠. 为国民体育运动的普及和经常化而奋斗 [M] //中华人民共和国体育运动文件选编. 北京:人民体育出版社,1957.

二、全面发展的学校体育

中华人民共和国成立后，教育部门根据当时的情况制定学校体育教学大纲和有关的规章制度，并开始组建体育师资培训机构，学校体育迅速得到发展。

(一) 学校体育工作的组织与领导

学校体育是国民体育的基础，新中国一诞生，党和政府就表示了对学校体育工作的特别关注。1950 年和 1951 年，毛泽东多次指示"要各校注意健康第一，学习第二"，要学生做到"身体好、学习好、工作好"。1951年 7 月，中央人民政府政务院又发布了《关于改善各级学校学生健康状况的决定》，要求教育行政部门和学校纠正对学生健康不负责任的态度，"切实改进体育教学，尽可能地充实体育娱乐的设备，加强学生体格的锻炼"，规定"学生每日体育、娱乐活动或生产劳动时间，除体育课及晨操或课间活动外，以一小时至一小时半为原则"。

1952 年，教育部设置了体育处，各省、市、自治区教育行政部门也设立了相应机构，负责管理学校体育，制定和颁布各种有关学校体育的规定，检查和监督学校体育工作执行情况。学校体育管理逐步正规化。

(二) 学校体育工作的初步规范

1952 年，教育部和国家体委联合颁布了《学校体育工作暂行规定》，明确指出学校体育的基本目标是"促进学生身心发展，增强体质，并对学生进行道德品质的教育，使他们能很好地完成学习任务，从事社会主义建设和保卫祖国"。教育部于同年制定了《各级各类学校教育计划》，正式规定从小学一年级到大学二年级，均开设体育必修课，体育课每周两学时，以保证学校体育目标的实现。

▲ 20 世纪 50 年代的广播操宣传画

为了提高学校体育的组织管理和教学水平，教育部于 1953 年组织翻译了苏联十年制学校体育教学大纲作为参考，并通令各地体育教师学习。在此基础上，1954 年教育部编定了全国通用的《小学体育教学大纲》（草案）、《中学体育教学大纲》（草案）

和《师范学校体育教学大纲》（草案）。1956 年 7 月，高等教育部还制定了第一个全国统一使用的《高等学校普通体育课教学大纲》和《体育课教学参考书》。体育教学大纲的颁布，使各级各类学校的体育教学有了统一的规范要求，初步建立起了体育教学的课堂常规，学校体育进一步规范化。

（三）体育人才培养体系的建立

教育和体育的发展提出了对体育人才的要求。1952 年，在"以培养工业建设人才和师资为重点，发展专门学院和专科学校"的高校院系调整中，中国历史上的第一所专门体育学院——华东体育学院（1956 年改称上海体育学院）在上海诞生。1953 年，中央体育学院出现在首都北京的西北郊（1956 年后改称北京体育学院）。此后，在南昌（后迁至武汉）、西安、沈阳、成都也先后建立了专门的体育学院，同时恢复和建立了 28 个师范院校的体育系、科。这大大缓解了对体育师资的需求矛盾，初步形成了体育人才培养体系。

三、蓬勃开展的群众体育

中华人民共和国成立初期，鉴于教育文化普遍比较落后和全国人民体质的现实状况，党和政府首先把普遍增强人民体质、提高全民族健康水平作为体育的首要任务。体育活动不断向社会生活各领域扩展，在广大职工、农民和军队中蓬勃开展起来。

（一）职工体育的初步发展

1950 年 7 月，中华全国体育总会在北京举办全国体育工作者暑期学习会时，规定在各地代表中增加一名工会专职体育干部，使职工体育一开始就纳入工会的工作范围。1954 年 1 月，中共中央在《关于加强人民体育运动工作的指示》中明确指出："工会应具体领导厂矿、企业中的体育工作，使之得到正常开展。"中华全国总工会要求各级工会必须根据为生产服务、为群众服务的原则，有计划、有领导、有准备地利用业余时间开展职工体育运动。

▲ 天津劝业场楼顶运动场上练跳马的职工（1958）

1954 年 11 月，全国总工会和国家体委在北京联合召开了中华人民共和国建立以来的第一次全国职工体育工作会议。会上制定了《关于开展职工体育运动暂行办法纲要》，提出了"积极领导，逐步发展"的方针，并对职工体育的组织建设、宣传教育、运动竞赛、场地设备的修建、管理和利用、经费和奖励等作了明确规定。该《纲要》成为指导我国职工体育的一个重要文件。

（二）初具特色的农村体育

中华人民共和国成立时，农村人口占总人口的80%以上。搞好农村体育活动，对增强农民体质、丰富农民文化生活、移风易俗和促进生产具有特别重要的意义。国家体委实事求是地制定了"区别对待，分类指导，普遍提倡，重点扶持，以点带面，逐步发展"的农村体育方针，积极地有步骤地开展农村体育活动。

当时，河北省怀安县的尖台寨村曾作为该县青年团所进行的开展农村工作的一个试点，并取得了很好的经验。该村由团支部书记、民兵队长等组成体育领导小组，以小学体育教师为技术指导，发动青年自己动手开辟体育场地，自制体育器材，结合民兵训练开展体育活动，并根据个人爱好和特长建立各种锻炼小组。此后，一些省、自治区、直辖市团委也采取类似方法，深入基层，培养出一批典型，形成了一些体育传统。如以传统项目著称的广东足球之乡梅县、排球之乡台山、游泳之乡东莞，都起到了以点带面的作用，至今仍有很大影响。

（三）发扬传统的军队体育

1. 军事体育与正规化训练

人民军队开展体育活动有着悠久的光荣传统。1950年，军委总政治部确定各级文化部门负责领导体育活动，并要求连队革命军人委员会设立体育委员负责本单位体育工作。1952年，中央军委决定把体育列为人民解放军正规化训练的基本课目，使军队体育的开展与正规化训练紧密结合起来。同年8月1日—9日，在北京举办了首届中国人民解放军全军运动会。来自各大军区、各军兵种和直属单位的1 800多名运动员参加了军事（包括通过障碍、投掷手榴弹、500米全副武装越野跑等）、田径、球类等44个项目的比赛以及航空、摩托车等42个项目的表演。运动会还创造了一批全国最高纪录。

为了满足军队对体育人才的需要，1953年在广州创办了军事体育学校（1963年改名为中国人民解放军体育学院），专门为部队培养体育干部。与此同时，开始试行"准备劳动与卫国体育制度"，并在华北军区和华东军区试点，然后逐步在全军推广，使得部队的体育工作更有了一个衡量的标志，进一步推动了部队群众性体育活动的蓬勃发展。为了加强军队体育工作的统一领导，1955 年，解放军训练总监部设立了体育局，使军队体育逐步走上正轨。

▲ 毛泽东、周恩来、朱德在 1952 年首届全军运动会上

2. 国防体育的初步开展

1951 年，中国新民主主义青年团就在各级团组织中建立了"军事体育部"。根据刘少奇的建议，团中央等部门提出：要对广大人民特别是青年进行军事知识教育、军事技术教育和军事性的体育运动锻炼，培养大批健壮、勇敢、刚毅、机智和具有一定军事知识与技能水平的国家武装力量的后备军。[①]

1952 年 2 月，由团中央组建了"中央国防俱乐部"，后改名为"中央国防体育俱乐部"。从 1952 年至 1955 年，国防体育主要是在北京、上海、青岛、重庆等十几个大城市成立单项俱乐部及活动小组，利用课余时间节假日举办各种国防知识与单项技术的短训班，国防体育活动有了一定的发展。但国家体委难以承担开展国防体育的任务，1956 年 3 月 23 日，在中央国防体育俱乐部的基础上组建了中国人民国防体育协会。国防体育在更大范围内开展起来。

四、竞技体育的初步发展

（一）专业运动队伍的形成

为了培养国家级优秀体育选手，1951 年，中华全国体育总会筹备委员会发布了《国家体育选手条例》，这是后来出现"等级运动员制度"的雏形。条例中不仅规定了国家选手的条件，也规定了国家选手的权利、义务

---

① 国家体委，解放军总政治部，团中央. 关于在青年中开展国防体育活动的联合指示[M]//中华人民共和国体育运动文件选编. 北京：人民体育出版社，1957.

和违例选手的处理意见等，以促进新中国运动技术水平的提高和适应参加国际比赛的需要。1952 年 2 月 18 日，中共中央组织部和团中央联合发出了《选拔各项运动选手集中培养的通知》，要求各地各方面选拔有运动能力的优秀青年到北京集训。中华全国体育总会决定在足、篮、排球、田径、游泳、体操等项目中成立"中央体训班"，即后来国家队的前身，任务是为国家培养优秀运动员，迅速提高运动技术水平，争取在国际竞赛中的胜利，为国家争取荣誉，并以他们技术上的成就来推动和影响群众体育的开展。被批准到"中央体训班"集训的运动员接到调令后先到人事部报到，再由人事部送到中华全国体育总会。进入"中央体训班"的运动员多数享受排长级的待遇，每人每年两套由国家统一发的、胸前缝着印有"中央体训班"标志的灰色干部服。随后，各大行政区也相继成立了"体训班"，即后来各省体工队的前身。在此之前，1951 年 4 月已经成立了中国人民解放军体育工作大队，随后各大军区也相继成立军区体工队。1952 年 11 月，中央军委正式命名全军体工队为"八一"体工大队，为部队培养优秀运动员。"体训班"的成立，是我国竞技体育从业余到建立专业体育队伍的开始。

（二）全国竞赛活动的开展

随着国民经济的好转和群众体育运动的初步普及，竞赛活动开始活跃起来。从 1953 年到 1956 年，全国举行地、市以上运动会达 6 000 多次，其中全国性竞赛 75 次。规模较大的有全军运动会（1952 年 8 月）、全国民族形式体育表演及竞赛大会（1953）和第一届工人体育运动大会（1955）。这期间共打破全国纪录 1 300 多次，旧中国遗留的田径女子 8 项全国纪录全部刷新，男子大部分纪录被打破。1954 年，陈镜开以 133 公斤的最轻量级挺举成绩为中国创造了第一个世界纪录，大大鼓舞了广大运动员冲击世界运动高峰的信心。

国内运动水平的提高，为参与国际交流打下了坚实基础。为了维护和提高我国的国际地位，增进与

▲ 陈镜开于 1956 年 6 月 7 日在上海中苏举重友谊赛中以 133 公斤的成绩打破 56 公斤级挺举世界纪录

查看中国举重"铁腿"陈镜开

各国人民的相互了解和友谊，打破帝国主义的封锁，中国体育健儿在政府的支持下积极参与国际体育比赛活动。1950 年，苏联男子篮球队访华，这是新中国接待的第一个外国体育代表团。1951 年，解放军八一足球队出访保加利亚和捷克斯洛伐克，这是我国派队出访的开

▲ 1953 年吴传玉首次夺得国际比赛冠军

始。1952 年，我国派出由 40 人组成的体育代表团参加了在赫尔辛基举行的第 15 届奥林匹克运动会，五星红旗第一次在国际体坛上空飘扬。1953 年，游泳运动员吴传玉在布加勒斯特举行的第一届国际青年友谊运动会上获 100 米仰游冠军，为新中国夺得了重大国际比赛的第一枚金牌。

查看中国泳坛"飞鱼"吴传玉介绍

为了保证竞技体育运动的正常进行，并促使运动技术水平进一步提高，国家体委逐步建立了一套相应的组织和管理制度。1956 年，国家体委正式提出了"加速开展群众性的体育运动，在广泛的群众运动基础上，努力提高运动技术"的体育工作方针。在 1956 年召开的中共第八次代表大会上，周恩来在政治报告中明确指出："我们应在广大群众中进一步开展体育运动，有效地增强人民的体质，并且提高我国体育运动的水平。"这是首次在国家层面上提出"提高运动技术水平"的要求，标志着发展竞技体育已经成为制定国家体育政策的出发点。

第二节　中国体育的曲折发展

1956—1965 年是我国开始大规模社会主义建设的时期。但由于左倾路线和"大跃进"的影响，使这一时期的体育发展充满了曲折和艰辛。

一、体育工作中"左倾"冒进倾向的影响

1. 竞赛训练体制的逐步完善与竞技体育的第一个高潮

这一时期作为完善竞赛制度的基础措施之一，是青少年业余体校的巩固和发展。1956 年，国家体委总结试办青少年业余体校的经验，要求各省、自治区、直辖市体委从当年起进行推广。1957 年以后，又经过多次修改以前制定颁布的有关规章，使得竞赛制度、业余训练制度和运动员、教

练员、裁判员等级制度逐步完善，同时还公布了等级运动员标准。

为了培养竞技体育后备人才，1956 年，国家体委公布了《青年业余体育学校章程》（草案）和《青少年业余体育学校章程》（草案），仿照苏联模式建立了各级青少年业余体校，使得它们后来成为国家优秀运动员的主要人才资源培养和储备基地。要求各省、自治区、直辖市体委从当年起进行推广，同时又公布了《中华人民共和国运动竞赛制度的暂行规定》（草案），规定在我国实行竞赛制度的 43 个运动项目；各项设全国"单项锦标赛"，有 22 个项目实行每年每项举行锦标赛一次；足球、篮球、排球实行"全国甲、乙级队联赛"制度，每年举行一次，每次比赛两轮，甲级赛的末两队降为乙级，乙级队的前两名升入甲级队；全国设"综合性运动会"，每四年举行一次；在综合性运动会里包括的项目，当年不另举行单项的全国锦标赛。此外，对地方的省、市等各级的竞赛制度也有明确的规定和要求，从而使全国的各种竞赛活动都纳入一个有序的管理系统。在建立运动竞赛制度的同时，国家体委也逐步建立了优胜奖励制度。1957 年 3 月 13 日，国家体委正式公布了《关于各级运动会给奖方法的暂行规定》，从而建立了我国最初的运动会奖励制度。1956 年 4 月 28 日，国家体委还公布实施了《中华人民共和国运动员等级制度条例》（草案）和《中华人民共和国裁判员等级制度条例》（草案），1957 年 3 月 27 日又公布了《关于如何审查与承认省（自治区）、市最高纪录的几点规定》。

▲ 国际田联于 1958 年 1 月 14 日宣布承认郑凤荣于
1957 年 11 月 17 日创造的 1.77 米的跳高世界纪录

与此同时，组建不久的各项目国家队在十分艰苦的条件下刻苦训练，勤奋学习，使竞技体育水平在 20 世纪 50 年代后半期有了较大的提高。仅 1958 年和 1959 年两年时间里，就有 40 人 26 次打破举重、游泳、跳伞等 18 个项目的世界纪录；容国团夺得第 25 届世界乒乓球锦标赛男单冠军；

查看容国团
"人生能有
几回搏"

各项目破全国纪录 2 127 次。在 1959 年 5 月举行的第二届全军运动大会上，共 44 人次破 18 项世界纪录，101 人次破 50 项全国纪录。1959 年举行的第一届全国运动会更获得了大面积的丰收，出现了新中国体育史上竞技体育的第一个高潮。

2. 体育工作中左倾冒进倾向的影响

1958 年的中国社会笼罩着一片浮躁情绪，体育界也提出要"在体育运动广泛开展的基础上，加速提高运动技术水平，争取十年左右，在主要运动项目上赶上世界水平"[1]。1 月 31 日，国家体委公开宣布了这一决定。所谓"赶上世界先进水平"，是指在世界锦标赛或奥运会中，"进入前十名的，可称'接近世界先进水平'；进入前 6 名或前 3 名的，可称'赶上（或达到）世界水平'"。[2] 在 2 月 25 日到 3 月 11 日举行的全国体育工作会议和国防体育工作会议上，又讨论通过了《体育运动十年发展纲要》，要求在十年内，全国有两亿人达到"劳卫制"锻炼标准，7 000 万人成为等级运动，1.5 万人成为运动健将……

但在当时，全国只有健将 196 人，等级运动员 9.5 万名，达到"劳卫制"锻炼标准的也只有 168 万人。由于《纲要》规定的目标大大超过了实际可能，因而在群众体育活动和训练中都出现了通宵训练等不正常现象，造成了大量伤病，挫伤了群众的积极性。因此，1959 年国家体委不得不承认："某些口号和做法不够妥当……结果造成下面追求数字和突击锻炼，妨碍了一些学习和劳动。"[3]

3. 体育工作中的调整、巩固、充实与提高

1960 年，全国出现了严重的经济困难，竞技体育也不得不进行"调整"以缩短战线，确保重点。为此，国家压缩了体育规模，撤销了一些基础差、费钱多的项目，改等级联赛制为分区赛制。同时，调整、整顿体育院校和业余训练，减少比赛，把工作重点放在运动训练

▲ 中国男队获 1961 年 26 届世乒赛男团冠军

---

① 体育事业大跃进的号角吹响了 [J]. 体育文丛，1958 (3).
② 就十年赶上世界水平问题国家体委负责人答本刊记者 [J]. 新体育，1958 (5).
③ 国家体委党组关于 1958 年体育工作几个问题的报告 [M] //体育运动文件选编. 北京：人民体育出版社，1982：35.

上，精简优秀运动员的集训，集中力量猛攻尖端，保证重点项目水平的继续提高。1960 年 5 月，中国登山队在人类历史上第一次从北坡登上了世界最高峰——珠穆朗玛峰。在 1961 年 4 月第 26 届世界乒乓球锦标赛上，中国队夺得了男子团体、男子单打、女子单打 3 项世界冠军和 4 个项目的亚军。这对鼓舞斗志、凝聚民心起了极大的作用。

4. 竞技体育的第二个高潮

1963 年以后，随着整个国民经济状况的好转，竞技体育发展规模又开始扩大，为运动技术水平的迅速提高创造了条件。1965 年，我国乒乓球队在第 28 届世界乒乓球锦标赛上，又一举获得 5 项冠军和 4 项亚军，巩固了在世界乒坛的霸主地位。1965 年 10 月，中国羽毛球队访问北欧，取得了对羽毛球王国丹麦和瑞典 34 场比赛全胜、包揽丹麦国际邀请赛全部冠军的佳绩，震动了国际羽坛。在速滑、游泳和田径的一些项目中，中国运动员也开始向体坛高峰发起冲击。

围绕第二届全运会，出现了竞技体育的第二个高潮。1965 年 9 月 11—28 日，中华人民共和国第二届全运会在北京举行。在 27 个比赛项目中，24 人 10 次打破 9 项世界纪录，330 人 469 次打破 130 项全国纪录。围绕举行规模盛大的第二届全运会而出现的体育运动热潮中，据说有上亿人参加体育活动，经常参加乒乓球活动的有几千万人。仅 1965 年这一年，共刷新了 189 项全国纪录，并有 66 人 41 次打破 28 项世界纪录，占此前历年来打破世界纪录次数的 31%，使 1965 年成为我国历史上打破世界纪录和全国纪录最多的一年。

▲ 第二届全运会主席台（左起：邓小平、周恩来、毛泽东、
刘少奇、朱德、董必武、贺龙）

二、曲折进程中的学校体育

1. "左倾" 思想对学校体育的冲击与学校体育的整顿

1957 年 2 月，毛泽东提出："我们的教育方针，应该使受教育者在德

育、智育、体育几方面都得到发展，成为有社会主义觉悟的、有文化的劳动者。"根据这个方针，教育部对学校体育作了进一步的整顿，同时，部署全面试行各级学校"体育教学大纲"，这样学校体育出现了良好发展的势头。

1958 年的"左倾"冒进严重冲击了正常教学，体育教学上出现了只搞单项训练，甚至以军训和劳动代替体育课的现象。对学校体育过高过急的要求促使许多学校突击达标，有的学校甚至在夜间突击训练和比赛，不仅打乱了学校体育的正常秩序，而且破坏了体育教学的科学性和系统性，造成了不少不良后果。1959 年，许多地方对这些问题有所察觉并开始纠正，但直到 1965 年才得到较全面纠正。

2. 学校体育体系的初步完善

1964 年 8 月，国务院批转了教育部、卫生部、国家体委发出的《关于中、小学学生的健康状况和改进学校体育、卫生工作的报告》。《报告》认为：除了因经济困难严重影响了学生健康外，影响学生健康的原因还有"学校的课多，作业多，考试多，教学方法、考试办法不当，使学生学习负担过重"，"有的学校由于片面追求升学率，甚至提出：'体育为学习让路'"，"也有的只重视少数学生运动员的训练和运动竞赛"，"教育行政部门对学校体育、卫生工作一般号召多，具体指导少"等。为此，《报告》特别要求学校体育应面向广大学生，首先是上好每周两节课（两课），同时坚持做早操和课间操（两操），安排好每周两次课外体育活动（两活动）；在广泛开展群众性体育活动的基础上，可适当组织学生运动竞赛。《报告》还鼓励有条件的学校开始试行《青少年体育锻炼标准》。"两课、两操、两活动"为中心的学校体育格局初步形成。

三、曲折发展的群众体育

在 20 世纪 50 年代开展群众体育工作的实践中，我国提出和采用了在自愿基础上引导群众因人、因时、因地制宜地开展小型多样活动的方法。

1. "大跃进"对群众体育的影响

在这个时期，群众体育管理体制进一步规范并逐步完善。1957 年，全国总工会着手制定和完善职工体育的各项规章制度。全国总工会在 1957 年发出的《关于产业体协全国理事会的任务、工作方法等问题的意见》（草稿）中，对职工体育竞赛办法、经费开支以及奖励条件等作了规定。与此同时，各地工会和产业协会，也根据各自的实际，建立了一些必要的制度。

然而，这些制度和办法还来不及实施，1958 年的"大跃进"就让它们只能停留在纸上，群众体育受到严重冲击。随后出现的经济困难局面使大多数群众停止了锻炼，一些体育协会无形消亡，"劳卫制"被废止，"大跃进"突击建立的体育院校和业余体校纷纷下马，有的地方连县体委也被撤销了，群众体育处于停顿状态。

2. 群众体育的恢复和发展

从 1963 年起，随着国民经济形势的好转，随着体育战线逐渐恢复生机，各级体委因势利导，把开展群众体育和提高运动技术水平这两方面的工作结合起来，使我国群众体育工作随之出现了新的发展势头。到 1965 年，共有 4 200 多万人达到"劳卫制"和青少年体育锻炼标准，147 万多人参加了少年儿童业余体校的培训，1 000 多万人成为等级运动员。

第三节 "文化大革命"时期的中国体育

从 1966 年 5 月开始为期 10 年的"文化大革命"，给中国人民带来了巨大的灾难，也极大地摧残了体育的方方面面。1971 年以后，各方面的秩序有所恢复，体育才得以重获一线生机。

一、风雨飘摇中的学校体育

延续了 10 年的"文化大革命"使教育、包括体育教育受到了严重的破坏。学校体育也在这一风雨飘摇的年代里走过了一段曲折而艰难的历程。

十年动乱期间，在以所谓摧毁"文化大革命"前 17 年旧教育体制和旧教育思想、培养无产阶级新人为目的的所谓"教育革命"的影响下，文化课程大幅度压缩，课时减少，大量时间被用于军训、劳动和体育活动；体育课被改为军体课，大量的军训科目取代体育内容，违背了学校体育的目的和学生身心发展的规律。

"文化大革命"刚开始时，学校曾停课一年。1967 年复课后，由于无政府主义思潮的影响，规章制度被严重破坏，学生上体育课随意迟到、早退、旷课的现象成为常例。1971 年以后经过整顿，这种状况有所改善，但学生纪律涣散的现象仍未根本改变，体育教师在多数情况下难以组织教学，因而体育教学中放任自流的现象相当普遍，导致学生身体状况和运动技术水平严重下降。1973—1974 年，北京、天津、沈阳等城市对当地近万名中、小学生进行体格检查，发现他们肺活量、心血管系统功能等的指标都大大低于 1965 年同龄学生的水平。

1971 年以后，全国各级学校教学秩序开始恢复正常，一些体育院校和大学的体育系开始恢复招收体育专业学生，一部分师范学院还开办了体育专业教师培训班，为逐渐恢复教学秩序的中、小学培养体育教师。从 1974 年开始，邓小平同志恢复工作并担任国务院副总理，兼管体育工作，学校体育有很大的转机。这一年，中国派团参加了第一届世界中学生运动会，获得了较好的成绩。

二、畸形发展的群众体育

在体育事业遭受严重摧残的 10 年里，群众体育却在一定程度上恢复快、发展迅速而且普及面广，表现出一种畸形的繁荣。

"文化大革命"时期，群众性体育活动开展得异常火热，像"全民游泳""语录拳""语录操"等成为那个时代的独特现象。由于普遍停产停课"闹革命"，电影戏剧演出也被斥为"封资修"而遭禁演，因而文艺娱乐生活极为匮乏。与此同时，受毛泽东同志"文化大革命"前十年三次横渡长江和 1966 年 73 岁高龄还畅游长江的示范感召和响应"凡能做到的，都要提倡做体操、打球、跑步、打拳、爬山、游泳"的"最高指示"号召，参加体育活动成为一种时尚。

1970 年，随着社会政治形势和秩序的相对稳定，群众体育逐渐活跃起来。1970 年春节，很多地方举办了地区性的体育比赛。1972—1975 年，社会秩序趋于稳定，工农业生产得以逐渐恢复，人民的生活状况有所改善和提高，群众要求参加体育活动的愿望日益强烈。加上把开展群众体育活动纳入作为批判"锦标主义""突出无产阶级政治""占领业余文化阵地"等政治手段，这也在一定程度上有助于群众体育活动的发展。

在农村，在很多传统的民间体育活动受到毁灭性打击的同时，由于农村所受到的冲击相对小于城市，社会环境相对平稳，特别是 1969 年开始的"知识青年上山下乡运动"，城市学生客观上扮演了一种现代体育传播者的角色，使得球类、田径活动等成为广大农民和知识青年闲暇自娱的重要内容。在一些人口居住集中的村庄，农民利用晒谷场和学校的场地经常开展球类、拔河、举石锁、石担等活动。

三、浩劫中的竞技体育

随着"文化大革命"的开始，体育界也被卷入了政治运动的旋涡之中。大批体育行政官员和教练员、运动员遭到残酷迫害，体育场馆或闲置，或成为大规模集会或批斗大会的会场；大批训练和竞赛器材、设施，因无人管理和维护而遭受严重毁损。"体育革命"的鼓吹者们把竞赛与"资产阶级锦标主义"等同起来，国内竞技比赛被完全取消。

1971年3月28日，第31届世界乒乓球锦标赛在日本名古屋举行。中国乒乓健儿与世乒赛阔别6年，但仍然取得了较好成绩。中国代表团"友谊第一，比赛第二"的口号得到普遍好评。许多国家乒乓球队，包括美国队都希望访问中国。1971年4月10日，美国乒乓球队应邀访问中国，受到周恩来总理的接见。这是中华人民共和国成立以来首次邀请美国的一个团体来华访问。

由此开始，中国逐渐打破了在国际体育活动方面与世隔绝的局面，开始恢复了国际交往，开始重新登上了国际体坛。与此同时，一些专业运动队开始重新组建和恢复，体育场馆重新开放用于训练和比赛，一些省份召开了区域性单项比赛运动会。比赛中出现了部分优秀选手，如跳高运动员吴浮山在北京市的田径比赛中跳过了1.83米的高度。这些，标志着竞技体育已经开始走向复苏。

1972年，我国陆续加入或重新返回了一些国际体育组织，如国际赛艇联合会、亚洲运动联合会、国际划艇联合会等。与此同时，我国与友好国家和地区的体育的交往也有较多增加：1973年，我国举办并参加了第一届"亚非拉乒乓球友好邀请赛"；1974年，我国派出代表团参加了第一届世界中学生运动会；同年，中国体育代表团参加了第七

▲ 1971年4月14日周恩来总理会见
访华的美国乒乓球队全体成员

届亚运会。1974年，我国共派出了17个项目共147个代表队外出访问比赛。友好国家和地区有15个项目共94个代表队来访。国内举行了19个项目共42次全国大型比赛。1975年9月12—28日，在北京举办了第三届全国运动会。除第三届全运会预赛外，全国性大型比赛共举行了9个项目14

次比赛。竞技体育开始恢复而且局部有所发展。

第四节 中国的体育体制改革

"文化大革命"结束以后，中国人民热情地投入到了经济建设和社会发展的宏伟事业中。随着改革开放的深入发展，体育不但成为中国现代化和民族复兴的一面镜子，也为社会发展和生活质量的提高作出了巨大贡献，体育自身也发生了深刻的变化。但是，普遍存在着的地区间及阶层间发展极不平衡的现象以及随着改革的深入暴露出来的许多深层次矛盾，都制约和影响着中国体育的发展。

一、体育体制的调整与改革

（一）我国体育的调整与初步改革

1. 中国体育的三年调整

20 世纪 50 年代末，我国已经初步形成了一套比较完整的体育体制，体育事业也具有一定规模。但后来的一系列政治运动、经济困难以及十年动乱的影响，使我国的体育事业的发展遭到了严重挫折。"文化大革命"结束后，1978 年 2 月召开的全国体育工作会议拨乱反正，各级体委重新全面行使管理职能，中华全国体育总会、中国奥委会等也重新开始运作。1978 年底召开的中国共产党十一届三中全会是当代中国的一个转折点，会议决定把工作重心由阶级斗争转移到社会主义建设上来。1979 年，全国体育工作会议也提出将工作重点转移到体育业务工作上来，并确定了在"普及和提高相结合的前提下，侧重抓提高"的方针，奥运战略初步形成。1980 年全国的体育工作会议进一步完善了这一战略，确定了以竞技体育为工作的中心。

1978—1980 年的三次全国体育工作会议，标志着中国以竞技体育为中心、"思想一盘棋，组织一条龙，训练一贯制"[1] 举国体制的正式形成。在当时生产力较低、经济落后的情况下，举国体制集中国家有限的人力、财力、物力最大限度地发展体育事业，使得在"文革"时期被严重破坏的体

---

① 国家体委政策研究室. 1978 年全国体育工作会议纪要［M］//体育运动文件选编. 北京：人民体育出版社，1982：129.

育工作能在最短的时间内恢复，并为 80 年代的体育改革奠定了良好的基础。

2. 体育体制改革的初步尝试

经过 1978—1980 年三年的调整，中国体育事业发展重回正轨。1981—1985 年，在强化举国体制的前提下，我国对体育进行了一些初步的改革试点。1981 年，开始进行以提高体育总会、单项体育协会和行业体协的地位及作用为内容的改革试点；1983 年，开始对训练体制和竞赛体制进行制度化、多样化、社会化等多方面改革；1984 年开始对体育科研体制进行改革。与此同时，各省开始了运动队主（总）教练负责制的改革试点。这一切为 1986 年的体育体制改革在理论上、实践上做好了充分的准备。同时，在 80 年代中期，国家体委逐步形成了以青少年为重点的全民健身战略和以奥运会为最高层次的竞技体育战略协调发展的思路。这一阶段，体育体制改革基本上遵循三年调整的方向，以竞技体育为中心的政策得到了巩固。

（二）体育体制的全面改革

1. 体育体制的全面改革

1984 年，中国掀起了一股体制改革的热潮，中央制定了《关于经济体制改革的决定》《关于教育体制和科技体制改革的决定》《关于科学技术体制改革的决定》等一系列改革的方针、政策，全国各行各业都在对旧有体制进行程度不一的改造与完善。同时，在 1984 年洛杉矶奥运会上中国队取得的佳绩也令国人振奋，体育事业的发展成了万众瞩目的焦点。在这种情况下，1984 年，中共中央发布了《关于进一步发展体育运动的通知》，第一次明确提出了"建设体育强国"的目标。根据这个通知，国家体委于 1986 年 4 月 15 日颁布了《关于体育体制改革的决定（草案）》，拉开了中国体育体制改革的序幕。体制改革的中心，是由国家包办体育过渡到国家办与社会办相结合，转变国家体委等行政机构的职能，理顺体委与社会各方面的关系；恢复、发展行业体协和基层体协，放手发动全社会办体育，并对竞赛体制、训练体制、科研体制等分别进行改革。

查看《关于进一步发展体育运动的通知》有关内容

具体改革的内容是通过放手发动全社会办体育，重新强调体育工作的社会分工，即在体委的统一领导下，恢复过去国家办、部门办、单位办的三结合体育发展体制，以减轻国家体委既抓竞技又抓群体的独家经营的工作压力；通过改革竞技体育内部管理机制、理顺内部关系，提高竞技体育的产出效率；通过开辟竞技体育经费渠道，增强竞技体育的自我发展能力；同时，搞好竞技项目的战略布局，以便集中精力，通过有限的人力、财力、物力，取得更多的国际大赛的金牌，完成党和人民交给的任务。通过一系列的改革措施，进一步完善了计划经济体制下的竞技体育发展模式。具体表现为：

第一，在竞技体育的组织管理体制方面，重新确立了体育管理的社会分工，群众体育在体委部门的统一领导、协调和监督下，主要由各部门办和单位办，从理论上理顺了体委抓高水平竞技与抓群众体育之间的关系，进一步明确了体委的主要任务和目标，使之能够集中精力、财力和物力去搞运动水平的提高。改革的基本要点是：理顺、协调体委与有关方面及体育社团的关系，继续调整改革体委机构，建立运转灵活、高效率的办事机构；健全各级体委，恢复、发展行业体协和基层体协，鼓励有条件的行业、基层和其他集体试办体育俱乐部；促进和协助各主管部门实现对各行业体育工作的领导，建立和完善各系统各行业的体育联合会或体协，分别在有关部门领导下开展体育活动；促进各级体委的职能转变，逐步实现由包办体育向领导、协调和监督的管办结合转变；发挥体总、体协和单项协会的作用，有些协会可办成半权力半咨询机构，各级各类群众体育团体都要在各级体委或主管部门领导下开展工作。为落实 1980 年提出的“加快提高我国运动技术的整体水平”的各项措施，国家体委调整了运动项目管理的内设机构，1988 年增设五司和负责综合管理全国优秀运动队的“训练竞赛综合司”，从组织上加强了对竞技体育领导的力度。

第二，训练体制的改革，坚持“全国一盘棋”的思想，落实奥运战略，解决好全局和局部的关系，改变过分集中省以上体委办优秀运动队的状况，把训练的路子拓宽，积极鼓励有条件的城市和行业、厂矿、企业、高校设立高水平运动队。改革的要点为：突破单一优秀运动队的形式，集体项目向城市厂矿企业和高校过渡，逐步发展社会办队，有条件的优秀运动队积极试行向学校过渡，促进竞技体系与教育体系相结合；落实重点项目布局，集中保证奥运会重点项目；改革国家队的组队方式，实行常年集训和以冠军队为主组队的三种形式；加强科训结合；发展多形式、多渠道、多层次的业余训练，加强专业训练与业余训练的衔接，更好地实现“一条龙”；向总教练负责制过渡；实行聘任考核制；提倡教练交流等。

第三，竞赛体制改革，其思路在于调动各方面办体育的积极性，促进多形式、多渠道、多层次造就大批优秀运动人才，竞赛要向社会化、多样化、制度化方向发展，使国内比赛与重大国际比赛衔接好，优秀运动队比赛与业余比赛衔接好。改革的要点为：全国综合性运动会制度化，按有利于奥运会出成绩调整不同层次的运动会的时间顺序；全运会以奥运会项目为重点设项，允许行业系统报名参赛，并改革全运会的记分方法；改革全国性运动会运动员参赛资格办法，实行分级管理；开放竞赛管理，扩大参与主体，促进竞赛社会化；全国、省市运动会组团可逐步实行条块结合；竞赛地点与经费继续实行计划分配与招标相结合等。

　　体育体制改革并不仅仅是因为有中共中央和国务院的文件，而且是因为在改革之前，外延扩张式粗放管理的效率越来越低，已经到了非改不可的地步。

　　从表 11-1 中可以看出，从 1957 年到 1990 年，每个教练员所负责的运动员人数从 6.1 人降低到 3.1 人，而平均每个运动员背后的职工总数却从 6.4 人增加到了 8.2 人，每个管理人员负责的运动员总数则从 0.6 人降为 0.15 人。效率的持续下降是显而易见的。

表 11-1　1957—1990 年体育系统管理效率变化

时　　期	职工总数（1）	在队教练员数（2）	在队运动员数（3）	管理人员数（4）	职工/队员比（1）:（3）	队员/教练员比（3）:（2）	队员/管理人员比（3）:（4）
"一五"计划末（1957）	12 415	—	1 939	—	6.4∶1	—	—
"二五"计划末（1962）	30 226	1 734	10 659	17 833	2.8∶1	6.1∶1	0.598∶1
三年调整末（1965）	33 074	2 062	11 292	19 720	2.9∶1	5.5∶1	0.573∶1
"三五"计划末（1970）	24 782	1 107	6 288	17 387	3.9∶1	5.7∶1	0.362∶1
"四五"计划末（1975）	51 821	2 135	10 200	39 486	5.1∶1	4.8∶1	0.258∶1
"五五"计划末（1980）	77 428	3 312	12 971	61 146	5.9∶1	3.9∶1	0.212∶1
"六五"计划末（1985）	101 415	5 194	17 148	79 073	6.0∶1	3.3∶1	0.217∶1
"七五"计划末（1990）	139 048	5 527	16 982	116 539	8.2∶1	3.1∶1	0.146∶1

　　资料来源：原国家体委计财司各年度体育事业统计年鉴。

文献选读二

中共中央关于进一步发展体育运动的通知（节录）

体育关系到人民的健康、民族的强盛和国家的荣誉，对提高广大人民群众的思想觉悟，实现党在新的时期的总任务，发展国际交往与加强同世界人民的团结和友谊，加强国防力量，都有重大的作用……

必须看到，目前我国体育事业的发展规模和发展水平同世界先进水平相比，还有很大的差距。为了尽快地缩小这个差距，必须坚持普及与提高相结合的方针，采取有力措施，使体育运动不断向新的广度和高度发展。要积极发展城乡体育活动，努力提高人民健康水平，重点抓好学校体育，从少年儿童抓起。在增强学生体质的同时，积极开展业余体育训练。要完善多渠道、多层次的体育人才梯队，改革训练和竞赛体制，积极发展体育科研、教育事业，及时掌握体育情报信息，采用国内外先进技术和设备，加强科学训练，不断革新技术。搞好项目的战略布局，集中力量发展优势项目，大力加强田径、游泳等薄弱环节（田径是各项运动的基础），同时要把那些短期内能赶上世界先进水平的项目抓上去，争取在今后的重大国际比赛中，夺取更优异的成绩。

——中共中央，1984 年 10 月 5 日

训练体制改革是 20 世纪 80 年代改革的重点，通过加强竞争机制，实行目标管理，逐步试行主教练责任制和部分省市运动队改组为运动技术学院，收到了一定效果，"一盘棋、一条龙、一贯制"层层衔接的训练体制得到了进一步的完善。

这次改革在一定程度上解决了当时的一些问题。但它只是在计划经济体制下对原有体育体制的修补与完善。旧体制中一些深层次的问题，如政事不分、责权利不明、管办合一等弊病依然存在。

2. 体育体制改革的深入

（1）体育管理体制的初步改革。1992 年，邓小平的南方谈话消除了对社会主义市场经济的种种怀疑和动摇，在中国大地上引起了巨大的反响。市场经济的确立使整个社会结构发生了巨变，国家的经济水平得到了很大提高。中国体育体制的改革也开始迈向社会化和产业化，社会办体育成为各界的共识，建立一种新型的、顺应市场经济基础的体制已是大势所趋。

在 1993 年全国体委主任会议上，国家体委公布了《关于深化体育改革的意见》，《意见》确立了 20 世纪 90 年代体育体制改革的基本思路：实现由计划经济体制下的体育体制向与社会主义市场经济体制相适应的体育

体制转变，逐步建立符合现代体育运动发展规律、国家调控、依托社会、自我发展、充满生机与活力的体育体制和良性循环的运行机制。1995年10月1日实施的《中华人民共和国体育法》，进一步确立了以法治体的基本方针，为保障公民的体育权利奠定了法律基础。

在上述意见和《中华人民共和国体育法》的指导下，国家体委进行了大刀阔斧的改革。首先，是通过使单项协会的实体化改革促进管办改革，在1993年成立14个运动项目管理中心的基础上，1997年又组建了6个，并对3个管理中心进行了调整；20个管理中心管理着41个单项协会和56个运动项目。同时，还对国家体委机关进行了相应的精简。1994年，国家体委机关由原来的15个厅、司、局缩减为13个，工作人员由470人减为381人。1998年，在国务院机构改革中，原国家体育运动委员会改组为国家体育总局，由国务院组成部门改变为国务院直属机构，内设机构减少到9个，人员编制由381人减少为180人，但其主要职责不变。这一系列的机构改革提高了我国体育行政机关的工作效率。

其次，体育行政机关的职能由过去的办体育转变为管体育，由过去的事无大小一手包办转变为以制定政策法规、实行监督协调为主要职责的宏观调控。国家体育总局与中华全国体育总会一个机构两块牌子。

2016年5月5日，国家体育总局发布了《体育发展"十三五"规划》。《规划》充分体现了深化改革的指导精神，全面贯彻创新、协调、绿色、开放、共享五大发展理念，以坚持以人为本、科学发展、深化改革、依法治体、党的领导为基本原则，顺应了"十三五"时期体育发展的时代潮流。

上述改革意味着中国体育开始向社会化、市场化、产业化方向全面推进。

文献选读三

中华人民共和国体育法（节录）

第一章　总　则

第一条　为了发展体育事业，增强人民体质，提高体育运动水平，促进社会主义物质文明和精神文明建设，根据宪法，制定本法。

第二条　国家发展体育事业，开展群众性的体育活动，提高全民族身体素质。体育工作坚持以开展全民健身活动为基础，实行普及与提高相结合，促进各类体育协调发展。

第三条　国家坚持体育为经济建设、国防建设和社会发展服务。体

育事业应当纳入国民经济和社会发展计划。国家推进体育管理体制改
革。国家鼓励企业事业组织、社会团体和公民兴办和支持体育事业。

第四条 国务院体育行政部门主管全国体育工作。国务院其他有
关部门在各自的职权范围内管理体育工作。县级以上地方各级人民政
府体育行政部门或者本级人民政府授权的机构主管本行政区域内的体
育工作。

第五条 国家对青年、少年、儿童的体育活动给予特别保障，增
进青年、少年、儿童的身心健康。

第六条 国家扶持少数民族地区发展体育事业，培养少数民族体
育人才。

第七条 国家发展体育教育和体育科学研究，推广先进、实用的
体育科学技术成果，依靠科学技术发展体育事业。

第八条 国家对在体育事业中作出贡献的组织和个人，给予奖励。

第九条 国家鼓励开展对外体育交往。对外体育交往坚持独立自
主、平等互利、相互尊重的原则，维护国家主权和尊严，遵守中华人
民共和国缔结或者参加的国际条约。

——1995 年 8 月 29 日第八届全国人民代表大会常务委员会第十五次会议通过

（2）竞赛和训练体制改革。20 世纪 80 年代形成的群众体育与竞技体
育协调发展的战略指导思想，在《中华人民共和国体育法》中以法律的形
式确定下来："体育工作坚持以开展全民健身活动为基础，实行普及与提
高相结合，促进各类体育协调发展。"与此同时，国家体委的工作重点也
慢慢由"着重抓提高"转移到竞技体育与全民健身协调发展上来。1995 年
6 月，国务院批准《全民健身计划纲要》，并在全国九届人大四次会议上通
过的《国民经济社会发展"九五"计划和 2010 年远景目标纲要》中，强
调实施全民健身计划，普及群众体育活动，增强人民体质，加强学校体
育。从理论上讲，这次工作重点调整与 1980 年的调整具有同样重要的意
义，对整个体育界来说是又一次转折性的变革，对提高我国全民体质起到
了至关重要的推动作用。

自 1983 年以来，在竞赛体制改革方面，也不断迈出了新的步伐。

① 训练体制改革

在训练的组织管理方面，随着项目协会实体化的进程，国家体委逐步
将训练竞赛业务部门直接管理的运动项目转为协会管理，各运动项目协会
逐步成为责权统一的实体，对本项目从业余训练到高水平竞技实行纵向
管理。为了便于统一领导，加强综合服务，多数项目依托现有基地，分别

集中到若干训练单位，实行综合管理与专项管理相结合的管理方式。

在国家队的建设方面，从 1994 年开始，逐步推行并建立集中与分散相结合的三种国家队组建形式，对一些科学化程度要求较高、运动员出成绩年龄较早、普及程度较低、地方上由于受条件限制难以承担任务、国队教练力量和各方面保证条件较优越的项目以及我国的优势项目，如跳水、体操、乒乓球、羽毛球等，以集中型为主。分散与集中相结合的主要有：对于单项较多、涉及面较广，其中有些小项，地方有积极性，并具有较雄厚人才基础、技术力量和物质条件的，如田径、游泳、举重、射击、射箭、击剑、柔道、摔跤、拳击、自行车、部分冰上等项目，开始放到地方去办；对于职业化程度比较高的项目，如足球、篮球、排球等，采取参加大赛前选拔组队，相对集中训练，代表国家队参赛；以个人为主的项目则根据各自特点，普遍实行通过举行选拔赛等形式公开选拔组成国家队，经过短期集训参加比赛。分散型国家队主要是表现在一些非奥运项目上，即由地方、解放军通过竞争选拔，直接组成国家队参加比赛。

改革单一的训练体系，鼓励社会各行业、企业、大专院校办重点项目的优秀运动队，与省市竞争，为国家做贡献。对于非奥运会优势项目及在亚运会上为国家做贡献的非奥运会项目，逐步引导各地市、行业、厂矿、企业多形式、多渠道、多层次地兴办竞技体育的训练网点。

在训练的科学化方面，改革了科研体制，促进了科研与运动训练的进一步结合；增强了教练员、运动员的科研意识和科研成果的商品意识，使科研和训练有机结合；强化了应用技术的研究，开拓了科技应用的渠道；运动队成为科研选题的主体，通过经济的杠杆作用，引导研究方向向应用科学和运动实践转移；课题的确定紧跟项目发展需要，使有限的资金和有关的专家投入到最重要的课题中去，实现了项目、资金、人员的合理配置。

② 改革竞赛体制

竞赛体制改革是为了促进竞技体育发展，建立和社会主义市场经济相适应的竞赛体制，推动体育竞赛的社会化、制度化、多样化。竞赛体制改革的着眼点主要放在充分调动国家、社会的积极性方面，引导项目（或若干项目联合）实体，提高竞赛管理水平，拓宽竞赛资金来源渠道，搞活竞赛经营，发展竞赛产业，开辟竞赛市场，实行经营与社会福利并举，社会效益与经济效益并重，促进竞技体育面向市场，进一步与经济活动相结合，使竞赛得益于社会，服务于社会。

竞赛体制的改革主要有：

一是改革全运会。通过改变举办时间、调整项目设置和改革记分办法，使全运会更好地与奥运会接轨。从 1993 年第七届全运会起，全运会改在奥运会后一年举行，以更好地备战奥运会和选拔年青运动员；从 1997 年第八届全运会开始，全运会的项目设置改为 25 个夏季奥运项目、2 个冬季奥运项目和武术，共 28 个大项，比 1993 年第七届全运会的 43 项少了 15 项。为了鼓励各地及行业体协向奥运项目倾斜，全运会对比赛记分办法进行了改革，凡在全运会之前的一次奥运会和世界锦标赛上取得的奖牌，同时计入全运会。

二是改革城运会。从 1995 年第三届城市运动会开始，取消了原参赛城市仅限于计划单列市、省会城市和特区城市、沿海开放城市的规定；直辖市不参加集体项目的比赛，但可以以区为单位参加其他比赛；取消特邀城市和特邀大军区比赛。

三是推动职业联赛的发展。1994 年 4 月，万宝路全国足球甲级联赛揭幕，甲 A 与甲 B 共有 24 个俱乐部参加，拉开了我国职业联赛发展的序幕。随后，篮球、排球、乒乓球等运动项目纷纷仿效足球，实行主客场形式的职业体育联赛。到 2005 年底，足球、篮球、排球、乒乓球、网球、围棋、棒球、象棋等 9 个项目实行了职业联赛，我国竞技体育在体制改革、机制转换、制度创新等方面取得了重大突破。

四是建立有效的运动员流动机制，实行了运动员注册和参赛资格认证制度，规范运动员流动，保证竞赛的公平性。通过这些措施，为竞赛后备人才培养开辟了新途径，有利于打破地域界限，全方位调动积极性，促进各地区体育水平的提高。

五是开拓了体育竞赛市场，按照"谁举办、谁出钱、谁受益"的原则，拓宽了竞赛渠道，扩大了商业性、娱乐性、表演性比赛，通过发展竞技表演业和体育竞赛组织管理代理业，促进了竞赛的产业化。

六是建立和完善了全国综合性运动会申办制度和全国单项竞赛招标制度，对竞赛的举办实行竞赛许可证制度。

2000 年以来，按照社会主义市场经济的要求，沿着竞技体育国际化、社会化、产业化、科学化和法制化的方向，通过不断改革原有计划经济体制下的竞技体育发展模式，与社会主义市场经济环境相适应的竞技体育发展模式开始形成，其基本特征表现为：

一是在竞技体育发展观方面，树立了竞技体育的协调发展观和可持续发展观。与 20 世纪 80 年代追求竞技体育单兵突进相比，90 年代以来的竞技体育更加注重竞技体育的发展与其他各类体育发展的协调、与整个经济社会发展的协调，同时注重竞技体育发展的可持续性。

二是在竞技体育发展的目标方面，与计划经济体制下单一的"为国争光"目标相比，随着市场经济条件下竞技体育利益主体的多元化，竞技体育发展的目标也开始多元化，追求竞技体育的经济利益开始成为竞技体育发展的重要目标。

三是在竞技体育的组织管理体制方面，尽管由于项目管理中心的官民二重性而存在难以克服的缺陷，但与计划经济体制下高度集中的行政管理体制相比，随着协会实体化的进程，体育社团和行业体育协会开始发挥竞技体育组织管理的功能，初步形成了政府行政部门进行宏观管理，项目协会实行专项管理的竞技体育的组织管理体制。

四是在训练体制方面，原有计划经济体制下三级训练网"思想一盘棋，训练一贯制"的特点得以保留，但原有的"一条龙"训练体制变为体育部门、解放军、教育部门、产业系统和社会多条龙；"龙头"没变，但"龙身"则由单一的体委体制转变为市场、社会多元体制，竞技体育正在由过去的体委一家办，逐渐向行政机关管、社会各方大家办转变。

五是在运动竞赛方面，随着各种职业联赛和商业比赛的蓬勃发展，计划经济体制下以提高竞技水平为目的的"国内练兵，一致对外"的单一竞赛模式，逐渐向多元竞赛模式转变，运动竞赛的经济功能开始凸显，运动竞赛开始成为竞技体育产业开发的重要手段和内容。

六是在竞技体育的保障体制方面，初步建立了与市场经济体制相适应的运动员的社会保障体制。运动员除了纳入社会的大保障体制以外，还建立了符合运动员职业特点的保障体系。

七是初步形成了竞技体育法制化的运行调控机制。在计划经济体制下，竞技体育的利益主体比较单一，主要表现为中央和地方的利益，因而在体制的运作上主要依靠行政手段；在市场经济条件下，随着竞技体育利益主体的多元化，各种竞技体育主体之间的关系和矛盾也日趋复杂，因而国家在20世纪90年代加强了体育的立法工作，颁布了以《中华人民共和国体育法》为标志的一系列法律、法规，运用法律手段管理竞技体育事物、调节竞技体育关系。

（3）从足球改革开始的职业化改革。1992年中国足球队在奥运会足球预选赛中的失败，引发了关于中国足球出路的讨论。6月下旬在北京召开的全国足球工作会议，确定了以足协实体化和组建职业足球俱乐部为中心的改革构想。经过两年的试验，1994年4月17日，万宝路杯全国足球甲级联赛正式揭幕，足球职业化改革全面推开。中央电视台出价1 000万元购买了联赛转播权。联赛开始后，观众空前火爆，各方反映良好。1995年，到现场观看甲A足球联赛的观众已达到314万人次，平均每场观众超过2万余人。许多城市出现了球迷协会组织，足球市场逐步形成。足球比赛开始成为盈利的产业。① 政府投入足球的经费从1993年的1 200万元人民币下降到1997年的630万元。在此期间组建了全国和地方足球运动管理中心，成为体委将办体育的职能从体育行政机关中剥离出去的一种过渡形式。进入1996年后，足球改革的主要任务已由破坏传统体制转入构建新体制。

▲ 1994年开始的足球联赛拉开了体育产业化改革和单项协会实体化改革的序幕。这是2003年11月30日上海申花队夺得全国甲A冠军

然而，由于中国足球的内在矛盾和新旧体制的冲突日益激化，中国足球陷于深刻的危机之中。这些危机包括后备人才危机，由俱乐部投资、消费膨胀引起的财政危机，中国足球队在国际比赛中一败再败和1998年联赛质量下降、球场腐败等引发公众的信任危机，一些俱乐部投资方甚至准备"撤资"退出足球界等。② 球市开始急剧降温滑落。

2001年，在南斯拉夫籍教练博拉·米卢蒂诺维奇的率领下，中国足球队如愿拿到了通向2002年世界杯的入场券。它和北京申办2008年奥运会成功、中国加入WTO一起，成为这一年里最令中国人兴奋的三件事。

但是，成功出线并不能掩盖中国足球存在的问题。2001年前后赛场中出现的行贿和赌球传闻、球员年龄作假、"黑哨"等事件严重影响了球迷对中国足球的信任和感情，多家企业相继宣布退出足球领域。2000年赛季

① 杨桃源. 职业化给中国足球带来了什么［J］. 瞭望，1995（27）：14-17.
② 赵慕峰. 风雨98——全国足球甲级联赛综述［N］. 中国体育报，1998-10-13.

只有一场比赛无人观战；2001 年无观众的场次就激增为 147 场，约占全部比赛的 2/3；2008 年更达到了 87.6%。在这种情况下，注册足球运动员从 1995 年前后的 65 万，锐减至 2007 年的 3 万，同期足球学校也从 4 300 多所下滑到了 20 多所（表 11-2）。①

表 11-2 甲 A—中超联赛零观众场次统计

甲 A—中超赛季年份*	2000	2001	2002	2003	2004	2005	2006	2007	2008
零观众场次	1	147	23	5	1 000 人**	7	36	184	153

资料来源：新浪竞技风暴中超数据统计，数据由足协提供。

* 2000—2003 年称为甲 A 联赛，2004 年以后改为中国足球超级联赛。

** 1 000 人为 2004 年 12 月 4 日中超第 22 轮青岛贝莱特对阵四川冠城的观众数。

足球改革的历程对竞技体育的职业化改革产生了复杂而深刻的影响。在 20 世纪 90 年代，足球改革的成功曾经推动了整个职业化改革的进程。但在进入 21 世纪以后，足球赛场内外方方面面的糟糕表现，不但严重破坏了足球运动的基础，而且助长了竞技体育职业化改革中重回旧轨道去的思潮，"举国体制好"的呼声越来越高。这种情绪掩盖了对竞技体育体制中深层次矛盾的揭露和改革。

党的十八大以来，以习近平同志为总书记的党中央把振兴足球作为发展体育运动、建设体育强国的重要任务摆上日程。习近平总书记多次指示，要下决心把我国足球事业搞上去。李克强总理也高度重视足球等体育事业和体育产业工作，国务院多次专题研究部署，我国足球改革发展迎来了前所未有的大好机遇。2015 年 2 月 27 日，在中央全面深化改革领导小组第十次会议上，审议通过了《中国足球改革发展总体方案》。《方案》提出了调整改革中国足球协会、改革完善职业足球俱乐部建设和运营模式、改进完善足球竞赛体系和职业联赛体制、改革推进校园足球发展、普及发展社会足球、改进足球专业人才培养发展方式、推进国家足球队改革发展、加强足球场地建设管理、完善投入机制和加强对足球工作的领导等改革总体方案。在改革方案出台后，整个足球界和教育部门等相关行业都十分振奋。为了搞好足球改革，国务院为此专门成立了足球改革领导小组，并由国务院副总理刘延东担任组长，也显示了政府对于足球改革的高度重视。从《中国足球改革总体方案》发布，到足球改革小组成立，中国足球改革迎来了具有可操作性的实质性飞跃，这也将大大有利于我国足球改革

① 蔡燕兰. 中国注册足球运动员锐减至 3 万［N］. 每日经济新闻，2007-11-21.

工作的推进。

二、社会体育的新发展

我国社会体育的发展经历了"群众体育"和"社会体育"两个阶段。1995 年《全民健身计划纲要》实施以前，群众体育实际上是由各种社会"单位"如工厂、机关、农村、企业等组织实施的。《全民健身计划纲要》颁布实施以后，我国全面进入了以公民自主参与为特征的社会体育阶段。

（一）1995 年以前的群众体育

"十年动乱"结束后，城市职工体育的组织领导机构逐步恢复，在这些机构的组织领导下，场馆建设增多，群众体育快速发展，体育比赛增多。在国家体委"以青少年为重点的全民健身体育和奥运会为最高层次的竞技体育协调发展"战略方针指导下，到 1990 年时，全国性的行业体协已达 27 个，职工体育组织 10.2 万个，各种运动队 55.3 万个，经常参加体育锻炼的人数达 5 000 多万人，活动内容日益丰富。

在农村，随着农民生活水平的提高，体育风气逐渐活跃。1983 年，国务院转发了《全国农村体育工作会议纪要》，农村体育受到更多的关注。从 1985 年开始，全国开展了"争创体育先进县"活动，推动了农村体育的发展。在这个过程中，各种农民体育运动会越来越多，多次举办综合性的农民运动会。1986 年中国农民体育协会成立以后，开展了多种多样的农民体育活动，1990 年举办了"亿万农民健身活动"。在农村经济逐渐发展的背景下，各地出现了诸如"农村文化中心""文化站""农民之家"等机构，组织农民开展各种体育活动。

1993 年 4 月，国家体委发布的《关于深化体育改革的意见》提出了我国社会体育发展的新思路，即"国家领导、社会支持、全民参与"。20 世纪 90 年代出现了企业参与体育的新局面，企业运动队、企业运动会迅速发展，体育社会化的程度逐步提高。

（二）新世纪我国的社会体育

为了改变我国体育发展中的"重竞技，轻群体"的局面，1995 年 6 月，我国开始实施《全民健身计划纲要》。《全民健身计划纲要》实施以来，人们对体育和健康的认识都更加深刻，体育的价值功能也被越来越多的人所认识。参与体育运动的人数不断增加，人们活动的方式也日益多样化，开始出现了社会体育热。

少数民族地区的民族传统体育和特殊人群的体育在这个阶段也得到了极大的发展。国家体委和各少数民族政府共同规划、共同组织，使民族体育成为团结各民族的纽带，推动了民族体育的蓬勃发展。

进入 21 世纪以后，我国的社会主义建设以"全面小康社会"为奋斗目标，对我国的社会体育提出了更高的要求。"生活奔小康，身体要健康"，国家相继出台了一系列的政策、法规来保护和支持社会体育的发展。在党的"十六大""十七大""十八大"报告中，多次将国民的健康素质和思想道德素质、科学文化素质并列，把形成比较完善的体育健身体系和医疗卫生体系与现代国民教育体系、科技和文化创新体系并列。2002 年《中共中央国务院关于进一步加强和改进新时期体育工作的意见》指出："全民健身活动是利国利民，功在当代利在千秋的事业"。2011 年，中共中央、国务院印发的《全民健身计划（2011—2015 年）的通知》指出："深入贯彻落实科学发展观，坚持体育事业公益性，逐步完善符合国情、比较完整、覆盖城乡、可持续的全民健身公共服务体系，保障公民参加体育健身活动的合法权益，促进全民健身与竞技体育协调发展，扩大竞技体育群众基础，丰富人民群众精神文化生活，形成健康文明的生活方式，提高全民族身体素质、健康水平和生活质量，促进人的全面发展，促进社会和谐和文明进步，努力奠定建设体育强国的坚实基础。"2016 年 10 月 25 日，中共中央、国务院印发了《"健康中国 2030"规划纲要》，《纲要》指出："2015 年我国人均预期寿命已达 76.34 岁，婴儿死亡率、5 岁以下儿童死亡率、孕产妇死亡率分别下降到 8.1、10.7 和 20.1/10 万，总体上优于中高收入国家平均水平，为全面建成小康社会奠定了重要基础。"同时，《纲要》也明确提出："推进健康中国建设，是全面建成小康社会、基本实现社会主义现代化的重要基础，是全面提升中华民族健康素质、实现人民健康与经济社会协调发展的国家战略，是积极参与全球健康治理、履行 2030 年可持续发展议程国际承诺的重大举措。"

社会的良性运行和协调发展为社会体育的发展提供了保证。由国家调控、全社会共同参与建设的新型社会体育管理体制正在形成和完善。社会体育的组织和管理已由单一的体育行政组织，向家庭、社区、体育辅导站、体育俱乐部、体育协会等多种形式发展。

社会体育的价值功能进一步被国民所认识和重视，传统的健身价值已经转变为健身、健心、娱乐等多种价值并存的价值观，国民对体育的认识逐步深入。

查看《国务院关于加快发展体育产业促进体育消费的若干意见》原文节选

社会体育的参与方式正由过去的国家"包干"的福利型事业向自愿、业余和有偿服务相结合的社会体育支持体系过渡,"花钱买健康"的生活观念的普及使得"消费型"的社会体育逐渐形成。

加入 WTO、国民经济的持续发展、方兴未艾的城市化进程以及 2008 年的北京奥运会,这些共同构成了新时期我国社会体育发展的巨大动力。

三、新时期的学校体育改革

学校体育是整个民族素质和民族体育的基础,也是体育发展的前提和基础。改革开放以来,在学校体育方面也进行了多次改革。

(一) 20 世纪 80—90 年代的学校体育改革

"文化大革命"结束以后,学校体育重新步入正常、健康的发展轨道。[1] 改革开放以后,随着国际体育交往的加强,国外的各种学校体育理论与实践逐渐引入我国,体育思想逐渐从单一的生物体育观向生物、心理、社会三维体育观转变,体育教学指导思想出现了多样化的局面,如体质教育思想、技能教育思想、全面发展教学思想、运动教育思想、快乐体育思想、终身体育与能力培养的思想、技术健身理论等纷呈迭出。这些思想的出现,促进了学校体育课程改革的不断深化。

从 1978 年《全日制十年制学校中学体育教学大纲(试行草案)》开始,逐渐形成了学校体育一个目的、三项基本任务的提法。与此同时,也逐渐形成了体育教学的核心是掌握体育基础知识、基本技能和基本技术的所谓"三基"的表述,使体育教学更加规范化和系统化,简洁地反映体育教学的基本内容。

文献选读四

1987 年全日制中学体育教学大纲(节录)

一、体育教学的目的和任务

教育要面向现代化,面向世界,面向未来。体育是学校教育的重要组成部分,学校教育工作必须把学生的体育摆到应有的位置予以重视。

---

[1] 韩冬. 我国学校体育改革 50 年回顾与展望 [J]. 山东体育学院学报,1999 (3).

中学体育教学的目的：

增强学生体质，促进身心发展，使学生在德育、智育、体育、美育几方面得到全面的发展，成为祖国社会主义的建设者和保卫者。

中学体育教学的基本任务：

（一）全面锻炼学生的身体

促进学生身体的正常生长发育，培养健美的体格；促进学生身体机能、身体素质和基本活动能力的全面发展；增强对外界环境的适应能力。

（二）掌握体育基础知识、基本技能和基本技术

使学生理解学校体育的目的、任务和体育在教育中的地位与意义；学会锻炼身体和生活中的基本实用技能与运动技术和体育娱乐方法；使学生懂得锻炼身体的基本原理和独立进行科学锻炼的方法，以适应终生锻炼身体和生活娱乐的需要。

（三）向学生进行思想品德教育

教育学生热爱共产党、热爱社会主义祖国，培养学生为祖国而自觉锻炼的社会责任感和献身精神，养成经常参加体育锻炼的兴趣和习惯；发展学生的个性，培养学生坚强的意志、勇敢顽强的精神和创造性；培养学生服从组织、遵守纪律、团结合作和生动活泼的思想作风与良好的社会公德；陶冶学生美的情操，培养文明行为。

——20世纪中国中小学课程标准［M］//教学大纲汇编（体育卷）.北京：人民教育出版社，2001.

1979年，教育部、国家体委、卫生部和团中央联合在扬州召开了全国学校体育、卫生工作经验交流会。这次会议充分肯定了学校体育的地位，对当时我国学校体育存在的问题和发展方向作了全面深入的探索，统一了认识，对学校体育师资培养及其途径和方法进行了认真探讨，使我国学校体育在"调整、改革、整顿、提高"方针的指引下进入了一个新的历史阶段。同年10月，教育部与国家体育运动会委员会向全国颁布了《高等学校体育暂行规定（试行草案）》和《中、小学体育暂行规定（试行草案）》，对学校体育课程的教学指导思想、教学内容、组织形式提出了具体的规格和要求。1982年8月27日，国家体委颁布了《国家体育锻炼标准》，在各级学校全面实施。同年12月，教育部、卫生部、国家体委、民族事务委员会联合颁布《进一步建立健全"体质健康卡"，进行全国学生体质、健康调查研究的实施方案》，开始定期进行学生体质与健康调查。

1985年颁布的《中共中央关于教育体制改革的决定》指出：现在的主

要问题是"不少课程内容陈旧，教学方法死板，实践环节不被重视，专业设置过于狭窄，不同程度地脱离了经济和社会发展需要，落后于当代科学文化的发展"。根据这个决定，1986 年成立了全国中小学教材审定委员会，中、小学校体育课程问题越来越受到人们的重视，体育课程理论的研究也逐步开始深入。据不完全统计，此后全国各省市出版的中小学体育课本累计有 10 多套，经国家教委中、小学教材审定委员会审查通过的有 5 套，不少课本在教材的组织结构上、知识的排列与表达上做了有益的尝试，取得了令人可喜的成绩。

1992 年，国家教育委员会颁布的《全国普通高等学校体育课程教学指导纲要》规定："体育课的目的是通过科学的教学过程和体育锻炼过程，使学生增强体育意识，具有体育能力，养成体育锻炼的习惯，受到良好的思想品德教育，成为体魄强健的社会主义事业的建设者和接班人。"体育课被分为基础体育课、选项体育课、选修体育课、保健体育课 4 个基本类型。教学内容在保留一定数量的竞技体育项目的基础上，融入了武术、气功、健美、舞蹈等民族体育和娱乐体育的内容，逐步改变了以竞技体育项目为主干的教材体系。

1995 年，《全民健身计划纲要》和《中华人民共和国体育法》用法规的形式肯定了学生的体育权益和学校体育的基本任务，开创了学校体育发展的新纪元，学校体育进一步朝着制度化、科学化方向发展。学校体育思想和理论研究，学校体育设施、场地以及体育师资队伍建设等方面，都在此阶段取得了很大的成绩。

1996 年国家教委颁布的《体育两类课程整体改革方案》和 1996 年《全日制普通高级中学体育教学大纲（供实验用）》颁布后，原来单一的体育课变成为学科体育课和活动类体育课相结合的新的体育课程体系。新课程从整体观点出发，将过去的课内体育教学和课外体育活动统一起来，使体育课程成为一个包括体育保健理论知识体系、体育基础动作体系以及各种体育活动内容的综合性课程，两类课程在目标、内容上各有侧重，共同完成学校体育的任务。

综观 20 世纪后 20 年的学校体育改革，可以看到，学校体育思想异常活跃，各种新理论、新方法层出不穷，体育不再被视为阶级教育的工具，而是更多地从体育对身体健康和人的全面发展方面去认识；学校体育管理和体育课程建设渐趋规范，逐渐建立了中央、地方和学校三级课程管理与建设体系；体育教师继续教育制度逐渐建立健全起来。

与此同时，全国性的青少年体质监测制度逐渐建立起来了。从 1979 年第一次在全国学生中进行大规模体质调查以后，1985 年以后每五年进行一次。调查结果对改进和完善学校体育课程等工作发挥了良好的参考作用。

（二）学校体育面临的新挑战

改革开放后，中国经济连续 30 年高速增长，物质和文化生活水平不断提高，教育和体育得到很大发展。但也出现了许多新问题。

首先，1979 年以来全国的大规模体质调查表明，我国中小学学生体质在许多方面持续表现出下降趋势。总的来说，形态与机能指标的增长速度较快，但平均值自 1985 年起已经低于日本；在 1995 年以前，速度、力量等素质持续有所提高，但耐力和柔韧性素质从 1985 年以后一直呈下降趋势，肥胖儿童和超体重儿童比率有所增加；到 2000 年时，我国学生更是在速度素质、耐力素质、柔韧性素质、爆发力素质、力量素质等方面全面下降；除反映速度素质的 50 米跑成绩下降幅度较小外，其余各方面素质的下降幅度明显；学生的耐力素质、柔韧性素质在 1995 年的基础上，又有所下降。[①] 超肥胖学生的比例迅速增加，城市超重与肥胖的男生已接近了 1/4。[②]

其次，自普及义务教育以来，虽然城乡学校办学条件大大改善，但 2007 年的对全国 8 000 余所学校的一项调查表明：有 76% 的学校没有按照要求开足、开齐体育课，平均比规定课时少 1~2 节/周；体育教师与学生的比例为 1：496。

最后，许多城市学校运动场地严重不足，只有 30% 的学校体育场地达到国家规定标准，部分城市老城区的学校甚至没有 30 米跑道，学生做广播操要分两轮甚至三轮。农村学校虽然校舍和场地等有较大改善，但体育器材却严重缺乏。

这些问题引起广泛的关注。2007 年 5 月 7 日，中共中央国务院下达了《关于加强青少年体育增强青少年体质的意见》，指出："广大青少年身心健康、体魄强健、意志坚强、充满活力，是一个民族旺盛生命力的体现，是社会文明进步的标志，是国家综合实力的重要方面。"要求"通过 5 年左右的时间，使我国青少年普遍达到国家体质健康的基本要求，耐力、力量、速度等体能素质明显提高，营养不良、肥胖和近视的发生率明显下

查看中共中央7号文件原文

---

① 2000 年全国学生体质健康调研结果［J］. 中国学校体育，2001（6）.

② 陈至立. 切实加强学校体育工作　促进广大青少年全面健康成长［N］. 中国教育报，2006-12-29（1）.

降。通过全党全社会的共同努力，坚持不懈地推动青少年体育运动的发展，不断提高青少年乃至全民族的健康素质"。

（三）21世纪的体育课程改革

上述情况的出现是由于复杂的原因造成的，其中一个重要的原因是20世纪80年代中期以后，我国国民生活水平明显提高，而学生课外身体活动却大大减少。另一个重要原因是由于社会各方面片面追求升学率。上述情况的出现也同时表明了对体育课程进一步进行改革的必要性。

在这样的背景下，1999年国务院批准了《面向21世纪教育振兴行动计划》。2001年，在全国基础教育工作会议上发布了《国务院关于基础教育改革与发展的决定》，明确提出"加快构建符合素质教育要求的基础教育课程体系"。在全面调研和广泛进行国际比较的基础上，在2001年形成了新一轮课程改革的一系列文件和政策框架。从2001年秋季开始，在全国38个县级实验区开始了新一轮体育与健康课程改革。到了2003年9月，实验规模扩大到1 642个县区，新增实验区1 072个，有3 500万中小学生在使用新课程标准。2004年秋季，高中体育与健康课程改革实验也开始在广东等四省进行。2010年，我国颁布了《国家中长期教育改革和发展规划纲要（2010—2020年）》，明确提出"强化学校体育课程和课外体育锻炼，促进青少年身心健康、体魄健壮。"2016年5月6日，国务院办公厅发布了《关于强化学校体育促进学生身心健康全面发展的意见》，也明确提出"各地中小学校要按照国家课程方案和课程标准开足开好体育课程，严禁削减、挤占体育课时间。要改革创新体制机制，全面提升体育教育质量，健全学生人格品质，切实发挥体育在培育和践行社会主义核心价值观、推进素质教育中的综合作用，培养德智体美全面发展的社会主义建设者和接班人"。

与此前的体育课程相比，新一轮体育课程改革从尊重学生学习的主体地位出发，坚持"健康第一"的指导思想，更加注重学生体育兴趣、体育意识的培养和情感变化，注意学生的行为养成和能力的提高，随着年级升高逐步增大学校、教师和学生对体育学习内容的选择性。从实施的情况看，新课程标准明显提高了学生体育学习的积极性，学生对运动技能的掌握和应用程度也明显提高，因而普遍受到了学生和教师的欢迎。但在课程改革中还存在着农村学校不如城市学校积极、中老年教师不如青年教师积极的现象。同时，课程改革要求师生关系更密切，但由于部分学校体育师资不足、学生班容量较大、高校体育教育专业改革滞后等原因，造成部分体育教师不能适应改革要求。此外，还存在准备和培训不足、部分地方教育行政机构管理缺位等问题。这些都给体育课程改革带来了不小的阻力。

第五节　走向世界的竞技体育

一、重返奥林匹克运动

　　参加奥运会始终是推动中国体育国际化的一个不竭动力。1949 年新中国成立以后，原中华全国体育协进会被改组为中华全国体育总会，继续行使中国奥林匹克委员会的职责。1952 年，中国体育代表团终于在赫尔辛基奥运会闭幕前一天出现在奥运会赛场，但中国席位问题却被国际奥委会予以"保留"。

▲ 五星红旗第一次升起在奥运会场（1952）

　　此后，国际奥委会在几次会议上都对中国代表权问题进行了激烈的讨论。1954 年 5 月，在雅典举行的国际奥委会第 49 次会议承认了中华全国体育总会为中国国家奥委会。1956 年第 16 届墨尔本奥运会期间，由于国际奥委会在少数人的把持下非法同意台湾当局的"中华体育协进会"派团参加奥运会，中国奥委会对此提出了强烈抗议，并宣布拒绝参加这届奥运会。但当时的国际奥委会主席布伦戴奇却指责中国将政治问题带到了国际奥委会中，甚至说台湾从来就不是中国的一部分。在这种情况下，中华全国体育总会和有关单项体育运动协会不得不在 1958 年 8 月宣布中断与国际奥委会和有关 9 个国际单项体育联合会的联系，国际奥委会委员董守义也声明拒绝与布伦戴奇合作。

　　在此期间，台湾参加了 1956 年到 1972 年的 5 届奥运会，台湾著名田径运动员杨传广和纪政分别在第 17 届和第 19 届获得十项全能银牌和女子80 米栏铜牌。1970 年，台湾的徐亨被选为国际奥委会委员。

　　基拉宁任国际奥委会主席期间（1972—1980），他对恢复中国奥委会的合法席位做了很多有益工作。1977 年 9 月，基拉宁访问中国，与中国奥委会官员进行了深入讨论。1979 年 11 月 26 日，国际奥委会在洛桑宣通过了承认中国奥委会为全国性奥委会的决议。决议规定中华人民共和国奥委会的正式名称为"中国奥林匹克委员会"，会址北京；设在台北的奥委会的名称是"中国台北奥林匹克委员会"，其新的会旗、会歌和会徽均须经国际奥委会执委会批准，这就是由我国提出的"奥运模式"。各国际体育组织也都循此模式解决了我国的合法席位，同时允许台湾作为我国的一个地方性组织在国际体育组织中有其席位。

中国对奥林匹克运动的积极参与，大大提高了奥林匹克运动的代表性和普及性，不仅有利于中国体育的发展和海峡两岸的体育交流，而且也有利于国际奥林匹克运动的健康发展。走出"文化大革命"噩梦之后，中国竞技体育迅速崛起。1981 年 11 月，中国女排在日本举行的第三届世界杯排球赛上首次获得冠军，迈出"五连冠"的第一步，也迈出了中国体育走向世界的第一步；1982 年，中国选手在第 9 届亚运会上获得 61 枚金牌，获金牌总数第一，结束了日本称雄亚洲的历史；在 1984 年第 23 届奥运会上，中国运动员许海峰夺得本届奥运会的首枚金牌，同时实现了中国

▲ 中国代表团参加 1980 年冬季奥运会

奥运会金牌"零"的突破，中国健儿在第 23 届奥运会上共夺得 15 枚金牌，金牌总数名列第四，标志着中国跨入了世界体育强国的行列。

二、中国参加历届奥运会概况

1. 1984 年洛杉矶奥运会

1984 年，奥运会圣火在唯一申请举办第 23 届奥运会的美国洛杉矶市点燃，这是 1896 年奥运会创办以来首次由民间承办的运动会，彼得·尤伯罗斯担任了组委会主席。本届奥运会共有 140 个国家和地区参赛，远远超过了以往各届奥运会。参赛运动员共 7 616 人（其中女子 1 719 人），也是历届人数最多的一次。本届奥运会比赛项目仍为 21 个大项，但单项数从上届的 203 增加到 221，新增加的 18 个单项中男子占 6 项，女子为 12 项。新增设项目有女子马拉松跑、男子射击和自行车，还有首次列入的纯女子项

目花样游泳和艺术体操。

中国派出了 225 名运动员、50 名教练员参加了篮球、排球、手球（女）、田径、体操、游泳等 16 个项目的比赛。这是中国在阔别奥运会 32 年之后第一次重返国际大家庭，也是中国有史以来派出的规模最大的体育代表团。中国台北奥委会派出 67 名运动员参加了田径、游泳、举重等项目的比赛。这是海峡两岸中华儿女首次在夏季奥运会上相逢。苏联及大部分东欧国家没有参加 23 届奥运会。

1984 年 7 月 29 日，中国选手许海峰在手枪 50 米射击中以 566 环夺得了本届奥运会的首枚金牌，这也是中国人在奥运会历史上夺得的首枚金牌。此后中国选手一路过关夺隘，共夺得金牌 15 枚，银牌 8 枚，铜牌 9 枚，以及 14 个第四名，9 个第五名，7 个第六名，8 个第七名，8 个第八名。金牌数仅次于美国、罗马尼亚、联邦德国等世界体育强国，位居第四。中国运动员用实力证明了中国体育发展的成就。

▲ 许海峰在第 23 届奥运会为中国夺得首枚金牌

中华健儿在第 23 届奥运会上的出色表现，改变了人们对中国体育的旧印象，世界开始重新认识中国。洛杉矶奥运会上中国实现了奥运会金牌"零"的突破，也迎来了中国体育的新时代，洛杉矶奥运会成为是中国体育的里程碑。

2. 1988 年汉城奥运会

1988 年 9 月 17 日，第 24 届奥运会在继东京之后亚洲的第二个主办奥运会的城市——汉城举行，160 个国家和地区的 9 581 名运动员（其中女运动员 2 476 人）参加了 23 个大项 237 个单项的比赛。中国派出了由 299 名运动员参加的代表团，参加了除曲棍球、马术两个项目以外的 21 个大项的比赛。中国台北的 90 名运动员参加了本届奥运会 12 个项目的比赛和 3 个项目的表演赛。本届奥运会新列入乒乓球比赛，并恢复了中断 64 年的网球比赛项目。本届奥运会允许网球和足球职业运动员参赛，但足球职业运动员年龄限制在 23 岁以下。羽毛球和女子柔道被列为表演项目。

加拿大短跑名将本·约翰逊在 100 米赛中以 9″79 的成绩震惊田坛，但随即被查出服用兴奋剂而被取消纪录，并追回金牌，成为本届奥运会最为轰动的丑闻。"约翰逊事件"使奥林匹克运动委员会把兴奋剂问题提高到严重损害体育道德和违反奥林匹克精神的高度来对待。

许艳梅为我国夺得了 10 米跳台的金牌，庄泳夺得女子 100 米自由泳亚军，结束了中国游泳在奥运会上无奖牌的历史。赛艇也实现了奖牌"零"的突破，张香花等 4 人获女子 4 人单桨有舵手赛银牌，李荣华等 8 人获 8 人单桨有舵手赛铜牌。李梅素在女子铅球赛中获得铜牌，是这届奥运会亚洲唯一的一枚田径奖牌。中国乒乓球队也获得了两枚金牌。在汉城中国队只获得 5 枚金牌、11 枚银牌和 12 枚铜牌，上届霸主美国仅获 36 枚金牌居第三，居金牌第一和第二的苏联和民主德国分别夺得 55 枚和 37 枚金牌。

3. 1992 年巴塞罗那奥运会

第 25 届奥运会于 1992 年 7 月 25 日在西班牙巴塞罗那蒙锥克体育场开幕，开幕式向五大洲约 35 亿观众进行了实况广播，国际奥委会的 170 个成员国家和地区的 9 364 名运动员（其中女运动员 2 705 人）参加了比赛。中国派出 251 名运动员参加了 20 个项目的比赛，中国台北有 37 名运动员参加了 7 个项目的比赛。因受联合国安理会制裁措施的影响，由塞尔维亚和黑山共和国组成的南斯拉夫运动员只能以个人身份参加，并不得参加开、闭幕式和集体项目的比赛。

本届奥运会共有 25 个大项 257 个单项，首次列入棒球、羽毛球两个大项，并新增设了女子柔道等 20 个单项。轮滑冰球、回力球和跆拳道被列为表演项目。本届奥运会首次为职业篮球运动员敞开大门，以"飞人"乔丹、"魔术师"约翰逊等职业篮球选手组成的美国"梦之队"以全胜成绩获得冠军。

开赛第一天，庄泳就以 54″64 击败了世界纪录保持者美国选手汤普森，夺得女子 100 米自由泳金牌。这是中国游泳运动员第一次登上奥运会冠军领奖台。7 月 29 日下午，钱红又夺得女子 100 米蝶泳比赛的冠军。此后已获两枚银牌的林莉又以 2′11″65 的成绩夺得女子 200 米个人混合泳的金牌，

▲ 女子百米自由泳冠军庄泳

并打破了已经沉睡 11 年的世界纪录。杨文意获女子 50 米自由泳金牌，打破了她本人保持 4 年的世界纪录。以"五朵金花"组成的中国游泳队共得 4 金 5 银，仅次于美国、独联体和匈牙利，跻身世界泳坛四强。中国运动员在此次奥运会上共获得金牌 16 枚、银牌 22 枚、铜牌 16 枚，3 人 2 次创

2 项平 1 项世界纪录，7 人 9 次创 7 项奥运会纪录。

4. 1996 年亚特兰大奥运会

1996 年是现代奥运的百年诞辰，7 月 19 日至 8 月 4 日在美国亚特兰大举行的第 26 届奥运会实现了奥运家庭的大团圆。本届比赛中设 26 个大项 271 个小项，来自世界 197 个国家和地区的 10 788 名运动员参加了各项比赛的角逐，各国选手经过 17 天的激烈争夺共打破了 25 项世界纪录。

美国、俄罗斯、德国在金牌榜上分获前三名，中国代表团共获得 16 金、22 银、12 铜，金牌、奖牌榜均列第四，实现了冲击第二集团首位的预定目标。此外，中国代表团还有 2 人 4 次打破 4 项世界纪录，3 人 6 次创 6 项奥运会纪录，6 人 13 次创 12 项亚洲纪录，7 人 15 次创 12 项全国纪录，乒乓球囊括 4 金。中国香港和中国台北运动员在本届奥运会上分别夺得一金一银。

5. 2000 悉尼奥运会

2000 年 9 月 15 日至 10 月 1 日，200 个代表团的 11 000 多名运动员参加了在澳大利亚悉尼举行的 20 世纪最后一次奥运会。各国运动员在 28 个大项、300 个小项的角逐中共创造了 34 项世界纪录、77 项奥运会纪录和 3 项奥运会最好成绩。

与过去历届奥运会相比，悉尼奥运会最独特的概念体现于"绿色奥运"。悉尼奥运会无论是运动员村还是记者村，甚至部分场馆，许多都是临时性建筑。奥运会结束后，这里就能迅速恢复其自然生机。悉尼是第一个将"绿色奥运"作为举办奥运会承诺的城市。在这里，环境成为体育、文化之后的"第三维"要素，给所有的参与者和后来者上了一堂感受真切的环保课。

本届奥运会的竞争格局发生了新的变化。美国代表团以 39 金、25 银、33 铜的成绩依然处于领先地位。俄罗斯仍显示出雄厚的整体实力，获 32 金、28 银、28 铜，继续处在第一集团。但 1972 年以来一直位居奥运会金牌榜前三名的德国，此次仅以 14 金、17 银、26 铜的成绩排名第五位。东道主澳大利亚以 16 金、25 银、17 铜排在第四位，进步显著。

中国体育代表团在悉尼奥运会上共夺得 28 枚金牌、16 枚银牌和 15 枚铜牌，在金牌榜和奖牌榜上均排在第三位，首次进入奥运会金牌榜前三名，取得了历史性的突破。中国运动员共有 3 人 12 次创 8 项世界纪录，6 人 11 次创 11 项奥运会纪录，成绩比前四届奥运会有了大幅度的提高，创下了参加历届奥运会金牌数和奖牌数的最高纪录。有 9 个小项 7 个人蝉联了本项目的奥运会冠军，共有 18 个小项 29 个人是第一次拿到奥运会冠军。

击剑、自行车等项目有了新的突破。

6. 2004 雅典奥运会

第 28 届夏季奥林匹克运动会于 2004 年 8 月 13—29 日在希腊雅典举行。由于本届奥运会是在"9·11"恐怖袭击事件之后的第一次奥运会，因此，其安全问题被格外关注，成为有史以来安全投入最大的一届。202个国家和地区 11 099 名运动员参加了比赛。中国代表团在雅典奥运会上最终获得金牌 32 枚、银牌 17 枚、铜牌 14 枚，历史性地名列金牌榜第二位。这一成绩比美国少 3 金，比俄罗斯多 5 金，超过悉尼奥运会上中国的金牌28 枚和奖牌总数 59 枚。

在雅典奥运会上，中国军团历史性在 14 个项目上获得冠军，走出了以往历届奥运会夺金项目不超过 9 个的"怪圈"。为中国军团贡献金牌的项目分别是跳水 6 枚、举重 5 枚、射击 4 枚、乒乓球和羽毛球各 3 枚、田径 2枚、跆拳道 2 枚、游泳、女排、体操、女子柔道、皮划艇、网球、女子摔跤各 1 枚。

7. 2008 北京奥运会

2008 年 8 月 8 日，第 29 届夏季奥运会如期在北京开幕。除文莱外的204 个国家和地区的 1.6 万名运动员参加了 28 个大项 302 个小项的比赛。这届奥运会创造了许多项百年奥运史上的第一：

• 共刷新了 38 项世界纪录，刷新了 85项奥运会纪录，超过此前任何一届；

• 302 块金牌由 55 个国家和地区分享，夺牌国家和地区数达到 87 个，金牌和奖牌分布面空前广泛；巴林、蒙古、阿塞拜疆和巴拿马运动员都是第一次夺得金牌，多哥、塔吉克斯坦、阿富汗、毛里求斯和苏丹运动员也第一次夺得奖牌；

• 女子 3 000 米障碍、乒乓球男子和女子团体、自行车男子和女子小轮车个人（BMX）、女子花剑和女子佩剑团体、男子和女子 10 公里马拉松游泳（公开水域）第一次亮相奥运赛场；

• 41 岁的美国泳坛名将托雷斯夺得了两枚银牌，她也成为奥运赛场唯一参加过 5 届奥运会的游泳选手；

▲ 姚明和 2008 年"5·12"地震中的 9 岁小英雄林浩在北京奥运会的开幕式上

● 中国成为第一个荣登金牌榜首位的亚洲国家、发展中国家；

● 北京奥运的开幕式吸引了全世界的目光，在中国收视率达到了80%，美国及欧洲的信号覆盖国家也达到了50%；国际奥委会网站在北京奥运会的第一周的访问量就超过了整个雅典奥运的访问量；

● 北京奥运会、残奥会期间，170万志愿者的服务赢得了国际社会的高度评价，并获得了"联合国卓越志愿服务组织奖"。

从奥运会的筹办到举办期间，北京兑现了绿色奥运、人文奥运和科技奥运的承诺，也向世界展示了中国开放、自信、和平的新形象。中国和世界相互都加深了了解。北京通过奥运会向世界传达了一个信息：以人为本，走和平发展之路。

▲ 志愿者的微笑是北京最好的名片——
志愿者广场主题雕塑揭幕

8. 2012 伦敦奥运会

第30届夏季奥林匹克运动会于2012年7月27日至8月12日在英国首都伦敦举办。共有204个国家和地区参加了本届奥运会，参赛运动员达10 568名。中国派出了总人数为621人的体育代表团，其中运动员396人（男运动员171人，女运动员225人），运动员平均年龄24.68岁，参加了除足球、手球和马术之外的23个大项，212个小项。

伦敦奥运会比赛设26个大项，300个小项，共有85个国家和地区获得奖牌。中国代表团共获得38枚金牌、27枚银牌、23枚铜牌，获得了金牌榜和奖牌榜第二的优异成绩，创6项世界纪录，6项奥运纪录。

从项目分布看，中国军团在11个大项上获得了金牌。项目结构有所优化，一些项目质量和水平有所提高。同时，潜在优势项目也取得了进展，共获得5金7银6铜。特别是基础大项，游泳、田径取得明显进步，共获得6金。8个项目是历史上首次获得奥运金牌，17个项目是历史上首次获得奖牌，这反映出中国竞技体育在项目结构调整、均衡发展上取得成效。

9. 2016 里约热内卢奥运会

第31届夏季奥林匹克运动会于2016年8月5日至8月21日在巴西里约热内卢举行，奥运会有史以来第一次在南美洲举办。共有207个国家和地区参加了本届奥运会。此次奥运会共设28个大项，306个小项，高尔夫项目重返奥运会，七人制橄榄球也进入奥运会。

在里约奥运会上，中国派出了总人数为 711 人的体育代表团，其中运动员 416 人，为我国境外参赛代表团规模最大的一届，仅次于北京奥运会的参赛规模。他们参加了 26 个大项、210 个小项的比赛。乒乓球、羽毛球、跳水、举重、射击和体操依然是中国队的冲金大户，而女子排球、女子足球、男子篮球等 6 支集体球类队伍参加奥运会，也是除北京奥运会之外最多的一届。这届奥运会中，中国获得 26 枚金牌、18 枚银牌、26 枚铜牌，位列奖牌榜第三位。

表 11-3 为 1984—2016 年中国参加夏季奥运会奖牌榜情况。

表 11-3　1984—2016 年夏季奥运会奖牌榜一览表

年/届	地点	国家/金、银、铜牌数	国家/金、银、铜牌数	国家/金、银、铜牌数	国家/金、银、铜牌数
1984/23	美国洛杉矶	美国 * 83、61、30	罗马尼亚 20、16、117	联邦德国 17、19、23	中国 15、8、9
1988/24	韩国汉城 **	苏联 55、31、46	民主德国 37、35、30	美国 36、31、27	韩国 12、10、11
1992/25	西班牙巴塞罗那	独联体 45、38、29	美国 37、34、37	德国 33、21、28	中国 16、22、16
1996/26	美国亚特兰大	美国 44、32、25	俄罗斯 26、21、16	德国 20、18、27	中国 16、22、12
2000/27	澳大利亚悉尼	美国 39、25、33	俄罗斯 32、28、28	中国 28、16、15	澳大利亚 16、25、17
2004/28	希腊雅典	美国 35、39、29	中国 32、17、14	俄罗斯 27、27、38	澳大利亚 17、16、16
2008/29	中国北京	中国 51、21、28	美国 36、38、36	俄罗斯 23、21、28	英国 19、13、15
2012/30	英国伦敦	美国 46、29、29	中国 38、27、23	英国 29、17、19	俄罗斯 24、26、32
2016/31	巴西里约热内卢	美国 46、37、38	英国 27、23、17	中国 26、18、26	俄罗斯 19、18、19

＊ 国名后的数字依次为该国在本届奥运会上所获得金、银、铜牌数。

＊＊ 中国在 1988 年奥运会上获 5 金、11 银、12 铜，列奖牌榜第六。

本章小结

　　回顾20世纪中国体育发展的历程，可以看到中国体育始终承担着双重的历史使命：一是强国强民，二是走向世界，潜意识中都是为了能"自立于世界民族之林"（毛泽东语），使中国这样一个有着深厚历史感的国家避免被现代化的浪潮推到边缘地位。中华人民共和国的成立使这两重使命有了完成的可能。经过半个多世纪的艰难努力，中国体育已经基本完成了历史赋予自己的任务。

　　在中国体育发展的历史上，恐怕没有哪一个时期像20世纪50—90年代经历那样多的复杂变化和大起大落：在体育管理方面，从建立起空前完善的国家体育行政体系，到"文革"期间被"彻底砸烂"；在群众体育方面，从大多数人口是文盲的基础上发展到50年代遍布城乡的体育锻炼小组，再到"文革"中令人啼笑皆非的蓬勃与繁荣；从20世纪50—60年代中期的全面崛起，再到"文革"时期的灭顶之灾与"乒乓外交"之后的死而复生。就连一直备受关注的学校体育，也经历了突击发展和"劳动体育""军事体育"的冲击。这些都显示了体育与社会发展之间的紧密联系，也使人们对体育的许多特殊功能有了更深切的体会。

　　在中国体育进入新世纪之际，中国正面临新的更深刻的社会转型：一种新的充满活力的社会主义市场经济形态正在形成之中，它需要在现有经济和政治体制基础上进行更深入的改革；一个全球化的世界要求中国更加开放，必然会与许多过时的生存方式发生程度不等的冲突；构建社会主义和谐社会、全面建设小康社会的发展目标，要求人们有新的思维和新的举措。在这种大背景下，中国体育的组织管理体系和运行方式、中国体育的社会化和产业化程度、中国人的体育观念等，也必然发生相应的变化。更深入地进行体育体制改革，探索更加适合中国国情的体育发展道路，促进我国体育更健康、持续地向前发展，为建设和谐社会、丰富国民生活和提高国民素质服务，是新世纪中国体育面临的重要任务。

思考与探索

1. 我国体育体制改革经历了哪几个发展时期？

2. 改革开放以来，我国学校体育课程有哪些方面的改革措施？

3. 联系全书思考中国体育现代化的过程及特点，它对你有何启示？

4. 想一想新中国与旧中国的体育发展历程各有什么特点？你能找出其中的联系和区别吗？

5. 1949—1977 年中国体育的发展历程给你最大的启示是什么？你认为应该从中吸取什么样的经验和教训？

拓展阅读文献

1. 伍绍祖主编. 中华人民共和国体育史 ［M］. 北京：中国书籍出版社，1999.

2. 叶楠. 我国体育行政管理体制的变迁 ［D］. 苏州大学硕士学位论文，2004.

3. 熊晓正，林登辕. 从"普及与提高相结合"到"各类体育协调发展"［J］. 体育文史，1997（5）.

4. 邹时炎. 我看学校体育卫生二十年 ［J］. 中国学校体育，1999（2）.

5. 王华倬. 论我国近现代中小学体育课程的发展演变及其历史经验 ［D］. 北京体育大学博士论文，2004.

活动建议

1. 系统调查改革开放以来某学校（大学、中学、小学或盲聋哑童学校、业余体校等）体育发展的历史，写出有分析的调查报告。

2. 通过调查访问或文献资料等方法写出本地某项目发展的历史报告。

3. 对你所在地（城市某区或县、乡）的体育场馆的历史进行调查，看看最早的场馆是什么时候建成的？中华人民共和国成立以来本地体育场馆的数量、种类发生了哪些变化？试对这些变化进行分析。

第十二章　香港、澳门、台湾体育概况

本章提要

　　香港、澳门、台湾历来就是中国的神圣领土，由于历史的原因和不同的政治体制，港澳台地区的体育经历了不同的发展道路。在一个中国原则和"一国两制"的基本前提下，香港、澳门陆续回归祖国。此后，香港、澳门特别行政区政府根据基本法及当地的法规，经过数年良好的运作，向世人显示了"一国两制"的成功范例，内地与港澳在体育方面的交流合作也日益深入。香港、澳门、台湾的体育发展，既表现出各自的一些独特经验和特点，同时也显示了在共同体育文化传统基础上的许多相似之处。在体育现代化的过程中，海峡两岸和香港、澳门都有许多值得借鉴的经验和教训。

　　本章主要介绍香港、澳门、台湾在不同社会背景下，各自体育管理、学校体育、社会体育、竞技体育的发展状况以及参加国际大型比赛所获得的成就，以帮助学习者进一步了解香港、澳门、台湾体育发展的条件和影响因素。

第一节　香港体育

　　1842 年，依据中英《南京条约》，香港被迫割让给英国，后来又陆续强占了深圳河以南的九龙半岛及附近岛屿。1984 年 12 月 19 日，中英两国政府在北京签署《关于香港问题的联合声明》，英国同意于 1997 年归还香港。1997 年 7 月 1 日，中国政府对香港恢复行使主权，设立了香港特别行政区。

一、体育管理

（一）早期的体育管理（1950—1967）

英国在香港推行殖民管治政策，和在本国一样对体育不干预，不设专门的体育管理部门。体育主要靠民间社团推动。

1950 年 11 月 24 日，各单项体育总会联合成立了"香港业余体育协会"。1951 年，国际奥委会承认香港业余体育协会是香港奥林匹克委员会，并更名为"香港业余体育协会暨奥林匹克委员会"（简称"港协"）。"港协"负责协调、组织各单项总会的工作和香港的体育活动，统筹策划开展大型体育活动；对外联络国际体育组织，负责组队代表香港参加奥运会、亚运会及英联邦运动会等国际赛事。由于政府支持力度不大，长期经费不足，开展体育工作相当困难。

（二）体育管理的加强（1968—1989）

1967 年，因社会动荡，港英政府认为有必要加强青少年的康乐活动，采取了一系列措施加强体育活动：一是研究香港各区所需体育场馆的数量，按人口比例制订合适的标准，有计划地兴建；二是根据青少年儿童的需要，开展各种体育活动；三是研究组织管理体育的行政机构。

1973 年，香港成立了康乐体育局，下设康乐体育委员会作为政府的咨询机构；康乐体育局负责拨款给各个体育总会。1974 年，政府在教育署下设立康乐体育处，负责统筹及开展学校和社会上的体育活动。1982 年，港英政府又成立了康乐文化处，负责管理市民的文娱康乐及体育活动。

1985 年，港英政府在原有市政局的基础上又成立了区域市政局。市政局及区域市政局负责全香港及各区的体育活动，负责建设和管理各种体育场地设施，社区体育活动获得了更多的支持和协助，社区体育更加活跃。

（三）体育管理的全面发展（1990 年至今）

为了解决有关体育行政机构之间权责不清、缺乏长期规划的现象，港府于 1990 年 4 月 1 日成立了香港康体发展局（简称康体局），取代康乐体育局的职能，与港协、各体育总会、香港体育学院、市政局及区域市政局共同合作，负责制订实施推动体育发展的政策方针。其主要工作为：为本港康乐体育的发展制定一个清晰和连贯的策略；使所有本港市民都有机会享受康乐体育活动，并且为有潜质的运动员提供系统训练，以充分发挥其潜质；拨款给各体育总会、团体及个别人士，以发展康体活动。1991年，康体局制定了第一份整体发展规划书。1994年5月，香港体育学院划属康体局管辖，意在强化精英运动员培训和体育科学研究。

香港回归后，香港特别行政区政府在1998年对康体局架构进行精简，并把总部迁入香港体育学院，以削减行政经费。康体局的职能包括康体发展、精英运动员培训、市务传讯和政务等工作。

香港特别行政区政府对原有的体育管理架构进行了一系列调整。1999年，香港特别行政区政府解散了两个临时市政局。2000年1月1日，香港特别行政区政府康乐及文化事务署正式成立，取代两个市政总署，下设康乐及文化事署及文化及康体事务部，负责推广和提供香港的文化康乐服务。2003年10月，香港特别行政区政府成立社区体育事务委员会和大型体育活动事务委员会。2004年4月1日，成立精英体育事务委员会，同年解散香港康体发展局，将香港体育学院改组更名为香港体育学院有限公司，由董事对香港体育学院进行管理，使其成为专责培训精英运动员、具有法人团体资格的体育管理机构。2005年1月3日，香港特别行政区政府宣布成立体育委员会，由民政事务局局长何志平担任委员会主席，委员由特别行政区行政长官委任。香港体育管理架构至此重组完成。体育委员会作为香港特别行政区政府的咨询组织，负责执行督导和统筹香港体育发展的事务，下辖社区体育事务委员会、精英体育事务委员会和大型体育活动事务委员会，负责提供咨询和建议。

二、学校体育

（一）中小学体育

20世纪40年代末，香港人口激增，港英政府调整了以往只重发展公办学校的教育政策，鼓励私人办学、扩展师范教育。1964年，教育司署颁布了小学体育计划，1977年、1985年、1995年三次修订并颁布了小学体育课程纲要。

从1975年开始，教育司署把中学体育课程纲要用手册形式发给各校，供各校参考使用。1980年、1988年和1998年对课程纲要数次进行修订。体育课程纲要建议在中学一、二年级时，从核心课程的4组活动中选取最少8项作为教材，到中学四、五年级时，加强学生发展其中的4个项目，或再学习一些新的项目。建议的核心课程活动类别有田径、舞蹈、体操、执拍项目、游泳及水上活动、队际球类活动和其他活动（如体能训练）等。①

1991年，香港考试局在中学会考中首次开设体育考试。选择体育科作为会考科目的考生必须参与的考试包括：两项体育活动能力的考试，在羽毛球、篮球、足球、排球和田径、体操、游泳、西方土风舞两组活动中各选一项；同时还有体适能考核和理论考核。首届体育会考的整体成绩合格率为40.71%，1992年的合格率为40.58%，是全部会考合格率最低的科目。

2001年，香港与内地几乎同步公布了"学会学习"的课程改革文件，并逐步推行"六、三、三"学制，同时开始实施《中国学生体质健康标准》。

香港学界体育协会及新界学界体育协进会分别成立于1951年和1953年，负责推动和举办各区中、小学的体育比赛和体育活动，提高运动水平。从此，课外活动和比赛开始蓬勃发展。教育司署体育协会举办的足球比赛和香港南华体育会举办的校际田径运动会，是香港学校体育开展历史较长和影响较大的运动会。此时，地区性的运动会也有开展，如九龙半岛地区于1950年举行了九龙陆上第一届运动会。1963年，教育司署举办了第一届田径运动大会。

香港学界体育理事会于1974年成立，负责协调上述两会的活动。1997年9月1日，香港学界体育联合会正式成立，取代之前所有学界体育组织。香港学界体育联合会是负责全港中、小学校际运动比赛及对外运动比赛的组织。董事会是香港学界体育联合会最高的权力中心，下设中、小学体育理事会。香港学界体育联合会与各单项总会协作共同建立一套选拔和训练运动员的制度，并为各体育总会输送体育苗子。

（二）大学体育

香港高等院校一般都开设公共体育课和体育专业培训课程。香港中文大学的专业方向有体育运动科学，校外课程部开办了数个兼读课程，包括运动科学和运动医学的基本理论、教练的科学原理和问题，另外，亦提供为从事康乐活动的人士而设的康乐管理文凭课程；香港浸会大学的专业方向有体育与娱乐研究，设有健身和娱乐两个课程方向；香港大学则开设已

---

① 香港教育署课程发展处编. 中学体育科教学资料（第二版）[M]，1994：431.

具备学士学位者可选读主修康乐管理的理学士、硕士课程；香港理工学院开设了体育运动科学的修习班；香港树仁学院开办了一项社会学的文凭课程，课程内容包括体育及康乐两科。[①]

香港各高校在公共体育课的安排上没有统一的规定。20 世纪 80 年代后，香港中文大学与浸会大学主张对学生进行全面教育，两校先后把体育课列为必修科目；香港大学、香港理工大学、香港城市大学以及其他的专业学院则把体育课作为选修科目。

香港的大学课余体育训练和竞赛开展蓬勃，由于经费比较充裕，除本地各项大学生比赛，还经常组织队伍出外交流与参加比赛，个别大学还经常参加内地每年举办的各单项体育比赛。香港大专体育协会成立于 1961 年，目的是提供有组织的体育活动和竞赛，达到切磋、观摩及友谊交流的目的。此外，该会近年来亦选派代表参加世界大学生运动会、联同中文大学和其他团体举办的体育及运动讲座，以提高体育水平。[②] 香港回归祖国后，该会还负责组队参加全国大学生运动会。

（三）体育师资培训

1938 年成立的罗富国教育学院，是香港最早培养体育人才的教育机构。自 20 世纪 60 年代开始，葛量洪教育学院及柏立基教育学院相继开设了体育师资培训课程。上述三所教育学院开设为 2~3 年的体育培训课程，课程内容大致相同，填补了当时香港体育师资不足的情况。1973 年，葛量洪教育学院开办了一年制体育教师高级专业文凭课程，为教育学院体育科毕业生提供继续进修机会。

随着香港教育的发展，对各类师资人才的需求与日俱增。1989 年，香港中文大学开办了 6 年制兼读学位课程，供在职体育教师修读，如果教师已获取文凭教师证书，便可直接入读三年级。1993 年，该校体育系提供了副修体育的全日制文学士或理学士课程，此课程为期 4 年并包括教学实习。[③]

1992 年 9 月，香港大学为在职教师开设了一项 4 年兼读制的教育学士课程，可选修体育及运动科学，还开设两年制可选读副修体育之教育硕士课程。此外，香港大学专修学院为在职教师举办了多种运动科学证书课程和出席证书课程。

①　香港教育署课程发展处编. 中学体育科教学资料（第二版）[M]，1994：437.
②　香港教育署课程发展处编. 中学体育科教学资料（第二版）[M]，1994：440.
③　香港教育署课程发展处编. 中学体育科教学资料（第二版）[M]，1994：436.

1994 年 4 月，葛量洪教育学院、罗富国教育学院、柏立基教育学院、工商师范教育学院及语文教育学院合并为香港教育学院，其下属教育基础学院开设包括体育方向的 1 年全日制或 2 年部分时间制的教师教育文凭课程。教育学院创艺与科技学院的体育及运动科学系也开设学前教育、小学及中学体育教师的课程，学习时间 1 年至 4 年不等，分别可取得文凭、学士学位等学历，上述课程也分为全日制和兼读制两种。

三、社会体育

成立于 1910 年的南华体育会，是香港历史上最悠久和影响力最为深远的民间体育社团。1953 年，南华体育会出资在香港兴建了可容纳 1.8 万人的运动场；1966 年，兴建了保龄球馆；1976 年，兴建了大型体育馆；1988 年，又投资 9 000 万港币建成了一座现代化的楼高 17 层的新型综合体育中心；2000 年，在体育会 90 大庆之际，楼高 7 层的体育会场重建工程又鸣锣开工。① 南华体育会的会员达 7 万余名，2001 年收入达 1 亿港元，盈利 3 000 万港元。②

▲ 20 世纪 50 年代，南华体育会主办环岛接力赛

① 阿丁. 南华体育会是如何走向成功的——访香港南华体育会主席卢润森. 沪港经济，2001 (3)：40.

② 阿丁. 南华体育会是如何走向成功的——访香港南华体育会主席卢润森. 沪港经济，2001 (3)：39-41.

1958 年起，港协创办了一年一度为期两个月的体育节。至今，体育节规模越来越大，对社会体育发展的推动作用也越加深远。

1973 年各种管理机构成立之后，香港政府加强了与民间社团之间的协调、联系、资助，并有计划地建设各类体育场地设施，社会体育在不同地区和阶层逐步开展。1991 年，由香港康体发展局策划的社区体育会计划开始推行，并获得体育总会及地区体育会协助，1995 年成立了 50 个社区体育会。

社会体育主要由市政局和区域市政局负责。据统计，1995 年香港市政局和区域市政局管辖的公共体育设施有：41 个海滩，44 个标准草地足球场，143 个小型足球场，20 个游泳馆（内有泳池 120 个），壁球场 60 个，网球场 136 个，篮球场 290 个，羽毛球场 121 个，排球场 121 个，综合性室内运动场 40 个，体育用地总面积达 550 万平方米。各类场地部分免费供市民使用，部分廉价供市民和体育会进行训练、比赛，为社会体育的开展提供了物质基础。

康乐及文化事务处与体育总会合作于 2001 年继续推行"社区体育会计划"，鼓励各区成立社区体育会。2003 年，有 176 个社区体育会参与了这项计划。社区体育会计划共拨款 300 万港元，资助 645 项体育培训活动，参加者有 17 300 人次。为有效推行计划，该署举办讲座和管理发展课程培训了 568 名体育义工。

四、竞技体育

（一）精英运动员的培养

香港早期依靠各体育社团自行组织训练和参加比赛。每当需要参加大型国际性比赛的时候，各单项总会通过选拔的形式，挑选运动成绩突出的运动员代表香港队参赛。20 世纪 50 年代，出生于香港的乒乓球运动员容国团，利用业余的时间，在球会内进行刻苦的训练，凭着过人的天赋和努力，终于取得骄人的成绩，获得了香港乒乓球锦标赛三项冠军，并且曾击败过当时世界冠军日本的荻村。当时由于优秀运动员难有发展的机会，1957 年 11 月，容国团回到广州，1958 年获全国锦标赛男子单打冠军，1959 年获第 25 届世界乒乓球锦标赛男子单打冠军。

这种业余训练的状态一直持续到 1982 年在香港赛马会的资助下成立"银禧体育中心"，自此，香港开始有计划地培养精英运动员。1987 年 4 月

1日，银禧体育中心接受了马会一笔为数3.5亿港元的资助后正式独立，整个组织架构与运作模式从根本上产生重大的改变。1991年，银禧体育中心升格为香港体育学院。1994年康体局与香港体育学院合并后，精英运动员的培训进一步得以强化。香港体育学院的"携手迈向精英"计划为入选的20个体育总会，提供4个不同级别的支持。这项计划发展成为日后的"精英培训计划"。其后，13个重点发展项目获得了更多的支持，包括发给奖学金、免费使用训练场地、运动科研及医疗康复的协助等，使这些项目的运动员得到应有的支持和援助。

（二）参加大型运动会

1. 参加亚运会

1954年，香港首次参加在菲律宾举行的第2届亚运会，西尔维亚代表香港参加了男子200米比赛，并获得了铜牌，为香港在国际大型综合运动会的历史上写下了首页。其后，香港每届亚运会均派出代表队参加。在1986年汉城亚运会上，车菊红在女子保龄球个人赛中为香港取得了第1枚亚运金牌，并在女子优秀赛中取得了1枚银牌。1997年香港回归以后，香港竞技运动水平大幅度提高，在1998年和2002年的两届亚运会上，分别夺得了创纪录的5枚和4枚金牌。在2014年仁川亚运会上，中国香港队以6金、12银、24铜列奖牌榜第13位。

2. 参加奥运会

1952年，驻香港英国陆军林比上校代表香港首次参加了在芬兰赫尔辛基举行的第15届奥运会同期举行的国际田径大会。此后，除1980年第22届莫斯科奥运会没有派队参加外，其他各届均派出代表队参加。1988年汉城第24届奥运会，羽毛球作为表演项目，陈念慈及陈智才在混合双打中取得铜牌。1996年，李丽珊在亚特兰大第26届奥运会上参加女子帆板比赛，为香港取得历史上第一枚奥运金牌。在2004年雅典第28届奥运会上，李静及高礼泽在男子乒乓球双打中获得银牌。但在2008年北京奥运会上，香港队却颗粒无收，香港体育界人士批评港府体育政策欠长远计划，运动员也大多只盯着亚洲比赛，缺乏远见。在2012

▲ 为香港夺得第一面奥运会金牌的帆板运动员李丽珊

年伦敦奥运会上，在场地自行车凯林赛中，中国香港队获得了一枚宝贵的铜牌。

3. 参加东亚运动会

1993 年，香港首次参加了在上海举行的第 1 届东亚运动会，取得了 1 枚金牌、2 枚银牌、8 枚铜牌的成绩。1997 年，香港参加了在釜山举行的第 2 届东亚运动会，取得了 1 枚金牌、5 枚银牌、4 枚铜牌的成绩。2001 年，香港参加了在大阪举行的第 3 届东亚运动会，取得了 3 枚金牌、5 枚银牌、8 枚铜牌的成绩。2009 年，第 5 届东亚运动会在香港举行，中国香港队取得了 26 枚金牌、31 枚银牌、59 枚铜牌的优异成绩。2013 年，香港参加了在天津举行的第 6 届东亚运动会，取得了 10 枚金牌、16 枚银牌、30 枚铜牌的成绩。

4. 参加全运会

1997 年香港回归祖国后，香港特别行政区第一次派出代表队，参加了在上海举行的第 8 届全运会，黄金宝在单车项目为香港特区获得了第一枚全运会金牌。2001 年，香港参加了在广州举办的第 9 届全运会，取得了 2 枚金牌、2 枚银牌、1 枚铜牌的成绩。在 2005 年第 10 届全运会上，香港成绩平平，只取得了 1 金 3 铜。在 2009 年第 11 届全运会上，香港取得 2 枚金牌、1 枚银牌、4 枚铜牌的成绩。在 2013 年第 12 届全运会上，香港取得 1 金 4 银 3 铜的成绩。

五、体育科学研究的开展

香港早期没有专门的体育科研机构。20 世纪 60 年代以后，高校教师陆续开展了一些体育研究，成果通过研讨会或体育刊物发表，但欠缺有规模和系统的研究。1987 年，银禧体育中心设立体育科学部，除支持运动训练外也开展体育科学研究。

康体局在 1990 年成立后，聘请了一名兼职研究联络员，由康体局设立的体育研究顾问小组负责评核各方申请的研究计划。该顾问小组收集世界各地的体育研究成果供研究者参考，对发表的体育研究提出新的建议，以及在香港及外地发表研究成果。康体局以本机构的研究人员或以承包的形式开展体育科学研究，研究领域包括体育科学、运动科学、运动医学三个范畴。康体局体育研究部多年来完成了不少研究计划和项目，每年的研究经费预算接近 200 万港元。

鉴于体育研究逐渐受到肯定，康体局在 1999 年制定了一套长远的体育研究策略，从此确立了体育研究的方向。这项策略性发展提供了系统化及可行的方式，旨在收集有意义及富有建设性的数据，以制定有效的体育发展政策及未来发展方向。

香港的体育科研社团主要是香港运动医学及科学学会和香港运动心理学会。

第二节　澳门体育

1583 年，滞留澳门的葡萄牙人在未经明朝政府同意的情况下自行成立澳门议事会管理澳门。1616 年，葡萄牙政府任命了澳门总督。1887 年，中葡两国签订了《中葡和好通商条约》，条约列明："由中国坚准葡国永驻管理澳门及属澳之地，与葡国治理他处无异。"此为澳门被葡萄牙占据的历史转折点。1987 年 4 月 13 日，中葡两国签订了《中葡联合声明》，葡萄牙同意于 1999 年归还澳门。1999 年 12 月 20 日，中国政府对澳门恢复行使主权，澳门回归祖国。

一、体育管理

1911 年 1 月 6 日成立的澳门运动委员会是澳门历史上的第一个由政府出面组织的体育监管机构，是一个在澳门政府秘书处领导下，由学校老师、医疗部门官员以及军官组成的机构，成员均为葡萄牙人。其管辖的对象主要是占澳门人口比例极少的葡萄牙人，所起作用不大。

（一）初期的体育管理（1955—1974）

1955 年 6 月 4 日，澳门政府成立了体育运动委员会，以改善和指导澳门的体育活动。[1] 体育委员会由 3 人组成，主席由澳督委任，2 名委员分别由葡萄牙人体育会和华人体育会选出。1955 年 7 月 5 日，葡萄牙政府宣布澳门为其海外省。[2] 澳门政府 1956 年 6 月 15 日将体育委员会改为"澳门省体育行政委员会"，仍由葡萄牙人和华人组成。体育行政委员会的主要职责是津贴经费给有关体育社团进行活动以及协调本地的体育活动，对外体育活动主要靠民间体育组织推动。

---

① ［葡］施白蒂. 澳门编年史（1950—1988）［M］. 澳门基金会，1999：35.

② 吴志良. 澳门政治发展史［M］. 上海：上海社会科学院出版社，1999：230.

（二）体育管理的调整（**1975—1986**）

1975 年 3 月 14 日，澳门政府将卫生救济厅、教育厅、社会福利处以及透过体育委员会推动及组织体育活动等有关职权，拨归社会文化事务司管辖。竞技体育及大众体育仍由体育委员会负责，学校体育则由教育厅负责。在社会文化事务司统筹下，1975 年教育厅设立学界体育组，负责组织学界体育活动。

1979 年 9 月 28 日，教育厅改组为教育文化司，下设青年体育厅，辖三个处：社团体育处负责开展竞技体育与大众体育，青少年活动处负责开展学校体育，场地设备处负责管理政府辖下的体育场地设施。1986 年 2 月 1 日，教育司只保留青少年活动处，其余职能由体育行政委员会负责执行。

（三）体育管理的发展（**1987** 年以后）

1987 年 3 月，《中葡联合声明》确定 1999 年 12 月 20 日中国在澳门恢复行使主权。1987 年 5 月 18 日，澳门体育总署正式成立。同时，体育行政委员会更名为最高体育委员会，其职责改为咨询。1987 年 9 月 17 日，澳门奥林匹克委员会成立。

1992 年 12 月 21 日，教育司更名为教育暨青年司，下设青年厅，辖学校体育暨课余活动事务处，负责管理学校体育事务。

1993 年 7 月 5 日，在市政厅文化暨康乐部下设立了文娱康体处，开展及协助康乐和休憩活动以及促进适合大众的体育活动。这样构成了体育总署与市政厅共同推动大众体育的新局面。

体育总署规范了管理工作，改变了过往某些行政工作无法可依的状况，同时，体育社团能清晰地按规章处理行政组织工作，使各方面的工作能更顺畅地开展，大大提高了工作效率，这对于澳门体育管理工作来说，确实是向前推进了一大步。1997 年，体育总署调整了组织结构，一直沿用至今。

1999 年 12 月 20 日澳门回归祖国后，澳门体育总署更名为澳门体育发展局，成为由特区政府和本地人管理的政府体育机构。澳门体育进入了一个新的时代。

二、学校体育

澳门教育长期由民间推行，体育教学各自为政，教学效果无法得到保证。澳门回归以来，澳门特别行政区政府成立了澳门教育暨青年局，加强了体育师资培养，组织体育教学大纲的编写，组织课外体育比赛和活动，澳门学校体育有了一定程度的改善。

（一） 中小学体育教学

抗日战争期间，曾有大批学校迁往澳门办校，很多有经验的体育教师也随校来澳任教，一批外出学成的体育人才也回澳工作，拉开了澳门现代体育发展的序幕。但从 20 世纪 50 年代至 80 年代，由于政府长期采取不干预政策，加上体育师资缺乏，体育教学得不到应有的保证，学生体质健康得不到保证。

1994 年，教育暨青年司组织课程改革小组编写了澳门第一份中小学体育教学大纲，以供公立和私立学校参考使用。由于澳门教育法规并未执行统一的教学大纲，因此只有公立学校使用统一的教学大纲。

由于澳门地小而人口密度高，体育教学效果受到很大的影响。据 1996 年一项调查，广东学生人均体育场地为 4.68 平方米、台湾为 3.46 平方米、香港为 3.12 平方米、澳门为 0.85 平方米。[①] 澳门学校体育场明显低于其他三地。

（二） 高等学校体育教学

16 世纪末成立的澳门圣保禄学院（1594—1835）是中国第一所西式大学，其课余活动中就有安排登山活动，以锻炼学生的身体。抗日战争期间，广州有数家大学暂迁澳门办学。抗战胜利迁回原校后，澳门基本上没有大学教育机构存在。直至 20 世纪 80 年代初，香港商人创办了东亚大学，澳门才恢复了大学的教育。1991 年，东亚大学由政府接管后更名为澳门大学，但仍未开设体育课，主要由学生会组织课余体育活动。直到 2000 年 9 月，澳门大学教育学院首次开设体育选修科供学生选修，澳门理工学校体育暨运动高等学校（以下简称理工体校）接受澳门大学委托派出体育教师任课。

2002 年 9 月，澳门理工学院管理科学学校也开设了体育选修科，同样由体育暨运动高等学校派出体育教师任课。2004 年 9 月，澳门科技大学把体育列为必修科目，要求学生修满两学分体育，这是澳门高校首次把体育列为必修科目。

---

① 粤港澳台学校体育发展战略课题组. 九七前后四地区学校体育——粤港澳台学校体育现状比较与发展对策研究 [M]. 北京：人民体育出版社，1997：43.

（三）体育师资培养

1950 年以前，澳门并没有专门培养体育师资的教育机构，体育教学工作主要依靠外来的体育专业人员担任，其余由具有体育经验的本地教师担任。1951 年，圣若瑟教区中学开办简易师范，后改为特别师范课程，以培养幼儿园师资，课程中设有体游科，后改为体育科。1989 年，澳门东亚大学教育学院开设了教育文凭课程，分小学组及幼儿组，在教材教法中设有体育科（体能活动）。1991 年，东亚大学更名为澳门大学，教育学院继续设体育教材教法科目供在职教师进修。

1993 年 10 月，理工学院体育暨运动学校成立，开设体育暨运动高等专科学位课程及在职体育教师高等专科课程。课程分别以中文及葡萄牙文两种语言教授，供本地华人及葡萄牙人选读。学校的宗旨在于为澳门地区培养合格的体育教师、运动教练、体育行政人员及体育运动学术研究人员等。1996 年 9 月，体校增设补充课程，使原来三年专科学位课程变为"3+1"学士学位课程。体校为澳门学校及体育发展历史写下了重要的一页。

三、社会体育

在历史上，澳门华人与葡萄牙人社团长期处于相对隔绝的状态，初期的体育活动开展亦各行其道。华人社团最初以开展传统体育为主，西方体育传入后，逐渐开展西方的体育项目，但仍以华人社团内进行的活动居多，如街坊会、工人团体及华人组成的单项总会组织的体育比赛。此外，初期由华人组成的单项体育总会或运动队，多冠以"华人"称号，以标示其成员身份。如 1953 年组织的澳门华人田径队、1955 年成立的华人篮球队联合会、1956 年成立的澳门华人游泳联合会等。葡萄牙人社团则以政府机构、军队、学校及社团形成活动圈子，经常以节庆、纪念活动名义举行体育比赛，其中也允许华人参加某些比赛。随着澳门社会稳定的发展，华人社团与葡萄牙社团之间的体育交往逐渐增多。

1987 年体育总署成立后，澳门体育比赛和活动的组织工作获得了进展。1993 年，政府在行政架构上作了调整，市政厅文化暨康乐部下设文娱康体处，与体育总署共同开展社会体育，社会体育的开展更为普及。1999 年澳门回归后，澳门特区政府对社会体育的开展更为重视，开展的社会体育更为广泛。澳门回归以来，在体育发展局及民政总署的大力推动下，每月均推出 20 多项体育兴趣班吸引市民参加，项目包括有游泳、太极拳、体育舞蹈、瑜伽、门球、水中体适能等。此外，政府有关部门与各体育总会及社团合作，每年定期举行大型体育活动，包括有大众康体日、国际挑战日、世界步行日、青少年暑期活动、风筝同乐日、妇女体育嘉年华、世界步行日欢乐跑、全澳残障人士运动会等。

澳门社会体育呈现出两个鲜明的特点。

第一，中西体育项目多元发展。传统体育在澳门开展已有很长的历史，龙舟及龙狮运动开展较早；传统武术广泛流传，较流行的有洪拳、蔡李佛、咏春、白眉、朱家教（潮州拳）、太极拳等，数十年前还有北少林螳螂拳、咏春拳等。[1] 当中，因太极拳养生功效明显，故在澳门甚受欢迎，开展极为广泛。西方体育项目如游泳、桌球、足球、篮球、乒乓球、曲棍球、体育舞蹈等也十分流行，近年更向多元化发展，各项球类、健身及休闲活动等相继开展，大众体育项目种类非常丰富。至 2004 年底止，已在澳门体育发展局进行登记的体育总会、协会及享有总会特权的单项体育组织共有 54 个。

第二，浓厚的体育社团风气。至 1997 年底止，澳门已有 500 多个体育会，[2] 平均每 896 人就有一个体育会。这反映了社会体育开展的广泛程度。

四、竞技体育

澳门早期的竞技运动主要由民间体育社团自发组织，开展较早的主要是各种球类和田径项目。早期较大型和影响较大的运动会都是由教育界举办的。

（一）早期的竞技体育

1957 年 4 月 20—22 日，由澳门中华教育会主办的第一届澳门学生运动大会（原名为澳门中华学生运动大会）于莲峰球场举行，这是澳门当时有史以来规模和影响最大的运动会，参加的各种学校共有 40 多个，运动员达 700 多人。

1963 年 1 月 20 日，澳门体育委员会田径自行车小组委员会组织了第一届环市长跑赛，同年 6 月 2 日下午举行了第一届环市竞步赛。该小组还于 1964 年 12 月 19 日及 1965 年 11 月 20 日主办了第一、二届全澳公开田

① 梅士敏. 武林纵横（四）[N]. 澳门日报，1978-1-14.
② 澳门日报编. 澳门手册 [M]，1998：188.

径运动大会。

由于葡萄牙对澳门进行殖民统治，澳门长期不能以独立身份参加综合性国际比赛。澳门华人田径联队与香港南华体育会的田径对抗赛，从 1953 年到 1961 年间共举行了 7 届，这是澳门首次有系统和有组织地与外地体育社团进行的比赛。

1957 年 1 月 31 日至 2 月 2 日，澳门民间体育界组织田径队及足球队参加了 1957 年广东省体育运动会。澳门选手余国标取得了男子 100 米和 200 米的冠军，余国标后被选入广东队参加全国田径比赛。澳门队继续参加了 1959 年的第二届广东省运动会，余国标与队友以 45″4 取得了 4×100 米接力第二名，汪宏以 32 米 34 取得了男子铁饼第二名。此后，澳门再没有参加广东省运动会。

（二）参加国际比赛

1. 参加亚运会

1987 年 10 月澳门奥委会成立后，于 1989 年 12 月正式加入了亚奥理事会。1990 年，澳门奥委会首次组团参加了在北京举行的第 11 届亚运会，参赛项目有田径、自行车、柔道、游泳、乒乓球、射击、武术等 7 项。黄东阳在武术比赛中获男子南拳铜牌，为澳门在国际比赛上取得奖牌"零"的突破。

1994 年 10 月 2—16 日，澳门派出 98 人的代表团参加了在日本广岛举行的第 12 届亚运会，李菲获武术女子南拳银牌，吴日安获得男子空手道铜牌。

1998 年 12 月 6—20 日，澳门队派出 110 人的体育代表团参加了在泰国曼谷举行的第 13 届亚运会。朱国华和童咏龙分别取得泰拳（表演项目）金牌和铜牌，李菲蝉联女子南拳银牌。

▲ 澳门首位亚运会奖牌获得者黄东阳

2002 年 9 月 29 日至 10 月 14 日，澳门特别行政区首次以中国澳门的名义派出 170 多人的体育代表团参加了在韩国釜山举行的第 14 届亚运会。韩静获武术女子长拳三项银牌、黄伯祥获男子空手道套路银牌、张佩思获得女子空手道套路铜牌、关雯菲获女子空手道 60 公斤以下级铜牌。

2. 参加东亚运动会

1993 年 5 月 9—18 日，上海举办了首届东亚运动会，澳门派出了 99 人的体育代表团参加。岑宝华在女子太极拳为澳门夺得这届唯一的一枚铜牌。

1997 年 5 月 10—20 日，澳门派出 49 人的代表团参加了在韩国釜山举行的第 2 届东亚运动会，吴华雷获得男子武术三项全能铜牌。

2001 年 5 月 19—27 日，澳门派出 270 人的代表团参加了在日本大阪举行的第 3 届东亚运动会，共获 1 金 3 铜奖牌。韩静在女子长拳三项中勇夺桂冠，使澳门队终于在国际大型综合运动上取得首枚金牌，同时，还取得 3 枚铜牌的佳绩。

3. 参加世界大学生运动会

1995 年 3 月 18 日，澳门首次举办了第 1 届澳门大学生运动会，选出运动员首次参加了当年 8 月在日本福冈举行的第 18 届世界大学生运动会。此后，1997 年参加了在意大利西西里举行的第 19 届世界大学生运动会；1999 年参加了在西班牙帕尔马举行的第 20 届世界大学生运动会；2001 年参加了在中国北京举行的第 21 届世界大学生运动会；2003 年澳门派出了 32 人参加了在韩国大邱举行的第 22 届世界大学生运动会。

4. 参加全国运动会

1999 年澳门回归后，首次以澳门特区的身份参加了 2001 年 11 月在广州举行的第 9 届全运会。代表队派出 191 名运动员参加了 21 个比赛项目，其中击剑、游泳、射击、自行车、羽毛球、柔道、田径、皮划艇、花样游泳、曲棍球等 10 个项目参加了决赛。2003 年，澳门派出 125 人的代表团首次参加了 10 月在湖南长沙举行的第 5 届全国城市运动会。88 名运动员参加了 29 个大项中 14 个项目的比赛。

▲ 澳门格兰披治赛车比赛进行中

5. 举办大型体育比赛

澳门举办大型体育比赛，历史最长和影响最大的是自 1954 年 10 月 31 日开始举办的澳门格兰披治三级方程式大赛，至 2004 年止已连续举办了 51 届比赛。我国澳门是亚洲地区第一个举办此项比赛的地区，赛道利用临时封闭的街道比赛是其比赛特色，同时还举行不同类型的摩托车及房车赛事,在世界上极负盛名。2007 年的第 49 届大赛有来自 27 个国家和地区的车手参赛,吸引了 20 000 多名现场观众和 63 个国家和地区的电视观众观看。

1981 年 11 月 8 日,热心推动田径运动发展的熊猫体育会举办了澳门第一届马拉松赛跑,这是澳门首次举办具有历史性的国际马拉松比赛。来自世界各国及我国香港、澳门运动员共 380 多人参加比赛,跑毕全程者 321 人。第 2~6 届澳门国际马拉松赛转由雅典体育会主办,1987 年第 7 届澳门国际马拉松赛由刚成立的澳门田径总会及澳门体育总署等机构主办至今。

近年来,澳门每年均举行国际龙舟邀请赛等大型国际体育比赛。2005 年第 4 届东亚运动会及 2007 年第 2 届亚洲室内运动会是在澳门举行的最大型的国际性大型体育比赛,多个国家及地区前来进行体育比赛和交流活动。澳门每年都举行国际龙舟邀请赛等大型国际体育比赛。2005 年 10 月 29 日至 11 日 6 日,第 4 届东亚运动会在澳门举行。中国、日本、韩国、朝鲜、蒙古、中国香港、中国澳门、中国台北和关岛 9 个国家和地区的近 2 000 名运动员参加了 17 个大项的角逐。东亚运动会是澳门迄今承办过的最大型的国际体育赛事。在中国、日本、韩国东亚体育三强继续保持竞技领先优势的同时,中国澳门在本届东亚运动会上表现出色,金牌和奖牌收获远远超过过去三届东亚运动会总和,历史性地夺得了 11 枚金牌,列金牌榜第 5 位。

▲ 澳门龙舟队在第一次列为东亚运动会正式比赛项目的龙舟比赛中
夺得男、女小龙舟 250 米和男子小龙舟 500 米三项冠军

五、体育科学研究的起步

澳门早期的体育科学研究，主要是对体育活动的现状分析或历史记叙，一般在报刊上发表。其中，1949 年 3 月 15 日澳门中华乒乓总会出版的《澳门乒乓》特刊，比较系统全面地记述了澳门乒乓球运动的情况。但在 20 世纪 50 年代后较长的一段时间内，体育科学研究基本陷于停顿。

1993 年 10 月澳门理工学院体育暨运动高等学校的成立，改变了澳门体育科学研究贫乏的困境。1994 年至 1995 年间，澳门理工学院体育暨运动高等学校与教育暨青年司合作对 1 574 名小学 5 年级至高中 3 年级的学生进行调查，完成了《澳门青少年体质调查综合报告》。这是澳门首次开展较具规模的大型体育科研项目。该校自建校以来，举办了 10 多次国际学术研讨会，曾邀请多位国际知名的专家前来进行专题的学术讲座，为澳门体育科学研究的起步和发展，作出了重要的贡献。

澳门理工学院体育暨运动高等学校设置的运动生物力学、运动生理、运动生化、运动心理等实验室，在澳门体育科研上也作出了不少贡献。1998 年，澳门理工学院体育暨运动高等学校与澳门社工局合作，在多个民间社团的协助下，首次对 1 000 余位澳门老年人进行了大规模的体质与心理健康测试工作，撰写了研究报告和《澳门老年人体质与心理健康指南》一书。

在体育发展局的领导和中国国民体质监测中心、澳门理工学院、澳门卫生司及澳门教育暨青年司的协助下，完成了 2001 年的成人体质监测及 2005 年的全澳居民体质监测工作，并建立了居民体质数据库。体育发展局运动医学中心还为运动员进行机能监测工作，为运动员取得优良成绩提供了科研支持。

2000 年，澳门体育暨运动科学学会成立，会员超过 100 人。学会定期举办各类体育科学讲座，并经常与邻近地区进行学术交流，促进了澳门的体育科学研究。

第三节 台湾体育

甲午战争以后，台湾曾长期处于日本的殖民统治下，体育中的日本色彩很浓。1945 年抗日战争结束以后，台湾才重新回到祖国的怀抱，对体育发展的话语权也才又重新掌握到中国人手里。

一、体育体制

（一）1949—1997 年的体育行政架构

1949 年国民党政权逃到台湾后，台湾地区的体育行政工作一度陷于停顿。直至 1954 年 12 月，循例在台湾地区教育主管部门下设体育委员会。但由于经费不足，体育委员会初期的工作只限于每年举行一次委员会会议。1958 年，体育委员会更因台湾当局政府紧缩编制而被裁减，直到 1961 年 5 月才得以恢复运作。

1973 年 10 月 31 日，台湾地区教育主管部门修改组织法，设立"体育司"，规定"体育司"设学校体育科、社会体育科、国际体育科三个科。此时期，体育委员会又被撤销，"体育司"作为体育行政部门，负责推行和管理台湾地区各项体育事务。

1982 年 11 月 19 日，台湾当局所谓的"体育法"修正公布。台湾地区教育主管部门除保留"体育司"外，重新恢复了体育委员会。

（二）1979 年以后的体育行政架构

20 世纪 80 年代至 90 年代中期，台湾地区体育组织法规经历了多次的修改及讨论，体育界希望台湾当局政府能更重视台湾的体育发展，提升体育的地位。经体育界和有关方面反复呼吁，1997 年 7 月 16 日，在台湾地区行政管理机构下面正式成立了"体育委员会"（简称体委会），下设综合计划处、全民体育处、竞技管理处、国际体育处、秘书室。全民体育、竞技体育、社会体育及国际体育由体委会负责，学校体育除国际竞技体育及其相关特优选手培训外由台湾地区教育主管部门负责。"体育委员会"成为统筹台湾地区体育事务的体育行政主管机构。

二、学校体育

1949 年国民党政权逃到台湾后，台湾学校体育经历了急速变化，经过一段时间的调整，学校体育才逐步走上正常发展的道路。

20 世纪 50 年代初，台湾学校仍沿用旧国民政府的体育课程标准，"教育部"曾于 1952 年、1955 年及 1957 年对 1948 年标准作了部分修正，并于 1962 年颁布了新的体育课程标准。除了在目标表述方面的变化外，主要是缩减教材为体操、游戏、田径运动、球类运动及舞蹈等 5 类，同时把选授项目的比例增大至 30%。1968 年、1972 年再次修订后，改称为"中学课程标准"。但直到 90 年代，台湾当局才真正重视教学大纲与教材的建设。1993 年，台湾公布了"小学课程标准"，1994 年公布了"初中课程标准"，1995 年公布了"高级中学课程标准"。该系列课程标准的颁布，为台湾地区的课程包括体育课程改革打下了基础。①

50 年代，由于台湾地区的学生及学校数量剧增，体育教师数量难以满足需求。虽然台湾当局放宽实行代用教员制度、师范学院增加一班及增设体育专修科以增加体育教师数量，但仍未能满足需要。体育教学长期处于混乱状态，教学质量没有保证。1968 年台湾实施 9 年国民教育后，国民中学的数量突然增多，体育教师短缺的情况更趋严重，台湾当局先后成立了台北市立体育专科学校、辅仁大学体育系和中华文化学院体育系。

80 年代，台湾成立了"体育学院"，并将台湾体育专科学校改为台北市体育学院，将台湾省立体育专科学校改为台湾体育学院。自此，体育师资短缺的情况迅速获得解决，体育教学有了明显的进展。

台湾当局自 1964 年起，每年均举行一次青少年身高体重测量，1975 年起增加了胸围测量，初步掌握青少年生长发育的简单资料。同年，台湾地区教育主管部门体育司对各级学校运动场地设施进行普查，以了解学校体育状况。

台湾体育科学研究长期以体育院校及其研究中心为发展核心，研究成果较多和影响力较大的有：台湾师范大学体育学系、台湾体育学院、辅仁大学体育系、"中国文化大学"体育学系、台湾体专、台北体专、台东师专等。

三、社会体育

1949 年后，台湾早期的社会体育以开展竞技体育为主，随后才逐渐加强社会体育的开展。早期主要负责领导台湾省社会体育的机构是"中华全国体育协进会"（简称"体协"），其活动经费主要由台湾省政府补助。"体协"的前身是 1924 年在南京成立的"中华全国体育协进会"。

1951 年 6 月，"体协"重组理、监事会，组建各单项运动协会并组织参加奥运会、亚运会等工作。1973 年，台湾地区的竞技体育管理进行了较大的改组："体协"改以发展台湾省本土体育运动为主，另组建奥委会负

---

① 兰自力. 当代台湾体育研究 [M]. 北京：人民体育出版社，2004：8.

责对外联络和参加奥运会、亚运会；各单项运动委员会亦改称"协会"，按活动性质分别与奥委会或体协联系。①

"体协"（体总会）和有关部门积极推动全民运动、开展社区体育和培养指导人员。例如，1976 年推动"全民运动重点实施计划"，1979 年台湾地区教育主管部门和内政事务主管部门联合发布《加强推展社区全民运动实施要点》等，鼓励社区推行民俗体育、简易运动、野外及康乐活动、妇幼体育及中老年人体育等，所需经费协调可由社会福利基金项目补助；②每年举办或辅导县市举办社区全民指导员研习会，辅导推展事务工作。1997 年 7 月，台湾省启动了阳光健身计划。1998 年，"体育委员会"开始推行阳光健身计划，参加者达 300 万人次，1999 年更达到 600 万人次以上。1999 年，台湾省公布了全民运动会举办准则，规划每两年举办一次，并自 2000 年开始举办了第 1 届全民运动会。

台湾省社区体育的经费，一方面靠政府补助，另一方面也靠企业捐献。

四、竞技体育

（一）竞技体育的开展与运动员的培养

在运动员培养方面，台湾省早期以短期集训和个别重点运动员国外受训为主，近年通过成立各级训练中心以培养优秀运动员。

台湾省自 1946 年起，每年举行全省运动会一次；自 1949 年起，每年举办全省性田径赛会；1952 年，台湾省举办第 1 届全省中等以上学校运动会，参加的学校有大专院校及中学。

为推动竞技体育的开展，鼓励民间举办高水平体育比赛，台湾省对办理体育比赛免征娱乐税，其中以棒球、篮球的比赛最多。

20 世纪 50 年代，台湾省竞技体育的训练仍属于业余性质，当临近重大比赛时，才

▲ 为中国夺得首枚奥运女子奖牌的台湾运动员纪政

---

① 吴文忠. 中国体育发展史 [M]. 台北：三民书局，1981：304.

② 吴文忠. 中国体育发展史 [M]. 台北：三民书局，1981：252.

进行选拔和集训。1958年，杨传广获得获资助远赴美国入读大学并接受训练。经过系统的刻苦训练，终于在1960年罗马奥运上取得10项全能银牌。继杨传广之后，1963年，高山族运动员纪政成为另一位获资助远赴美国进行训练的优秀田径选手。1969年至1970年间，纪政一共9次打破及4次平了世界女子短跑及跨栏的世界纪录，被称为"亚洲羚羊"。1968年，纪政在墨西哥奥运会上，以10秒4破奥运会纪录并取得了女子80米低栏的铜牌。

1973年"体育司"成立后，台湾省开始确定运动员选手分级与培训等级体系，并分别规划基层训练点、训练中心、大专院校特色发展项目及训练营等分级训练体系。1975年，台湾当局政府拨款给"体协"在左营兴建了运动选手训练中心。

为了加强运动员的培养，自1976年起，台湾省开始选派优秀教练员出外接受培训。1977年起，"体育司"协助"体协"及各运动协会办理"民众自强训练计划"。台湾体育管理部门依据分级体系，分别制定了办理运动会及活动经费补助原则、设置基层运动选手训练站经费补助原则、体育专业院校发展特色经费补助原则、办理优秀运动员选手训练营经费补助原则等，以期完善培训体制，提高运动水平。

2000年4月，台湾当局政府完成修订《体育奖章暨奖助学金颁发办法》，并制定了《优秀运动选手就业辅导办法》，从而使得优秀运动选手可以专心投入培训工作。

（二）参加国际体育比赛

1. 参加亚运会

中国台湾于1954年派出137名运动员首次参加了在菲律宾马尼拉举行的第2届亚运会，比赛中获2枚金牌、2枚银牌、6枚铜牌。1958年，又参加了在东京举行的第3届亚运会。1962年第4届亚运会因印度尼西亚政府拒绝台湾队入境，故台湾队未能参加本届比赛。随后的1966年第5届泰国曼谷亚运会及1970年第6届泰国曼谷亚运会中国台湾均派队参加。自1974年起，中国台湾因队名问题而退出参加亚运会，直到1990年以"中国台北"的名义再度参加在中国北京举行的第11届亚运会。在这届亚运会上，中国台北参加了20个项目的比赛，取得了10枚银牌、21枚铜牌的成绩。

在1994年日本广岛的第12届亚运会上，中国台北获得了7枚金牌、13枚银牌、23枚铜牌的成绩。在1998年泰国曼谷第13届亚运会上，中国台北获得了 19 枚金牌、17 枚银牌、41 枚铜牌，位居奖牌榜第 6 位，是台湾参加亚运会取得最佳成绩的一次。2002 年在韩国釜山举行的第 14 届亚运会上，中国台北获得了 10 枚金牌、17 枚银牌、25 枚铜牌，位居奖牌榜第 8 位。在 2006 年卡塔尔多哈第 15 届亚运会上，中国台北成绩有所退步，以 9 金、10 银、27 铜列奖牌榜的第 10 位。2010 年在中国广州举行的第 16 届亚运会上，中国台北获得了 13 枚金牌、16 枚银牌、38 枚铜牌，位列奖牌榜第 7 位。2014 年在韩国仁川举行的第 17 届亚运会上，中国台北获得了 10 枚金牌、18 枚银牌、23 枚铜牌，位列奖牌榜第 9 位。

2. 参加奥运会

1956 年，中国台湾参加了在澳大利亚墨尔本举行的第 16 届奥运会，最好的成绩为杨传广在十项全能比赛中取得第 8 名。1960 年，杨传广在意大利罗马举行的第 17 届奥运会上，以 8 334 分破奥运会纪录的成绩获得了十项全能银牌，这是中国运动员夺得的首枚奥运会奖牌。1968 年，纪政在墨西哥城第 19 届奥运会上以 10 秒 4 破奥运会纪录，并获女子 80 米低栏铜牌，这是中国女子运动员在奥运会上首次夺得的奖牌。

1976 年，因国际奥委会不允许用"中华民国"名义参赛，台湾方面退出了在加拿大蒙特利尔举行的第 21 届奥运会。1979 年，中国在国际奥委会的合法席位恢复以后，中国台湾以"中国台北"的名义保留了参加届奥运会的资格。1984 年，中国台湾以"中国台北"的名义参加了在美国洛杉矶举行的第 23 届奥运会，这是两岸健儿首次在奥运会中同场竞技。

台湾以"中国台北"的名义参加了 1988—2016 年的历届奥运会。在上述几届奥运会上中国台北队的成绩没有更大的突破。这以后，中国台北大力发展重点竞技项目，在跆拳道、射箭等项目上有了突破性的进展。在 2004 年雅典第 28 届奥运会跆拳道项目中，陈诗欣取得女子 49 公斤级金牌，朱木炎取得男子 58 公斤级金牌，黄志雄取得男子 68 公斤级银牌。在射箭项目中，刘明煌、王正邦、陈诗园取得男子射箭团体赛银牌，袁叔琪、吴蕙如、陈丽如取得女子射箭团体赛铜牌。在 2008 年北京第 29 届奥运会上，陈苇绫、卢映锜分

▲ 为中国台湾夺得首枚奥运会金牌的
跆拳道运动员陈诗欣

别夺得举重女子 48 公斤级、63 公斤级铜牌，朱木炎、宋玉麒分获跆拳道男子 58 公斤级和 68 公斤级铜牌。在 2012 年伦敦第 30 届奥运会上，许淑净获得女子举重 53 公斤级银牌，曾栎骋获得跆拳道女子 57 公斤级铜牌。在 2016 年里约热内卢第 31 届奥运会上，许淑净获得女子举重 53 公斤级金牌，郭婞淳获得女子举重 58 公斤级铜牌，谭雅婷、林诗嘉、雷千莹获得女子射箭团体铜牌。

五、海峡两岸的体育交流

1949 年以后，海峡两岸因种种原因长期互不往来。1980 年 4 月中旬，在美国圣安东尼皇家学院的邀请赛上，来自中国大陆和台湾的田径选手，举行了 30 多年来的第一次同场竞技，此后两岸间接体育交往不断增加。1989 年 3 月 31 日，中国奥委会主席何振梁与中国台北奥委会秘书长李庆华在香港会谈，协商有关台北代表团参加在北京举行的第 11 届亚运会的名称等相关事宜。经过多次协商后，于当年 4 月 6 日签署了两岸体育交流和合作协议书，规定："台湾地区体育团队及体育组织赴大陆参加单项运动训练、会议或活动，将按国际奥委会有关规定办理，大会（即主办单位）所编印之文件、手册、寄发之信函、制作之名牌，以及所做之广播等，凡以中文指称台湾地区体育团队与体育组织时，均称为'中华台北'（大陆方面称为"中国台北"）。"1989 年 4 月 17 日，中国台北体操队到北京参加亚洲青年体操锦标赛，这是 40 年来第一支来大陆参赛的台湾省体育队。1990 年 9 月，中国台北派出 395 人的体育代表团参加了在北京举行的第 11 届亚运会。1993 年 2 月，辽宁男篮和河北女篮前往台湾地区比赛，开启了两岸运动队的双向交流。前中国女乒主力队员陈静和前中国男篮主力队员王立彬分别加盟台湾地区队，前中国女足主教练商瑞华赴台湾执教台湾女足以及两岸联合攀登珠穆朗玛峰等，更是加强了两岸间的体育交流。

▲ 1993 年 2 月访问台湾的篮球队总领队杨伯镛向台湾体育会理事长张启仲赠队旗

两岸经过几年来的交流和互访之后，1996 年 1 月 14—19 日，以台湾省教育主管部门常务次部长为名誉团长、中国台北奥委会主席张丰绪为团长的中国台北奥委会参访团一行 11 人前往北京、上海、西安、南京、杭州 5 大城市交流，并与中国奥委会达成共识，协定每年进行定期的交流，由两岸奥委会轮流办理这项工作。1997 年 3 月 15—21 日，以中国奥委会主席伍绍祖为团长的祖国大陆奥运金牌运动员、教练员代表团 24 人到台湾交流。此后，两岸体育交流合作不断，对两岸体育的发展和运动技术水平的提高都起到了良好的促进作用。

本章小结

　　香港、澳门、台湾与中国大陆在同一文化根源的历史背景下，由于长期分离，使得各自的体育经历了不同的发展道路，形成了不同的特色。香港、澳门、台湾地区的政府因早期采取不干预政策，体育长期依靠民间社团的组织推动，加上受到浓厚的社团文化的影响，体育社会化程度相当高，这是香港、澳门体育发展的显著特点。随着社会的发展，人们对体育的认识和接受程度与日俱增，各地政府对大众体质与健康的发展也日益重视。近年来，香港、澳门、台湾地区政府纷纷加强了体育行政机构的建设和管理，加大投入，举办大型国际综合运动会和比赛，其目的是希望通过推动本地区体育的发展，提升本地区在国际上的形象和影响力，发展体育旅游，从而促进社会经济的发展。

思考与探索

1. 简述香港体育管理的发展历程。
2. 简述香港南华体育会的规模及其发展成功的原因。
3. 澳门社会体育的开展有什么特点？
4. 简述海峡两岸体育交流的概况。

拓展阅读文献

1. 兰自力. 当代台湾体育研究 [M]. 北京：人民体育出版社，2004.

2. 梁洪波，关文明. 当代澳门体育发展的成因与特点 [J]. 华南师范大学学报（社会科学版），2005（2）.

3. 粤港澳台学校体育发展战略课题组. 九七前后四地区学校体育——粤港澳台学校体育现状比较与发展对策研究 [M]. 北京：人民体育出版社，1997.

活动建议

1. 学习香港、澳门、台湾体育概况时，与内地体育作比较分析。
2. 根据网络资料等，做一个介绍香港、澳门、台湾体育发展概况的课件。